Für Dominic und Amit

Perry Schmidt-Leukel

Grundkurs Fundamentaltheologie

Eine Einführung in die Grundfragen
des christlichen Glaubens

Don Bosco

Die Deutsche Bibliothek – CIP-Einheitsaufnahme

Schmidt-Leukel, Perry:
Grundkurs Fundamentaltheologie : Eine Einführung in die
Grundfragen des christlichen Glaubens / Perry Schmidt-Leukel.
– 1. Aufl. – München : Don Bosco, 1999
  ISBN 3-7698-1146-1

ISBN 978-3-7698-1146-9
© 1999 Don Bosco Verlag, München
Umschlag: Margret Russer
Satz und Layout: Don Bosco Druck und Design, Ensdorf

INHALT

Vorwort 7
1. *Einleitung: Was ist Fundamentaltheologie?*
   Aufgabe, Geschichte und Methode einer theologischen Disziplin ... 11
2. *Religion und Religionskritik I: Was ist Religion?*
   Funktion und Probleme des Religionsbegriffs 25
3. *Religion und Religionskritik II: Ist religiöse Rede unsinnig?*
   Religionskritik in der Analytischen Philosophie 39
4. *Glaube und Vernunft I: Wie von Gott reden?*
   Interpretationsmodelle religiöser Rede 53
5. *Glaube und Vernunft II: Ist Glaube vernünftig?*
   Der Begriff des Glaubens und der Rationalität 71
6. *Religion und Religionskritik III: Kann man Gott beweisen?*
   Die argumentative Kraft der Gottesbeweise 93
7. *Religion und Religionskritik IV: Übel und Leid – eine Widerlegung Gottes?*
   Aufgabe und Probleme der Theodizee 111
8. *Religion und Religionskritik V: Gottesglaube als Selbstentfremdung?*
   Grundzüge funktionalistischer Religionskritik 127
9. *Offenbarung I: Läßt sich Gott erkennen?*
   Epistemologische Aspekte des Offenbarungsglaubens 141
10. *Glaube und Vernunft III: Wie zuverlässig ist religiöse Erfahrung?*
    Glaubensgewißheit und Glaubenserfahrung 161
11. *Offenbarung II: Außerhalb der Kirche kein Heil?*
    Offenbarungsglaube und Religionstheologie 181
12. *Offenbarung III: Offenbarung durch Jesus Christus?*
    Probleme und Wege der Christologie 205
13. *Kirche I: Kirche – wozu?*
    Die Frage nach der Begründung von Kirche 225
14. *Kirche II: Eine Kirche oder viele Kirchen?*
    Ziele und Schwierigkeiten ökumenischer Theologie 241
15. *Kirche III: Wie kann Kirche »katholisch« sein?*
    Universalität und Kontextualität der Kirche 257
Anhang: Arbeitsblätter zu den einzelnen Kapiteln 273

VORWORT

»Ist der christliche Glaube vernünftig?« – So lautet die Grundfrage der sogenannten »Fundamentaltheologie«. Und genau diese Frage macht dieses Fach zu einer der erregendsten Disziplinen der Theologie. Denn hinter der Frage nach der Vernünftigkeit des christlichen Glaubens verbirgt sich nichts anderes als die in der Tat *fundamentale* Frage nach seiner Wahrheit. In keinem anderen Fach der Theologie stehen die Grundfragen des christlichen Glaubens so sehr im Mittelpunkt wie hier – und in keinem anderen Fach muß sich der Versuch, Theologie nach wissenschaftlichen Maßstäben zu betreiben, so sehr bewähren wie hier.

Eine mehr oder weniger unsystematische Reflexion über den Glauben war dem Christentum nie fremd. Aber das Projekt, diese Reflexion nach wissenschaftlichen Maßstäben durchzuführen und sich dabei an den jeweils besten verfügbaren Standards zu orientieren, war keineswegs von Anfang an selbstverständlich. Vielmehr ist es ein Kind des in mancherlei Hinsicht mutigen und fortschrittlichen christlichen Mittelalters. Es kam quasi als Zwilling mit auf die Welt, als damals eine der großartigsten und fruchtbarsten kulturellen Errungenschaften Europas geboren wurde: die Universität.

Das Projekt, Theologie als Wissenschaft, war niemals unumstritten. Zwar barg es für viele große Hoffnungen in sich, aber es wurde seit seinen Anfängen auch beargwöhnt und bedroht. Daran hat sich bis heute kaum etwas geändert. Theologie als Wissenschaft hat Feinde: außerhalb wie innerhalb der Kirche. Als geradezu symbolisch kann hierfür der Umstand erscheinen, daß ein Pionier der Fundamentaltheologie, ANTON GÜNTHER (1783–1863), von Rom verurteilt, bekämpft und die Lektüre seiner Bücher verboten wurde. Doch was hat man zu fürchten, wenn die Reflexion über den Glauben nach wissenschaftlichen Maßstäben verfährt? Werden nicht alle, die von der Wahrheit des Glaubens überzeugt sind, davon ausgehen, daß dieser bei einer wissenschaftlich kontrollierten Reflexion keinen Schaden nehmen, sondern nur gewinnen wird?

Das vorliegende Buch verdankt sich jedenfalls der Zuversicht des Verfassers, daß es sich bei dem Projekt von Theologie als Wissenschaft nicht um einen Fehler des Mittelalters, sondern um ein nach wie vor aktuelles, hoffnungsvolles und faszinierendes Unternehmen handelt. In jener konkreten Arbeit mit Studierenden der Theologie, aus der dieses Buch hervorgegangen ist, durfte ich erleben, wie sich diese Zuversicht immer wieder bestätigt hat. Ich habe kontinuierlich erfahren, daß es junge Menschen nach wie vor begeistert und zu eigenem Weiterdenken anregt, wenn sie in eine wissenschaftliche Behandlung der fundamentalen Fragen des christlichen Glaubens eingeführt werden.

Die erste Fassung des »fundamentaltheologischen Grundkurses« stammt aus dem Jahr 1990. Damals habe ich den Text als Begleitmaterial für ein Einführungsseminar zur Fundamentaltheologie an der Katholisch-Theologischen Fakultät der Universität München verfaßt. Das Seminar erfreute sich eines sehr großen Zuspruchs, so daß es seither fast jedes Wintersemester erneut angeboten wurde. Dafür wurde der Text regelmäßig neu überarbeitet. Auch die hiermit nun als Buch vorgelegte Fassung konnte ich im Wintersemester 1998/99 praktisch erproben. Ich habe zu diesem Zweck das Manuskript nochmals vollständig neu abgefaßt und dabei zum Teil erhebliche Umstellungen und Ergänzungen vorgenommen. Dies hängt vor allem mit der neuen, erweiterten Zielsetzung zusammen.

Das positive Echo, das dieser Kurs von vielen Seiten erhielt, bestärkte mich in dem Gedanken, seine Themen und die Art ihrer Behandlung könnten auch über den Kreis der Universität hinaus von Interesse sein. Daher wurde der Text jetzt so verfaßt, daß er einerseits für jeden, der an theologischen Fragen interessiert ist, wie ein normales Buch lesbar und verstehbar ist, daß er aber andererseits auch nach wie vor als Arbeits- und Studienbuch dienen kann, sei es für Studenten/Studentinnen, für theologische Arbeitskreise in Gemeinden, für Leistungskurse in der Oberstufe usw. Die beigefügten Arbeitsblätter sind besonders für diesen Fall gedacht. Ich habe mit folgender Methode gute Erfahrungen gemacht: Nach der persönlichen Lektüre von je einem Kapitel kann zu Beginn der Arbeitsgruppe zunächst jeweils die Aufgabe des entsprechenden Arbeitsblatts durchgeführt werden. Diese Aufgaben dienen der Sensibilisierung für die Thematik des entsprechenden Kapitels. Im Anschluß an die Besprechung der Arbeitsaufgabe können dann auf der Basis des vorliegenden Textes die Sachfragen im gemeinsamen Gespräch vertieft und diskutiert werden.

Dieser Grundkurs will in die Fundamentaltheologie *einführen*. Aus diesem Grund werden die theologischen Sachverhalte möglichst *einfach* und möglichst *klar* dargestellt. Damit ist freilich immer auch das Risiko verbunden, zu sehr zu vereinfachen. Der beste Weg, diesem unvermeidlichen Risiko Rechnung zu tragen, scheint mir darin zu bestehen, den einführenden Charakter deutlich zu betonen. Eine komplexe und detailliertere Darstellung der Sachverhalte kann eben häufig erst dann gegeben werden, wenn man bereits in ein grundsätzliches Verständnis der Problemlage eingeführt ist. Um zu einer solchen vertieften Auseinandersetzung hinzuführen, wird am Schluß eines jeden Kapitels eine Auswahl an weiterführender Literatur vorgestellt und teilweise kurz kommentiert.

Mit dem einführenden Charakter dieses Buches verbindet sich zweitens das Ziel, den *Zusammenhang zu verdeutlichen*, in dem die einzelnen fundamentaltheologischen Themen untereinander stehen. Aus diesem Grund habe ich neben der Darstellung und Diskussion der relevanten Einzelfragen die entsprechende Thematik immer wieder in einen weiteren fundamentaltheologischen Horizont eingeordnet. Außerdem wird dieses Anliegen durch Querverweise auf andere Kapitel sowie durch die kurzen Resümees am Ende eines jeden Kapitels unterstützt.

Drittens soll diese Einführung auch eine erste Vorstellung von den *unterschiedlichen methodischen Ansätzen* innerhalb der Fundamentaltheologie vermitteln. Dabei spielen vor allem drei Richtungen eine besondere Rolle: der neuscholastisch geprägte Ansatz der älteren Apologetik, der immanentistisch vorgehende, von der hermeneutischen Philosophie geprägte Ansatz, wie er derzeit in der kontinentaleuropäischen Theologie vorherrscht, und der gegenwärtig vor allem in der angelsächsischen Theologie und Religionsphilosophie dominierende, analytisch geprägte Ansatz.

Ein letztes Anliegen besteht in der *Betonung fundamentaltheologischer Probleme*. Hierfür gibt es zwei Gründe. Zum einen hängt dies mit der Natur von Wissenschaft zusammen. Wissenschaft kann nämlich insgesamt als ein methodisch kontrolliertes Verfahren zur Lösung theoretischer und praktischer Probleme umschrieben werden. Eine Theologie, die sich nicht an Problemen orientiert, wäre keine wissenschaftliche Theologie, und eine Theologie, die es nicht mit wahrhaft fundamentalen Problemen zu tun hat, wäre keine Fundamentaltheologie. Zum anderen scheint es mir gerade für eine Einführung besonders angeraten zu sein, den Schwerpunkt auf die Verdeutlichung der Sachprobleme zu legen. Dies weckt nicht nur das Interesse an möglichen Lösungen, sondern schärft zugleich auch den Blick für deren kritische Bewertung.

Ist es also das vordringliche Anliegen dieses fundamentaltheologischen Grundkurses, die dargestellten Sachverhalte, Zusammenhänge, Ansätze und Probleme möglichst einfach, klar und korrekt wiederzugeben, so sollen dabei doch keineswegs die eigenen Präferenzen verheimlicht werden. Wenn auch mit der bei einer Einführung gebotenen Zurückhaltung, habe ich versucht, sowohl hinsichtlich einzelner Fragestellungen als auch bezüglich des methodischen Ansatzes *meine eigenen Optionen* deutlich werden zu lassen. Es handelt sich also durchaus um so etwas wie eine engagierte Einführung.

Meine eigene Sicht der Dinge verdankt sich freilich zahlreichen Einflüssen. Die beiden wohl bedeutendsten sollen nicht unerwähnt bleiben: Zum einen ist dies die von HEINRICH DÖRING an dem von ihm geleiteten Institut für Fundamentaltheologie und ökumenische Theologie geschaffene Atmosphäre freier theologischer Forschung und eines offenen sachbezogenen Austauschs. Die in solcher Atmosphäre entstandenen Anregungen durch ihn selbst sowie durch meine Freunde und Kollegen ARMIN KREINER und ALEXANDER LOICHINGER sind in diesem Buch überall gegenwärtig. Zum anderen wird man dem nachfolgenden Text schnell ansehen, wie sehr er von meiner tiefen Hochachtung für das theologische und religionsphilosophische Werk JOHN HICKS geprägt ist. Allen vieren sei an dieser Stelle herzlich für das gedankt, was ich ihrer Arbeit theologisch verdanke.

Fundamentaltheologie →
　　　Nachweis Rationalität des
　　　　　christlichen Glaubens u.
　　　　　　Klärung der Grundlagen

Aufgabe kann zweierlei verstanden werden:
als　rationale Begründung: Nachweis darüber, dass Glaube
　　　　　rational gefordert ist
　　　　　nicht glauben → irrational
　　rationale Verantwortung: will zeigen → es ist
　　　　　rational gerechtfertigt zu glauben
　　　　(gegen Vorwurf glauben sei irrational)

1. KAPITEL (EINLEITUNG)

Was ist Fundamentaltheologie?
Aufgabe, Geschichte und Methode einer theologischen Disziplin

Aufgabe und Anliegen der Fundamentaltheologie

In einem sehr allgemeinen Sinn ist Theologie die Reflexion über den Glauben. Eine solche Reflexion hat es im Christentum immer gegeben. Im Mittelalter wurden durch den Islam dem Christentum die hier weithin verlorengegangenen Schriften des Aristoteles neu bekannt. Unter dem Eindruck des aristotelischen Wissenschaftsbegriffs entstand damals das atemberaubende Projekt, Theologie als Wissenschaft zu betreiben, das heißt, die Reflexion über den Glauben nach wissenschaftlichen Methoden und Kriterien auszurichten.

Im Rahmen einer wissenschaftlich arbeitenden Theologie kann die Aufgabe der Fundamentaltheologie folgendermaßen umschrieben werden:

> In der Fundamentaltheologie geht es um den Nachweis der Rationalität des christlichen Glaubens, verbunden mit einer Klärung seiner Grundlagen.

Diese Aufgabe kann entweder im Sinn einer *rationalen Begründung* oder einer *rationalen Verantwortung* des Glaubens verstanden werden. Eine rationale Begründung versucht nachzuweisen, daß es rational *gefordert* ist zu glauben. Nicht zu glauben, wäre demnach irrational. Rationale Verantwortung des Glaubens setzt die Aufgabe niedriger an. Sie will lediglich zeigen, daß es *rational gerechtfertigt* ist zu glauben, nicht jedoch rational gefordert. Dabei bleibt die Möglichkeit offen, daß auch die Einstellung des Nicht- oder Andersglaubenden als rational gelten kann. Abgewehrt wird hier lediglich der Vorwurf, die Haltung des Glaubenden sei irrational.

Als wissenschaftlich-theologische Disziplin ist die Fundamentaltheologie somit Ausdruck der Auffassung, daß christlicher Glaube vernüftig sein muß bzw. nicht widervernünftig sein darf. Damit nimmt die Fundamentaltheologie ein innerhalb des Christentums weit verbreitetes, aber nicht selbstverständliches Anliegen wahr. Denn warum soll der Glaube überhaupt vernünftig sein? Nicht alle Christen haben diese Auffassung geteilt. Neben der Forderung nach einer

Vernunftgemäßheit des Glaubens fand sich immer auch die irrationalistische Position, die – nach einem Wort des Kirchenvaters TERTULLIAN († nach 220) – einen »absurden« Glauben (»credo quia absurdum« – »ich glaube, weil es absurd ist«) befürwortet hat. Schon im Neuen Testament zeichnet sich diese Spannung ab, wenn PAULUS im Ersten Brief an die Korinther das Evangelium als eine Torheit in den Augen der Weisen bezeichnet (1 Kor 1–3) und andererseits der PAULUS der Apostelgeschichte sich gegen den Vorwurf des Wahnsinns mit den Worten verwahrt »Ich bin nicht verrückt, ... was ich sage, ist wahr und vernünftig« (Apg 26,25).

In dem Anliegen, der Glaube müsse vernünftig sein, schwingen mindestens zwei Komponenten mit:
➤ Der Glaube darf kein reiner Willkürakt sein und kann nur durch vernünftige Reflexion davor bewahrt werden.
➤ Nur auf vernünftige Weise dürfen die universalen Gültigkeits- und Wahrheitsansprüche des Glaubens erhoben werden.

Diesen beiden Komponenten liegt der Gedanke einer gewissen *Verantwortung für die eigenen Überzeugungen* und zwar im Sinne einer *Verpflichtung auf die Wahrheit bzw. Wahrheitssuche* zugrunde. Die erste Komponente sagt etwas aus über die Verpflichtung des Glaubenden gegenüber sich selbst. Das heißt, der Mensch soll, soweit er/sie es kann, sich vor Irrtümern hüten. Diese Verpflichtung wird – so die zweite Komponente – zu einer Verpflichtung gegenüber anderen, wenn die eigenen Überzeugungen anderen Menschen mit Wahrheitsanspruch weitergegeben werden, z.B. in der religiösen Erziehung der Kinder, in der Gemeindekatechese, in der Mission. Nur wenn man sich redlich um die Wahrheit bemüht, kann man das Geglaubte auch verantwortlich weitergeben. Wer als Blinder anderen den Weg weist, handelt unverantwortlich.

> **Fundamentaltheologie ist somit Ausdruck einer kompromißlosen Verpflichtung auf die Wahrheit (was immer sich als solche zeigen wird). Inwiefern der Glaube vernünftig ist, bemißt sich daran, mit welcher intellektuellen Sorgfalt und Verantwortung dieser Verpflichtung auf die Wahrheit nachgegangen wird.**

Der Versuch einer rationalen Klärung des Glaubens ist so alt wie das Christentum. So wird als biblische Maxime der Fundamentaltheologie häufig 1. Petrusbrief 3,15 genannt: »Seid allezeit bereit zur Verantwortung jedem gegenüber, der von euch Rechenschaft fordert über die Hoffnung, die in euch lebt.« Zu einer eigenständigen theologischen Disziplin entwickelte sich die Fundamentaltheologie – damals noch unter dem Namen »Apologetik« – jedoch erst Anfang des 19. Jh. im Gefolge der Aufklärung. Bekanntlich war die Aufklärung eine geistesgeschichtliche Bewegung, die einerseits die Forderung nach der Vernunftgemäßheit menschlicher Überzeugungen besonders betonte und andererseits vielfach den religiösen Überzeugungen Unvernünftigkeit vorwarf. Gegenüber diesen Vorwürfen sollte die »Apologetik« die Vernunftgemäßheit des christlichen bzw. näherhin des römisch-katholischen Glaubens verteidigen (*apologia* = Verteidigung). Von besonderer Bedeutung waren für die Entstehung und programmatische Konzeption dieser Disziplin die mit dem Namen JOHANN SEBASTIAN VON DREY (1777–1853) verbundene »Tübinger Schule« und die um ANTON GÜNTHER (1783–1863) und JOHANN NEPOMUK EHRLICH (1810–1864) konzentrierte »Wiener Schule«. Während die Fundamentaltheologie in dieser Frühphase stark an den philosophischen Strömungen der Aufklärung und des Deutschen Idealismus orientiert war, wurde sie bald jedoch von Geist und Methodik der *Neuscholastik* dominiert. Die Aussagen des I. Vatikanischen Konzils haben diese Entwicklung deutlich gefördert. Seit dem II. Vatikanischen Konzil ist demgegenüber jedoch eine Abkehr vom neuscholastischen Ansatz zu verzeichnen, ohne daß bisher eine einheitliche neue Orientierung an deren Stelle getreten wäre. Im Rahmen der *evangelischen Theologie* ist die Fundamentaltheologie eher selten als eigenständiges theologisches Fach anzutreffen. Der Sache nach wird fundamentaltheologische Arbeit hier jedoch vielfach in enger Verbindung mit der Dogmatik und damit als Teil der sogenannten »Systematischen Theologie« betrieben.

Die gebräuchlichsten **Namen** des Fachs im Sinne einer eigenständigen theologischen Disziplin sind: *Apologetik* (früher vorherrschend, außerhalb Deutschlands teilweise noch häufiger anzutreffen), *Fundamentaltheologie* (in Deutschland heute vorwiegend), *fundamentale Theologie* (relativ neu). Im angelsächsischen Sprachraum sind vor allem die Bezeichnungen »*fundamental*«, »*basical*« oder »*foundational theology*« gebräuchlich. Aufgrund weitgehender thematischer Überschneidungen findet sich dort fundamentaltheologische Arbeit oft auch unter der Bezeichnung »*philosophy of religion*« (»Religionsphilosophie«).

Mit den verschiedenen Namen sind nicht selten unterschiedliche programmatische Auffassungen hinsichtlich der näheren Bestimmung von Aufgabe, Materialbereich und Methode des Fachs verbunden. Die genaueren Vorstellungen von der Arbeit der Fundamentaltheologie schwanken bei den einzelnen Vertretern dieses Fachs zum Teil ganz erheblich. Im folgenden wird hierzu nur eine grobe Orientierung geboten.

Die Traktate der Fundamentaltheologie

Wie etwa die Situation in der evangelischen Theologie zeigt, kann »Apologie« im Sinne einer rationalen Sicherung und Verteidigung christlicher Lehren natürlich nicht nur die Aufgabe eines einzelnen theologischen Fachs sein, sondern muß – wenn Theologie sich als Wissenschaft versteht – eigentlich von jeder theologischen Disziplin in ihrem spezifischen Gebiet geleistet werden. Daher stellt sich für die Fundamentaltheologie das Problem, worin ihr *besonderer Aufgabenbereich* besteht. Unter Rückgriff auf relativ standardisierte apologetische Strategien der Hoch- und Spätscholastik, sowie der Renaissance und der Aufklärungszeit bildete sich im Rahmen der neuscholastisch geprägten Apologetik das klar umrissene Arbeitsgebiet der drei *demonstrationes* heraus:

       1. Demonstratio religiosa,
       2. Demonstratio christiana,
       3. Demonstratio catholica.

Diesen wurde dann noch

       4. De locis theologicis

als ein vierter Traktat hinzugefügt, bei dem es um die Quellen theologischer Erkenntnis geht. Trotz der weithin festzustellenden Abwendung von der neuscholastischen Methode wird dieses Schema als Ordnungsprinzip häufig beibehalten. Im deutschsprachigen Raum hat es beispielsweise den Aufbau des vierbändigen »Handbuchs der Fundamentaltheologie« geprägt.

Das Schema der drei *demonstrationes* findet sich scheinbar erstmals im Werk des Renaissance-Theologen PIERRE CHARRON (1541–1603). Bei ihm ist die diesem Dreischritt zugrundeliegende *apologetische Intention* im Sinne der Orientierung am realen oder fiktiven Gegner des Glaubens noch vollkommen deutlich. Sie gibt diesem Schema seine große innere Stringenz und Klarheit:

1. Demonstratio religiosa: Gegenüber dem *Atheisten* (bzw. Nicht-Religiösen) war zunächst die *Existenz Gottes* und damit die Vernüftigkeit von »Religion« zu beweisen (*demonstrare* = beweisen), wobei »Religion« primär als Gottesverehrung (durch Kult und Gottesfurcht) verstanden wurde. Heute erscheint dieser Teil der Fundamentaltheologie zumeist unter den Bezeichnungen »Religion«, »Gottesfrage« oder – wie in diesem Grundkurs – unter »*Religion und Religionskritik*«.

2. Demonstratio christiana: War die *demonstratio religiosa* erfolgreich durchgeführt – und damit der Atheist fiktiv zur Anerkennung der Existenz Gottes bekehrt –, dann galt es im nächsten Schritt, ihm bzw. dem nun an Gott Glaubenden zu zeigen, welche Form der Religion die wahre, beste bzw. von Gott selbst gewollte Form seiner Verehrung darstellt. Anders gesagt: Es galt zu beweisen, daß das *Christentum* diese *wahre Religion* ist. Das eigentliche (logische) Gegenüber dieser *demonstratio* war somit der *nichtchristliche Gott-Gläubige* (z.B. der Jude, Moslem oder auch ein aufgeklärter »Deist«). Dieser Schritt war folglich auf den Glauben an Jesus Christus konzentriert bzw. auf die Auffassung, daß Jesus der Übermittler göttlicher Offenbarung ist. Heute wird dieser Teil daher vor allem unter dem Stichwort »Offenbarung in Jesus Christus« oder – wie hier – »*Offenbarung*« behandelt.

3. **Demonstratio catholica:** War nach dem Glauben an Gott auch der Glaube an Jesus Christus bzw. das Christentum als die wahre Religion gesichert, so galt es nun – angesichts von Häresien und Spaltungen innerhalb des Christentums – die *katholische Kirche* als die *wahre, auf Jesus Christus zurückgehende Gestalt der christlichen Religion* zu erweisen. Implizit oder explizit wurden hierbei die *Christen anderer Konfession* als das eigentliche Gegenüber angesehen. Heute wird dieser Teil meist schlicht als Traktat »Kirche« oder »fundamentaltheologische Ekklesiologie« bezeichnet. Auch in der fundamentaltheologischen Arbeit innerhalb der Theologie anderer christlicher Konfessionen lassen sich diese beiden Elemente nachweisen, das heißt die Legitimation einer notwendig kirchlichen Gestalt des Christentums und – in kontroverstheologischer Absicht – die Darstellung der eigenen Konfession als der wahren Form von Kirche.

Gegenwärtig vollziehen sich innerhalb der Fundamentaltheologie gewichtige Veränderungen. Sie betreffen vor allem das, was dem Schema seine ursprüngliche Stringenz verlieh, nämlich die apologetisch kontroverse Intention. An ihre Stelle tritt heute vielfach eine stärker *integrative Orientierung*. Dennoch läßt sich auch hierbei der logische Aufbau des Schemas durchaus aufrechterhalten. Die im folgenden genannten Veränderungen sind freilich derzeit mitten in der Diskussion und stellen keineswegs einen abgeschlossenen Prozeß dar. Im wesentlichen hängen sie von einer Neubestimmung der für das Schema grundlegenden Kategorien ab.

1. Die deutlichste und am weitesten fortgeschrittene Veränderung findet sich im **Traktat »Kirche«**. Aufgrund theologischer *Veränderungen im Kirchenbegriff* geht es heute auch innerhalb der katholischen Theologie längst nicht mehr darum, die römisch-katholische Kirche als die einzig wahre Kirche zu erweisen, sondern den Sinn von Kirche und die Einheit der Kirche im Horizont einer historisch konkreten Vielfalt von Kirchen zu bestimmen. Wegweisend erscheint dabei der Gedanke, daß die eine Kirche sich in einer Gemeinschaft von Kirchen realisiert. So weicht das einstige Entweder-Oder bei der Frage nach der wahren Kirche zunehmend einem Sowohl-Als-auch (→ 14. Kapitel).

2. Im **Traktat »Offenbarung«** vollzieht sich eine vergleichbare, aber derzeit noch wesentlich umstrittenere Entwicklung. Unter dem Stichwort »Theologie der Religionen« hat ein intensiver Diskussions- und Reflexionsprozeß darüber begonnen, ob und in welchem Ausmaß auch den nichtchristlichen Religionen Offenbarung zugrundeliegt und wie sich diese zur Offenbarung in Jesus Chri-

Einleitung

stus verhält. Der *Wandel im Offenbarungsbegriff*, wonach Offenbarung nicht länger als übernatürliche Mitteilung satzhafter Glaubenswahrheiten zu verstehen ist, sondern als Selbstmitteilung Gottes, ermöglicht den integrativen Gedanken, die großen religiösen Traditionen der Menschheit als Verkörperungen unterschiedlicher, aber dennoch gleichermaßen gültiger Erfahrungen mit einer universalen Selbsterschließung Gottes zu deuten (→ 11. Kapitel).

3. Auch im **Traktat »Religion und Religionskritik«** ergibt sich schließlich die Möglichkeit einer neuen, eher integrativen Tendenz: Zwar ist es ausgeschlossen, daß die Bekräftigung der Existenz Gottes und ihre Leugnung gleichermaßen wahr sein können, aber beide Optionen können unter Umständen gleichermaßen vernünftig sein. Der Vernunftbegriff darf nicht von der Verpflichtung auf die Wahrheit losgelöst werden. Aber es ist möglich, daß dann, wenn sich die Existenz Gottes nicht zwingend beweisen läßt, sowohl ihre Behauptung als auch ihre Bestreitung als gleichermaßen vernünftige Überzeugungen gelten können. Dies setzt freilich eine *Veränderung im Vernunftbegriff* voraus, bei der dieser nicht mehr ausschließlich an Beweisbarkeit geknüpft wird. Und genau diese Veränderung hat sich in der modernen rationalitätstheoretischen Diskussion vollzogen (→ 5. Kapitel).

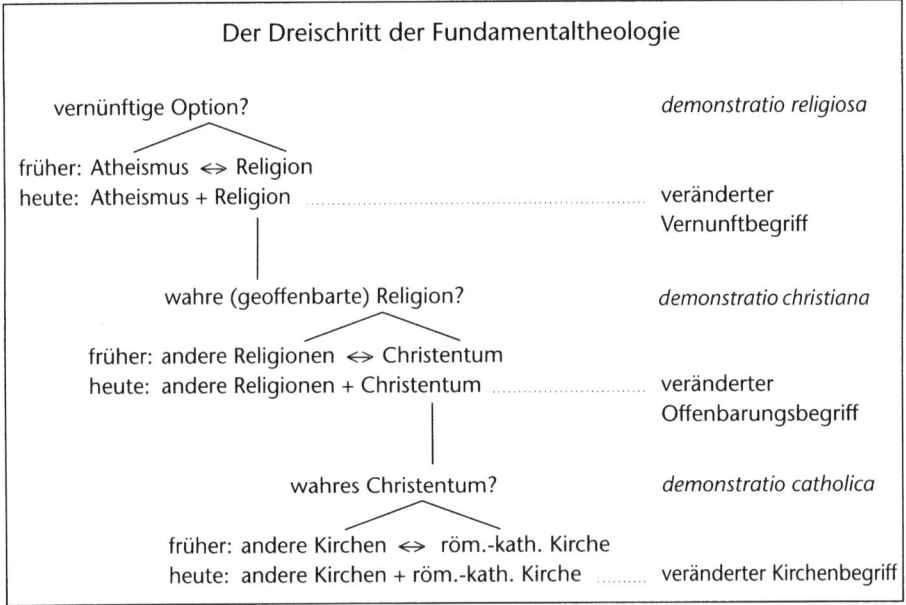

4. Der vierte Traktat der Fundamentaltheologie »*de locis theologicis*« knüpfte ursprünglich an die zweite und dritte der drei *demonstrationes* an. Hier sollte gezeigt werden, daß der Kanon der biblischen Schriften die von Jesus übermittelte und im Alten Bund vorbereitete Offenbarung authentisch bezeugt, und daß

diese Offenbarung im Leben der Kirche durch die theologische Tradition und das kirchliche Lehramt entfaltet wird. Diese drei, *Schrift, Tradition und Lehramt*, bilden somit die »(Fund-)Orte« (*loci*) bzw. Quellen der Theologie. Die Fundamentaltheologie sollte zeigen, daß es vernünftig ist, sich auf diese drei Quellen zu stützen. Dann konnte die Dogmatik auf ihrer Grundlage mit der Entfaltung der christlichen Glaubenslehre beginnen.

Dieser Traktat hat heute eine ganz wesentliche Erweiterung, ja teilweise geradezu eine Umbildung erfahren. Man trägt stärker der Erkenntnis Rechnung, daß diese drei Quellen der Theologie allesamt als Zeugnisse und Dokumente des Glaubens zu werten sind. Eine sinnvolle Grundlegung der Dogmatik muß daher primär das grundsätzliche Verhältnis von Glaube und Vernunft klären. In dem **Traktat »Glaube und Vernunft«** können dann auf einer viel grundlegenderen Ebene die eigentlichen Anliegen aus »*de locis theologicis*« aufgegriffen werden, nämlich die Frage nach der Glaubensgewißheit und nach seiner sich auch in Schrift, Tradition und Lehramt bekundenden Sprachgestalt.

Den genannten Veränderungen entspricht auch der Aufbau dieses Kurses. Das Schema der drei *demonstrationes* wird als grundsätzliches Ordnungsschema beibehalten. In der Durchführung werden jedoch vor allem die integrativen Tendenzen berücksichtigt. *De locis theologicis* ist gänzlich umgestaltet zum Traktat über »Glaube und Vernunft«. Dieser wird daher auch nicht mehr als ein Anhängsel zum fundamentaltheologischen Dreischritt behandelt, sondern in enger Anbindung an die relevanten Diskussionen in den beiden ersten Traktaten.

1. *Demonstratio religiosa* → Traktat *»Religion und Religionskritik«*
2. *Demonstratio christiana* → Traktat *»Offenbarung«*
3. *Demonstratio catholica* → Traktat *»Kirche«*
4. *De locis theologicis* → Traktat *»Glaube und Vernunft«*

Methoden- und Abgrenzungsprobleme

Rationale Verantwortung des Glaubens muß »*nach außen*«, d.h. gegenüber kritischen Infragestellungen des Glaubens seitens Nicht- bzw. Andersgläubiger, geschehen und »*nach innen*«, d.h. für den Glaubenden und um des Glaubens selbst willen. Damit sind die beiden bis heute prägenden *Grundmotive* der Fundamentaltheologie genannt:
▶ Das *apologetische* Motiv (rationale Verteidigung des Glaubens)
▶ Das *fundierende* Motiv (rationale Grundlegung der Theologie)

Der ab der 2. Hälfte des 19. Jh. einsetzende Wechsel in der Bezeichnung des Fachs von »Apologetik« zu »Fundamentaltheologie« machte eine gewisse Akzentverlagerung vom ersten zum zweiten Motiv deutlich und ging zugleich mit einer sich verstärkenden Selbständigkeit der Disziplin einher. Mit dem Namenswechsel mehrten sich die Auffassungen, wonach die Fundamentaltheologie als eine Art »Grundlagenforschung« innerhalb der Theologie anzusehen sei.

Zeigt sich am Schema der drei *demonstrationes* sehr klar das *apologetische Element* der Fundamentaltheologie, so wird mit ihm jedoch zugleich auch eine sachliche Eingrenzung auf für die gesamte Theologie *grundlegende Themenbereiche* deutlich. Die Durchführung aller drei *demonstrationes* sollte mit *rein rationalen Mitteln* erfolgen, was nach damaligem Verständnis hieß, keine Glaubensannahmen vorauszusetzen. Diese beiden Aspekte, der grundlegende Charakter der Themenbereiche und die rein rationale Vorgehensweise im Sinne eines Verzichts auf Glaubensvoraussetzungen, ermöglichten eine *inhaltliche* und *methodische Abgrenzung* von der *Dogmatik*: Wenn durch die drei *demonstrationes* die Legitimität des Glaubens an Gott, an Jesus Christus als Träger göttlicher Offenbarung und an die Kirche als Empfänger und Vermittler der Offenbarung erwiesen war, konnte die Dogmatik auf der Grundlage der *loci theologici* – und damit methodisch unter der Voraussetzung des Glaubens – mit der inhaltlichen Ausgestaltung der christlichen Glaubenslehre beginnen.

Schwieriger als die Abgrenzung von der Dogmatik fiel die *Abgrenzung von der Religionsphilosophie*. Sie wurde in der Regel auch gar nicht beabsichtigt. Denn das, was als wesentlicher Inhalt der Religionsphilosophie galt, war deckungsgleich mit dem Inhalt der *demonstratio religiosa*. Und bezüglich der Methode sah man ebenfalls keinen Unterschied. So blieb allein der Umstand, daß die Fundamentaltheologie bzw. Apologetik über die gewöhnliche Arbeit der Religionsphilosphie hinausging, indem sie unmittelbar die Grundlagen für die christliche oder römisch-katholische Dogmatik zu bereiten suchte. Dies erlaubte dann zwei Konzeptionen: Entweder man verstand die Religionsphilosophie als erstes Teilgebiet der Fundamentaltheologie, oder man lagerte die Religionsphilosophie als weitere grundlegende Disziplin der Fundamentaltheologie vor.

Diese klassische Anordnung der Fundamentaltheologie bzw. Apologetik zwischen Religionsphilosophie und Dogmatik funktionierte vor allem aufgrund von drei Voraussetzungen:

1. der Auffassung, daß rationale Methodik den *Verzicht auf Glaubensvoraussetzungen* verlangt,
2. der von der Neuscholastik geprägten *extrinsezistischen Methode* (*extrinsecus* = von außen her) im Offenbarungstraktat,
3. dem *instruktionstheoretischen* Verständnis von Offenbarung als Mitteilung übernatürlicher Glaubensgeheimnisse.

Unter diesen Voraussetzungen galt dann: In der *demonstratio religiosa* (also im ersten Traktat der Fundamentaltheologie oder in der Religionsphilosophie als einer der Fundamentaltheologie vorgelagerten Disziplin) wird auf rationalem Weg ohne irgendwelche Glaubensvoraussetzungen mittels der sogenannten »Gottesbeweise« die Existenz Gottes bewiesen. Unter Voraussetzung der so bewiesenen Existenz Gottes – aber wieder ohne jede Glaubensvoraussetzung – weist die Fundamentaltheologie daraufhin in der *demonstratio christiana* die grundsätzliche Möglichkeit einer göttlichen Offenbarung nach und beweist, daß Gott durch Jesus von Nazaret tatsächlich Offenbarungen ergehen ließ. Hierfür stützte sich die Beweisführung vor allem auf *Wunder*, auf die *Erfüllung von Verheißungen* und auf die *Glaubwürdigkeit der Zeugen bzw. Zeugnisse*. Das heißt, daß Jesus zu seinen Offenbarungen göttlich legitimiert ist, zeigt sich vor allem aufgrund der von ihm vollbrachten Wunder sowie durch die Verheißungen der alttestamentlichen Propheten, die sich in ihm erfüllt haben. Da wir über sein Leben, seine Worte und seine Wunder jedoch nur durch das Zeugnis der biblischen Schriftsteller informiert sind, muß zusätzlich deren Glaubwürdigkeit belegt werden. Dies geschieht vor allem durch das Argument ihres Martyriums, also durch den Hinweis auf ihre Bereitschaft, für die Echtheit des Zeugnisses mit ihrem Leben einzustehen. Steht somit die Glaubwürdigkeit der Zeugen fest, dann belegen die von ihnen berichteten Wunder und erfüllten Verheißungen die göttliche Vollmacht Jesu. Steht seine göttliche Vollmacht fest, dann ist bewiesen, daß er seinen Anspruch, der Offenbarer Gottes zu sein, zu Recht erhebt. Der Offenbarungsinhalt selbst kann dann seinen Worten, so wie sie die biblischen Zeugen übermittelt haben, entnommen werden.

Das wesentliche Merkmal dieser **extrinsezistischen** Methode besteht darin, den Wahrheitsbeweis für die als geoffenbart geltenden Aussagen auf *rein äußerlichem Weg*, das heißt *ohne Berücksichtigung ihres Inhalts* und *ohne die Voraussetzung eines Glaubens an sie*, zu führen. Der philosophische Grund für diese Methode bestand in der Annahme, daß rationale Beweisführung nur dann gegeben ist, wenn keine Glaubensvoraussetzungen gemacht werden. Ihr theologischer Grund bestand in einem Verständnis von Offenbarung, wonach Gott *aus freien Stücken* (in neuscholastischer Terminologie: »ungeschuldet«) Glaubenswahrheiten mitteilt, die *auf rein rationalem Weg nicht erschließbar* sind und auch nach ihrer Offenbarung echte *Geheimnisse* bleiben, die nur bedingt verstehbar sind. Diese drei Elemente hängen eng zusammen: Nur wenn die geoffenbarten Wahrheiten rational nicht erschließbar sind, ist Gott frei, sie zu offenbaren oder zu verschweigen. Denn andernfalls hätte der Mensch diese Wahrheiten ja auch ohne Offenbarung erkennen können. Daher kann die Begründung dieser Wahrheiten nicht bei ihrem Inhalt ansetzen, sondern muß sich rein »äußerlich« auf den Nachweis ihres Geoffenbartseins beschränken. Und nur wenn diese Wahrheiten auch nach ihrer Offenbarung noch Geheimnisse bleiben, erscheint es trotz des eindeutigen Nachweises ihres Geoffenbartseins noch einigermaßen sinnvoll, ihre Annahme als einen Glaubensakt zu bezeichnen. Denn wenn sie auch dem Inhalt nach voll einsehbar wären, bedürfte es zu ihrer Akzeptanz keines Glaubens mehr, es wäre rein eine Sache voraussetzungsloser Vernunft. Die Einbeziehung von Glaube und Glaubensinhalt in die fundamentaltheologische Argumentation erschien also unter diesen Voraussetzungen als höchst gefährlich, da sie

1. die Rationalität im Sinne der Voraussetzungslosigkeit der Argumentation bedroht,
2. der Ungeschuldetheit der Offenbarung widerspricht und
3. den Glauben in Frage stellt, indem die Offenbarungswahrheiten zu Vernunftwahrheiten werden.

Trotz seiner methodologischen Klarheit krankt der extrinsezistische Ansatz doch an mehreren *Problemen*: Erstens spricht in der heutigen philosophischen Diskussion vieles dafür, die Vorstellung einer voraussetzungslosen Argumentation (und einer Bestimmung des Vernunftbegriffs in diesem Sinn) als unhaltbar und unbrauchbar aufzugeben (→ 5. Kapitel). Zweitens droht die Auffassung, daß Gott dem Menschen Sätze offenbart, die für ihn nur bedingt verstehbar sind, dem Menschen das existentielle Interesse an den Offenbarungswahrheiten zu nehmen, die doch immerhin der zentrale Gegenstand des Glaubens sein sollten. Das Motiv, diese Sätze zu glauben, beschränkt sich auf den Gehorsam gegenüber dem sie offenbarenden Gott; für das Leben des Menschen hat der Inhalt dieser Sätze eigentlich keine erhellende oder sinnstiftende Bedeutung. Drittens schließlich enthält jede satzhafte Fassung von Offenbarungen immer auch historisch-kulturell bedingte menschliche Anteile, die nicht ohne weiteres als ebenfalls geoffenbart und somit als »übernatürlich« gelten können. Dies ist die unvermeidliche Folge der sprachlichen Gestalt der geoffenbarten Sätze. Denn die Worte und Begriffe dieser Sprache sind von der jeweiligen Kultur und Epoche geprägt. Dadurch aber wird es äußerst schwierig, wenn nicht gar unmöglich, zu unterscheiden, was an einem als geoffenbart geltenden Satz die zeitbedingte, menschliche Sprachgestalt und was daran der übernatürlich geoffenbarte Inhalt ist.

In der Fundamentaltheologie entwickelte sich unter der Bezeichnung »*Immanenzapologetik*« allmählich eine alternative Konzeption. Anfangs war diese sehr umstritten, wurde jedoch später zum vorherrschenden Ansatz der Fundamentaltheologie. Im Unterschied zur extrinsezistischen Methode kann ihr Vorgehen als **intrinsezistisch** (*intrinsecus* = inwendig) charakterisiert werden. Dieser Ansatz versucht zu zeigen, daß die geoffenbarten Glaubenswahrheiten für den Menschen eine sinnstiftende und existentiell erfüllende Funktion besitzen. Die Begründung des Glaubens soll durch seine innere Überzeugungskraft und Faszination geschehen. Damit werden bewußt der Glaubensvollzug und der Inhalt der Glaubenswahrheiten ins Spiel gebracht. Gleichzeitig soll so auch dem Bezug zwischen den Offenbarungswahrheiten und ihrer jeweiligen historisch-kulturellen Prägung Rechnung getragen werden.

Mit dieser methodischen Veränderung verband sich zugleich häufig die Abkehr von einem instruktionstheoretischen Offenbarungsverständnis (Offenbarung als Mitteilung von satzhaften Glaubenswahrheiten) zu einem *kommunikationstheoretischen* oder *personalistischen Offenbarungsverständnis* (Offenbarung als Selbstmitteilung Gottes) (→ 9. Kapitel). Wenn Offenbarung als Selbstmitteilung Gottes aufgefaßt wird, ändert sich zwangsläufig das Verständnis des Glaubens und das Verständnis der Begründung seiner Rationalität. Glaube gilt dann nicht mehr primär als das Für-wahr-Halten geoffenbarter Sätze, sondern primär als Beziehung zu dem sich selbst offenbarenden Gott. Die Begründung der Rationalität des Glaubens in diesem Sinn wird dann vor allem *hermeneutisch* durchgeführt, das heißt als eine *Selbstauslegung des Glaubens für den Glauben*. Die fundamentaltheologische Argumentation geschieht somit aus dem vorgegebenen Glauben heraus.

Diese Veränderungen haben angesichts der Probleme des extrinsezistischen Ansatzes deutliche Vorteile gebracht. Dennoch sind auch mit der intrinsezistischen Methode spezifische *Schwierigkeiten* verbunden. Zum einen verschwimmt die Abgrenzung von Fundamentaltheologie und Dogmatik. Fundamentaltheologie wird auf diesem Wege schnell zu einer »fundamentalen Theologie« im Sinne eines dogmatischen Grundkurses (so wollte vor allem KARL RAHNER die Fundamentaltheologie verstanden wissen). Das gewichtigere – und vor allem die Beziehung zur Religionsphilosophie betreffende – Problem ist jedoch, daß eine bei der Glaubensbegründung ausschließlich hermeneutisch argumentierende Theologie deutlich in der Gefahr steht, die gemeinsame Ebene für einen rationalen Diskurs mit dem Nichtglaubenden zu verlieren bzw. diese nur noch in praktischen Fragen zu suchen.

Resümee und Ausblick

Die Frage nach der Rationalität des Glaubens ist die Grundfrage der Fundamentaltheologie. Bei der Diskussion dieser Frage folgt der Kurs inhaltlich dem traditionellen Dreischritt der Fundamentaltheologie. In seiner Durchführung wird dieser jedoch eher integrativ als apologetisch angewandt. Der vierte Traktat ist gänzlich umgestaltet zu einer Grundlagenreflexion über Glaube und Vernunft. In methodischer Hinsicht wird die extrinsezistische Gleichsetzung von rationaler Argumentation mit Voraussetzungslosigkeit abgelehnt. Vielmehr werden in Anlehnung an intrinsezistische Ansätze die Glaubensvoraussetzungen in die fundamentaltheologische Argumentation mit einbezogen. Allerdings wird auf einen rein hermeneutischen Ansatz verzichtet, der den Glauben allein aus dem Glauben und für den Glauben auslegt. Demgegenüber sollen alle Glaubensvoraussetzungen für eine kritische Überprüfung gemäß glaubensunabhängiger Rationalitätsstandards offen gehalten werden.

Literatur:

Wichtigste deutschsprachige Gesamtdarstellung ist das
- Handbuch der Fundamentaltheologie (hrsg. von W. KERN, H.J. POTTMEYER, M. SECKLER), Bd. 1: Traktat Religion; Bd. 2: Traktat Offenbarung; Bd. 3: Traktat Kirche; Bd. 4: Traktat theologische Erkenntnislehre. Schlußteil: Reflexion auf Fundamentaltheologie, Freiburg i.Br. 1985–1988.

Einführungen, die den Schwerpunkt auf den Umbruch von der extrinsezistischen zur intrinsezistischen Methode legen, bieten:
- H. WAGNER, Einführung in die Fundamentaltheologie, 2. neubearb. Aufl., Darmstadt 1996.
- F. SCHÜSSLER FIORENZA, Fundamentale Theologie. Zur Kritik theologischer Begründungsverfahren, Mainz 1992.

Gesamtdarstellungen, die zugleich Ausdruck spezifischer Konzeptionen sind:
- A. LANG, Fundamentaltheologie. Bd. 1: Die Sendung Christi; Bd. 2: Der Auftrag der Kirche, 4. neu bearbeit. Aufl., München 1967–1968. Und: DERS., Wesen und Wahrheit der Religion. Einführung in die Religionsphilosophie, München 1957. (Fundamentaltheologie und Religionsphilosophie von LANG sind noch weitgehend der traditionellen, neuscholastisch geprägten Konzeption verpflichtet.)
- J. RATZINGER, Einführung in das Christentum. Vorlesungen über das Apostolische Glaubensbekenntnis, München 1968. (Diese an den drei Artikeln des Glaubensbekenntnisses orientierte Darstellung stellt zugleich eine sehr gut lesbare Einführung in fundamentaltheologisches Denken dar, wie es einer moderaten Form des hermeneutischen bzw. intrinsezistischen Ansatzes entspricht.)
- A. KOLPING, Fundamentaltheologie I. Theorie der Glaubwürdigkeitserkenntnis der Offenbarung, Münster 1967; Fundamentaltheologie II. Die konkret-geschichtliche Offenbarung Gottes, Münster 1974; Fundamentaltheologie III/1. Die katholische Kirche als Sachwalterin der Offenbarung Gottes, Münster 1981. (Dieses monumentale Werk kann als *die* repräsentative Fundamentaltheologie für den Übergang von einer extrinsezistischen zu einer intrinsezistischen Methode gelten.)
- H. FRIES, Fundamentaltheologie, Graz 1985. (Die Fundamentaltheologie von FRIES repräsentiert eine moderate Form des hermeneutischen bzw. immanentistischen Ansatzes und weiß sich argumentativ der probabilistischen Methode J.H. NEWMANS verpflichtet.)
- E. BISER, Glaubensverständnis. Grundriß einer hermeneutischen Fundamentaltheologie, Freiburg-Basel-Wien 1975.
- P. KNAUER, Der Glaube kommt vom Hören. Ökumenische Fundamentaltheologie, Graz-Wien-Köln 1978. (KNAUER und BISER sind beide Vertreter eines streng hermeneutischen Ansatzes.)
- K.H. NEUFELD, Fundamentaltheologie I. Jesus – Grund des Glaubens, Stuttgart 1992; Fundamentaltheologie II. Der Mensch – Bewußte Nachfolge im Volk Gottes, Stuttgart 1993. (Die Fundamentaltheologie von NEUFELD folgt ebenfalls einem streng hermeneu-

tischen Ansatz. Auf rationale Argumentation wird weitgehend verzichtet, statt dessen Jesus Christus als der einzige Glaubensgrund durch lebendiges Erinnern in narrativer Form zur Sprache gebracht.)
- K. RAHNER, Grundkurs des Glaubens. Einführung in den Begriff des Christentums, Freiburg-Basel-Wien 1976. (Kompendium von RAHNERS Verständnis der Fundamentaltheologie als einer »fundamentalen Theologie«.)
- DERS., K.H. WEGER, Was sollen wir noch glauben? Theologen stellen sich den Glaubensfragen einer neuen Generation, Freiburg i.Br. 1979 (Eine außerordentlich nützliche Zusammenstellung der zentralen kritischen Anfragen der Gegenwart an fast alle fundamentaltheologischen Themen durch WEGER, versehen mit Antworten aus dem theologischen Ansatz RAHNERS. Dieses Buch ist auch zur Einführung in das Denken RAHNERS gut geeignet.)
- H. PEUKERT, Wissenschaftstheorie – Handlungstheorie – Fundamentale Theologie. Analysen zu Ansatz und Status theologischer Theoriebildung, Düsseldorf 1976. (Wichtigstes Werk einer politisch-orthopraktischen Neukonzeption von Fundamentaltheologie.)
- H. WALDENFELS, Kontextuelle Fundamentaltheologie, Paderborn 1985. (Betonung des gesellschaftlichen, geistesgeschichtlichen Kontextes fundamentaltheologischer Fragestellungen, wodurch den Gefahren einer rein hermeneutischen Methode entgegengesteuert wird.)
- H. VERWEYEN, Gottes letztes Wort. Grundriß der Fundamentaltheologie, Düsseldorf 1991. (Versuch im Rahmen eines transzendentaltheologischen Ansatzes, dem Glauben eine philosophische Letztbegründung zu geben.)
- K. MÜLLER (Hrsg.), Fundamentaltheologie. Fluchtlinien und gegenwärtige Herausforderungen, Regensburg 1998. (Eine Sammelband zahlreicher Autoren, von denen viele dem methodischen Ansatz VERWEYENS nahestehen.)
- H. DÖRING, A. KREINER, P. SCHMIDT-LEUKEL, Den Glauben denken. Neue Wege der Fundamentaltheologie, Freiburg i.Br. 1993. (Eine Skizze neuerer, integrativer Tendenzen der Fundamentaltheologie, die methodisch von einem Verständnis der Glaubensinhalte als rational zu rechtfertigender Hypothesen ausgeht.)

Brillante Einführungen zur Religionsphilosophie, die sich weitgehend mit den Aufgaben der Fundamentaltheologie decken, sind:

- M. PETERSON, W. HASKER, B. REICHENBACH, D. BASINGER, Reason and Religious Belief. An Introduction to the Philosophy of Religion, New York, Oxford 1991. (Die beste mir bekannte Einführung in die Religionsphilosophie aus der Perspektive der Analytischen Philosophie.)
- J. HICK, Philosophy of Religion, 4th ed., Englewood Cliffs 1990. (Sehr komprimierte, klar und leicht verständlich geschriebene Darstellung, die zugleich die religionsphilosophische Position von HICK wiedergibt. Achtung: Die unterschiedlichen Auflagen dieses Werks weichen stark voneinander ab!)
- N. HOERSTER (Hrsg.), Glaube und Vernunft. Texte zur Religionsphilosophie, Stuttgart 1988. (Ausgezeichnete Anthologie wichtiger Originaltexte zu fast allen einschlägigen religionsphilosophischen Problemen, zusammengestellt von einem der führenden atheistischen Philosophen Deutschlands.)

2. KAPITEL (RELIGION UND RELIGIONSKRITIK I)
Was ist Religion?
Funktion und Probleme des Religionsbegriffs

Religion – ein kontroverses Thema

Nicht nur einzelne religiöse Phänomene sind immer wieder Gegenstand heftiger Kontroversen. Vielmehr wird auch Religion überhaupt bzw. alles, was religiös ist oder erscheint, höchst unterschiedlich bewertet. Ganz grob lassen sich hierbei vier einflußreiche Positionen unterscheiden. Die ersten beiden sind »atheistisch«, die letzten beiden »theologisch« orientiert.

Ideologischer Atheismus: Damit ist der Atheismus (auch »Naturalismus« genannt) im Sinne einer *weltanschaulichen Überzeugung* gemeint, die die Existenz einer transzendenten Wirklichkeit verneint, das heißt einer Wirklichkeit, die die natürliche bzw. endliche Wirklichkeit überschreitet bzw. »transzendiert« (*transcendere* = überschreiten). Von diesem Standpunkt aus gesehen sind religiöse Überzeugungen und Praktiken falsch. Religion ist eine Illusion, die den Menschen von sich selbst entfremdet und im wesentlichen auf Projektion beruht.

Methodologischer Atheismus: Dieser findet sich vor allem in den verschiedenen Disziplinen der Religionswissenschaft. Es handelt sich dabei nicht um eine weltanschauliche Überzeugung. Vielmehr soll der Religionswissenschaftler weltanschauliche Überzeugungen jeglicher Art bei seiner Arbeit gerade ausklammern und damit zugleich auf ein wertendes Urteil über Religion verzichten. Alles, was mit Religion zu tun hat, soll ohne ideologische Voreingenommenheit als historisches, kulturelles, soziologisches, psychologisches usw. – sprich als menschliches – Phänomen betrachtet und analysiert werden. Daß dabei dennoch von einem »methodologischen Atheismus« die Rede ist, zeigt an, daß Religionswissenschaft die religiösen Phänomene *ausschließlich* als menschliche Phänomene behandeln soll, das heißt, unter bewußter und gezielter Ausblendung einer transzendenten Dimension bzw. einer möglichen Wahrheit der transzendenzbezogenen religiösen Überzeugungen. Damit stellt sich die Frage, ob hierdurch nicht doch – wenn auch ungewollt – letztlich einem ideologischen Atheismus Vorschub geleistet wird. Diese Frage steht im Hintergrund zahlreicher Diskussionen über die Methodologie der Religionswissenschaft.

Die theologischen Bewertungen von Religion fallen keineswegs einheitlich positiv aus. Eng verbunden mit den unterschiedlichen Positionen innerhalb der theologischen Bewertung von Religion ist dabei die Frage: Ist das Christentum eine Religion? Mit anderen Worten: Läßt sich das Christentum in ein größeres Phänomen namens »Religion« einordnen, oder fällt das Christentum grundsätzlich aus diesem Rahmen heraus?

Diskontinuität von Christentum und Religion: Schon in der patristischen Theologie, der Theologie der Kirchenväter, findet sich gelegentlich die Gegenüberstellung des Christentums als der »wahren Religion« gegenüber den »falschen Religionen« (erstmals scheinbar bei Laktanz, † um 320). Wahrheit und Falschheit war hierbei jedoch vor allem auf die richtige, insbesondere kultische Haltung gegenüber Gott bezogen und nicht auf die institutionelle Gestalt der »Religionen«. Doch auch so brachte die Entgegensetzung von wahrer und falscher Religion eine scharfe Diskontinuität zwischen christlicher Gottesverehrung und dem vermeintlichen Götzendienst der Nichtchristen zum Ausdruck. Traf man bei einzelnen Glaubensinhalten und religiösen Praktiken der nichtchristlichen Religionen auf starke Ähnlichkeiten zum Christentum, dann wurden diese häufig als dämonische Nachahmung (das heißt, der Teufel imitiert christliches Glaubensgut in anderen Religionen) oder als Entlehnung (das heißt, auf irgendeinem Weg sind diese Elemente aus dem Judentum und/oder Christentum in die anderen Religionen eingedrungen) erklärt.

Im 20. Jh. hat insbesondere die von Karl Barth begründete sogenannte »dialektische Theologie« erneut eine strikte Entgegensetzung von Religion und Evangelium behauptet. Barth übernimmt in vielem die atheistischen Anschauungen von L. Feuerbach, wonach in der Religion der Mensch sein eigenes Wesen projiziert. Daher ist für Barth Religion »Unglaube«, eine Sache des »gottlosen Menschen«. In ihr verherrlicht sich der Mensch selbst und versperrt sich damit dem Gericht und der Gnade Gottes, wie sie allein im Evangelium offenbar werden. Auch das Christentum partizipiert nach Barth an diesem widergöttlichen Wesen der Religion. Da aber im Christentum zugleich das Evangelium wirksam ist, kann es gegenüber den nichtchristlichen Religionen als die allein »wahre Religion«, das heißt als die durch Gottes Gnade wahr gemachte Religion bezeichnet werden. Von solchen Thesen der dialektischen Theologie beeinflußt ist schließlich auch die von Dietrich Bonhoeffer geprägte Vorstellung eines »religionslosen Christentums«.

Kontinuität von Christentum und Religion: Neben der Entgegensetzung von wahrer und falscher Religion findet sich in der Patristik auch der Gedanke einer

Kontinuität: Das Christentum steht demnach nicht nur in Kontinuität zum Alten Bund, den es erfüllend überbietet, sondern auch zu allen anderen wahren und echten Elementen innerhalb der heidnischen Religiosität. Kennzeichnend hierfür ist die bereits bei Justin (†165) anzutreffende Lehre, daß sich auch im Feld nichtchristlicher Religion »Samenkörner des Logos« (»logoi spermatikoi«) finden, also Wirkungen jenes göttlichen Logos (= »Wort«), der sich in Jesus von Nazaret zur Gänze inkarniert hat.

Besonders in der europäischen Neuzeit wurde das Verhältnis von Christentum und nichtchristlichen Religionen vielfach im Sinne einer Kontinuität gesehen. Das hing zum einen mit der Religionsphilosohie der Aufklärung zusammen (vor allem des Deismus), zum anderen mit dem verstärkten Aufkommen des Atheismus. Denn gegenüber dem Atheismus schienen Christentum und nichtchristliche Religionen grundsätzlich in einer gemeinsamen Frontstellung zu stehen. Von dieser Sichtweise ist auch das Schema der drei *demonstrationes* beeinflußt, das im ersten Schritt, der *demonstratio religiosa*, eine solche Kontinuität voraussetzt (→ 1. Kapitel). Auf protestantischer Seite findet sich eine analoge Sichtweise im Werk des einflußreichen Theologen Friedrich Schleiermacher. Nach ihm wurzelt Religion in einem allgemeinen menschlichen Grundgefühl, das er zunächst als eine durch die Wahrnehmung der Endlichkeit vermittelte »Anschauung des Unendlichen« und später als Gefühl der »schlechthinnigen Abhängigkeit« spezifiziert. Diese religiöse Grunddimension des Menschen findet nach Schleiermacher in den konkreten Religionen unterschiedliche Ausprägungen und erlangt ihren Höhepunkt im Christentum.

Die kontroversen Bewertungen der Religion durch Atheismus, Theologie der Diskontinuität und Theologie der Kontinuität können hier noch nicht diskutiert werden. Dies geschieht erst in späteren Kapiteln dieses Kurses (zur Auseinandersetzung mit der atheistischen Bewertung → 8. Kapitel; zu den unterschiedlichen theologischen Bewertungen → 11. Kapitel). Im folgenden soll vielmehr zunächst ein grundlegenderes Problem erörtert werden: Trotz aller Gegensätze gehen die genannten Positionen in der Regel davon aus, daß es sich bei »Religion« und »Religionen« um einigermaßen einheitliche Phänomene handelt. Obwohl jede der genannten Positionen »Religion« anders versteht und anders bewertet, setzen sie dabei – wenn auch auf je eigene Weise – einen *allgemein anwendbaren Religionsbegriff* voraus. Diese Voraussetzung ist allerdings umstritten. Und die damit verbundenen Schwierigkeiten verschärfen sich noch, wenn »Religion« zugleich – sei es nun im positiven oder im negativen Sinn – als ein *allgemeines anthropologisches Phänomen* (*anthropos* = Mensch) angesehen wird, also als etwas, das zum Wesen des Menschen, zumindest in seiner bisherigen Entwicklung, hinzugehört.

Probleme eines einheitlichen Religionsbegriffs

Die Schwierigkeiten, die bei dem Versuch, einen einheitlichen Religionsbegriff zu entwerfen, auftreten, lassen sich näherhin als Probleme der *Deskription* (Beschreibung) und als Probleme der *Definition von Religion* kennzeichnen.

Probleme der Deskription

In seiner bahnbrechenden Studie »The Meaning and End of Religion« (»Bedeutung und Ende von Religion«) hat der kanadische Religionsgeschichtler, Orientalist und Theologe WILFRED CANTWELL SMITH die Probleme, die der Religionsbegriff in deskriptiver Hinsicht mit sich bringt, analysiert. Seine Überlegungen lassen sich unter den Stichworten Reifikation, Idealisierung und Reduktion zusammenfassen.

Reifikation: Zunächst stellt SMITH einen erheblichen Bedeutungswandel in der Geschichte des Religionsbegriffs fest. Ursprünglich bezeichnete *»religio«* nicht eine institutionell bzw. historisch greifbare Religionsgemeinschaft oder gar ein mit dieser Gemeinschaft verbundenes System von Überzeugungen, sondern eine bestimmte, sich vor allem im Kult ausdrückende innere Haltung, nämlich *die Gott geschuldete Verehrung*. Erst in der Neuzeit nahm der Begriff mehr und mehr seine moderne Bedeutung von historisch greifbaren Institutionen und/oder damit einhergehenden Glaubensvorstellungen an. Aus dem ursprünglich adjektivisch verstandenen, eine personale Haltung bezeichnenden Begriff der »Religion« im Sinne von »Religiosität« wurde so eine unpersönliche Sache, eine Entität namens »Religion«, die es auch im Plural, nämlich den verschiedenen »Religionen« gibt.

An dieser Entwicklung kritisiert SMITH, daß sie den realen historischen Sachverhalten nicht gerecht wird. Denn historisch gesehen gibt es nach SMITH so etwas wie eine einheitliche Entität, die man als die christliche, die islamische, die buddhistische, die hinduistische Religion usw. bezeichnen könnte, nicht. Was man beispielsweise als »das Christentum« oder als »die christliche Religion« bezeichnet hat, sei in Wahrheit ein höchst vielschichtiges Konglomerat verschiedenartiger und heterogener Elemente, die sich noch dazu in einem ständigen Prozeß des Wandels befinden. Eine paulinische Christengemeinde im Kleinasien des 1. Jh., eine orthodoxe Gemeinde im Griechenland des 10 Jh., eine römisch-katholische Gemeinde im Spanien des 17. Jh., eine lutherische Gemeinde im Hamburg des späten 20. Jh., eine Pfingstgemeinde in Südamerika in demselben Jahrhundert – sie alle unterscheiden sich erheblich in ihren Glaubensvorstellungen, ihren kultischen Vollzügen, ihren Werturteilen und vielem anderen. Analoges gilt auch für die anderen sogenannten »Religionen«. Wenn dem aber so ist, was bezeichnet dann der Religionsbegriff? Es gibt – so SMITH –

letztlich so viele verschiedene Christentümer wie es Christen gibt, so viele Buddhismen wie Buddhisten usw. – womit er dem Religionsbegriff wieder die ursprüngliche Bedeutung der ganz persönlichen Frömmigkeit zuweist.

Mit dieser Reifikation sind zwei weitere Probleme verbunden, die nach Smith den Religionsbegriff zur deskriptiven Verwendung ungeeignet machen:

Idealisierung: Wenn etwa ein Christ gegenüber dem gerade genannten Argument entgegnen wollte, es existiere sehr wohl so etwas wie »das Christentum« und dieses finde man beispielsweise in der Theologie des Thomas von Aquin oder im Leben des Franz von Assisi oder in den Lutherischen Bekenntnisschriften, dann handelt es sich dabei – wiederum historisch betrachtet – um eine Idealisierung, die höchst selektiv eine bestimmte Erscheinungsform aus dem langen und breiten Strom der christlichen Tradition herausgreift. Das heißt, es bleiben immer zahlreiche andere Realitäten in diesem Strom bestehen, die von jenem bestimmten Ideal einfach ignoriert bzw. nicht erfaßt werden. Man kann sich das Problem noch radikaler verdeutlichen: War das Verbrennen von Häretikern bzw. andersdenkenden Christen »christlich« oder nicht? Im historischen Sinn war dies durchaus ein christliches Phänomen. Und im idealisierten Sinn gibt es hierzu einfach keine einheitliche Meinung: Während in der Vergangenheit zahlreiche bedeutende christliche Theologen die Hinrichtung von Häretikern als einen Akt christlicher Nächstenliebe befürworteten, sehen zahlreiche christliche Theologen der Gegenwart darin eine Verfehlung gegen das ideale Christentum. »Christentum« oder »wahres Christentum« kann in diesem idealisierten Sinn also immer nur selektiv verwendet werden, trifft also lediglich auf eine Auswahl von Vorstellungen über das ideale Christentum zu. Und dies gilt analog auch für die anderen sogenannten »Religionen« bzw. die dort anzutreffenden Vorstellungen vom »wahren Islam«, »wahren Buddhismus« usw.

Reduktion: Ein weiteres Problem, das mit der Reifikation zusammenhängt, stellt quasi die entgegengesetzte Seite zur Idealisierung dar: jene Betrachtung einer »Religion«, die diese auf ihre rein menschliche Seite reduziert. Religiöses Leben kann grundsätzlich aus einer »Innen-« oder einer »Außenperspektive« betrachtet werden. Mit ersterem ist die Perspektive desjenigen Menschen gemeint, der seine Religiosität innerhalb einer bestimmten religiösen Tradition lebt, mit zweiterem die Perspektive dessen, der außerhalb der gelebten Religiosität dieser Tradition steht. Mit »Reduktion« meint Smith die Gefahr, daß der außenstehende Beobachter den, aus der Innenperspektive heraus gesehen, entscheidenden Punkt verfehlt:

> Wenn wir sie (die religiösen Menschen; P.S.-L.) verstehen wollen, dann dürfen wir nicht auf ihre Religion schauen, sondern, soweit dies möglich ist, durch ihre Augen auf das Universum. Worauf es wirklich ankommt, ist das, was der Hindu dadurch zu sehen vermag, daß er

ein Hindu ist. Solange wir dies nicht ebenfalls sehen können, haben wir die religiöse Qualität seines Lebens nicht erfaßt. Und wir können sicher sein, daß das, was er sieht, nicht der »Hinduismus« ist. Wie wir alle sieht er vielleicht den Tod seiner Frau, die kleineren und größeren Erfolge seiner Kinder, die Unbarmherzigkeit seines Geldverleihers, den Frieden eines abendlichen Sternenhimmels oder seine eigene Sterblichkeit. Er sieht diese Dinge wie durch die gefärbten Gläser einer Brille, wenn man so will, durch Gläser mit einer Hindu-Färbung ... und hinter und jenseits aller Vordergründigkeit (sieht er) schließlich eine *Wirklichkeit*, die vielleicht nicht völlig ohne jedes Attribut ist, aber zweifellos frei ist von dem Attribut, in irgendeinem Sinn *hinduistisch* zu sein.

SMITH, The Meaning and End of Religion, 138

Die Reduktion wird nach SMITH dann besonders verhängnisvoll, wenn sie nicht nur die Innenperspektive verfehlt, sondern wenn ihr dabei zugleich der Kern gelebter Religiosität, eben jener Bezug zur transzendenten Wirklichkeit, entgleitet:

... dem religiösen Menschen geht es um Gott, dem Beobachter um Religion

Ebd. 19, vgl. auch 131 u. 137.

Die Außenperspektive, mit der Gefahr der Reduktion, ist sowohl dann gegeben, wenn das Mitglied einer bestimmten religiösen Tradition eine andere »Religion« betrachtet, als auch wenn ein Standpunkt jenseits aller Religionen, also etwa im Sinn einer atheistischen oder naturalistischen Weltanschauung, eingenommen wird. Geradezu unausweichlich wird diese Gefahr, wenn im Sinn eines methodologischen Atheismus die Reduktion quasi zur Maxime erhoben wird. Einer so arbeitenden Religionswissenschaft muß nach SMITH nahezu zwangsläufig das Verständnis der religiösen Menschen verschlossen bleiben. In allen Fällen aber ist es der reifizierte Religionsbegriff, der – so SMITH – dem mangelnden Verständnis Vorschub leistet, indem dieser Begriff den Blick vom personalen Phänomen der Frömmigkeit weg- und auf ein in Wahrheit nicht existierendes Artefakt namens »Religion« hinführt.

Somit erweist sich der Religionsbegriff nach SMITH in deskriptiver Hinsicht als völlig untauglich. In »The Meaning and End of Religion« schlug er daher vor, zukünftig ganz auf den Religionsbegriff zu verzichten und diesen durch das Begriffspaar »faith« (»Glaube«, »Vertrauen«) and »cumulative tradition« (»kumulative Tradition«) zu ersetzen. »Faith« steht dabei für Religiosität im Sinne einer inneren, transzendenzbezogenen Haltung des einzelnen Menschen und »cumulative tradition« für all jene Vielfalt an Phänomenen, die gemeinsam die historisch beschreibbare, in ständigem Wandel begriffene Seite der großen religiösen Traditionen ausmachen. Keiner dieser beiden Aspekte darf in der Religionsbeschreibung fehlen. SMITHS Vorschlag, den Terminus »Religion« völlig aufzugeben, wurde freilich weder in der Religionswissenschaft, noch in der Theologie rezipiert. Ja, sogar er selbst vermochte dies nicht konsequent durchzuhalten. Dennoch haben seine Analysen nachhaltig auf die mit dem Religionsbegriff verbundenen Probleme der Religionsbeschreibung aufmerksam gemacht und eine dementsprechende Sensibilisierung innerhalb der Religionswissenschaft bewirkt.

Probleme der Definition

Fast noch größer als die Probleme, die in deskriptiver Hinsicht mit dem Religionsbegriff verbunden sind, sind die Schwierigkeiten, »Religion« exakt zu definieren. Sie lassen sich in zwei Gruppen einteilen: Entweder ist die Definition (1) zu selektiv auf einen bestimmten Aspekt von Religion konzentriert oder sie ist (2) zu eng an eine bestimmte religiöse oder nicht-religiöse Weltanschauung angelehnt. In beiden Fällen bleiben jeweils zahlreiche Phänomene übrig, die gemeinhin als »religiös« betrachtet, aber von der jeweiligen Definition nicht erfaßt werden. Im folgenden seien einige Beispiele genannt:

1. Einige Definitionen konzentrieren sich beim Religionsbegriff auf die darin ausgedrückte *innere Haltung*, die dann unterschiedlich akzentuiert wird, z.B. als Glaube, Sittlichkeit oder ein bestimmtes Gefühl. So definiert der Brockhaus von 1960 Religion in enger Anlehnung an die Herkunft des Begriffs als »gläubige Verehrung eines Gottes«. I. KANT hebt den ethischen Aspekt hervor und bestimmt Religion als die »Erkenntnis aller Pflichten als göttlicher Gebote«. Demgegenüber betont F. SCHLEIERMACHER, wie oben bereits erwähnt, den emotiv-existentiellen Aspekt (»Gefühl schlechthinniger Abhängigkeit«). F. FERRÉ akzentuiert den evaluativen Aspekt und definiert »die Religion eines Menschen« als den »Ausdruck seiner intensivsten und umfassendsten Wertschätzungen«.

2. Wieder andere Definitionen gehen primär vom *Bezugspunkt* der religiösen Haltungen aus. Doch in einigen Religionen handelt es sich hierbei um einen personalen Gott (oder einen drei-personalen), in anderen um mehrere personale Götter oder um ein impersonales Göttliches. F. SCHELLING hat »falsche Religion« schlicht als »Polytheismus« und »wahre Religion« als »Monotheismus« definiert. Allgemeiner und behutsamer definiert der Religionswissenschaftler N. SÖDERBLOM Religion als »die Beziehung zwischen dem Menschen und den übermenschlichen Mächten, an die er glaubt und von denen er sich abhängig fühlt.« F. HEILER faßt die Definition abstrakter und spricht lediglich vom »Umgang mit dem Heiligen«. Aber ist der Gedanke von einem Gott, einem Göttlichen oder von Göttern überhaupt konstitutiv für Religion? Kann und muß

man nicht auch gewisse säkulare oder politische Ideologien zu den religiösen Phänomenen zählen? Bei diesen aber ist die innere Haltung nicht auf ein übernatürliches Objekt, sondern auf ein innerweltliches Ideal gerichtet.

3. Angesichts solcher Fragen gehen wieder andere Definitionen weder von einer spezifischen Haltung, noch von einem besonderen Objekt aus, sondern machen die *existentiellen Wirkungen* zum Angelpunkt der Definition. Besonders bekannt ist in dieser Hinsicht die von PAUL TILLICH formulierte Definition, wonach Religion der »Zustand des Ergriffenseins von dem (ist), was uns unbedingt angeht«. Der amerikanische Religionswissenschaftler F. STRENG hat im Anschluß daran vorgeschlagen, »ultimate concern« (»das, was uns unbedingt angeht«) im Sinne von »ultimate transformation« (»unbedingte Umwandlung«) zu präzisieren, um so den soteriologischen Aspekt, das heißt den Gedanken der Erlösung, in den Mittelpunkt zu stellen. Für ihn ist Religion das Mittel zu »einer unbedingten Umwandlung aus dem Unterworfensein unter die Probleme der normalen Existenz (unter Sünde und Verblendung) zu einem Zustand, in dem man diese Schwierigkeiten von ihrer Wurzel her bewältigen kann«.

4. Andere Definitionen betrachten Religion vor allem als ein kollektives, *soziales Phänomen*. So definiert der Soziologe E. DURKHEIM Religion als »ein einheitliches System von Glaubensinhalten und Praktiken, die heilige Dinge betreffen, das heißt, abgesonderte oder verbotene Dinge – wobei die Glaubensinhalte und Praktiken all jene zu einer einzigen, Kirche genannten moralischen Gemeinschaft vereinen, die ihr angehören«. In wissenssoziologischer Perspektive, die auf den besonderen Zusammenhang von Gesellschafts- und Sinnsystemen konzentriert ist, hat P. BERGER Religion als jene »menschliche Einstellung« definiert, »die den Kosmos (einschließlich des Übernatürlichen) als eine heilige Ordnung begreift«.

5. Eine weitere Klasse von Definitionen ist bewußt *normativ* ausgerichtet. Das heißt, hier wird aufgrund einer bestimmten religiösen oder weltanschaulichen Überzeugung wertend bestimmt, was »Religion« ihrem Wesen nach ist. So definiert beispielsweise der katholische Theologe M. SECKLER Religion in Anlehnung an THOMAS VON AQUIN als »erlösende Beziehung zu Gott«. Nach dem islamischen Philosophen S.H. NASR besitzt jede echte Religion zwei Wesensbestandteile: »erstens eine Lehre, die zwischen dem Absoluten und dem Relativen ... unterscheidet; und zweitens eine Methode, sich auf das Wirkliche zu konzentrieren und an das Absolute zu binden«. Der zen-buddhistische Philosoph K. NISHITANI spricht von Religion als »der wirklichen Gewahrwerdung der Wirklichkeit«, die sich erst dann ereignet, »wenn die Wirklichkeit in uns zu ihrer eigenen Verwirklichung gelangt«. Aus religionskritischer Perspektive hat L. FEUERBACH Religion definiert als »das Verhalten des Menschen zu sich selbst, ... zu seinem Wesen als zu einem anderen Wesen«. K. MARX bezeichnet Religion als den »Seufzer der bedrängten Kreatur«, als »das Opium des Volkes«. Und nach S. FREUD handelt es sich bei den religiösen Vorstellungen um »Illusionen, Erfüllungen der ältesten, stärksten, dringendsten Wünsche der Menschheit«.

Die Unterschiede in den Versuchen einer Definition von Religion machen zwei grundsätzliche Probleme deutlich:

Zum einen ist Religion ein *zu vielschichtiges Phänomen*, um es mit einer einzigen Definition zu umfassen. Religionen haben ethische, emotive, kognitive, kultische, ästhetische usw. Dimensionen. Sie können sich in individuellen und kollektiven Formen ausdrücken, in Literatur oder Architektur, in Ritus und Kleidung, in politischen, gesellschaftlichen, kulturellen und subkulturellen Institutionen, in mythischer, philosophischer, rechtlicher, wirtschaftlicher, machtpolitischer Gestalt usw.

Zum anderen schlägt die *kontroverse Bewertung* religiöser Phänomene auch in definitorischer Hinsicht durch, was besonders bei den sich normativ verstehenden Definitionen deutlich wird. Aufgrund der unterschiedlichen Einschätzung von Religion kommt diesbezüglich auch keine einheitliche Definition zustande. Zugleich neigt jede Religionsgemeinschaft und jede Theologie oder Philosophie einer Religionsgemeinschaft dazu, ihr eigenes Ideal von Religion zur Wesensnorm für alle anderen religiösen Phänomene zu erheben.

Bausteine eines christlich rezipierbaren Religionsbegriffs

Welche Konsequenzen haben die Schwierigkeiten, die dem Religionsbegriff in deskriptiver und definitorischer Hinsicht unbestreitbar anhaften, für die fundamentaltheologische Aufgabe? Folgt aus ihnen, daß der Grundgedanke des fundamentaltheologischen Dreischritts, nämlich zur Erörterung der Rationalität des christlichen Glaubens bei einer grundsätzlichen Reflexion auf Religion anzusetzen (*demonstratio religiosa*), undurchführbar ist? Das wäre dann der Fall, wenn sich christlicher Glaube in keiner Weise einem größeren Phänomen namens »Religion« zuordnen ließe, wenn es also keinerlei religionsübergreifende Gemeinsamkeiten gäbe, die zugleich auch für die Bestimmung des christlichen Glaubens relevant sind. Trotz der genannten Schwierigkeiten muß eine solch radikale Konsequenz nicht gezogen werden. Vielmehr lassen sich Aspekte benennen, die das Christentum mit anderen Religionen verbinden und daher als Bausteine für einen auch christlich rezipierbaren Religionsbegriff dienen können. Wenn hierbei von »Bausteinen« die Rede ist, dann deshalb, weil der Gedanke einer umfassenden Religionstheorie angesichts der genannten Schwierigkeiten tatsächlich als illusorisch erscheint. Bei all diesen »Bausteinen« fällt dem *Bezug auf eine transzendente Wirklichkeit* eine entscheidende Rolle zu. Wenn sich daher solche zentrale Gemeinsamkeiten zwischen Christentum und anderen Religionen benennen lassen, dann gilt: *Das, was dem Christentum wesentlich zu eigen ist, muß ihm nicht exklusiv zu eigen sein.* Eine rationale Rechtfertigung des christlichen Glaubens muß daher auch nicht zwangsläufig und schon vom Ansatz her diesen in einen Gegensatz zu allen anderen religiösen Phänomen stellen.

»Familienähnlichkeit«: Angesichts der Schwierigkeiten, den Religionsbegriff einheitlich zu definieren, haben einige Autoren, darunter JOHN HICK, vorgeschlagen, den Religionsbegriff im Sinne von WITTGENSTEINS »Familienähnlichkeit« zu deuten (WITTGENSTEIN, Philosophische Untersuchungen § 66f). Demnach gibt es Begriffe, die nicht ein gemeinsames Wesen bezeichnen und dementsprechend verwendet werden, sondern deren Verwendung sich an nur partiell überlappenden Gemeinsamkeiten orientiert. Das heißt, wie bei einer Familie gibt es zwar ein Netz von Ähnlichkeiten, aber nicht irgendein Merkmal, das allen Mitgliedern dieser Familie gemeinsam wäre. Einige Mitglieder der Familie ähneln einander in Haar- und Augenfarbe, nicht aber in der Größe. Andere ähneln sich in der Größe, nicht aber in den Gesichtszügen. Wieder andere ähneln sich in den Gesichtszügen, nicht aber in der Haar- oder Augenfarbe. Und wieder andere ähneln sich nur im Temperament usw.

Die Ähnlichkeiten innerhalb der »Religionsfamilie« in diesem Sinn – und damit unter Verzicht auf ein gemeinsames Wesensmerkmal – zu bestimmen, wirkt auf Anhieb sehr realistisch. Dieses Konzept scheint am ehesten dem faktischen Sprachgebrauch bei der Verwendung der Worte »Religion« oder »religiös« zu entsprechen. Doch darin liegt zugleich auch die Grenze diese Vorschlags. Denn in seiner Beschränkung auf den faktischen Sprachgebrauch vermag er dem Anliegen von normativen Religionsbegriffen nicht Rechnung zu tragen. Wie beispielsweise ein Buddhist, ein Muslim, ein Christ oder ein Atheist das Wesen der Religion bestimmen, kann sich nicht nach den weniger präzisen Regeln alltagssprachlicher Praxis richten. Es muß ihnen aber freigestellt bleiben, ihre normative Vorstellung von Religion zu artikulieren und dafür zu argumentieren. HICK selbst setzt denn auch dort, wo er sich als christlicher Theologe und Religionsphilosoph mit Religion beschäftigt, nochmals anders an, nämlich bei dem Glauben an »eine heilbringende Wirklichkeit, die den Menschen und die Welt transzendiert«. Zwar sieht er darin kein allgemeines Wesensmerkmal von Religion, aber doch etwas, das die meisten Formen von Religion bekräftigen, also quasi eine weit verbreitete Ähnlichkeit in der Religions-Familie.

Universalität von »faith«: W.C. SMITH hat angesichts der von ihm selbst herausgestellten Probleme des Religionsbegriffs das entscheidende religionsübergreifende Element als die *persönliche Glaubens-Haltung*, als »faith« bestimmt. SMITH ist sich dessen bewußt, daß dieser Terminus nicht besonders glücklich ist. Zum einen könnte er leicht mit einem bloßen Für-wahr-Halten (»believing«) verwechselt werden, zum anderen ist er einseitig von seiner Herkunft aus der jüdisch-christlich-islamischen Religionsfamilie geprägt. Nach SMITH existieren jedoch in anderen Religionsfamilien hierzu bedeutsame analoge Begriffe. Für Smith ist »faith« daher nicht nur die »fundamentale religiöse Kategorie«, sondern letztlich eine »fundamentale menschliche Kategorie«. Es ist die prinzipiell jedem Menschen gegebene Möglichkeit »nicht auf einem bloß weltlichen Niveau zu leben, sondern zu sehen, zu fühlen und zu handeln im Hinblick auf eine transzendente Wirklichkeit« (SMITH, Faith and Belief, Princeton 1979, 12). Der so verstandene »faith« nimmt in den verschiedenen religiösen Traditionen jeweils unterschiedliche Gestalt an, aber nach SMITH handelt es sich dabei um Unterschiede »in der Gestalt, nicht im Wesen« (»in form, but not in kind«).

Allgemeine religiöse Grundüberzeugung: Ein anderer fruchtbarer Versuch, zumindest *ein* bedeutsames Element von Religion zu isolieren, findet sich bei dem amerikanischen Philosophen WILLIAM A. CHRISTIAN. Ohne daß sich Religion oder Religionen darauf beschränken ließen, so gilt doch, daß in ihnen – bewußt oder unbewußt – Überzeugungen gepflegt werden. Grob gesprochen beziehen sich diese Überzeugungen (1) auf *Existenzurteile* bezüglich der Beschaffenheit der Wirklichkeit, (2) auf *Werturteile* und (3) auf *Handlungsanweisungen*. Nach CHRISTIAN läßt sich nun so etwas wie eine *religiöse Grundüberzeugung* ausmachen. Sie beinhaltet, daß es etwas gibt, »das wichtiger ist als alles andere im Universum«. In dieser Grundüberzeugung fließen die drei zuvor genannten Arten zusammen: Denn erstens ist es keineswegs selbstverständlich, daß etwas existiert, das wichtiger ist als alles andere. Zweitens bildet diese Wirklichkeit den höchsten Wert. Und drittens bemißt sich richtiges Verhalten an der Existenz und Werthaftigkeit dieser wichtigsten Wirklichkeit.

In Religionen gibt es Überzeugungen folgender Art:		Die *religiöse Grundüberzeugung* »es gibt etwas, das wichtiger ist als alles andere im Universum« beinhaltet:
(1) Existenzurteile	→	(1) die *Existenz* einer höchsten bzw. transzendenten Wirklichkeit,
(2) Werturteile	→	(2) die Einschätzung dieser Wirklichkeit als *höchsten* Wert,
(3) Handlungsanweisungen	→	(3) daß Heil in der richtigen Orientierung des *Verhaltens* an der Existenz und höchsten Werthaftigkeit dieser Wirklichkeit besteht.
		Religionen beanspruchen somit die *heilshafte Erkenntnis einer höchsten bzw. transzendenten Wirklichkeit*.

Elemente des Religionsbegriffs: Allgemeine religiöse Grundüberzeugung

Natürlich besitzt auch diese Bestimmung ihre Einseitigkeiten. Es bleibt eine gewisse Willkür, religiöses Leben primär von den in den Religionen gepflegten Überzeugungen her zu bestimmen. Andererseits ist damit zweifellos ein zentrales Element erfaßt. Zudem versteht Christian seinen Vorschlag keineswegs im Sinne einer intellektualistischen Engführung. Denn die religiöse Grundüberzeugung drückt sich nach ihm vor allem im religiösen Interesse aus, das heißt dem Interesse an dem, das wichtiger ist als alles andere. Die evaluativen und praktischen Aspekte sind ohnehin deutlich.

Darüber hinaus hat Christians Vorschlag den Vorteil, sowohl auf die sogenannten säkularen Religionen und Ideologien anwendbar zu sein, als auch auf die großen Weltreligionen. Denn seine Formulierung läßt bewußt offen, von welcher Art jene höchste Wirklichkeit ist, die wichtiger ist als alles andere. Für den einen mag dies (wie etwa im Kommunismus) ein politisches Ideal oder (wie im Faschismus) ein bestimmtes Volk oder (wie im Humanismus) der Mensch sein. Für viele Religionen handelt es sich hierbei jedoch um eine transzendente Wirklichkeit, eine Wirklichkeit also, die alle endlichen und begrenzten Wirklichkeiten übersteigt, etwas – um es mit der genialen Formel des Anselm von Canterbury zu sagen –, »über das hinaus Größeres nicht gedacht werden kann« und das daher auch »größer ist als das, was gedacht werden kann« (Proslogion 2 u. 15). Setzt man voraus, daß der christliche Gottesbegriff sich auf eine solche Wirklichkeit bezieht, und setzt man weiter voraus, daß ein heilshaftes Verhältnis zu diesem Gott etwas mit der Erkenntnis seiner Wirklichkeit, seiner höchsten Werthaftigkeit und einem dem entsprechenden Verhalten zu tun hat, dann erweist sich Christians Vorschlag als kompatibel mit einem theologisch-normativen Begriff von Religion, also etwa mit Secklers Definition der Religion als »erlösender Beziehung zu Gott«.

Transzendentale Disposition: Kann man aber noch weiter gehen und etwa im Sinne von W. C. Smith in der Beziehung zu einer transzendenten Wirklichkeit eine allgemein menschliche Möglichkeit sehen, also zumindest der Möglichkeit nach eine *anthropologische Grundbestimmung*? Ein besonders einflußreicher Strang heutiger Theologie versucht genau dies und zwar auf dem Weg über die *transzendentale* Analyse. Der Begriff »transzendental« darf hierbei nicht mit »transzendent« verwechselt werden. Als »transzendental« bezeichnet I. Kant, der den Begriff in diesem Sinn in die Philosophie eingeführt hat, die Rückfrage nach den Möglichkeitsbedingungen unserer Erkenntnis (vgl. Kant, Kritik der reinen Vernunft B 25). Eine Überlegung, die sich auf Schleiermacher und Descartes zurückführen läßt, geht nun davon aus, daß der Mensch die endlichen Gegenstände seiner gewöhnlichen Erkenntnis nur dann als *endlich* zu erkennen vermag, wenn ihm zumindest unthematisch und unbewußt der Gedanke des Unendlichen zugänglich ist. Schleiermacher spricht bildlich davon, daß in der Erkenntnis der Endlichkeit des Endlichen dieses aus dem »Unendlichen gleichsam herausgeschnitten« wird. Und mit der Erkenntnis der Endlichkeit des Endlichen wird dann zugleich auch das Unendliche bewußt, nämlich quasi als Hintergrund aller Endlichkeit. Aus diesem Grund bestimmte Schleiermacher Religion ursprünglich als »Anschauung des Unendlichen im Endlichen«.

Insofern nun die Erkenntnis der Endlichkeit des Endlichen als eine allgemeine Struktur des menschlichen Geistes ausgewiesen werden kann, läßt sich somit auch die Offenheit für den Gedanken des Unendlichen als eine allgemeine anthropologische Gegebenheit behaupten. Damit ist jedoch noch nichts darüber gesagt, ob der Gedanke des Unendlichen als eine rein formale Abstraktion zu betrachten ist, die quasi ins Leere geht, oder ob es tatsächlich so etwas wie eine unendliche, alles Endliche transzendierende Wirklichkeit gibt. Sollte letzteres der Fall sein, dann wäre dem Menschen, jedem Menschen, schon durch die Struktur seines Geistes eine gewisse anfängliche Vertrautheit mit jener Wirklichkeit gegeben, die im Christentum als »Gott« bezeichnet wird. Theologen wie KARL RAHNER und WOLFHART PANNENBERG vertreten genau diese Auffassung. In den Religionen der Menschheit findet ihrer Meinung nach dieses ursprünglich unthematische Wissen von Gott seinen thematischen Ausdruck. Im Sinn dieser transzendentalen Disposition wäre Religion somit eine allgemeine anthropologische Grundgegebenheit.

Resümee

Unbestritten gibt es große Probleme, einen einheitlichen Religionsbegriff zu entwerfen. Dies hängt zum einen mit der Vielschichtigkeit religiöser Phänomene und zum anderen mit ihrer kontroversen Bewertung zusammen. Diese Schwierigkeiten machen es jedoch nicht erforderlich, den christlichen Glauben nur in einem radikalen Unterschied zu außerchristlichen religiösen Phänomenen zu verstehen. Es lassen sich vielmehr Elemente benennen, die den christlichen Glauben mit anderen religiösen Phänomenen verbinden und daher als Bausteine für einen christlich rezipierbaren Religionsbegriff geeignet sind. Dem Glauben an eine höchste bzw. transzendente Wirklichkeit kommt dabei eine tragende Rolle zu. Daher besteht der erste Schritt der Fundamentaltheologie nach wie vor in der Klärung der Frage, inwieweit dieser Glaube als rational gelten kann. Aus diesem Grund wird sich der Kurs im weiteren Verlauf mit jenen Argumenten befassen müssen, die für und die gegen die Existenz einer alles Endliche übersteigenden Wirklichkeit sprechen (→ 6. und 7. Kapitel). Zuvor ist es jedoch erforderlich, zwei weitere grundsätzlichere Fragen zu behandeln: Zum einen ist angesichts der Herausforderung durch die Religionskritik des logischen Positivismus zunächst zu klären, ob es sich bei der Behauptung der Existenz einer transzendenten Wirklichkeit überhaupt um eine sinnvolle Tatsachenbehauptung handelt (→ 3. und 4. Kapitel). Zum anderen sind im Anschluß daran die beiden Begriffe »Glaube« und »Vernunft« sowie ihre Beziehung zueinander genauer zu präzisieren (→ 5. Kapitel). Denn erst wenn klar ist, daß dem Glauben an die Existenz Gottes eine sinnvolle Tatsachenbehauptung zugrundeliegt, läßt sich die Frage stellen, ob und in welchem Sinn es vernünftig ist, dieser Behauptung Glauben zu schenken.

Literatur:

Gute Darstellungen über die einzelnen *Religionen der Welt* gibt es zahlreiche. Unter den *Gesamtdarstellungen* seien folgende Werke empfohlen:
Zunächst die beiden Klassiker:
– H. v. GLASENAPP, Die fünf Weltreligionen, 1. Aufl. 1963, seither beständige Neuauflagen.
– F. HEILER, Die Religionen der Menschheit in Vergangenheit und Gegenwart, 1. Aufl. Stuttgart 1959; zahlreiche Neuauflagen.
Neue Wege in der Darstellung gehen die beiden folgenden Werke:
– M. u. U. TWORUSCHKA (Hrsg.), Religionen der Welt. Grundlagen, Entwicklung und Bedeutung in der Gegenwart, Gütersloh, München 1992. (Das Buch bietet nicht nur sehr gut und leicht lesbare Einführungen in die Religionen, sondern darüber hinaus zahlreiche Artikel über herausragende Persönlichkeiten aus den Religionen sowie Länderartikel über regional besondere Ausprägungen. Zudem enthält es zahlreiche Abbildungen.)
– A. SHARMA (Hrsg.), Innenansichten der großen Religionen, Frankfurt a.M. 1997. (Dieses Werk ist insofern ein Meilenstein moderner Religionsdarstellung, insofern jede der großen Religionen hier von einem Autor beschrieben wird, der zugleich ein renommierter Fachmann und ein Anhänger dieser Religion ist.)
Schließlich sei noch das große, unvollendet gebliebene Werk eines der bedeutendsten Religionswissenschaftler des 20. Jh. empfohlen:
– M. ELIADE, Geschichte der religiösen Ideen, 4 Bde., Freiburg i.Br. 1993 (Taschenbuchausgabe).

Einen guten, problemorientierten Überblick über die *Geschichte des Religionsbegriffs* geben:
– P. STOCKMEIER, Glaube und Religion in der frühen Kirche, Freiburg i.Br. 1973.
– E. FEIL, Religio. Die Geschichte eines neuzeitlichen Grundbegriffs vom Frühchristentum bis zur Reformation, Göttingen 1986.

Für die Verwendung und Bedeutung des Religionsbegriffs in den unterschiedlichen Disziplinen der *Religionswissenschaft* siehe:
– W.C. SMITH, The Meaning and End of Religion, San Francisco ^{3}1978.
– G. LANCZKOWSKI, Einführung in die Religionswissenschaft, Darmstadt 1980.
– F.J. STRENG, Understanding Religious Life, 3rd ed., Belmont 1985.
– W. KERBER (Hrsg.), Der Begriff der Religion, München 1993.

Für die Frage einer *theologischen* Verwendbarkeit des Religionsbegriffs siehe:
– K. BARTH, Die Kirchliche Dogmatik, 1. Band, 2. Halbband, § 17.
– M. SECKLER, Der theologische Begriff der Religion, in: Handbuch der Fundamentaltheologie I, 173–194.
– W. PANNENBERG, Systematische Theologie, Bd. I, Göttingen 1988, 133–205.
– J. HICK, Religion. Die menschlichen Antworten auf die Frage nach Leben und Tod, München 1996.
– W.A. CHRISTIAN, Meaning and Truth in Religion, Princeton 1964.
– DERS., Doctrines of Religious Communities. A Philosophical Study, New Haven, London 1984.

3. KAPITEL (RELIGION UND RELIGIONSKRITIK II)

Ist religiöse Rede unsinnig?
Religionskritik in der Analytischen Philosophie

Die Religionskritik des logischen Positivismus

»*Analytische Philosophie*« bezeichnet nicht eine besondere inhaltliche Position innerhalb der Philosophie, sondern eher einen *besonderen Stil* bzw. eine *bestimmte Grundhaltung* im Umgang mit philosophischen Fragen. Diese läßt sich durch vier Eigenschaften näher charakterisieren:

1. Die Klärung philosophischer Probleme durch *logische Analyse der Sprache* bzw. der involvierten Begrifflichkeit;
2. Bemühung um äußerste *begriffliche Präzision* (bis hin zur logischen Formalisierung)
3. mit dem Ziel, die Argumentation transparent, kritisierbar und dadurch *korrigierbar* zu halten;
4. eine starke *empiristische* Orientierung.

In ihren Anfängen war die Analytische Philosophie vorwiegend auf zwei Themenfelder konzentriert: *Wissenschaftstheorie* und *Sprachphilosophie*. Andere philosophische Bereiche, wie insbesondere Metaphysik und Ethik, standen unter Sinnlosigkeitsverdacht und galten daher als obsolet. Inzwischen erstreckt sich die Analytische Philosophie jedoch auf nahezu alle Themen traditionellen Philosophierens und hat sich gerade in den ursprünglich ausgeklammerten Feldern der *Moral-* und *Religionsphilosophie* außerordentlich fruchtbar ausgewirkt. Innerhalb der Analytischen Religionsphilosophie gibt es heute ebensogut atheistische wie theistische Standpunkte. Analytische Philosophie ist daher keineswegs insgesamt religionskritisch. Die in diesem Kapitel dargestellte Religionskritik ist vor allem mit einer bestimmten Richtung aus der Frühphase der Analytischen Philosophie verbunden, dem sogenannten »*logischen Positivismus*« bzw. »*logischen Empirismus*«.

Bei der im logischen Positivismus geübten *Religionskritik* geht es nicht in erster Linie um die Frage, ob Gott existiert oder nicht. Vielmehr wird hier die Auffassung vertreten, *daß metaphysische Sätze »unsinnig« sind, das heißt, daß es sich nicht um echte Behauptungssätze, sondern um Scheinsätze handelt.* Scheinsätze erwecken aufgrund ihrer grammatikalisch richtigen Konstruktion den Eindruck, echte Behauptungssätze zu sein. In Wirklichkeit aber sind sie *nicht verstehbar* (weder für den, der sie sagt, noch für den, der sie vernimmt). Und weil sie keine verstehbare Aussage machen, läßt sich an sie nicht die Frage stellen, ob sie wahr oder falsch sind. Sätze, die in Wirklichkeit gar keine Aussage enthalten, sind *nicht wahrheitsfähig*, das heißt, sie können *weder wahr noch falsch sein.*

Den Philosophen des logischen Positivismus galten alle Sätze der Metaphysik als unsinnig. Dieses Verdikt galt auch für die Sätze der Ethik und der Ästhetik, insofern diese beanspruchen, objektiv überprüfbare Urteile über Werte zu enthalten. Wenn theologische Sätze metaphysischen, ethischen oder ästhetischen Charakter haben, sind sie ebenfalls vom Vorwurf der Unsinnigkeit bzw. Sinnlosigkeit betroffen. Dies gilt insbesondere dann, wenn die Theologie die Existenz eines metaphysisch bestimmten Gottes behauptet. Ein Satz wie beispielsweise »Es gibt einen unendlichen Grund aller Wirklichkeit, und dies ist Gott« ist nach dieser Kritik nur dem grammatikalischen Anschein nach ein Behauptungssatz. Unterziehe man ihn einer logisch exakten Analyse, dann erweise er sich als sinnleerer Scheinsatz. Entgegen allem Anschein mache er keine verstehbare Aussage über die Wirklichkeit und könne daher weder wahr noch falsch sein.

Diese Form der Religionskritik unterscheidet sich somit deutlich vom traditionellen Atheismus:
- Der *traditionelle Atheismus* vertritt: Der Satz »Gott existiert« ist eine sinnvolle (= verstehbare), aber unwahre Behauptung.
- Der *logische Positivismus* vertritt: Der Satz »Gott existiert« ist ein unsinniger Scheinsatz (= ein für niemanden verstehbarer Satz), der weder wahr noch falsch sein kann.

Faktisch steht natürlich auch hinter dieser Religionskritik eine atheistische bzw. naturalistische Weltanschauung, wonach es eben allein die endliche Wirklichkeit dieser Welt gibt und sonst nichts. Der Nachweis einer Unsinnigkeit der Gottesidee macht es in den Augen dieser Religionskritiker jedoch überflüssig, gegen die Existenz Gottes zu argumentieren. Die Möglichkeit der Existenz Gottes scheint von vornherein ausgeschlossen, weil klar sei, daß es sich bei »Existenz Gottes« nicht um einen sinnvollen Begriff handelt. Die Theologie ist dadurch zweifellos vor eine noch grundsätzlichere Herausforderung gestellt als durch den traditionellen Atheismus.

Die empiristischen Sinnkriterien der Verifizierbarkeit und Falsifizierbarkeit

Die wichtigsten Denker des logischen Positivismus sind die Philosophen des sogenannten »*Wiener Kreises*«, darunter besonders MORITZ SCHLICK (1882–1936) und RUDOLF CARNAP (1891–1970), sowie der dieser Richtung nahestehende frühe LUDWIG WITTGENSTEIN (1889–1951) und der Brite ALFRED AYER (1910–1989). Ihre Philosophie geht zunächst von der Beobachtung aus, daß es – vor allem seit der Neuzeit – in der Mathematik und in den Einzelwissenschaften ganz erhebliche Erkenntnisfortschritte gegeben hat. Demgegenüber scheint in traditionellen Bereichen der Philosophie, wie in der Metaphysik oder der Ethik, seit mehr als zweitausend Jahren kein wirklicher Fortschritt zu verzeichnen sein. Nach Auffassung der logischen Positivisten liegt dies vor allem daran, daß es in der Mathematik und den empirischen Wissenschaften echte Kontrollmöglichkeiten gibt, die es erlauben, Irrtümer zu eliminieren und Einsichten zu bestätigen. In der Mathematik sind es die Regeln der Logik, die den Fortschritt ermöglichen, und in den Wissenschaften ist es das Experiment bzw. die empirische Verifikation oder Falsifikation. Diese Kontrollmöglichkeiten scheinen in vielen Bereichen der Philosophie zu fehlen, was den Mangel an echtem Erkenntnisfortschritt erklärt.

Im Ausgang von dieser Beobachtung beschränkten die logischen Positivisten die Klasse der wissenschaftlich bzw. *kognitiv sinnvollen Sätze*, das heißt jener Sätze, die als Gegenstand möglicher Erkenntnis in Frage kommen, auf zwei Arten:
- *analytische Aussagen*, d. h. Sätze der Logik und Mathematik,
- *empirische Aussagen*, d. h. unmittelbar empirisch gestützte Aussagen oder zumindest indirekt empirisch relevante Aussagen.

Die nähere Begründung für diese Eingrenzung folgt zunächst aus der **logischen Untersuchung der Wahrheitsfähigkeit** von Sätzen. Das heißt, *Wahrheitsfähigkeit und Sinnhaftigkeit eines Satzes fallen zusammen*. Oder nochmals anders gesagt: Nur jener Satz ist ein sinnvoller Satz, der wahr oder falsch sein kann. Und nur sinnvolle Sätze sind *verstehbare Sätze*.

Unter dem Gesichtspunkt der Wahrheitsfähigkeit beschränken sich nach CARNAP und WITTGENSTEIN die sinnvollen Sätze auf folgende drei Klassen:

> 1. *Aussagen, die immer nur wahr sein können.*
> Dies sind alle *Tautologien* (z. B. »Alle Junggesellen sind ledig«) sowie die analytischen Urteile der *Mathematik* und *Logik*, die nach WITTGENSTEIN ebenfalls tautologischen Charakter tragen (z. B.: »2 + 3 = 5«, »¬[A ∧ ¬A]« = »Es gilt nicht sowohl A als auch nicht-A«).
> 2. *Aussagen, die immer nur unwahr sein können.*
> Dies sind alle Aussagen, die einen *logischen Widerspruch* enthalten,

also die Negationen der Aussagen von Klasse 1 (z. B.: »Einige Junggesellen sind verheiratet«; »2 + 3 = 6«; »A ∧ ¬A« = »Es gilt sowohl A als auch nicht-A«).

3. *Aussagen, bei denen es logisch möglich ist, daß sie wahr oder unwahr sein können.*
Hierbei handelt sich um Sätze, die unter bestimmten Umständen entweder wahr oder unwahr sind. Nach Meinung der logischen Positivisten trifft dies ausschließlich auf Sätze zu, die *empirische* oder *empirisch relevante Sachverhalte* behaupten, das heißt auf Sätze, von denen es denkbar ist, daß sie sich durch bestimmte Wahrnehmungen verifizieren lassen (z. B.: »Im Nebenraum steht ein Telefon«; »Auf dem Mars gibt es Lebensformen«).

»Der Sinn eines Satzes« – so CARNAP – »(liegt) in der Methode seiner Verifikation« (CARNAP, Überwindung der Metaphysik). Die **Methode der Verifikation** ist dabei entweder rein logisch (in bezug auf die Sätze der Klassen 1 und 2) oder empirisch (in bezug auf die Sätze der Klasse 3). Wie sich in der Diskussion jedoch bald zeigte, ist hierbei allerdings von einer *prinzipiellen* oder *indirekten Verifizierbarkeit* auszugehen (Aussagen über vergangene Ereignisse sind z. B. nicht unmittelbar verifizierbar). Es muß sich um Sätze handeln, bei denen man weiß, was der Fall ist (oder gewesen ist oder sein wird), wenn sie wahr wären. Es müssen sich demnach Bedingungen für Sachverhalte angeben lassen, die diesen Satz grundsätzlich verifizieren würden bzw. verifiziert hätten. Es müssen also in jedem Fall *eingegrenzte Sachverhalte* sein (das heißt, ist dieser Sachverhalt gegeben, dann ist der Satz wahr; ist ein anderer Sachverhalt gegeben, ist der Satz nicht wahr) und Sachverhalte, die entweder selbst *prinzipiell verifizierbar* sind oder sich *aus prinzipiell verifizierbaren Sachverhalten erschließen lassen* (z. B. Aussagen mit prognostischem Wert). Im Hinblick auf letzteres spricht AYER von »schwacher Verifikation«. Diese ist dann gegeben, wenn sich irgendwelche prinzipiell erfahrbaren Sachverhalte angeben lassen, die für die Wahrheit oder Falschheit der Aussage relevant sind.

Aussagen, die unter keine der drei genannten Klassen fallen, wären demnach *unsinnige Aussagen*. Als unsinnige Aussagen bzw. Scheinsätze kommen nach CARNAP zwei Klassen von Sätzen infrage:

1. *Sätze, die einen Fehler der logischen Syntax enthalten.*
Ist ein Satz nach der grammatischen Syntax fehlerhaft, dann liegt seine Unsinnigkeit auf der Hand (z. B. »Caesar ist und«). Demgegenüber sind Scheinsätze zwar grammatisch richtig konstruiert, enthalten aber einen Fehler der logischen Syntax (z. B. »Caesar ist eine Primzahl«; »Kreise sind ängstlicher als Autos«).

2. Sätze, die sinnlose Wörter enthalten.
Sinnlose Wörter sind nach CARNAP solche Wörter, bei denen sich *keine empirischen Kennzeichen für ihre Verwendung* angeben lassen. Er gibt folgendes Beispiel: Angenommen jemand verwendet das Wort »babig« wie ein Prädikat und behauptet, bestimmte Dinge seien babig, andere hingegen seien nicht babig. Fragt man ihn nun, unter welchen Bedingungen ein Ding babig sei, und er würde darauf antworten, dies könne man nicht angeben, dann wären seine Aussagen sinnlos und unverstehbar. Wir könnten z.B. über die Wahrheit des Satzes: »Dieses Buch ist babig« nicht befinden, aber natürlich endlos (und fruchtlos) darüber diskutieren.

Nach CARNAP sind beide Formen von Scheinsätzen in der Metaphysik weit verbreitet. Als Beispiel für die zweite Form nennt er die Verwendung des Wortes »Gott«. Im mythologischen Sprachgebrauch sei das Wort noch sinnvoll verwendet worden, da es hier einen deutlichen empirischen Bezug habe: z.B. wenn als »Gott« jene Wesen gelten, die auf dem Olymp thronen. Behauptungen über Gott in einem mythologischen und somit prinzipiell nachprüfbaren Sinn sind keine Scheinsätze. Sie sind wahrheitsfähig, aber inzwischen zumeist als unwahr erwiesen. Im metaphysischen Sprachgebrauch werde der Gebrauch des Wortes »Gott« gezielt von allen empirischen Bezügen abgekoppelt und damit der Sinnlosigkeit anheimgegeben. Die Theologie stehe in der Zwickmühle, das Wort »Gott« entweder mythologisch zu verwenden – und dann von den empirischen Wissenschaften falsifiziert zu werden, oder auf eine metaphysische Verwendung auszuweichen, das heißt, das Wort »Gott« allen empirischen Wahrheitsbedingungen zu entheben – es dadurch aber der Sinnlosigkeit auszuliefern.

In der Tat bestimmt die Theologie Gott zumeist als ein welttranszendentes Wesen, als eine Wirklichkeit, die alle endliche Wirklichkeit unendlich überschreitet. Die Gott zugeschriebenen Wesenseigenschaften spiegeln diese Unendlichkeit und Transzendenz wider. Eigenschaften wie Allmacht, Allwissenheit, Überzeitlichkeit, Allgegenwärtigkeit usw. sind *per definitionem* einer Verifikationsmöglichkeit durch endliche Wesen enthoben: Niemals kann ein endliches Wesen verifizieren, daß Gott wirklich alles vermag, alles weiß usw.

Nun gibt es jedoch auch Sätze, die ganz offensichtlich sinnvoll (verstehbar und wahrheitsfähig) sind, ohne sich direkt oder indirekt verifizieren zu lassen, wie z.B. die Naturgesetze. Naturgesetze sind »*All-Aussagen*«, Aussagen, die alle Fälle abdecken (z.B.: »*Alle* festen Körper neigen bei Erwärmung zur Verflüssigung«). Sie lassen sich daher grundsätzlich nicht verifizieren, weil man nie alle Fälle überprüfen kann. Dennoch können sie zweifellos wahr oder falsch sein, das heißt, sie fallen unter die sinnvollen Sätze der Klasse 3. Ist demnach das Kriterium der Verifizierbarkeit zu eng? Bei solchen All-Aussagen ist es möglich, auf empirischem Wege ihre Unwahrheit zu erweisen. Das heißt, sie lassen sich durch Verifikation gewisser Einzelaussagen falsifizieren (Der Satz »Alle festen Körper neigen bei Erwärmung zur Verflüssigung« ist falsifiziert, wenn sich für einen einzigen Körper verifizieren läßt, daß er sich bei Erwärmung verfestigt.) Ayer bezog daher die Falsifikation explizit in sein weiter gefaßtes Verifikationskriterium mit ein. Wenn nun aber theologische Aussagen über Gott aufgrund der Gott zugeschriebenen Transzendenz prinzipiell nicht verifizierbar sind, ist es dann nicht aber dennoch denkbar, daß sich Bedingungen einer Falsifikation angeben lassen? Läßt sich also auf dem Weg einer Falsifizierbarkeit die Wahrheitsfähigkeit und Sinnhaftigkeit theologischer Aussagen erweisen?

In dieser Wendung wurde das Problem vor allem von Antony Flew (*1923) vorgetragen. Dem **falsifikationistischen Sinnkriterium** liegt die Überlegung zugrunde, daß sich sinnvolle Sätze auf logisch eingegrenzte Sachverhalte beziehen müssen. Denn zu jedem Prädikat »p« läßt sich eine logische Negation »¬p« bilden, so daß sich ergibt: »p = ¬ (¬p)«. Diese formal-logische Eingrenzung garantiert freilich erst dann Verstehbarkeit, wenn die entsprechenden empirischen Bedingungen für »p« bzw. »¬p« genannt sind. Es reicht daher nicht aus, zu sagen, der Satz »Gott existiert« besitze ja ein logisches Gegenteil, nämlich »Gott existiert nicht« und werde dadurch zu einer sinnvollen Behauptung. Vielmehr werden beide Behauptungen erst dann verstehbar, wenn darüber hinaus angegeben wird, unter welchen Umständen entweder die Affirmation (»Gott existiert«) oder die Negation (»Gott existiert nicht«) zutrifft.

Läßt sich nun aber weder eine Bedingung für die Affirmation bzw. Verifikation, noch für die Negation bzw. Falsifikation angeben, dann liegt keine sinnvolle Aussage, keine Behauptung eines Sachverhalts mehr vor. Denn eine Behauptung, die mit jedem erdenklichen Sachverhalt vereinbar wäre, würde sich nicht mehr auf einen logisch unterscheidbaren Sachverhalt beziehen und damit überhaupt keinen Sachverhalt mehr behaupten: »Wenn ... eine vermeintliche Behauptung nichts verneint, dann behauptet sie auch nichts: und damit ist sie in Wirklichkeit gar keine Behauptung« (Flew, Theologie und Falsifikation, 86). Wenn somit die Behauptung »Gott existiert« mit jedem erdenklichen Sachverhalt vereinbar wäre, dann wäre sie nicht mehr unterschieden von »Gott existiert nicht«. Sie würde somit auch nichts mehr behaupten und sich daher als Scheinbehauptung erweisen. Das ist die Pointe von Flews Version der Gärtnerparabel (→ Arbeitsblatt zum 3. Kapitel). Wenn sich der unsichtbare Gärtner durch nichts mehr von einem nicht-existierenden Gärtner unterscheidet, dann ist die Behauptung seiner Existenz eine unsinnige, eine Scheinbehauptung. Um die Sinnhaftigkeit theologischer Aussagen zu retten, müßte die Theologie daher zumindest in der Lage sein, anzugeben, unter welcher Bedingung die Behauptung der Existenz Gottes als falsifiziert anzusehen wäre.

Funktionalistische Deutung (unsinniger) religiöser Aussagen

Nachdem für die Analytischen Religionskritiker die Unsinnigkeit metaphysischer und dementsprechend theologischer Aussagen feststeht, haben sie – ähnlich wie die funktionalistischen Religionskritiker des 19. Jh. (→ 8. Kapitel) – die Frage gestellt, wie es dazu kommt, daß so viele Menschen, darunter unbestritten kluge Leute, unsinnigen Aussagen nachhängen.

1. FLEW interpretiert die Situation der Theologie im Sinne einer mit ständigen Modifikationen arbeitenden *Immunisierungsstrategie*. Die theologischen Aussagen waren einst, nämlich in der mythologischen Anfangsphase der Religion, noch sinnvolle (also empirisch relevante) Behauptungen. Als solche wurden sie jedoch Stück um Stück falsifiziert. Um sie vor weiteren Falsifikationen zu schützen, hat die Theologie den Sinn der ursprünglichen Behauptungen so sehr modifiziert bzw. aller empirischen Kontrollierbarkeit entzogen, daß diese schließlich jeden Aussagesinn verloren haben. So starb Gott nach FLEW schließlich »den Tod durch tausend Modifikationen« (FLEW, Theologie und Falsifikation, 85).

2. Nach CARNAP entspringen die religiösen und metaphysischen Aussagen »dem Bedürfnis ..., das *Lebensgefühl zum Ausdruck zu bringen*, die Haltung, in der der Mensch lebt, die gefühls- und willensmäßige Einstellung zur Umwelt, zu den Mitmenschen, zu den Aufgaben, an denen er sich betätigt, zu den Schicksalen, die er erleidet. ... Nicht nur der Leser, sondern auch der Metaphysiker selbst befindet sich in der Täuschung, daß durch die metaphysischen Sätze etwas besagt ist, Sachverhalte beschrieben sind. Der Metaphysiker glaubt sich in dem Gebiet zu bewegen, in dem es um wahr und falsch geht. In Wirklichkeit hat er jedoch nichts ausgesagt, sondern nur etwas zum Ausdruck gebracht, wie ein Künstler« (CARNAP, Überwindung der Metaphysik, 239; Hervorhebung: P.S.L.).

3. Einen anderen Weg, nämlich den einer *mystischen* Deutung, eröffnen die Ausführungen WITTGENSTEINS im »Tractatus logico-philosophicus« (der frühen Philosophie WITTGENSTEINS). Die Eingrenzbarkeit der Klassen sinnvoller Aussagen deutet auf das »Unsagbare« hin, auf das »Mystische« (vgl. ebd. 4.114; 4.115; 6.45). Aber nur in paradoxen Wendungen läßt sich explizit auf das »Mystische« verweisen, z. B.:

>»Es gibt allerdings Unaussprechliches. Dies *zeigt* sich, es ist das Mystische.« (6.522)
>»Wovon man nicht sprechen kann, darüber muß man schweigen.« (7)

Doch solche Paradoxien, in denen vom Mystischen *gesagt* wird, es sei *unsagbar*, fallen selbst nicht unter die Klasse der sinnvollen Sätze, sondern sind unsinnige Sätze mit eben jener mystischen Verweisfunktion. AYER hat hierzu in deutlich polemischer Absicht bemerkt: »Gibt ein Mystiker zu, daß der Gegenstand seiner Vision etwas Unbeschreibliches ist, dann muß er auch zugeben, daß er notwendigerweise Unsinn redet, wenn er es beschreibt« (AYER, Sprache, Wahrheit und Logik, 157). Mit anderen Worten, ein Sinn, der als Grundlage für eine wissenschaftliche Behandlung tauglich wäre, ist demnach religiösen Aussagen auch auf diese Weise nicht abzugewinnen.

4. Ein letzter Weg besteht darin, die wissenschaftlichen Sinnkriterien nochmals in einen weiteren Horizont einzuordnen. Dies war die Position des *späten* WITTGENSTEIN. In seiner sogenannten »*Sprachspieltheorie*« geht er davon aus, daß Worte und Sätze einen hinreichenden Sinn allein aus der Art ihrer realen Verwendung im Alltag erhalten. Im faktischen Gebrauch der Sätze zeigen sich jeweils gewisse »Spielregeln«, und ihr *Sinn liegt in ihrem regelgemäßen Gebrauch*. Es gibt jedoch verschiedene »Sprachspiele«, die unterschiedlichen »Lebensformen« und Handlungsintentionen korrelieren. Und einige dieser Sprachspiele bestehen nun einmal darin, Hypothesen aufzustellen und zu prüfen, andere darin, zu beten (vgl. WITTGENSTEIN, Philosophische Untersuchungen 23). Die jeweiligen Regeln des Wortgebrauchs, die den Sätzen Sinn geben, differieren von Sprachspiel zu Sprachspiel. So kann in dem einen Sprachspiel als unsinnig erscheinen, was in dem anderen durchaus sinnvoll ist. Man entscheidet ein Schachspiel eben nicht durch Elfmeter. Religiöse Sätze können daher sinnvoll sein im Rahmen des religiösen Sprachspiels als Funktionsträger einer spezifisch religiösen Lebensform. Doch auch nach dieser Theorie vermögen die religiösen Aussagen den Sinnkriterien des wissenschaftlichen »Sprachspiels« nicht zu entsprechen.

Theologische Reaktionen

Die religionskritische Herausforderung durch den logischen Positivismus hat in der Theologie und der Analytischen Religionsphilosophie zahlreiche Reaktionen hervorgerufen. Diesen liegen vier verschiedene Haltungen zugrunde:

1. Nichternstnehmen der Kritik
2. Entgegnung durch Kritik der positivistischen Sinnkriterien
3. Weitgehende Akzeptanz der Kritik
4. Entgegnung bei prinzipieller Akzeptanz der positivistischen Sinnkriterien

1. *Nicht ernst- bzw. weitgehend überhaupt nicht zur Kenntnis genommen* wurde die Herausforderung durch die Religionskritik des logischen Positivismus innerhalb der kontinentaleuropäischen Philosophie und Theologie. Diese sind bis zum heutigen Tag eher von existentialistischen und hermeneutischen Strö-

mungen dominiert, während sich die Analytische Philosophie vor allem im angelsächsischen Sprachraum entfaltete und dort die Standards setzt. Das Ignorieren dieser religionskritischen Herausforderung kann zum Teil auch in ein Diffamieren umschlagen, z.B. wenn diese einfach als »eine besonders radikale Form der Dialog-Verweigerung« (R. SCHAEFFLER) abgetan wird. Denn es ist nicht einfach nur Dialogverweigerung, wenn dem Theologen eine exakte Präzisierung des von ihm intendierten Aussagesinns abverlangt wird. Vielmehr wird damit die Basis für einen wissenschaftlich fruchtbaren Dialog eingeklagt. So hat sich denn auch gezeigt, daß die Herausforderung durch den logischen Positivismus dort, wo sie ernstgenommen wurde, zu stärkerer begrifflicher Präzision, mehr logischer Klarheit, dem Bemühen um Kontrollierbarkeit der Argumentation sowie zu einem Verständnis theologischer Behauptungen als gegebenenfalls revidierbarer Hypothesen motiviert hat. Die Folge davon war ein ungeahntes Aufblühen von Theologie und Religionsphilosophie als wissenschaftlicher Disziplinen, wie es gegenwärtig für den angelsächsischen Sprachraum konstatierbar ist.

2. Eine Form der ernsthaften Auseinandersetzung mit der Analytischen Religionskritik besteht in der *Kritik der positivistischen Sinnkriterien.* Diese Kritik ist in zwei Varianten aufgetreten:

(1) Sehr häufig wurde dem logischen Positivismus entgegengehalten, daß sich das grundlegende *Sinnkriterium der Verifikation nicht präzise genug fassen läßt.* Faßt man es zu eng, dann fallen schnell abstrakte theoretische Konstrukte (z.B. Quarks) und umfassende Hypothesen (z.B. die Evolutionstheorie) heraus, weil sie sich nicht direkt verifizieren lassen. Dennoch werden sie in den Naturwissenschaften sinnvoll verwendet. Faßt man das Kriterium zu weit, etwa im Sinn der indirekten Verifikation, dann eröffnet es auch wieder Raum für metaphysische Theorien. Ein Beispiel hierfür ist die Existenz der mentalen Wirklichkeit, insbesondere des Fremdpsychischen. Die Existenz fremdpsychischer Erlebnisse läßt sich von mir niemals direkt verifizieren, und die Existenz meines eigenen Bewußtseins wird ebenfalls nur von einem einzigen Subjekt, nämlich mir selbst, verifiziert. Ein Satz wie »Die von mir verschiedene Person P empfindet Schmerz« läßt sich bestenfalls nur indirekt verifizieren, indem ich von den Äußerungen des Schmerzes bei einer anderen Person auf das Vorhandensein eines entsprechenden Erlebens zurückschließe. Außerdem enthält dieser Rückschluß einen Analogieschluß, indem ich annehme, daß sich meine eigene Erfahrung von Schmerz auf den anderen in analoger Weise übertragen läßt. Erfüllt nun aber eine solche indirekte Bestätigung unter zusätzlicher Einbeziehung eines Analogieschlusses das verifikationistische Sinnkriterium? Wenn ja, dann ergeben sich hierdurch eventuell Möglichkeiten, Aussagen über Gott in ähnlicher Weise zu bilden. Wenn nein, ist dann das Kriterium nicht viel zu eng? Und wie steht es um den Satz »Ich empfinde Schmerz«? Reicht die nur einem einzigen Subjekt mögliche unmittelbare Verifikation als Sinnkriterium

aus? Wenn ja, wird dann nicht die Gottesbehauptung in ähnlicher Weise sinnvoll? Mit anderen Worten, falls es Gott gibt, verifiziert er dann seine Existenz nicht selbst, nämlich durch seine eigene Selbstwahrnehmung? Wenn man aber eine solche singuläre Verifizierbarkeit nicht als Sinnkriterium zuläßt, bricht dann nicht der ganzen empiristischen Orientierung die Basis weg, weil doch jede Erfahrung letztlich in eine rein private Gegenwart der subjektiven Wahrnehmungen mündet?

(2) Die Kritik der empiristischen Sinnkriterien wurde vielfach auch so geführt, daß man den logischen Empirismus *mittels seiner eigenen Kriterien als sinnlos* und damit seine Kriterien als unbrauchbar erweisen wollte. Es wurde also folgende Frage aufgeworfen: Unter welche Klasse der Sätze fällt die Behauptung »Nur ein prinzipiell verifizierbarer Satz ist ein sinnvoller Satz«? Ist dies eine Tautologie, ein logisch immer wahrer Satz? Offensichtlich nicht. Ist es eine Negation davon? Offensichtlich auch nicht. Ist es dann also ein prinzipiell verifizierbarer Satz? Auch diese Möglichkeit scheint auszuscheiden. Also bleibt nur noch die Alternative, daß es sich hierbei selbst um eine sinnlose und unverstehbare Behauptung handelt. AYER hat auf diese Kritik geantwortet, es handle sich bei der Festlegung des empiristischen Sinnkriteriums nicht um eine Behauptung, sondern um eine Definition. Es werde damit also weder ein empirischer noch ein logischer Sachverhalt behauptet, sondern vielmehr eine Definition für »Sinn« und »Bedeutung« gegeben. Steht es dann aber nicht der Metaphysik oder der Theologie frei, Sinn und Bedeutung eben einfach anders zu definieren und eine dementsprechend andere »Verstehbarkeit« zu postulieren? AYER antwortet mit »ja«. Man falle dann aber aus dem Bereich dessen hinaus, was in Wissenschaft und Alltag gewöhnlich unter »Verstehen« verstanden werde. Diese Replik führt uns zur nächsten theologischen Reaktion:

3. Einige Theologen und Religionsphilosophen haben die *Religionskritik des logischen Positivismus als weitgehend zutreffend akzeptiert*, zumindest was die Bestimmung wissenschaftlich sinnvoller Aussagen betrifft. Das heißt, sie akzeptieren, daß religiöse Rede, insbesondere die Rede von Gott, keine wissenschaftlich sinnvolle Rede ist. In ihren Augen kann und darf religiöse Rede nicht im Sinn von Tatsachenhauptungen verstanden werden. Das heißt, in kognitiver Hinsicht ist sie sinnlos. Doch kognitive Sinnhaftigkeit ist nach ihrer Ansicht keineswegs die einzig mögliche Form des Redesinns. Wenn religiöse Rede in der Tat kognitiv sinnlos ist, so kann sie dennoch einen *non-kognitiven Sinn* besitzen. Sie kann Ausdruck einer ganz bestimmten Lebenshaltung sein oder auch das Mittel zu deren Erzeugung und Erhaltung. Theologen und Religionsphilosophen, die eine solche non-kognitivistische Deutung religiöser Rede befürworten, akzeptieren also nicht nur grundsätzlich das empiristische Sinnkriterium, sie übernehmen zugleich exakt jene funktionalistische Deutung, die bereits CARNAP – allerdings in kritischer Absicht – für die metaphysische Rede vorgeschlagen hatte.

4. Eine weitere theologische Reaktion besteht schließlich darin, ebenfalls die empiristischen Sinnkriterien grundsätzlich zu akzeptieren, zugleich jedoch daran festzuhalten, *daß der Rede von Gott ein kognitiver Sinn zukommt*, daß es sich also bei der Behauptung der Existenz Gottes um eine Tatsachenbehauptung handelt und sich daher Bedingungen für Falsifikation oder zumindest so etwas wie eine schwache Verifikation benennen lassen. Trotz aller Schwierigkeiten, das Verifikationskriterium exakt zu fassen, liegt nach J. Hick dem logischen Positivismus die richtige Erkenntnis zugrunde, »daß Existieren heißt, einen Unterschied auszumachen« (Hick, Religion, 195) und zwar einen irgendwie – und sei es noch so indirekt – erfahrbaren Unterschied. Folglich ist es in seinen Augen vernünftig, dieses Prinzip auch auf Gott anzuwenden und danach zu fragen, welchen zumindest indirekt erfahrbaren Unterschied es ausmacht, ob Gott existiert oder nicht. Kann die Theologie einen solchen Unterschied benennen, dann ist damit die Kognitivität ihrer Rede von Gott gesichert bzw. gezeigt, daß es sich bei der Behauptung der Existenz Gottes wirklich um eine Tatsachenbehauptung handelt und nicht nur um den Ausdruck eines bestimmten Lebensgefühls.

Resümee

Insofern hinter der Forderung nach Rationalität des Glaubens die Verpflichtung auf die Wahrheit steht (→ 1. Kapitel) stellt der Vorwurf einer mangelnden Wahrheitsfähigkeit die radikalste Herausforderung dar. Soll Fundamentaltheologie die Rationalität des Glaubens nachweisen, dann kann sie diesem Vorwurf weder zustimmen, noch ihn einfach ignorieren. Sie muß vielmehr die Herausforderung annehmen, indem sie sich entweder auf einen kritischen Diskurs über die empiristischen Sinnkriterien einläßt oder zeigt, daß religiöse Aussagen diesen zu entsprechen vermögen. Im folgenden Kapitel sind daher auf dem Hintergrund dieser Herausforderung unterschiedliche Interpretationsmodelle religiöser Rede zu behandeln.

Literatur:

Zur Einführung in die Analytische Philosophie:
– T. Nagel, Was bedeutet das alles? Eine ganz kurze Einführung in die Philosophie, Stuttgart 1990 (Reclam 8637). (Dieses kleine Werk ist nicht eigentlich eine Einführung in die Analytische Philosophie, sondern in analytisches Philosophieren. Aus der Feder eines der bedeutendsten analytischen Philosophen der Gegenwart bietet es einen vorzüglichen Einblick in die Art und Weise, *wie* Analytische Philosophie die traditionellen Fragestellungen der Philosophie behandelt.)

- W. Stegmüller, Hauptströmungen der Gegenwartsphilosophie, Bd. I, Stuttgart ^{7}1989, 351–696. (Einführung zum logischen Positivismus, zur Philosophie Wittgensteins und zu Einzelproblemen der Analytischen Philosophie.)
- Ders., Hauptströmungen der Gegenwartsphilosophie, Bd. II, Stuttgart ^{8}1987, 1–85, 221–467. (Einführung in die Analytische Sprachphilosophie und die nachpositivistischen Entwicklungen der Analytischen Philosophie.)
- P. Bieri (Hrsg.), Analytische Philosophie der Erkenntnis, Frankfurt a.M. ^{2}1992. (Ausgezeichneter *Reader* mit nahezu allen wichtigen Texten zur Erkenntnistheorie aus analytischer Perspektive.)
- M. Schirn (Hrsg.), Sprachhandlung – Existenz – Wahrheit. Hauptthemen der sprachanalytischen Philosophie, Stuttgart 1974. (*Reader* mit grundlegenden Texten zur Analytischen Sprachphilosophie.)

Zur Einführung in die Analytische Religionsphilosophie:
- H. Schrödter, Analytische Religionsphilosophie, München 1979. (Sehr informative, teilweise etwas kompliziert geschriebene Darstellung.)
- J. Hick, Philosophy of Religion, 4th ed., Englewood-Cliffs 1990.
- B. Davies, An Introduction to the Philosophy of Religion, Oxford, New York ^{2}1993.
- M. Peterson, W. Hasker, B. Reichenbach, D. Basinger, Reason and Religious Belief. An Introduction to the Philosophy of Religion, Oxford, New York 1992. (Die genannten Einführungen von Hick, Davies, Peterson et al. sind alle drei aus der Feder analytischer Religionsphilosophen und bieten ausgezeichnete, auch für Anfänger gut verständliche Darstellungen religionsphilosophischer Themen aus analytischer Sicht.)
- R.D. Geivett, B. Sweetman (ed.), Contemporary Perspectives on Religious Epistemology, Oxford, New York 1992. (Der beste und umfassendste *Reader* zur Analytischen Religionsphilosophie mit umfangreichen Literaturhinweisen!)
- C. Jäger (Hrsg.), Analytische Religionsphilosophie, Paderborn 1998. (Der einzige *Reader* zu Grundthemen der Analytischen Religionsphilosophie in deutscher Sprache.)

Zur Religionskritik des logischen Positivismus:
- A. Kreiner, Demonstratio religiosa, in: H. Döring, A. Kreiner, P. Schmidt-Leukel, Den Glauben denken, Freiburg i.Br. 1993, 35–48. (Kurzer Überblick über die Grundzüge der Kritik und der theologischen Entgegnung.)
- Ders., Ende der Wahrheit?, Freiburg i.Br. 1992, 475–571. (Ausgezeichnete ausführlichere Einführung.)
- H. Zirker, Religionskritik, 3. rev. Aufl., Düsseldorf 1995, 202–231.
- I.U. Dalferth (Hrsg.), Sprachlogik des Glaubens, München 1974. (Sehr guter *Reader* zur Religionskritik der Analytischen Philosophie und besonders zur theologischen Auseinandersetzung mit ihr, versehen mit einer längeren empfehlenswerten Einführung.)
- N. Hoerster (Hrsg.), Glaube und Vernunft, Stuttgart 1988, 198–226. (Enthält Texte von Williams, Flew, Mitchell und Hick.)
- R. Carnap, Überwindung der Metaphysik durch logische Analyse der Sprache, in: Erkenntnis 2 (1931) 219–241. (Grundlegender Aufsatz für die Religionskritik der Analytischen Philosophie.)
- A.J. Ayer, Sprache, Wahrheit und Logik, Stuttgart 1987. (Das klassische Manifest des logischen Positivismus.)
- A. Flew, Theologie und Falsifikation, in: I.U. Dalferth (Hrsg.), Sprachlogik des Glaubens, München 1974, 84–87.

- L. Wittgenstein, Tractatus logico-philosophicus, Frankfurt a.M. 1960. (Enthält die Philosophie des frühen Wittgenstein.)
- Ders., Philosophische Untersuchungen, Frankfurt a.M. 1971. (Wichtigstes Werk für die Sprachspieltheorie des späten Wittgenstein.)

4. KAPITEL (GLAUBE UND VERNUNFT I)

Wie von Gott reden?
Interpretationsmodelle religiöser Rede

Zwei Seiten eines Problems

Aus zwei Gründen ist es notwendig, den Charakter religiöser Rede näher zu bestimmen:
 1. Der erste Grund ergibt sich aus der Auffassung, daß es sich bei Gott um eine *transzendente Wirklichkeit* handelt, die sich grundsätzlich von aller endlichen Wirklichkeit unterscheidet (→ 2. Kapitel). Damit stellt sich die Frage der *Angemessenheit der Rede von Gott*. Mit anderen Worten: Kann religiöse Rede – und wenn ja wie – dieser ontologischen (= auf das Sein bezogenen) Besonderheit Gottes gerecht werden?
 2. Der zweite Grund ergibt sich aus der religionskritischen Unterstellung, daß religiöse Rede *unsinnig* sei, weil nicht angegeben werden könne, durch welche prinzipiell erfahrbaren Sachverhalte sie sich verifizieren bzw. falsifizieren lasse (→ 3. Kapitel). Damit stellt sich die Frage der *Kognitivität der Rede von Gott*. Mit anderen Worten: Trägt religiöse Rede den Charakter kognitiv sinnvoller Tatsachenbehauptungen oder handelt es sich bei ihr um eine grundsätzlich andere Sprachform?

Wie im folgenden noch näher deutlich werden wird, hängen beide Fragen eng miteinander zusammen, in gewisser Weise sind es zwei Seiten eines Problems: Der Sinnlosigkeitsverdacht wurde vor allem deswegen gegen die religiöse Rede erhoben, weil Gott als eine transzendente Wirklichkeit bestimmt wird. Und umgekehrt hängen die unterschiedlichen theologischen Reaktionen auf den Sinnlosigkeitsvorwurf unter anderem damit zusammen, wie in ihnen die Transzendenz Gottes aufgefaßt wird.

Die Frage der Kognitivität der Rede von Gott

Es liegt auf der Hand, daß viele Formen religiöser Rede nicht im Sinne von Tatsachbehauptungen mit Anspruch auf wörtliche Wahrheit (»factual truth claims«) verstanden werden dürfen. Hier gibt es zahlreiche Aussagen, die zwar grammatikalisch die Form von Tatsachenbehauptungen tragen, jedoch anders gedeutet werden müssen, zum Beispiel als *symbolische* (»Der Herr ist mein Hirte«, Ps 23,1), *metaphorische* (»Er vollbringt mit seinem Arm machtvolle Taten«, Lk 1,51), *mythologische* (»Da formte Gott, der Herr, den Menschen aus der Erde vom Ackerboden und blies in seine Nase den Lebensatem«, Gen 2,7), *evokative* (»Noch vierzig Tage, und Ninive ist zerstört«, Jona 3,4) und *performative* (»Mein Sohn bist du. Heute habe ich dich gezeugt«, Ps 2,7) Aussagen. Aber gilt dies ausnahmslos für alle religiösen Aussagen? Und wie steht es insbesondere um die Rede von einer transzendenten Wirklichkeit, um die Rede von Gott?

Die Diskussion über diese durch die Religionskritik des logischen Positivismus hervorgerufene Frage vollzog sich vor allem im angelsächsischen Raum. Dabei schälten sich zwei kontroverse Positionen heraus:
➤ *Nonkognitivisten*: Die Vertreter eines nonkognitivistischen Standpunktes akzeptieren weitgehend die Religionskritik des logischen Positivismus. Nach ihrer Auffassung ist es unmöglich, die geforderten Sinnkriterien zu erfüllen, da religiöse Rede – richtig verstanden – nicht den Charakter von Tatsachenbehauptungen trage. In kognitiver Hinsicht seien religiöse Aussagen somit in der Tat sinnlos. Doch könne Sinnhaftigkeit nicht allein auf Tatsachenbehauptungen eingegrenzt werden. Religiöse Rede habe einen Sinn, allerdings auf einer nonkognitiven Ebene.
➤ *Kognitivisten*: Die Vertreter eines kognitivistischen Standpunktes halten entgegen der Religionskritik des logischen Positivismus und entgegen der Position der Nonkognitivisten daran fest, daß religiöse Rede teilweise – und insbesondere die Behauptung der Existenz Gottes – den Charakter von Tatsachenbehauptungen mit Wahrheitsanspruch trage und daher neben ihren nonkognitiven Elementen auch kognitiven Sinn enthalte.

Nonkognitivistische Interpretationsmodelle

Nonkognitivistische Interpretationsmodelle verstehen religiöse Aussagen ausnahmslos als *Expressionen* gewisser existentieller Grundhaltungen und/oder als *sprachliche Instrumente*, solche Haltungen hervorzurufen bzw. zu unterstützen.

1. Im Anschluß an A. FLEWS Gärtnerparabel und die damit verknüpfte Forderung nach Falsifizierbarkeit (➜ 3. Kapitel) hat RICHARD M. HARE darauf hingewiesen, daß es eine ganze Reihe von Aussagen gibt, die sich mit jeder beliebigen Tatsache vereinbaren lassen und folglich nicht falsifizierbar sind. Er nennt folgendes Beispiel: Ein irrer Student ist davon überzeugt, daß ihm alle Universitätslehrer nach dem Leben trachten. Kein einziges Faktum vermag seine paranoide Überzeugung zu widerlegen. Sind die Universitätslehrer auch noch so

freundlich, er wird es nur als große Verschlagenheit deuten. Ein anderes Beispiel wäre die Überzeugung, daß alles, was geschieht, rein zufällig geschieht. Auch diese Überzeugung läßt sich mit jedem erdenklichen Faktum vereinbaren und ist daher nicht falsifizierbar. Der Sinn solcher Überzeugungen liegt nicht auf jener Ebene, auf der es um Verifizierbarkeit und Falsifizierbarkeit geht. Vielmehr liegt er dieser prinzipiell voraus. In solchen Überzeugungen artikuliert sich ein *existentiell relevanter Modus in der grundsätzlichen Sicht der Dinge*. HARE bezeichnet dies mit dem Kunstwort »*blik*«. Einen solchen *blik* habe auf die ein oder andere Weise jeder Mensch. Der *blik* konstituiert sozusagen die Rahmenbedingung, innerhalb derer sich überhaupt erst bestimmen läßt, was als sinnvoll oder sinnlos zu gelten hat. Und auf dieser Ebene seien auch die religiösen Aussagen anzusiedeln. Der Glaube an Gott artikuliert nicht einen Unterschied in der Überzeugung bezüglich einzelner Tatsachen, sondern einen besonderen *blik* in der Wahrnehmung dieser Tatsachen.

2. Eine andere Form nonkognitivistischer Interpretation hat RICHARD B. BRAITHWAITE vorgelegt. Nach BRAITHWAITE liegt der hauptsächliche Sinn religiöser Aussagen in der impliziten oder expliziten Bekundung einer *ethischen Intention*. Jeder Mensch muß sich selbst in unableitbarer Weise dazu entschließen, sittlich oder unsittlich zu leben. Nichts kann ihn oder sie von dieser Entscheidung entbinden; auch wer nur gehorsam ist, hat sich damit selbst für den Gehorsam entschieden. Auch rein ethische Aussagen können nach BRAITHWAITE nicht als kognitiv sinnvolle Tatsachenbehauptungen verstanden werden. Eine ethische Aussage behaupte nicht das Bestehen eines Sachverhalts, sondern drücke die Intention aus, sich auf die entsprechende Weise verhalten zu wollen und zumindest implizit bei anderen für ein solches Verhalten zu werben. Im Unterschied zu rein ethischen Aussagen verknüpfen religiöse Aussagen die ethische Intention mit stimulierenden »Geschichten«. Als narrative Sprachfiguren erscheinen religiöse Aussagen in der Gestalt von Tatsachenbehauptungen. In Wirklichkeit komme es jedoch nicht auf Wahrheit oder Falschheit an, sondern allein darauf, welche Intention durch sie artikuliert oder stimuliert werde. Wie bei einem Märchen oder Gleichnis wäre die Frage, ob sich das Erzählte denn auch tatsächlich so zugetragen habe, völlig verfehlt. So verfehlt nach BRAITHWAITE die Frage nach der Faktizität die religiöse Aussageabsicht, da Fakten für den sittlichen Grundentscheid völlig irrelevant seien. Kein Faktum dieser Welt könne den Menschen von der eigenen Entscheidung zur Sittlichkeit entbinden.

3. Eine weitere Variante nonkognitivistischer Interpretation beruht vor allem darauf, für religiöse Aussagen einen *genuinen Sprachcharakter* zu behaupten, so daß religiöse Aussagen nicht durch andere ersetzbar sind (ähnlich wie ein Gedicht nicht durch Prosa ersetzbar oder in Prosa übersetzbar ist). So postuliert beispielsweise DON CUPITT die Existenz eines *autonomen religiösen Imperativs*, den

er analog zu Kants kategorischem Imperativ konzipiert. Im Kern bestehe der religiöse Imperativ in der Forderung nach Selbsttranszendenz, nach Heiligkeit. Gott ist nach Cupitt nicht eine unabhängig vom Menschen existierende Wirklichkeit, sondern die Personifikation des religiösen Ideals (»seid heilig, weil ich heilig bin«, Lev 11,44). Alle Aussagen über Gott seien daher als Ausdruck der Struktur des religiösen Lebens zu verstehen.

Ein anderer Vertreter dieser Richtung ist Dewi Z. Phillips, der religiöse Aussagen im Sinn von Wittgensteins *Sprachspieltheorie* verstanden wissen will. Die von den Kognitivisten erhobene Forderung, zumindest einige religiöse Aussagen als Tatsachenbehauptungen mit Wahrheitsanspruch zu verstehen, verwechsle unterschiedliche Sprachspiele und ihre verschiedenen Regeln miteinander (als wollte man fordern, bestimmte Sätze des Japanischen sollten, um sinnvoll zu sein, den Regeln der deutschen Grammatik gehorchen). Gotteserkenntnis bedeutet nach Phillips nicht eine Ausweitung unseres Faktenwissens, sondern die Erfahrung eines neuen Lebenssinns. Gott existiert wirklich, aber seine Wirklichkeit ist an das religiöse Sprachspiel bzw. die religiöse Lebensform gebunden (ähnlich wie ein Schachkönig wirklich existiert, aber nur als Element des Schachspiels). Der Gläubige erfährt die Wirklichkeit Gottes, indem er durch die religiöse Lebensform Dank, Vergebung, Liebe usw. erfährt.

4. In eine stark nonkognitivistische Richtung tendiert auch die Interpretation, die Rudolf Bultmann (1884–1976) der religiösen Rede gegeben hat. Bultmann will religiöse Aussagen grundsätzlich als Ausdruck menschlichen Selbstverständnisses interpretiert wissen (»*existentiale Interpretation*«). Tue man dies nicht, dann werde religiöse Rede zur bloßen Mythologie, wie sie von der Wissenschaft inzwischen überwunden ist. Der Forderung nach existentialer Interpretation korreliert daher die Forderung nach »Entmythologisierung«. Zumindest im Hinblick auf das Christentum lehnt es Bultmann strikt ab, Aussagen über Gott, im Sinn von Tatsachenbehauptungen zu verstehen. Im Grunde sei eigentlich jede Rede über Gott unmöglich, da sie diesen zwangsläufig »verobjektiviere« und der Mensch sich dabei quasi außerhalb der göttlichen Realität und der von dieser ausgehenden existentiellen Betroffenheit stelle. Rede der Christ dennoch von Gott, so drücke sich darin sein Selbstverständnis als ein von Gott zu dieser Rede Ermächtigter aus (als einer, der zwar durch diese Redeweise »sündigt«, aber zugleich ein von Gott »gerechtfertigter Sünder« ist). Aber, so läßt sich gegenüber Bultmann fragen, wie steht es dann um solche Metaaussagen über die eigentliche Unmöglichkeit und dann doch gegebene Möglichkeit der Rede von Gott? Wenn es die von Gott ausgehende Rechtfertigung des Sünders ist, die religiöse Rede trotz ihres verobjektivierenden Charakters legitimiert, muß dann nicht wenigstens die Behauptung, daß Gott den Sünder rechtfertigt, als Tatsachenbehauptung verstanden werden? Bultmanns Konzeption endet somit in einem Paradox: Einerseits lehnt er die Möglichkeit von Tatsachbehauptungen über Gott vollständig ab, andererserseits muß er zur Legiti-

mation religiöser Rede selbst die Gültigkeit einer Tatsachenbehauptung (in diesem Fall die Behauptung der Rechtfertigung durch Gott) voraussetzen. Soll aber auch diese Behauptung keine Tatsachbehauptung, sondern lediglich Ausdruck eines bestimmten menschlichen Selbstverständnisses sein, dann wird der Nonkognitivismus unvermeidlich. Vertreter der sogenannten »Gott-ist-tot«-Theologie haben BULTMANN denn auch in diesem Sinn verstanden.

Nonkognitivistische Interpretationsansätze stimmen also weitgehend der Position des logischen Positivismus zu, wonach es sich bei religiösen Aussagen, insbesondere bei der Behauptung der Existenz Gottes, nicht um Tatsachenbehauptungen und daher auch nicht um kognitiv sinnvolle Behauptungen handelt. Daß die Nonkognitivisten demgegenüber eine nonkognitive Sinnhaftigkeit religiöser Aussagen betonen, ändert daran nichts. Mit dieser Feststellung wird jedoch der Verdacht unabweisbar, daß sich ähnlich wie beim logischen Positivismus auch hinter den nonkognitivistischen Ansätzen eine atheistische bzw. naturalistische Position verbirgt. Nur betrachten die Nonkognitivisten im Unterschied zum traditionellen Atheismus religiöses Leben keineswegs als ein zu überwindendes Übel, sondern wollen an seiner existentiellen Sinnhaftigkeit festhalten. Religiöses Leben besitzt für sie einen Wert in sich, unabhängig davon, ob den mit diesem Leben verknüpften Überzeugungen Wahrheit zukommt oder nicht. Nicht wenige Nonkognitivisten wehren sich gegen den Vorwurf des Atheismus unter anderem mit dem Hinweis auf die Tradition der »Negativen Theologie«, derzufolge es unmöglich ist, über Gott irgendwelche positiven, im wörtlichen Sinn zutreffende Behauptungen aufzustellen. Andererseits gelingt es ihnen aber nicht, zu verdeutlichen, worin sich ihre Position in theoretischer Hinsicht vom Atheismus unterscheidet. Allein die unterschiedliche Bewertung des religiösen Verhaltens reicht hierzu nicht aus.

Gegen eine vollständig nonkognitivistische Interpretation religiöser Rede bleiben somit schwerwiegende *Einwände* im Raum stehen:
1. Der Nonkognitivismus entspricht *nicht dem bisherigen Selbstverständnis* der religiösen Traditionen bzw. der Mehrzahl der Gläubigen, insofern diese davon ausgehen, daß es sich bei Gott um eine vom Menschen unabhängige Wirklichkeit handelt. Allerdings erheben auch nicht alle Nonkognitivisten den Anspruch, das traditionelle Verständnis religiöser Rede wiederzugeben. Vielmehr betonen einige explizit den revisionistischen Charakter ihrer Position.
2. Der Nonkognitivismus liefert die Religion letztlich dem *Irrationalismus* aus. Indem nämlich religiöses Leben von der Frage nach der Wahrheit religiöser Überzeugungen dispensiert wird, wird es auch der Frage nach seiner Vernünftigkeit enthoben.
3. Die von den Nonkognitivisten hervorgehobenen positiven und *sinnstiftenden Seiten* des religiösen Lebens können *nicht von der Wahrheit religiöser Aussagen abgekoppelt* werden. Dies läßt sich besonders hinsichtlich der eschatolo-

gischen Aussagen verdeutlichen. Die im Leben vieler Religionen kultivierte Hoffnung über den Tod hinaus hängt an der Überzeugung, daß es tatsächlich ein Weiterleben nach dem Tod gibt. Der nonkognitivistische Versuch, den Sinn der eschatologischen Aussagen ausschließlich auf die Artikulation einer besonderen Lebensweise im Hier und Jetzt zu beschränken, macht die religiöse Hoffnung zunichte.

Kognitivistische Interpretationsmodelle

Kein Vertreter einer kognitivistischen Interpretation beansprucht, daß alle religiösen Aussagen als wörtlich wahre Tatsachenbehauptungen zu verstehen seien. Es wird in aller Regel auch zugestanden, daß die Nonkognitivisten zahlreiche Aspekte religiöser Rede richtig erfassen, wenn sie auf deren expressive, evokative oder performative Funktionen hinweisen. Allerdings sind Vertreter einer kognitivistischen Interpretation im Unterschied zu den Nonkognitivisten der Meinung, daß zumindest einige religiöse Aussagen im Sinn wörtlich wahrer Tatsachenbehauptungen verstanden werden können und müssen. Dies trifft vor allem für die Behauptung der Existenz Gottes zu. Angesichts der Herausforderung durch die Religionskritik des logischen Positivismus reicht es jedoch nicht aus, einfach die Kognitivität religiöser Aussagen zu behaupten. Sie muß vielmehr angesichts dieser Kritik belegt werden. Das heißt, es muß gezeigt werden, daß es sich bei diesen Aussagen nicht um Scheinbehauptungen, sondern wirklich um verstehbare (»sinnvolle«) Tatsachenbehauptungen handelt.

1. Gegen HARE insistiert BASIL MITCHELL darauf, daß religiöse Aussagen in ihrem Kern den Charakter von Tatsachenbehauptungen tragen müssen, und gegen FLEW hält er daran fest, daß der Glaube an die Existenz und die Liebe Gottes durchaus für *Falsifikationen* empfindlich sei. Das im Glauben waltende Vertrauen ist nach MITCHELL insofern von einem *blik* verschieden, als es durchaus die Existenz von Gegenargumenten einräumt. Ereignisse, die den Eindruck erwecken, daß es keinen Gott gibt, stellen eine reale Belastungsprobe für den Glauben dar. Ob er dieser Belastung standhält, hängt jedoch weniger von diesen Ereignissen selbst ab, sondern von der Stärke des Vertrauens. Wie FLEW erläutert auch MITCHELL seinen Standpunkt mit einer Parabel: In einem besetzten Land trifft ein Mitglied der Widerstandsbewegung auf einen Fremden. Der Fremde gibt sich dem Partisan als der geheime Anführer des Widerstands zu erkennen und bittet ihn um sein Vertrauen, was auch immer geschehe. Zutiefst von der Aufrichtigkeit des Fremden überzeugt, wird der Partisan in der Folgezeit mit höchst ambivalenten Ereignissen konfrontiert. Mal hilft der Fremde dem Widerstand, zuweilen liefert er jedoch auch Partisanen an die Besatzungsmacht aus. Dieses zweideutige Verhalten ermöglicht zwei unterschiedliche Interpretationen, denen zwei deutlich verschiedene Sachverhalte entsprechen:

Entweder der Fremde lügt und steht in Wahrheit auf Seiten der Besatzer; oder er sagt die Wahrheit und hat gute Gründe für sein zweideutiges Verhalten. Welcher der beiden Sachverhalte zutrifft, ist eindeutig eine kognitiv sinnvolle Frage. Sie läßt sich jedoch durch die vorliegende Sachlage nicht eindeutig klären. Die Entscheidung für die eine oder die andere Deutung bleibt eine Sache des Vertrauens, das der Partisan in den Fremden setzt. So stellt sich allein die Frage, wie lange dieses Vertrauen aufrechterhalten werden kann, ohne unvernünftig zu werden. MITCHELL läßt diese Frage bewußt offen. Aber ist nicht eine Situation denkbar, in der schließlich eindeutig erfahrbar wird, welcher Sachverhalt tatsächlich vorliegt?

2. In diese Richtung zielt JOHN HICKS Konzept der »*eschatologischen Verifikation*«. HICK weist darauf hin, daß aufgrund der transzendenten Eigenschaften Gottes die Behauptung »Gott existiert« für sich genommen nicht unmittelbar verifizierbar ist. Als unendlicher Horizont aller endlichen Wirklichkeit ist Gott nicht raum-zeitlich eingrenzbar, und in seiner Unendlichkeit ist er von Wesen mit nur endlicher Erfahrungskapazität prinzipiell nicht verifizierbar. Die Behauptung der Existenz Gottes tritt im Leben der Religionen jedoch nicht als isolierte Behauptung auf. Vielmehr erscheint sie zumeist als Teilbehauptung einer umfassenderen Aussage über die Welt als ganze bzw. über den Verlauf und das Ziel des Weltprozesses. Gott ist dann zumeist der Garant dessen, was sich als eschatologischer bzw. »kosmischer Optimismus« bezeichnen läßt. Versteht man die Behauptung der Existenz Gottes in diesem Zusammenhang, das heißt in ihrer Relevanz für das Verständnis der Welt, dann macht es einen prinzpiell erfahrbaren Unterschied, ob Gott existiert oder nicht, und zwar völlig unabhängig von der ontologischen Frage nach dem transzendenten Sein Gottes. Wenn die religiöse Behauptung beispielsweise lautet, daß Gott den Weltprozeß zu einem guten Ende für jeden Menschen führen wird, wenn Gott also der ist, der eine letzte Glückseligkeit aller garantiert, dann wird klar, daß es sich hierbei um eine verifizierbare Tatsachenbehauptung handelt. Denn wenn wir einst die eschatologische Erfahrung machen, gemeinsam mit allen anderen Menschen zur endgültigen Vollendung zu gelangen, dann wäre damit die Behauptung der Existenz Gottes zumindest im Sinn der schwachen bzw. indirekten Verifikation verifiziert.

Es geht bei HICKS Konzept der »eschatologischen Verifikation« nicht darum, die Frage der Beweisbarkeit Gottes auf das Eschaton (den jüngsten Tag) zu vertagen (wie er gelegentlich mißverstanden wurde). Der Aufweis einer eschatologischen Verifikationsmöglichkeit bestimmter religiöser Aussagen dient vielmehr dem Zweck, ihren Charakter als kognitiv sinnvoller Tatsachenbehauptungen darzulegen, das heißt als Behauptungen, die in dem Sinn verstehbar sind, daß sie wahr oder falsch sein können. Die Pointe der »eschatologischen Verifikation« liegt also gerade nicht erst im Eschaton. Vielmehr gilt: Wenn sich religiöse Aussagen eschatologisch verifizieren lassen, dann handelt es sich bei ihnen *schon jetzt* um *kognitiv sinnvolle Behauptungen*. Religiöse Aussagen, die kognitiv sinnvoll sind, behaupten einen bereits jetzt bestehenden realen Unterschied hinsichtlich des Verständnisses der Welt, der sich jedoch erst eschatologisch verifizieren lassen wird. In Anlehnung an die Parabeln von FLEW und MITCHELL hat auch HICK seine Konzeption in ein Gleichnis gefaßt:

> Zwei Männer reisen gemeinsam eine Straße entlang. Der eine glaubt, daß sie zur Himmlischen Stadt, der andere, daß sie nach nirgendwo führt. Aber da es nur diese eine Straße gibt, sind beide Männer auf sie angewiesen. Beide haben den Weg noch nie zurückgelegt; deshalb wissen sie zu keinem Zeitpunkt, was sie hinter der nächsten Straßenbiegung erwartet. Sie erleben auf ihrer Reise Augenblicke der Freude und Ermunterung, aber auch solche der Mühe und Gefahr. Die ganze Zeit über sieht sich der eine der beiden auf einer Pilgerfahrt zur Himmlischen Stadt. Die angenehmeren Reiseabschnitte begreift er als Ermutigungen, die Hindernisse als Prüfungen und Lektionen, die ihm vom König jener Stadt auferlegt wurden, damit er bei seiner Ankunft am Zielort würdig ist, dort zu leben. Der andere der beiden glaubt jedoch an nichts dergleichen und betrachtet die Reise als eine ziellose, aber unvermeidliche Irrfahrt. Da ihm in der Sache keine Wahl bleibt, erfreut er sich der angenehmen Seiten und erträgt die unangenehmen. Für ihn gibt es keine Himmlische Stadt, die man erreichen, keinen allumfassenden Zweck, der der Reise einen Sinn verleihen könnte. Im Guten wie im Schlechten gibt es nur die Straße und die Geschicke der Reise.
>
> Während sie reisen, ist die Meinungsverschiedenheit zwischen den beiden keiner empirischen Überprüfung zugänglich. Über den weiteren Verlauf der Straße haben sie keine unterschiedlichen Erwartungen, sondern nur über den endgültigen Zielort. Hinter der letzten Straßenbiegung wird es jedoch offenkundig werden, daß einer von ihnen die ganze Zeit über mit seinen Vermutungen recht hatte und der andere unrecht. (...) Es ging nicht nur um einen gefühlsmäßigen Unterschied. Denn die Überzeugungen des einen waren zutreffend, die des anderen unzutreffend. Ihre entgegengesetzten Interpretationen waren im echten Sinne rivalisierende Sachbehauptungen – mit der Eigenart allerdings, daß sich deren Behauptungscharakter erst rückblickend als auf einer alles entscheidenden künftigen Erfahrung beruhend erweist.
> HICK, Verifikation im Jenseits, in: HOERSTER (Hrsg.), Glaube und Vernunft, 220f.

3. Einen anderen Weg zur Sicherung der Kognitivität religiöser Rede schlägt RICHARD SWINBURNE ein. Nach SWINBURNE ist das Verifikationskriterium – auch in sei-

ner schwachen bzw. indirekten Form – nicht geeignet, die Grenze zwischen echten und scheinbaren Behauptungssätzen zu markieren. Denn es lassen sich Beispiele benennen, bei denen ganz offensichtlich echte Tatsachenbehauptungen vorliegen, aber weder eine Verifizierbarkeit noch eine Falsifizierbarkeit gegeben ist. Als Beispiele nennt er die Existenz des Fremdpsychischen (→ 3. Kapitel) oder Sätze nach folgendem Muster: Eine bestimmte Puppe beginnt immer dann in der Nacht zu tanzen, wenn niemand zusieht, keine Kamera läuft etc. und sie läßt dabei keinerlei Spuren zurück. Diese Behauptung erscheint in keiner Weise verifizierbar oder falsifizierbar. Allerdings hält SWINBURNE daran fest, daß Behauptungssätze nur dann kognitiv sinnvoll sind, wenn die in ihnen verwendeten Worte »empirisch verankert« (»empirically grounded«) sind, das heißt einen nachvollziehbaren bzw. vorstellbaren Bezug zu unserer normalen Erfahrungswelt besitzen. Ist dies gegeben, dann lassen sich mit diesen Worten auch Behauptungen über ungewöhnliche bzw. unbekannte Sachverhalte formulieren, indem die Worte zwar mit ihrem gewöhnlichen Sinn, aber in *ungewöhnlichen Verbindungen* oder *ungewöhnlichen Steigerungen* verwendet werden. Für diesen Fall ist dann auch keine volle Vorstellbarkeit mehr erforderlich. Diese sprachlichen Möglichkeiten erlauben nach SWINBURNE eine kognitiv sinnvolle Rede über Gott. JOHN LESLIE MACKIE hat dem grundsätzlich zugestimmt. Er sieht darin zugleich aber durchaus noch ein »schwaches Verifikationsprinzip« am Werk, wonach »sich die Bedeutung aller von uns gebrauchten Ausdrücke aus ihrer Verwendung in *einigen* erfahrungsmäßig verifizierbaren oder erweisbaren Aussagen ergeben; solche Ausdrücke lassen sich dann zur Bildung weiterer Aussagen heranziehen, die vielleicht nicht direkt erfahrungsmäßig nachprüfbar sind« (MACKIE, Das Wunder des Theismus, Stuttgart 1985, 11).

Skeptisch ist SWINBURNE allerdings gegenüber einer *analogen* Verwendung der Worte, das heißt gegenüber dem Versuch, die Worte nicht nur in ungewöhnlichen Kombinationen oder Steigerungen, sondern sie mit einem neuen Sinn zu verwenden. Denn wie soll dieser neue Sinn präzisiert werden? In dem Maß, in dem der Sinn eines Wortes von seiner Standardbedeutung abweicht, verliert es an Aussagekraft. Nach SWINBURNE mag es in der Theologie bisweilen unvermeidlich sein, den Worten einen analogen Sinn zu geben. Doch hier sei äußerste Vorsicht geboten. Denn je mehr Worte von der Theologie in einem analogen Sinn verwendet werden, desto weniger vermag sie mit diesen noch zu sagen.

Alle Vertreter eines kognitivistischen Ansatzes halten also an einer *realistischen Interpretation der Existenz Gottes* und damit an der grundsätzlichen Möglichkeit kognitiver Sinnhaftigkeit religiöser Rede fest. Dennoch gibt es unter ihnen deutliche Diskrepanzen. Sie hängen eindeutig mit dem Problem der Angemessenheit religiöser Rede zusammen: Wie können wir so von Gott reden, daß dabei einerseits der besonderen, transzendenten Eigenart Gottes Rechnung getragen und andererseits dennoch ein Abgleiten in den Nonkognitivismus vermieden wird?

Die Frage der Angemessenheit der Rede von Gott

Am radikalsten wurde dieses Problem von der sogenannten *Negativen Theologie* aufgeworfen. Als »Negative Theologie« wird jene Position bezeichnet, wonach aufgrund der Transzendenz Gottes die einzig adäquate Redeweise darin besteht, jede positive bzw. affirmative Aussage über ihn zu verneinen. Demnach kann von Gott immer nur gesagt werden, was er nicht ist, nicht aber das, was er ist. Nahezu alle bedeutenden Kirchenväter haben der Grundtendenz der Negativen Theologie zugestimmt, ohne ihre Maxime jedoch wirklich konsequent zu befolgen. So suchte man in der Geschichte der Theologie immer wieder nach Wegen, positive Aussagen über Gott zu ermöglichen, ohne dem Standpunkt der Negativen Theologie völlig zu widersprechen. Besondere Bedeutung erlangte diesbezüglich das traditionelle Modell der *Analogie*.

Das traditionelle Modell der Analogie

Bei diesem Modell handelt es sich primär um eine *ontologische* Theorie (*analogia entis* = Analogie des Seins), der jedoch eine sprachphilosophische Position entspricht. »Analogizität« bezeichnet dabei ein Mittleres zwischen Univozität und Äquivozität.
- *Univozität*: Ein und dasselbe Wort hat in verschiedenen Zusammenhängen immer strikt dieselbe Bedeutung.
- *Äquivozität*: Ein und dasselbe Wort hat in verschiedenen Zusammenhängen völlig verschiedene Bedeutungen (z.B. »Ball« als Spiel*ball* und als Tanz*ball*).
- *Analogizität*: Ein und dasselbe Wort hat in verschiedenen Zusammenhängen weder strikt dieselbe, noch eine völlig verschiedene, sondern eine ähnliche Bedeutung.

Analoger Sprachgebrauch setzt somit eine gewisse Verschiedenheit und zugleich eine gewisse Selbigkeit der Bedeutung voraus.

Die traditionelle Analogie-Lehre nimmt ihren Ausgang bei der Feststellung, daß der Begriff des Seins nicht immer in derselben, aber auch nicht in völlig verschiedener Bedeutung verwendet wird: Etwas kann nur in Gedanken »sein«, im Werden oder im Vergehen »sein«, die zufällige Eigenschaft einer Sache »sein« oder auch ihr Wesen »sein«. Insbesondere urteilte man, daß von Gott als dem Schöpfer, das heißt dem Grund aller Wirklichkeit, »sein« nicht in strikt derselben Bedeutung ausgesagt werden könne wie von der Schöpfung. Während Gott sein Sein aus sich selbst besitzt, haben es die Geschöpfe von ihm. Andererseits wollte man jedoch auch nicht so weit gehen, hinsichtlich des Seins Gottes und des Seins der Schöpfung eine strikte Äquivozität zu behaupten. Denn dann wäre eine radikale Negative Theologie die einzige Konsequenz. Als Ausweg schien sich somit der Gedanke nahezulegen, daß das Sein Gott auf eine der Schöpfung analoge Weise zugesprochen werden müsse. Damit schien dann die Grundlage für eine affirmative Redeweise über Gott gegeben zu sein, ohne behaupten zu müssen, daß diese Aussagen im Hinblick auf Gott genau denselben Sinn besitzen wie im Hinblick auf jenen Bereich, dem sie entlehnt sind, das heißt der Schöpfung. Heißt es beispielsweise von Gott, dieser sei ein weiser und guter Vater, dann haben die Worte »weise«, »gut« und »Vater« im Hinblick auf Gott nicht exakt dieselbe Bedeutung wie im Hinblick auf einen Menschen, sondern eine ähnliche. Doch worin besteht diese Ähnlichkeit bzw. Analogie?

Grundsätzlich lassen sich zwei Formen der Analogie unterscheiden:
- *Proportionsanalogie*: Es liegt eine Ähnlichkeit oder Gleichheit (strenge Proportionsanalogie) mehrerer Verhältnisse vor:
$$\frac{a}{b} \approx /= \frac{c}{d}$$
- *Attributionsanalogie*: Die Ähnlichkeit besteht in einer gewissen Abhängigkeit der Attribute voneinander (z.B. Die Nahrung ist »gesund«; der Mensch ist »gesund«).

In der Analogie-Lehre des THOMAS VON AQUIN (1224/25–1274) spielen beide Formen eine gewissen Rolle.

Im Sinne der *Proportionsanalogie* läßt sich beispielsweise das Attribut »gut« folgendermaßen auf Gott anwenden:
$$\frac{\text{Gut-Sein}}{\text{Mensch}} \approx \frac{\text{Gut-Sein}}{\text{Gott}}$$
Das heißt, in ähnlicher Weise wie Gut-Sein eine Vollkommenheit im Menschen bezeichnet, bezeichnet Gut-Sein eine Vollkommenheit in Gott.

Im Sinne der *Attributionsanalogie* ergibt sich folgende Bedeutung:

> Gott ist »gut«, insofern alles Gut-Sein der Menschen seinen letzten Grund im Gut-Sein Gottes hat.

Die eigentliche Problematik der Analogie-Lehre liegt nun jedoch darin, daß alle Aussagen über Gott immer nur von einer Seite der beiden Analogata her gebildet werden, das heißt von seiten der Geschöpfe. Mit anderen Worten, wir wissen zwar, was Gut-Sein im Hinblick auf einen Menschen bedeutet, aber wir wissen nicht, was Gut-Sein im Hinblick auf Gott (als ein transzendentes, unbegrenztes Wesen) bedeutet. Und wir wissen ebensowenig, was es im Hinblick auf eine unendliche Wirklichkeit bedeutet, der Grund allen menschlichen Gut-Seins zu sein.

Man hat diese Problematik teilweise durchaus eingeräumt. So formulierte das IV. Laterankonzil (1215), daß »von Schöpfer und Geschöpf keine Ähnlichkeit ausgesagt werden kann, ohne daß sie eine größere Unähnlichkeit zwischen beiden einschlösse« (DS 806). Was aber kann angesichts der so vorausgesetzten größeren Unähnlichkeit dann Ähnlichkeit noch besagen? Zwar mag die Analogie-Lehre gegenüber einer radikalen Negativen Theologie eine Möglichkeit aufzeigen, wie dennoch positive Aussagen über Gott gemacht werden können. Aber es handelt sich dabei um Aussagen, deren Bedeutung gerade im Hinblick auf Gott nicht mehr verstehbar ist. Was aber ist gewonnen, wenn zwar formal eine Aussagemöglichkeit geschaffen ist, die Aussagen jedoch inhaltlich unverstehbar bleiben?

Erfahrungsorientierte Neuansätze

In der Theologie des zwanzigsten Jahrhunderts sind mehrere Interpretationsmodelle religiöser Rede entwickelt worden, die die beiden Grundintentionen der Analogie-Lehre bewahren. Das heißt, sie halten einerseits an der Transzendenz Gottes fest und suchen doch zugleich nach einer Möglichkeit, inhaltlich bestimmt von Gott reden zu können. Sie setzen hierzu jedoch nicht mehr beim Gedanken einer analogen Redeweise an, sondern ändern den unmittelbaren Bezugspunkt religiöser Rede. Das heißt, religiöse Rede bezieht sich nur indirekt und sekundär auf Gott, im primären und direkten Sinn bezieht sie sich auf die menschliche Gotteserfahrung. Drei Beispiele seien hierfür genannt.

Karl Rahner (1904–1984) bezeichnet Gott mit Vorliebe als »heiliges Geheimnis«. Er meint damit nicht, daß es an Gott vieles gebe, was wir nicht oder noch nicht verstehen. Vielmehr betrachtet er Gott als etwas, das wesentlich Geheimnis ist. Gott ist nicht etwa dann richtig erkannt, wenn sein Geheimnis enträtselt ist, sondern wenn seine Geheimnishaftigkeit als wesenhaft erkannt ist. Denn nimmt man Gottes unendliche Transzendenz ernst, dann kann Gott nach Rahner nur durch seine Unbestimmbarkeit bestimmt werden. Wenn Gott der alles endliche Sein transzendierende unendliche Horizont ist, dann ist Gott quasi *per definitionem* undefinierbar:

> Der Horizont (kann) nicht im Horizont selbst gegeben sein (...). Die Grenze, die allem seine Definition gibt, läßt sich nicht wiederum durch eine noch weiter entfernt liegende Grenze bestimmen. Die unendliche Weite, die alles einfängt und einfangen kann, läßt sich nicht noch einmal einfangen.
>
> Rahner, Grundkurs des Glaubens, 72

Die Vorstellung von Gott als einem höchsten Seienden, der »neben anderem Seienden sich auswirkt und waltet und so gewissermaßen selber noch einmal in dem größeren Haus der Gesamtwirklichkeit anwesend wäre«, lehnt Rahner als völlig inadäquat ab (ebd.). Eine Gott angemessene Rede muß daher *mystagogi-*

schen Charakter tragen, das heißt, sie muß dem Menschen in existentiell betreffender Weise das absolute Geheimnis bewußt machen, das Gott ist.

Daß der Mensch tatsächlich vor einem unüberwindlichen Geheimnis steht, läßt sich nach Rahner durch die transzendentale Analyse nachweisen: Jede begreifende Erkenntnis besteht darin, das Erkannte in einen weiteren Horizont einzuordnen, von dem her es erst bestimmbar wird. Aber eben jener weiteste Horizont allen Begreifens muß dann notwendig unumgreifbar und damit unbegreifbar bleiben. Der Mensch kann dieses Geheimnis einfach ignorieren oder es als die grundsätzliche Absurdität des Daseins hinnehmen. Er kann sich ihm aber auch als der letzten sinnstiftenden Wirklichkeit anvertrauen. Dabei handelt es sich freilich um ein existentielles Wagnis. Doch genau dies ist nach Rahner der Grundakt des Glaubens. Wird dieser Grundakt vollzogen, dann besteht sein adäquater Ausdruck darin, das absolute Geheimnis als »göttliches« bzw. »heiliges« Geheimnis zu bezeichnen. Die tranzendentale Erfahrung wird somit im Glauben zur Transzendenzerfahrung. Sie ist der Ausgangs- und Bezugspunkt aller religiösen Rede. Denn nach Rahner müssen alle Aussagen über Gott von dieser existentiellen Grundsituation und ihren transzendentalen Rahmenbedingungen her interpretiert werden. Auf diese Weise läßt es sich vermeiden, sie als unmittelbare Beschreibungen Gottes mißzuverstehen, wodurch Gott geradezu zwangsläufig als ein Seiendes neben anderen erscheinen würde. Andererseits bleibt jedoch auch ein völliger Reduktionismus vermieden, der nach nonkognitivistischer Manier die Aussagen über Gott nur noch als Ausdruck einer menschlichen Befindlichkeit verstehen würde. Denn nach Rahner liegt es geradezu in der Struktur des Glaubensaktes, sich dem heiligen Geheimnis als dem anderen seiner selbst anzuvertrauen.

Für **Paul Tillich** (1886–1965) ist religiöse Rede grundsätzlich *symbolisch*. Ein Symbol weist über sich hinaus auf die Wirklichkeit, die es vertritt, hat aber zugleich einen gewissen Anteil an deren »Sinn und Macht«. So symbolisiert der König einerseits die Macht der Nation und hat zugleich Anteil an ihr. Auf diese Weise erschließt das Symbol zugleich Dimensionen der symbolisierten Wirklichkeit, die – so Tillich – auf keine andere Weise zugänglich werden. Verliert ein Symbol diese erschließende Kraft, dann hört es auf, ein Symbol zu sein. Es stirbt ab. Auch das Wort »Gott« ist in diesem Sinn ein Symbol. Es verweist über sich hinaus auf eine unbedingt transzendente Wirklichkeit, die als solche jedes Symbol hinter sich läßt. Um dies zu verdeutlichen, kann und muß von Gott auch auf nicht-symbolische Weise gesprochen werden, etwa als »letzte Wirklichkeit«, als »Sein-Selbst«, »Grund des Seins« oder »Macht des Seins«.

Die symbolische Redeweise besitzt jedoch einen unverzichtbaren Eigenwert, der darin besteht, daß sie die letzte Wirklichkeit für den Menschen erfahrbar werden läßt. Redet der Mensch somit von seiner erfahrenen Beziehung zur letzten Wirklichkeit, dann ist es angebracht, diese symbolisch als »Person«, als ein ansprechbares »Du« mit bestimmten Eigenschaften und bestimmten Handlungsweisen zu bezeichnen. Wird die symbolische Redeweise allerdings wörtlich aufgefaßt, dann ist sie nach TILLICH vollständig »sinnlos«. Ist nun symbolische Bedeutung weniger als wörtliche? Nach TILLICH ist dies dann nicht der Fall, wenn es um eine Wirklichkeit geht, die auf keine andere Weise zugänglich ist als durch Symbole. In diesem Fall sei symbolische Rede die allein adäquate Redeweise. Genau dieser Fall ist aber gegeben, wenn es um die menschliche Erfahrung der göttlichen Wirklichkeit geht. Der symbolische Charakter religiöser Rede macht diese nach TILLICH für zwei Gefahren anfällig: Zum einen bestehe die Gefahr, daß ihr symbolischer Charakter mißachtet und das Symbol mit dem Symbolisierten selbst verwechselt wird. Zum anderen könne es geschehen, daß bestimmte Symbole weiter verwendet werden, obwohl sie in Wahrheit bereits gestorben sind, das heißt, obwohl sie längst ihre erschließende Kraft verloren haben und nicht mehr länger die religiöse Erfahrung der Menschen widerspiegeln.

Einen in mancher Hinsicht mit RAHNER und TILLICH verwandten Ansatz hat auch **John Hick** entwickelt. Bereits bei seiner Theorie der »eschatologischen Verifikation« insistiert HICK darauf, daß die Transzendenz Gottes eine unmittelbare Verifizierbarkeit ausschließt. Von Wesen, die nur mit endlichen, begrenzten Erfahrungsmöglichkeiten ausgestattet sind, kann Gott nicht *als* unendliche Wirklichkeit verifiziert werden. So bleibt immer eine unvermeidliche epistemische Differenz bestehen zwischen Gottes Wirklichkeit in ihrem unendlichen An-sich-Sein und den endlichen Erfahrungseindrücken, die Menschen von Gottes Wirklichkeit haben können und nach HICK tatsächlich haben.

Wie RAHNER bestimmt auch HICK Gott als den letzten, unumgreifbaren Horizont allen Seins, der sich dadurch notwendig jeglicher Begreifbarkeit entzieht. Zwar kann und muß religiöse Rede auf der Tatsächlichkeit der Existenz dieser letzten Wirklichkeit bestehen. Aber es ist nicht möglich, diese Wirklichkeit in ihrem unendlichen An-sich-Sein zutreffend zu beschreiben. Ihr jede Endlichkeit transzendierender Charakter kann adäquat nur auf dem Weg der Negativen Theologie zur Sprache gebracht werden. Dennoch besitzen die inhaltlich gefüllten Aussagen über jene Wirklichkeit, das heißt ihre Beschreibung als personale Gottheit oder als impersonales Absolutum (HICK nennt dies die *personae* und *impersonae* der transzendenten Wirklichkeit), eine unverzichtbare Bedeutung und zwar in zweifacher Hinsicht: In ihnen spiegelt sich erstens die kollektive und individuelle Erfahrung der Menschheit wider. Zweitens sind sie in der Lage, den Menschen in die richtige Haltung gegenüber der göttlichen Wirklichkeit zu versetzen. Hick präzisiert diese beiden Grundfunktionen religiöser Rede:

Versteht man die *personae* und *impersonae* als kollektive Verdichtungen echter religiöser Erfahrung, dann wird es möglich, Einsichten der WITTGENSTEINSCHEN Sprachspieltheorie und ihrer wissenssoziologischen Anwendung aufzugreifen, ohne einen grundsätzlichen religiösen Realismus preiszugeben. Das heißt, die diversen Gottheiten und religiösen Absoluta, von denen die Religionsgeschichte handelt, sind in der Tat historisch bedingte Größen – sie entstehen, verändern sich und können wieder vergehen – und sie sind tatsächlich abhängig von der Lebensform ihrer Verehrer. Aber sie sind genau deswegen historisch, kulturell und soziologisch bedingt, weil die Menschen es sind, und weil sich eben in den *personae* und *impersonae* jene Erfahrungen mit der transzendenten Wirklichkeit widerspiegeln, die von historisch, kulturell und soziologisch bedingten Menschen gemacht wurden.

Noch grundlegender ist für Hicks Interpretation der religiösen Rede seine pragmatistische Bedeutungstheorie. Jeder Begriff artikuliert Bedeutungen. Ein Erkenntnisgegenstand ist dann begriffen, wenn seine Bedeutung richtig erfaßt ist. Bedeutung aber hat eine relationale und eine praktische Dimension. Das heißt, die Bedeutung einer Sache ist immer ihre Bedeutung *für* das sie wahrnehmende Subjekt. Und ihre spezifische Bedeutung für dieses Subjekt besteht darin, daß bestimmte Verhaltensdispositionen des Subjektes ihr gegenüber angemessen sind. Die Bedeutung von »Seife« ist also beispielsweise in dem Maße richtig erfaßt, in dem erkannt wird, welche grundsätzlichen Verhaltensweisen gegenüber diesem Objekt möglich sind. Dementsprechend ist eine Sache dann nicht richtig erkannt, wenn mit der vermeintlichen Bedeutung inadäquate Verhaltensdispositionen verbunden sind. Eine runde grüne Seife für einen Apfel zu halten, ist somit deshalb fehlerhaft, weil sich mit der Bedeutung von »Apfel« Verhaltensdispositionen verbinden, die gegenüber einem Stück Seife inadäquat sind. Auf der Basis dieser Bedeutungstheorie kann Hick den inhaltlich gefüllten Aussagen über die transzendente Wirklichkeit eine gewisse Wahrheit zusprechen, obwohl es grundsätzlich unmöglich ist, die Wirklichkeit Gottes in ihrem unendlichen An-sich-Sein auf wörtlich wahre Weise zu beschreiben. Obwohl religiöse Rede über Gott nicht wörtlich wahr sein kann, hat sie demnach dann eine gewisse Wahrheit, wenn sie im Menschen die richtigen Verhaltensdispositionen gegenüber der transzendenten Wirklichkeit hervorruft. Hick bezeichnet dies als »*mythologische Wahrheit*« – eine terminologische Wahl, die allerdings höchst mißverständlich ist, da häufig gerade jenes Verständnis religiöser Rede als »mythologisch« bezeichnet wird, das von der Transzendenz Gottes absieht. Demgegenüber ähnelt Hicks Konzept der »mythologischen Wahrheit« – wie er selber eingeräumt hat – viel eher dem Symbolverständnis von Tillich.

Resümee

Wie gezeigt hängt das Problem der Kognitivität der Rede von Gott eng zusammen mit der Frage ihrer Angemessenheit. Kognitivistischen Interpretationsmodellen ist gegenüber den nonkognitivistischen Ansätzen vor allem deshalb der Vorzug zu geben, weil es den letzteren nicht gelingt, ihren Standpunkt vom Atheismus zu unterscheiden. Daran ändert auch die Berufung auf die Tradition der »Negativen Theologie« nichts. Umso mehr geraten kognitivistische Ansätze jedoch vor das Problem, wie in ihrem Rahmen dennoch angemessen von Gott geredet werden kann, das heißt unter Wahrung seines transzendenten Charakters. Das traditionelle Modell der Analogie ist diesbezüglich eher zur Verdeutlichung des Problems als zu seiner Lösung geeignet. Daher schlagen einige zeitgenössische Neuansätze – in Treue zu den grundlegenden Anliegen der Analogie-Lehre – einen anderen Weg ein, indem sie religiöse Rede nicht mehr unmittelbar auf Gott beziehen (weder univok noch analog), sondern indem sie die spezifischen Formen menschlicher Gotteserfahrung als den einzig adäquaten Bezugspunkt der Rede von Gott postulieren. Damit tragen sie zugleich dem Grundanliegen empiristischer Religionskritik wenigstens insoweit Rechnung, als sie einen engen Zusammenhang zwischen dem Realitätsbezug und dem Erfahrungsbezug religiöser Rede einräumen.

Wenn man akzeptiert, daß es sich bei der Behauptung der Existenz Gottes um eine kognitiv sinnvolle Tatsachenbehauptung handelt, dann läßt sich die Frage stellen, ob es vernünftig ist, dieser Behauptung Glauben zu schenken. Bevor diese Frage mittels der Argumente für und gegen die Existenz Gottes weiter verfolgt werden wird, sollen nun jedoch zunächst noch die beiden Begriffe des »Glaubens« und der »Vernunft« geklärt werden.

Literatur:

Einführende Literatur:
- J.I. Campell, The Language of Religion, New York 1971. (Leicht lesbare Einführung aus theologischer Sicht.)
- I.U. Dalferth, Religiöse Rede von Gott, München 1981. (Die bei weitem ausführlichste theologische Diskussion der Herausforderung durch die Analytische Philosophie.)
- A. Keller, Sprachphilosophie, Freiburg München 1979.
- H.O. Jones, Die Logik theologischer Perspektiven: eine sprachanalytische Untersuchung, Göttingen 1985.
- J. Track, Sprachkritische Untersuchungen zum christlichen Reden von Gott, Göttingen 1977.
- P. Vardy, Das Gottesrätsel, München 1997. (In dieser vorzüglichen Einführung in die Gotteslehre zeigt Vardy, welche unterschiedlichen Konsequenzen sich für die einzelnen Themen der Gotteslehre ergeben je nach dem, wie religiöse Rede interpretiert wird.)

Nonkognitivisten und Kognitivisten:
- I.U. Dalferth (Hrsg.), Sprachlogik des Glaubens, München 1974. (Enthält zentrale Texte aus der Diskussion um ihre religionsphilosophische Bedeutung in ungekürzter deutscher Übersetzung; z.B. von: Wisdom, Flew, Hare, Mitchel, Hick, Braithwaite, Phillips u.a.)

- D.Z. Phillips, Religion without Explanation, Oxford 1976. (Eines der grundlegenden Werke von Phillips zur Deutung religiöser Rede auf der Basis von Wittgensteins Sprachspieltheorie.)
- Ders., Faith after Foundationalism, London-New York 1988.
- D. Cupitt, Taking Leave of God, London 1980. (Neben Phillips zählt Cupitt heute zu den einflußreichsten Nonkognitivisten. In diesem Band gibt er eine komprimierte Darstellung seiner Theologie.)
- R. Bultmann, Welchen Sinn hat es von Gott zu reden?, in: Ders., Glauben und Verstehen, Bd. I, Tübingen ³1958, 26–37. (Dieser kurze Aufsatz aus dem Jahr 1925 enthält *in nuce* das Programm von Bultmanns Theologie.)
- P.M. van Buren, Reden von Gott in der Sprache der Welt, Zürich-Stuttgart 1965. (Einflußreiches Werk eines führenden Vertreters der »Gott ist tot«-Theologie auf der Basis von Hares »Blik«-Theorie.)
- J. Hick, Faith and Knowledge (reprint der 2. Aufl.), London 1988. (Hicks Klassiker zur theologischen Erkenntnis- und Sprachtheorie mit kognitivem Anspruch.)
- Ders., Eschatological Verification Reconsidered, in: Ders., Problems of Religious Pluralism, London 1988, 110–128. (Erweiterung von Hicks Idee der »eschatologischen Verifikation« im Kontext von Hicks pluralistischer Religionstheologie.)
- R. Swinburne, The Coherence of Theism, Oxford ³1989, 11–93.

Zur Negativen Theologie und traditionellen Analogie-Lehre:
- J. Hochstaffl, Negative Theologie. Ein Versuch zur Vermittlung des patristischen Begriffs, München 1976.
- W. Kluxen, H. Schwarz, A. Remane, Analogie, in: Historisches Wörterbuch der Philosophie, Bd. 1, 1971, Sp. 214–229.
- Thomas von Aquin, Summa theologiae I q 13 a 5.
- J.F. Ross, Analogy as a Rule of Meaning for Religious Language, in: International Philosophical Quarterly 1, no. 30 (1961) 468–502. (Eine moderne Darstellung und Verteidigung der Analogie-Lehre des Thomas.)

Erfahrungsorientierte Neuansätze:
- K. Rahner, Was ist eine dogmatische Aussage?, in: Ders., Schriften zur Theologie V, Einsiedeln-Zürich-Köln ²1964, 54–81. (Ziemlich abstrakter, aber recht systematisch gefaßter Abriß der Position Rahners.)
- Ders., Grundkurs des Glaubens, Freiburg-Basel-Wien 1976, 54–96. (Dieser »zweite Gang« von Rahners Grundkurs enthält zahlreiche wichtige Bemerkungen zu seinem Verständnis religiöser Sprache. Sehr aufschlußreich ist vor allem die darin enthaltene Meditation über das Wort »Gott«.)
- P. Tillich, Das Wesen der religiösen Sprache, in: Tillich-Auswahl, Bd. 2 (hrsg. von M. Baumotte), Stuttgart 1980, 29–38. (Dieser Aufsatz aus der Spätphase von Tillichs Denken gibt in prägnanter Form seine Symboltheorie wieder.)
- J. Hick, Religion, München 1996, 144–320, 367–404. (Enthält Hicks pragmatistische Bedeutungstheorie und ihre Anwendung auf die religiöse Rede im Zusammenhang mit seiner pluralistischen Religionstheologie.)

5. KAPITEL (GLAUBE UND VERNUNFT II)

Ist Glaube vernünftig?
Der Begriff des Glaubens und der Rationalität

Zum Sprachgebrauch von »Rationalität«

Die Frage nach der Rationalität des Glaubens, die Frage also, ob Glaube vernünftig ist, ist *die* Grundfrage der Fundamentaltheologie (→ 1. Kapitel). Um den Zusammenhang zwischen Glaube und Rationalität näher zu klären, ist es hilfreich, zunächst drei Verwendungsformen von »Rationalität« zu unterscheiden:

1. Im **psychologischen Sinn** kann mit »Rationalität« bzw. »Vernünftigkeit« ein bestimmtes *psychisches Profil* bezeichnet werden, etwa im Sinne eines *intellektuellen* oder *überlegten Habitus*. In dieser Hinsicht wird Rationalität oft abgesetzt von anderen Zügen der menschlichen Psyche, beispielsweise von Emotion, Triebhaftigkeit, Phantasie, Sensibilität oder Intuition. »Jemand ist sehr rational« kann in diesem Sinn eine einseitige Ausprägung der intellektuellen Fähigkeiten besagen, die mit guten Gründen als problematisch betrachtet wird (»Kopflastigkeit«).

2. Im **praktischen Sinn** bezieht sich »Rationalität« auf *effektive* und *aufwandssparsame Verhaltensstrategien* bzw. Entscheidungen über diese. Will man ein bestimmtes Ziel erreichen, dann ist es in diesem Sinn »rational«, das zu tun bzw. sich für das zu entscheiden, was einen mit der höchsten Erfolgsaussicht und dem geringsten Aufwand an das gewünschte Ziel bringt (»Zweckrationalität«).

3. Im **theoretischen Sinn** bezieht sich »Rationalität« auf den *Umgang mit unseren Überzeugungen*, das heißt auf die Art und Weise, wie wir unsere Überzeugungen gewinnen, wie und ob wir sie begründen, wann und warum wir sie beibehalten, preisgeben oder verändern. Im abgeleiteten Sinn wird Rationalität dabei teilweise auch auf die Inhalte dieser Überzeugungen bezogen. Von einer »rationalen Überzeugung« zu sprechen kann jedoch irreführen. Denn strenggenommen ist nicht der Inhalt dieser Überzeugung »rational«, sondern es kann für denjenigen, der diese Überzeugung hat, rational sein, sie zu vertreten.

Es geht also auch bei Rationalität im theoretischen Sinn letztlich um ein Verhalten, aber eben um ein geistiges Verhalten. Insofern könnte Rationalität in diesem Sinn auch als eine Sonderform von Rationalität im praktischen Sinn angesehen werden. Es wäre dann jener Umgang mit Überzeugungen rational, der einen am besten zu einem bestimmten Ziel bringt. Aber kann dieses Ziel beliebig sein? Kann es beispielsweise im theoretischen Sinn als rational gelten, nur solche Überzeugungen zu pflegen, die einen in die beste Stimmung versetzen (»Es macht mich glücklich – also glaube ich es«)? Gegen eine solche Legitimation des Wunschdenkens richtet sich die Idee, der Rationalität im theoretischen Sinn eine *normative Zielvorgabe* zu setzen: eben die Verpflichtung auf die Wahrheit. Dementsprechend wäre dann jener Umgang mit Überzeugungen rational, der am besten dem Ziel dient, die Wahrheit zu finden bzw. den Irrtum zu vermeiden. Unter dem Aspekt einer solchen normativen Zielvorgabe läßt sich Rationalität im theoretischen Sinn mit ARMIN KREINER als die »*Ethik unserer intellektuellen Überzeugungen*« bezeichnen.

Obwohl also der Sprachgebrauch nicht immer eindeutig ist, lassen sich doch der Sache nach diese drei Verwendungsformen klar unterscheiden. Nehmen wir etwa folgendes Beispiel: Ein Vater albert spielerisch mit seinem kleinen Kind. Albernheit ist kein intellektueller Habitus. Der Vater führt hier nicht etwa ein »vernünftiges« Gespräch mit seinem Kind, das heißt, es ist kein »rationales« Verhalten im Sinn von (1). Aber dennoch handelt es sich bei dem gelegentlichen albernen Spiel um ein »rationales« Verhalten im Sinn von (2), wenn es nämlich dem Ziel dient, die Vater-Kind-Beziehung zu vertiefen. Und die Überzeugung, daß das gemeinsame alberne Spiel der Vater-Kind-Beziehung dient, kann auf sehr »rationale« Weise im Sinn von (3) gebildet worden sein.

Für die Frage nach der Rationalität des Glaubens ist es nicht unbedeutend, sich diese Unterschiede im Sprachgebrauch bewußt zu machen. Denn wie später noch gezeigt werden wird, lassen sich zumindest einige Verwirrungen in diesem Bereich auf eine unscharfe Verwendung des Begriffs zurückführen. Zunächst soll nun jedoch der Glaubensbegriff näher präzisiert werden.

Grundzüge des Glaubensbegriffs

Zumeist werden am Glaubensbegriff zwei Dimensionen unterschieden:
- eine intellektualistische bzw. *kognitive Dimension*, das heißt, der Glaube wird vor allem unter dem Aspekt *inhaltlicher Überzeugungen* betrachtet, und
- eine existentielle bzw. *non-kognitive Dimension*, das heißt, der Glaube wird primär unter dem Aspekt *existentieller Befindlichkeiten* und *Orientierungen* gesehen.

Näher betrachtet besitzt der Begriff »Glaube« zahlreiche *Bedeutungsvarianten*, unter denen sich *vier Hauptformen* unterscheiden lassen. Diese spielen sowohl in einem rein säkularen Sprachgebrauch als auch in einem engeren weltanschaulichen, religiösen bzw. christlichen Sprachgebrauch eine zentrale Rolle. Die ersten beiden Formen gehören zur non-kognitiven, die letzten beiden Formen zur kognitiven Dimension des Glaubens:

non-kognitive Dimension	1. Glaube als Vertrauen
	2. Glaube als existentiell bedeutsame Orientierung
kognitive Dimension	3. Glaube als das Für-wahr-Halten von Behauptungen
	4. Glaube als Inhalt der für wahr gehaltenen Behauptungen

»Glaube« als Vertrauen: Wenn wir in unserem alltäglichen Sprachgebrauch sagen »Ich glaube dir«, dann ist darin die Haltung des Vertrauens gegenüber einer anderen Person zum Ausdruck gebracht. Dieser Aspekt ist im biblischen Glaubensverständnis besonders prominent. So ist Abraham deshalb der »Vater des Glaubens«, weil er der göttlichen Verheißung vertraute (Röm 4; Gal 3). Der alttestamentliche Begriff für Glaube »*häämin*« leitet sich ab von »*Amn*« (= fest, sicher, zuverlässig). »*Häämin*« besagt daher das Vertrauen auf die Zuverlässigkeit des göttlichen (Verheißungs-)Wortes.

»Glaube« als existentiell bedeutsame Orientierung: Wenn wir von jemand sagen, »Er/sie glaubt *an*« eine bestimmte Person (z.B. an einen politischen Führer oder an einen religiösen Hoffnungsträger) oder »*an*« ein bestimmtes Ideal oder eine Sache (z.B. an die Gerechtigkeit, an den Fortschritt, an die Menschheit), dann bezeichnen wir damit nicht einen interpersonalen Vertrauensakt, sondern eine Leitbild- oder Wertorientierung von hoher Bedeutung für die existentielle Ausrichtung des entsprechenden Menschen. In dieser Bedeutung hat Glaube eine umfassende, sinnstiftende Funktion. So sind die entsprechenden »Glaubensgüter« häufig eingebunden in einen größeren weltanschaulichen oder religiösen Rahmen.

»Glaube« als das Für-wahr-Halten von Behauptungen: Auch diese Bedeutung von Glaube ist alltagssprachlich weit verbreitet. Wir sagen z.B.: »Ich glaube, daß es morgen schönes Wettter gibt«; »Ich glaube, daß es böse ist, ohne Grund zu töten«; »Ich glaube, daß die Welt durch den Urknall entstanden ist«; »Ich glaube, daß es ein Leben nach dem Tod gibt«; »Ich glaube, daß es einen Gott gibt«; »Ich glaube, daß es keinen Gott gibt«. Immer geht es um das Für-wahr-Halten einer Behauptung. Dabei kann der Inhalt der Behauptung stark variieren. Er kann von profaner, ja belangloser Art sein, oder auch von höchster ethischer, weltanschaulicher und religiöser Relevanz. Auch der Grad des Für-wahr-

Haltens ist bei dieser Bedeutung offen. »Glaube« kann hierbei eine höchst unsichere Meinung oder auch eine mit höchster Festigkeit gehegte Überzeugung bezeichnen.

»Glaube« als Inhalt der für wahr gehaltenen Behauptungen: In einer vierten Bedeutung bezieht sich »Glaube« schließlich auf das im Sinne der dritten Bedeutung Geglaubte, also auf den Inhalt der für wahr gehaltenen Behauptungen.

Die vier genannten Bedeutungen von Glaube sind in der christlichen theologischen Tradition gut bekannt. So unterschied man seit AUGUSTINUS (354–430) drei Formen des Glaubens:
- *credere Deum* (»Gott glauben« im Sinne von »Ihn glauben«) → der zentrale Glaubensinhalt (4),
- *credere Deo* (»Gott glauben« im Sinne von »Ihm glauben«) → Glaube als Vertrauen (1),
- *credere in Deum* (»an Gott glauben«) → Glaube als existentiell bedeutsame Orientierung (2).

Alle vier Bedeutungsebenen waren schließlich vollständig erfaßt, als man für das »credere« noch die Unterscheidung einführte von:
- Glaubensakt (*fides qua creditur* = »Glaube im Sinne dessen, daß man glaubt«: 3) und
- Glaubensinhalt (*fides quae creditur* = »Glaube im Sinne dessen, was man glaubt«: 4).

Die vier Bedeutungen von Glaube wurden in der theologischen Tradition *insgesamt* als konstitutiv für das Verständnis des christlichen Glaubens betrachtet. Das heißt, christlicher Glaube ist nicht auf eine der vier genannten Bedeutungen beschränkt, sondern umfaßt alle vier. Der Grund hierfür liegt in ihrer *sachlogischen Interdependenz*: Wenn man den Verheißungen *Gottes vertraut*, dann besagt dies weit mehr als das Vertrauen auf einen Menschen: Gott zu vertrauen schließt ein, *an Gott zu glauben*, auf ihn zu setzen und sein Leben dementsprechend auszurichten. Wer aber in diesem Sinne Gott vertraut und an ihn glaubt, der *glaubt* auch, *daß* es einen Gott gibt, das heißt, er hält den *Inhalt* der Glaubensbehauptung »Es gibt einen Gott« für wahr.

Trotz dieses sachlogischen Zusammenhangs aller vier Bedeutungen von Glaube hat es in der Geschichte des Christentums *Akzentverlagerungen* gegeben. Stand für das Verständnis von Glaube ursprünglich die nonkognitive Dimension von Vertrauen und existentieller Orientierung im Vordergrund, so kam es doch allmählich zu einer Intellektualisierung, zu einer Überbetonung der kognitiven Dimension im Sinne des Für-wahr-Haltens und der Glaubensinhalte.

Beide Dimensionen haben einen unterschiedlichen Schwerpunkt: In *logischer* Hinsicht kommt zweifellos der kognitiven Dimension die Priorität zu.

Gott zu vertrauen und sein Leben auf ihn zu bauen, setzt logisch die Wahrheit der Behauptung, daß es einen Gott gibt, voraus. In *soteriologischer* Hinsicht (d.h. im Hinblick auf die Erlösung) besitzt jedoch die non-kognitive Dimension die Priorität. Nur rein intellektuell für wahr zu halten, daß es Gott gibt, ohne dementsprechend zu leben – das allein macht noch nicht jene Beziehung zu Gott aus, in der der Mensch sein Heil findet. So sprach denn auch Thomas von Aquin trotz der gerade bei ihm anzutreffenden Intellektualisierung des Glaubens davon, daß es sich beim heilshaften Glauben um eine »*fides caritate formata*«, also um einen »von der Liebe wesensmäßig geprägten Glauben« handelt.

Daß in soteriologischer Hinsicht der non-kognitiven Dimension Priorität zukommt, hat zu der Frage geführt, ob *heilshafter Glaube* einige *unabdingbare Minimalelemente der kognitiven Dimension* enthalten müsse. Mit anderen Worten, kann jemand in seiner Lebensweise faktisch den Merkmalen eines auf Gott hin orientierten Lebens entsprechen, ohne zugleich jene Glaubensinhalte explizit und intellektuell zu bekräftigen, die eine solche Lebensweise logisch voraussetzt? Es handelt sich hierbei um die Frage nach Möglichkeit und Gestalt eines impliziten Glaubens (*fides implicita*). Sie wurde und wird theologisch kontrovers diskutiert und berührt sich teilweise mit dem Problembereich einer Theologie der Religionen (→ 11. Kapitel).

Bezüglich der kognitiven Dimension stellt sich vor allem die Frage nach dem *Verhältnis von Glaube und Wissen*. Ist christlicher Glaube in seiner Bedeutung als das Für-wahr-Halten von Behauptungen eine Form des Wissens? Oder anders gefragt: Welche Gewißheit kommt den Glaubensinhalten zu? Müssen und können diese mit objektiver Gewißheit als wahr gewußt werden? Ober impliziert der Glaubensakt, wenn er doch gleichzeitig die Basis einer Vertrauenshaltung sein soll, daß eine objektive Gewißheit gar nicht gegeben sein kann? Würde objektive Gewißheit nicht geradezu Vertrauen verunmöglichen? Gibt es andererseits nicht aber zahlreiche Glaubenszeugnisse, die – zumindest subjektiv – von einer absoluten Gewißheit des Glaubens sprechen? Diese Fragen hängen eng mit der näheren Verhältnisbestimmung von Glaube und Vernunft zusammen und sollen später erneut aufgegriffen werden (→ 10. Kapitel).

Fassen wir nun zunächst zusammen, inwiefern der christliche Glaube von der Frage der Rationalität betroffen sein kann:

1. Versteht man Rationalität im *psychologischen* Sinn als intellektuellen Habitus, dann ist der Glaube *keineswegs eine rein rationale Angelegenheit*. Er bezeichnet eine ganzheitliche Orientierung des Lebens, in seinen kognitiven und non-kognitiven Dimensionen. Und das mit ihm verbundene psychische Profil ist wesentlich breiter und lebendiger als das einer rein intellektuellen Beschäftigung.

2. Ist der Glaube rational in der *praktischen* Bedeutung der Zweckrationalität? Diese Frage kann schon eher als dem Glauben angemessen betrachtet werden. Denn insofern der Glaube eine ganzheitliche existentielle Orientierung bezeichnet, spielt die Frage nach dem richtigen Verhalten, nach der Orthopraxie, eine wichtige Rolle. Aber der Glaube läßt sich nicht anderen Zwecken unterordnen. Der Glaube setzt vielmehr seine eigenen Ziele und Zwecke. Diese sind dem Glaubenden durch den Glauben vorgegeben. Und in diesem Sinne besitzt der Glaube *seine eigene Rationalität*. Denn was im Rahmen des Glaubens und unter seinen Zielvorgaben als sinnvoll oder rational erscheinen mag, kann, gemessen an anderen Zielvorgaben, höchst unvernünftig erscheinen (vgl. die Episode vom reichen Jüngling, Markus 10,17ff: »Was muß ich tun, um das ewige Leben zu erwerben?« – »Verkaufe alles, was du hast und gib dein Geld den Armen.«).

3. So bleibt als letztes die Frage, ob Glaube rational in jenem *theoretischen* Sinn von Rationalität ist (oder sein kann), der sich als Umgang mit unseren Überzeugungen im Hinblick auf die Verpflichtung zur Wahrheit charakterisieren läßt. In der Tat ist der Glaube von dieser Frage betroffen und zwar primär hinsichtlich seiner kognitiven Dimension. Da diese jedoch logisch grundlegend für die non-kognitive Dimension ist, kommt der Frage nach der Rationalität des Glaubens auch diesbezüglich eine indirekte Relevanz zu:

> Es geht also darum, ob und unter welchen Bedingungen der im christlichen Glauben praktizierte Umgang mit Überzeugungen, in diesem Fall der Umgang mit den Glaubensüberzeugungen, rational sein kann bzw. ist.

Diese Frage stellt sich auf zwei Ebenen: *Primär* auf der *Ebene des gelebten Glaubens* bezüglich der mit diesem verbundenen Glaubensüberzeugungen. Es handelt sich hierbei also um die unmittelbar auf den Gläubigen bzw. die Gläubige bezogene Frage, ob sein/ihr Umgang mit den persönlichen Glaubensüberzeugungen rational ist. Anders gesagt: Ist es vernünftig, diesen oder jenen Glaubensinhalt für wahr zu halten und dementsprechend zu leben? *Sekundär* stellt sich die Frage auf der Ebene der von den christlichen Glaubensgemeinschaften unterhaltenen Reflexion auf den Glauben, mit anderen Worten, bezüglich der *Theologie*: Entspricht die theologische Reflexion auf den Glauben den Anforderungen rationaler oder sogar wissenschaftlicher Kriterien?

Im Unterschied zur Rationalität in einem eher praktischen Sinn bezieht sich die Frage nach der Rationalität des Umgangs mit Glaubensüberzeugungen nicht auf eine dem christlichen Glauben eigene, also nicht auf eine glaubensspezifische oder glaubensimmanente Rationalität. Vielmehr ist der Glaube in dieser Hinsicht denselben Normen unterworfen, die wir ganz allgemein anwenden, wenn es darum geht, ob wir vernünftig mit unseren Überzeugungen umgehen, ob also unser Umgang mit ihnen der Verpflichtung auf die Wahrheit entspricht. Insofern sind die unterschiedlichen theologischen Modelle zur Bestimmung der Rationalität des Glaubens abhängig von den allgemeinen philosophischen und wissenschaftstheoretischen Erörterungen zum Begriff der Rationalität und zu ihren Anforderungen. Hier haben sich gewichtige Veränderungen ergeben, die nun zunächst kurz dargestellt werden sollen.

Wandlungen im Begriff der Rationalität

Der Bereich der Rationalitäts- und Wissenschaftstheorie ist ein kompliziertes Feld mit vielen relevanten Differenzierungen im Detail. Um dennoch einen groben Überblick über die Wandlungen des Rationalitätsbegriffs zu geben, sei hier stark vereinfachend zwischen einem *klassisch-neuzeitlichen Modell* von Rationalität und den *zeitgenössischen Umbrüchen* im Verständnis von Rationalität unterschieden. Beide lassen sich anhand von drei Merkmalen charakterisieren:

Klassisches Modell	*Zeitgenössische Umbrüche*
1. Substantialistisches Vernunftverständnis	1. Dispositionelles Vernunftverständnis
2. Ideal des unbezweifelbar sicheren Wissens	2. Wahrheitsansprüche als Hypothesen
3. Voraussetzungslosigkeit der Vernunft	3. Bedingtheit der Vernunft

Klassisches Modell

1. **Substantialistisches Vernunftverständnis:** Seit der bewußten Thematisierung von »Vernunft« bei den Philosophen der griechischen Antike war es üblich, die Vernunft (»*logos*«) als einen Wesensbestandteil der menschlichen Seele zu betrachten. Demzufolge wurde der Mensch als das »*animal rationale*«, als »das mit Vernunft begabte Lebewesen« definiert. Man unterschied die Vernunft als einen besonderen Seelenteil von den niederen Seelenteilen der Sensitivität, Emotionalität und Triebhaftigkeit. Diese als Substanz gedachte Vernunft verfügt über einen besonderen, nur ihr (und beispielsweise nicht den Sinnen) zugänglichen Bereich von Erkenntnisgegenständen. Bei richtigem Gebrauch kann die Vernunft in diesem Feld zu wahren und absolut sicheren Einsichten gelangen. Damit ist das vielleicht wichtigste Merkmal des klassischen Modells berührt. Es hat sich – trotz aller Wandlungen im Verständnis der menschlichen Seele – von der griechischen Antike bis in die Neuzeit hinein durchgehalten:

2. **Das Ideal des unbezweifelbar sicheren Wissens:** Bereits ARISTOTELES (384–322 v.Chr.) bestimmt als Ideal rationaler Erkenntnis das unbezweifelbar sichere Wissen. Dieses Wissen ist dann gegeben, wenn man den Grund für etwas erkennt und zugleich erkennt, »daß es sich unmöglich anders verhalten kann« (Zweite Analytik I, 2; 71b). Demzufoge konnte die Zustimmung zu einer Behauptung nur dann als »vernünftig« gelten, wenn die Wahrheit der Behauptung bewiesen war. *Sichere Beweisbarkeit war das entscheidende Kriterium für rationale Zustimmung.* So ist es nach DESCARTES (1596–1650) »vernünftig, bei dem nicht ganz Gewissen und Unzweifelhaften ebenso sorgsam seine Zustimmung zurückzuhalten wie bei offenbar Falschem« (Meditationen I). Noch im 19. Jh. formuliert W. K. CLIFFORD (1845–1879) diese Gleichsetzung von Rationalität und Beweisbarkeit folgendermaßen: »Es ist immer, überall und für jederman falsch, irgendetwas aufgrund unzureichender Beweise zu glauben.«

3. **Voraussetzungslosigkeit der Vernunft:** Aus den beiden zuvor genannten Merkmalen resultierte als drittes Charakteristikum des klassischen Modells der Gedanke der Voraussetzungslosigkeit der Vernunft. Als Substanz in der menschlichen Seele galt die Vernunft der Philosophie lange als eine »*tabula rasa*«, als eine »leere Tafel«, die es ermöglicht, die Wirklichkeit so zu erkennen, wie diese an sich ist. Das Ideal des sicheren Wissens verlangte, daß diese Erkenntnis auf keinerlei Voraussetzungen beruhen darf, die selbst unbewiesen sind. Es sollte also quasi vom Nullpunkt an eine sichere Basis des Wissens gefunden werden, eine zwingend beweisbare Letztbegründung für alle wahren Überzeugungen.

Daß jedes dieser drei Merkmale des klassischen Vernunftverständnisses äußerst problematisch ist, ist heute unverkennbar. Auch den Denkern, die es von der Antike bis zur Neuzeit vertreten haben, waren die damit verbundenen Probleme und Schwierigkeiten natürlich nicht unbekannt. Dennoch glaubten sie, diese lösen zu können, ohne dabei das Modell grundsätzlich revidieren zu müssen. Inzwischen aber erscheint vielen Philosophen eine Revision unausweichlich.

Zeitgenössische Umbrüche im Verständnis von Rationalität

1. **Dispositionelles Vernunftverständnis:** Trotz der Bestimmung des Menschen als »animal rationale« wußte man natürlich auch im Rahmen des klassischen Modells darum, daß der Mensch nicht einfach zwangsläufig und immer vernünftig ist. Es obliegt seinem Willen, ob sich der Mensch von seiner Vernunft oder von seinen »niederen« Seelenteilen leiten läßt. Diese Beobachtung leistet jedoch einer deutlichen Verschiebung im Rationalitätsverständnis Vorschub, die sich seit der Moderne immer stärker ausprägt: »Vernunft« bezeichnet dem-

nach nicht eine im Menschen vorhandene Substanz, also quasi ein spezifisches geistiges Erkenntnisorgan. Sie bezeichnet vielmehr ein bestimmtes Verhalten, das wir gegenüber unseren Überzeugungen einnehmen können. Der Mensch besitzt nicht Vernunft, er/sie besitzt vielmehr die *Möglichkeit zu vernünftigem Verhalten*, auch im geistigen Bereich. Der Mensch ist gegenüber diesem Potential frei, das heißt, er/sie kann in gewissem Ausmaß sich für oder gegen rationales Verhalten entscheiden. Der Appell an die Vernunft ist daher der Appell, sich auf eine bestimmte, nämlich rationale Weise zu verhalten. Die Kriterien dafür, welches geistige Verhalten als rational zu bestimmen ist, hängen mit der Neufassung des rationalen Ideals zusammen.

2. **Wahrheitsansprüche als Hypothesen:** Das Ideal des unbezweifelbar sicheren Wissens ist die größte Schwachstelle des klassischen Vernunftverständnisses. Dementsprechend früh hat bereits die philosophische Schule der Skepsis ihre Finger auf diese Wunde gelegt. Von der antiken Skepsis bis zur Gegenwart spielen dabei *zwei Einwände* eine zentrale Rolle:

Das Ideal hängt den Maßstab für Rationalität zu hoch. Sowohl im Alltag als auch in der Wissenschaft nehmen wir zahlreiche Behauptungen als wahr an, ohne hierfür den Beweis geprüft oder selbst geführt zu haben und ohne dazu überhaupt in der Lage zu sein. Das heißt, wir wären alle nicht-rational. Diese Norm liefert somit kaum praktikable Maßstäbe zur Unterscheidung eines rationalen von einem irrationalen Verhalten. Ein Beispiel: Ich suche für diesen Kurs die Lebensdaten eines erwähnten Denkers und bediene mich hierzu eines wissenschaftlich anerkannten Standardwerks. Ich halte die dort gemachten Angaben für wahr und übernehme sie. Gemessen am klassischen Ideal ist dieses Verhalten nicht rational. Vielmehr müßte ich, da die Sache nicht ganz gewiß ist, laut DESCARTES, »meine Zustimmung sorgsam zurückhalten«. Mein Verhalten in diesem Beispiel wäre nach diesem Maßstab ebenso irrational, wie wenn ich diese Lebensdaten durch ein Würfelorakel erfragte.

Noch weit durchschlagender als dieses eher pragmatische Argument ist jedoch der folgende Einwand: *Das Ideal ist unerfüllbar hoch.* Das heißt, ein Wissen, das mit unbezweifelbarer Sicherheit wahr ist, läßt sich durch kein Beweisverfahren herstellen. KARL POPPER (1902–1994) hat diesen Einwand folgendermaßen formuliert:

> »Wenn Wissen, Wissenschaft, beweisbar sein muß, dann kommt es (…) zu einem unendlichen Regreß. Denn jeder Beweis besteht aus Prämissen und Konklusionen, aus Anfangssätzen und aus Schlußsätzen; und wenn die Anfangssätze nicht bewiesen sind, so sind es auch die Schlußsätze nicht.«
>
> Logik der Forschung, 9. Aufl., Tübingen 1989, 450

Das heißt, ein logisch zwingender Beweis ist allein der deduktive Beweis (induktive Argumente führen bestenfalls zu Wahrscheinlichkeitsannahmen). Er bietet die logisch korrekte Ableitung von Schlußfolgerungen aus Prämissen. Ist die Ableitung korrekt und sind die Prämissen wahr, dann ist auch die Schlußfolgerung wahr. Die Wahrheit der Prämissen kann jedoch – voraussetzungsgemäß – wiederum nur durch einen deduktiven Beweis garantiert werden, der neue unbewiesene Prämissen voraussetzt, usw. Daher kommt man nie zu der angestrebten zwingenden Letztbegründung.

Auch dieses Problems war man sich im Rahmen des klassischen Modells bewußt, glaubte aber, es durch die Einführung des Evidenzkriteriums lösen zu können. Man räumte also ein, daß der Regreß in den Begründungen an irgendeiner Stelle zum Stillstand kommen mußte, daß es also Aussagen gibt, die nicht weiter begründbar sind. Es handle sich hierbei um selbstevidente Sätze, Sätze, deren Wahrheit unmittelbar ersichtlich sei, so daß sie keiner weiteren Begründung mehr bedürfen. Aber Evidenzerlebnisse können trügerisch sein. Folglich ergibt sich der Einwand, daß die Behauptung, Evidenz garantiere sicheres Wissen, entweder zirkulären Charakter trägt (Wenn Evidenz, dann sicheres Wissen. Wann handelt es sich um untrügliche Evidenz? Wenn sicheres Wissen vorliegt.) oder einfach eine unbegründete, dogmatische Festsetzung ist.

Hans Albert, ein Anhänger des von Popper begründeten »Kritischen Rationalismus«, hat daher vom **»Münchhausen-Trilemma«** des Begründungsdenkens gesprochen. Demnach steht jeder Versuch, durch Beweise zu absolut sicherem Wissen gelangen zu wollen, vor folgenden drei Alternativen:

(a) Es kommt zu einem *infiniten Regress* von Begründungen, d.h.: Für die Gültigkeit jeder Begründung muß eine weitere Begründung gegeben werden.

(b) Man gerät in einen *logischen Zirkel*, d.h.: Zur Begründung bestimmter Aussagen wird auf diese selbst bzw. auf gewisse Implikationen in diesen zurückgegriffen. Dabei handelt es sich um einen logischen Fehlschluß.

(c) Das *Begründungsverfahren* wird an irgendeiner Stelle *dogmatisch abgebrochen*, d.h.: Für bestimmte Begründungen wird – ohne Begründung – eine weitere Begründung abgelehnt.

Alle drei Alternativen sind zur Gewährleistung unfehlbar sicheren Wissens ungeeignet. Da jedoch keine weitere Möglichkeit mehr besteht, ist der Anspruch auf gesicherte Erkenntnis aufzugeben.

Im Unterschied zur antiken Skepsis wollen die modernen Kritiker des beweisorientierten Vernunftverständnisses allerdings nicht auf eine vollständige Urteilsenthaltung hinaus. Es geht auch nicht um die Preisgabe der Verpflichtung auf die Wahrheit als dem zentralen Grundgedanken von Rationalität. Sie betonen vielmehr die Auffassung, daß der *Besitz von Wahrheit* und die *Wahrheitsge-*

wißheit (d.h. objektiv sicheres Wissen) *nicht identisch* sind. Wenn Wahrheit in der Übereinstimmung von Behauptung und Sachverhalt besteht, dann kann jemand im Besitz einer wahren Überzeugung sein, ohne dies sicher zu wissen. Genau dem entspricht die grundsätzliche Situation menschlicher Erkenntnis: Es gibt keine Überzeugung, in der wir uns nicht auch prinzipiell irren könnten. Daran hat sich das Ideal von Rationalität zu orientieren. Das heißt konkret: Rationalität setzt die Einsicht in die prinzipiell unüberwindliche Irrtumsanfälligkeit des Menschen voraus. Unsere Überzeugungen können durchaus wahr sein, doch läßt sich deren Wahrheit nicht mit letzter Sicherheit belegen. Insofern handelt es sich hierbei sämtlich um *Hypothesen*.

Wie aber lassen sich unter dieser Voraussetzung noch Maßstäbe für einen rationalen Umgang mit Überzeugungen angeben, die sowohl der Wahrheitsverpflichtung Rechnung tragen als auch praktikabel sind? In der Antwort auf diese Frage scheiden sich die Geister. Es gibt – wiederum grob gesprochen – innerhalb der Wissenschaftstheorie zwei Richtungen:

Der Kritizismus: Diese Richtung, zu der vor allem POPPER und seine Schule (»Kritischer Rationalismus«) zählen, orientiert Rationalität vor allem an dem Versuch, Irrtümer zu entdecken. Statt des Beweises wird die *kritische Überprüfung* zur Norm von Rationalität. Demzufolge sollten wir nicht versuchen, unsere Überzeugungen zu begründen, sondern diese so gut und so ernsthaft wie möglich überprüfen. Halten sie der Kritik stand, dann wissen wir zwar immer noch nicht, ob sie wahr sind, können aber von einer *möglichen Wahrheit* ausgehen und sie als gut bewährt betrachten. Dahinter steht vor allem ein aus der naturwissenschaftlichen Praxis kommender Gedanke: Formuliert man ein allgemeines Gesetz (z.B. »Alle festen Körper neigen bei Erwärmung zur Verflüssigung«), dann läßt sich dieses nie positiv beweisen, da man niemals wirklich *alle* Körper untersuchen kann (z.B. nicht die zukünftigen). Wir wissen somit nicht, ob ein solches Gesetz wahr ist. Wir können es vernünftigerweise jedoch so lange als Hypothese aufrechterhalten, bis wir einen einzigen Fall finden, in dem sich ein Körper bei Erwärmung verfestigt. Dann wäre die Hypothese widerlegt. POPPER selbst war der Auffassung, daß sich der Grundgedanke, Rationalität am Prinzip der kritischen Überprüfung festzumachen, keineswegs nur für naturwissenschaftliche Überzeugungen eignet.

Der Probabilismus: Diese Richtung, zu der unter anderen BERTRAND RUSSELL und RUDOLF CARNAP gehören, lehnt ebenfalls die Möglichkeit einer zwingend beweisbaren Letztbegründung und damit die Möglichkeit unbezweifelbaren Wissens ab. Sie wollen jedoch über die bloße Bewährung in der Kritik und damit über eine mögliche Wahrheit hinaus, zugunsten der *Wahrscheinlichkeit* von Überzeugungen argumentieren. Das entscheidende Mittel hierfür ist der *Induktionsschluß*. In dem Maße, indem eine Hypothese das Auftreten bestimmter Sachverhalte vorhersagt, wird in ihren Augen durch das faktische Eintreten dieser Sachverhalte die Wahrscheinlichkeit der Hypothese erhöht. Lautet die

These beispielsweise, daß in einem Sack alle Kugeln rot sind, dann prognostiziert diese These, daß jede Kugel, die herausgenommen wird, rot ist. Mit jeder weiteren roten Kugel, die dem Sack entnommen wird, erhöht sich die Wahrscheinlichkeit der Hypothese und damit die Wahrscheinlichkeit, daß auch die nächste herausgegriffene Kugel rot sein wird.

Zweifellos wenden wir im Alltag häufig Induktionsschlüsse an und richten uns nach den dadurch nahegelegten Wahrscheinlichkeiten bzw. Unwahrscheinlichkeiten. Die kritische Anfrage lautet jedoch, ob Induktionsschlüsse wirklich objektive Wahrscheinlichkeiten herstellen oder lediglich einen subjektiven, von den jeweiligen Voraussetzungen abhängigen Eindruck von Wahrscheinlichkeit, also quasi eine scheinbare Wahrscheinlichkeit.

	Ziel von Rationalität	Mittel
Klassisches Modell	Sichere Wahrheit	Zwingender Beweis, Letztbegründung
Probabilismus	Wahrscheinliche Wahrheit	Induktionsschluß
Kritizismus	Mögliche Wahrheit	Kritische Überprüfung

Ziele und Mittel der Rationalitätsmodelle im Vergleich

Gibt man die Gleichsetzung von Rationalität und Beweisbarkeit auf, dann bleiben für die Rationalität des Umgangs mit unseren Überzeugungen folgende *Kriterien* übrig:

Kritizistisch geprägt: Die Bereitschaft zur kritischen Überprüfung der Überzeugung anhand von:
- *Innerer Widerspruchsfreiheit bzw. logischer Konsistenz.* Ist eine Überzeugung in sich widersprüchlich, dann handelt es sich hierbei um ein starkes Indiz für ihre Falschheit.
- *Äußerer Widerspruchfreiheit bzw. logischer Vereinbarkeit mit anderen, gut bewährten Überzeugungen.* Hierbei geht es um die logische Konsistenz mehrerer Überzeugungen untereinander.

Probabilistisch geprägt: Die Suche nach der höchsten Wahrscheinlichkeit anhand von:
- *Plausibilität.* Das heißt, es geht um die jeweilige Erklärungskraft unserer Überzeugungen. Wie gut oder schlecht werden sie bestätigt? Arbeiten sie mit überflüssigen Erklärungsansätzen? (»OCKHAM'S Rasiermesser«: Überflüssige Erklärungsgründe sind nicht anzunehmen!)
- *Kohärenz.* Dabei geht es um mehr als die oben genannte bloße äußere Widerspruchsfreiheit. Es geht vielmehr um die Entdeckung positiver Zusammen-

hänge, so daß mehrere induktive Einzelargumente durch ihr Zusammenspiel im Sinne einer kumulativen Argumentation die Wahrscheinlichkeit erhöhen.

3. Bedingtheit der Vernunft: Führte das substantialistische Vernunftverständnis gemeinsam mit dem Ideal unbezweifelbar sicheren Wissens zu der Vorstellung, Rationalität müsse voraussetzungslos sein, so führt ein dispositionelles Vernunftverständnis gemeinsam mit der Einsicht in den hypothetischen Charakter unserer Überzeugungen zur Vorstellung einer grundsätzlichen Bedingtheit von Vernunft. Wir bilden uns unsere Überzeugungen nicht voraussetzungslos, und dies ist für einen rationalen Umgang mit ihnen auch nicht erforderlich. Immer gehen wir zunächst von unbewiesenen Voraussetzungen und damit letztlich von Glaubensannahmen aus. Rational gefordert ist nicht Voraussetzungslosigkeit, sondern die Bereitschaft, keine der Voraussetzungen grundsätzlich einer kritischen Überprüfung zu entziehen. Es ist nicht irrational, sich zu irren. Es ist irrational, sich gegen die Aufdeckung und Revision von Irrtümern zu verschließen. Rationaler Umgang mit Überzeugungen bietet keinen sicheren Schutz vor Irrtümern. Rational gebildete Überzeugungen sind nicht zwangsläufig auch wahre Überzeugungen. Unbeschadet der Verpflichtung auf die Wahrheit ist also deutlich zwischen Wahrheit und Rationalität zu unterscheiden. Was für einen Menschen rational gebildete bzw. gerechtfertigte Überzeugungen sein können, hängt somit zum Teil von dem konkreten Kontext ab, in dem er/sie lebt und denkt. Unter den spezifischen Voraussetzungen dieses Kontextes kann es durchaus rational sein, eine Überzeugung zu vertreten, die sich unter veränderten Bedingungen als falsch herausstellt. Gerade für diese Möglichkeit sollte sich also Rationalität sowohl im kritizistischen als auch im probabilistischen Sinn immer offen halten.

Modelle zur Bestimmung der Rationalität des Glaubens

Je nachdem, welches Rationalitätskonzept vorausgesetzt wird, kommt es bei der Frage nach der Rationalität zu unterschiedlichen (fundamental-)theologischen Modellen.

Am klassisch-neuzeitlichen Rationalitätsbegriff orientierte Modelle

Neuscholastisch geprägte Apologetik: Das im 19. Jh. immer noch vorherrschende klassisch-neuzeitliche Vernunftmodell stellte die Theologie vor folgendes Dilemma: Entweder der Glaube wurde deutlich vom Wissen unterschieden, dann schien er aufgrund der Verkoppelung von Rationalität mit bewiesenem Wissen eindeutig irrational zu sein. Oder aber der Anspruch auf Rationalität wurde beibehalten, dann kam es zwangsläufig zu einer mehr oder weniger manifesten Gleichsetzung von Glaube und Wissen. Der sogenannte *Fideismus* war bereit, die erste Konsequenz zu ziehen, der sogenannte *Rationalismus* entschied sich für das zweite. Die Neuscholastik versuchte deutlich, diesem Dilemma zu entkommen. Das von ihr geprägte I. Vatikanische Konzil grenzte sich sowohl gegen den Fideismus als auch gegen den Rationalismus ab. Aber das zugrundeliegende Rationalitätskonzept machte das Dilemma unausweichlich. Faktisch schlug dabei die Entscheidung nach der rationalistischen Richtung aus.

Dies läßt sich am Beispiel von ALBERT LANG, einem der letzten Ausläufer neuscholastisch geprägter Fundamentaltheologen in Deutschland, veranschaulichen. Ganz im Sinn des klassischen Rationalitätsmodells ist für LANG der Glaube ein »von den Erkenntniskräften vollzogener, von der Vernunft gesetzter Akt. Im Glauben werden Erkenntnisse bejaht, Urteile gefällt, Zustimmungen geleistet. Diese Akte setzen voraus, daß die objektive Wahrheit ihrer Inhalte gewährleistet ist« (Fundamentaltheologie I, 17). Um dennoch den Rationalismus zu vermeiden und Glaube von Wissen zu unterscheiden, bestimmt LANG den Glauben weiterhin als »die vertrauensvolle Übernahme fremden Zeugnisses« (ebd.). Der hier gemeinte Zeuge ist jedoch letztlich Gott selbst, der aufgrund seiner Vollkommenheit weder irrt noch betrügt. So sichert dessen in der Offenbarung übermitteltes Selbstzeugnis die »objektive Wahrheit« des Glaubens. Dabei ist vorausgesetzt, daß sich erstens die Existenz Gottes (einschließlich seiner Vollkommenheit), zweitens die Tatsache der Offenbarung und drittens die Identität der Glaubensinhalte mit den Offenbarungsinhalten allesamt von der Vernunft als objektiv wahr beweisen lassen. Der Rationalismus wird also nur insofern vermieden, als die Vernunft die Wahrheit der Glaubensinhalte nicht an diesen selbst abzulesen vermag. Sie weiß aber dennoch um deren Wahrheit, insofern sie eben nachweisen kann, daß die Glaubensinhalte von Gott geoffenbart wurden und daher wahr sein müssen. Dann aber ist Glaube kaum noch wirklich von Wissen verschieden, sondern lediglich eine Form des Wissens, das sich nicht eigener, sondern höherer Kompetenz verdankt.

Gegen dieses Modell lassen sich mehrere gewichtige *Einwände* erheben: Zum einen ist es natürlich allen oben genannten Einwänden gegen das klassische Rationalitätsverständnis ausgesetzt. Zum anderen erscheint die faktische Gleichsetzung von Glaube und Wissen der Natur des Glaubens als einem freiwilligen Vertrauensakt zu widersprechen. Schließlich gibt es zahlreiche Einwände gegen die Durchführung dieses Ansatzes, besonders gegen den zwingenden Charakter der Gottesbeweise und Offenbarungsbeweise (→ 6. Kapitel; → 9. Kapitel).

Transzendental orientierte Letztbegründung: Eine gewisse Nähe zum klassisch-neuzeitlichen Rationalitätsverständnis zeigen auch jene neueren theologischen Versuche, dem Glauben auf dem Weg reflexiver, transzendental orientierter Argumente eine Letztbegründung zu geben. Zwar soll hier die extrinsezistisch orientierte Beweisführung der Neuscholastik vermieden werden, doch wie HANSJÜRGEN VERWEYEN, ein Vertreter dieser Richtung, betont, sei der Nachweis einer höheren Wahrscheinlichkeit oder gar einer bloß möglichen Wahrheit ohne fundamentaltheologische Relevanz. Demgegenüber müsse der unbedingt geltende Verpflichtungscharakter der »Sache Jesu Christi« aufgezeigt werden, im Sinn einer »unumstößlichen Evidenz, daß hier wirklich der eschatologische Repräsentant Gottes begegnet« (Gottes letztes Wort, 390f). Dies soll geschehen über den transzendentalen Nachweis einer grundsätzlichen Verpflichtung auf letztgültigen Sinn und seiner Vermittlung durch das historische Christusereignis im Zeugnis der Kirche.

Auch dieser Ansatz bleibt – neben aller Kritik im Detail – den grundsätzlichen Einwänden gegen die sich auf Evidenz berufenden Beweisverfahren ausgesetzt. Seine Stärke liegt jedoch darin, daß er quasi aus einem bestimmten Selbstverständnis des christlichen Glaubens heraus die diesem spezifische Rationalität in einem eher praktischen bzw. existentiell orientierten Sinn darzustellen versucht. Methodisch gibt es somit eine deutliche Nähe zu den Versuchen der sogenannten Transzendentalpragmatik bzw. reflexiven Letztbegründung in der Ethik. Das wichtigste Argument ist dabei der Versuch, demjenigen, der gewisse ethische, rationale oder eben existentiell-religiöse Maximen leugnet, einen inneren Selbstwiderspruch nachzuweisen, insofern die Leugnung dieser Maximen selber deren Gültigkeit voraussetzt. Aber läßt sich auf diesem Weg zwingend die Wahrheit von Tatsachenbehauptungen, d.h. von Behauptungen über die Beschaffenheit der Wirklichkeit – wie etwa die Existenz Gottes oder Jesus als seinen eschatologischen Repräsentanten – beweisen, oder geht es nicht lediglich um einen Appell an die innere Stimmigkeit des Verhaltens?

Kritizistisch orientierte Modelle

»Reformierte Epistemologie«: Diese vor allem in den USA beheimatete Schule Analytischer Religionsphilosophie hat grundsätzlich eine kritizistische Orientierung. Ihre wichtigsten Vertreter sind ALVIN PLANTINGA, NICHOLAS WOLTERSTORFF und WILLIAM ALSTON. WOLTERSTORFF hat für die Beurteilung der Rationalität des Glaubens die Formel geprägt: »Innocent until proved guilty« (»unschuldig bis zum Erweis der Schuld«), das heißt, der Glaube darf solange als rational gelten, wie nicht gewichtige Gründe gegen ihn sprechen. Der Nachweis der Rationalität des Glaubens konzentriert sich demnach nicht auf *Argumente für* den Glauben, sondern auf die *Lösung der Einwände gegen* den Glauben. Der Glaube gründet auf Offenbarung bzw. auf religiöser Erfahrung, in der sich dem Menschen die Offenbarung bestätigt. So bemühen sich die Vertreter dieser Schule insbesondere um die Abwehr von Einwänden gegen die rationale Berechtigung, religiöser Erfahrung zu vertrauen (→ 10. Kapitel). Theologisch sind die meisten Vertreter dieser Schulrichtung sehr konservativ bis evangelikal geprägt.

Sonstige: Einen ähnlichen epistemologischen (= erkenntnistheoretischen) Grundansatz wie die »Reformierte Epistemologie« vertritt auch der britische Theologe und Religionsphilosoph JOHN HICK, der diesen jedoch zugleich mit einer liberalen theologischen Tradition verknüpft. In Deutschland finden sich kritizistisch orientierte fundamentaltheologische Ansätze bei ARMIN KREINER und – wenn auch nicht immer konsequent – bei WOLFHART PANNENBERG (hier besonders in seiner Schrift »Wissenschaftstheorie und Theologie«).

Vertreter eines kritizistisch orientierten Ansatzes in der Glaubensrechtfertigung teilen nicht nur die Kritik am klassisch-neuzeitlichen Vernunftverständnis. Vielmehr betrachten sie den kritizistischen Ansatz als etwas, das dem Wagnis- bzw. Vertrauenscharakter des Glaubens kongenial entspricht. Nur wenn der Glaube weder den Charakter sicheren Wissens, noch den einer deutlich höheren Wahrscheinlichkeit trägt, ist die Glaubensfreiheit im vollen Sinn gewährleistet. Dabei beinhaltet der Ausschluß sicheren Wissens keineswegs, daß der Glaubende subjektiv keine Gewißheit erfahren könne. Er sollte sich lediglich dessen bewußt bleiben, daß diese Gewißheits-Erfahrung keine Gewähr gegen Irrtum bietet. Unbezweifelbare Sicherheit wird vielmehr erst eschatologisch (d.h. im Zustand der endgültigen postmortalen Gottesschau) gegeben sein (vgl. Röm 8,24; 2 Kor 5,7).

Probabilistisch orientierte Modelle

Tendenzen zu einer probabilistisch orientierten Denkweise finden sich teilweise bereits in der neuscholastisch geprägten Apologetik, insofern man hinsichtlich der Offenbarungsbeweise einräumte, daß hierbei keine deduktiv zwingende Gewißheit, aber dennoch eine »moralische Gewißheit«, im Sinn einer moralisch zur Zustimmung verpflichtenden Gewißheit, erreicht werde. Insbesondere aber **John Henry Newman** (1801–1890) kann als erster bedeutender Vertreter dieses Ansatzes gelten. Er legte dabei bereits den Schwerpunkt auf die Vorstellung von sich wechselseitig erhöhenden Wahrscheinlichkeiten im Rahmen einer Konvergenzargumentation (d.h., die Beweiskraft einzelner Indizien erhöht sich, wenn mehrere Indizien gut zusammenpassen). Gegenwärtig ist **Richard Swinburne** der zweifellos gewichtigste Vertreter dieser Richtung. Am Induktivismus in den Naturwissenschaften geschult, hat SWINBURNE sowohl eine umfassende Reinterpretation der Gottesbeweise im Sinne probabilistischer Konvergenzargumente vorgelegt (→ 6. Kapitel) als auch Wahrscheinlichkeitsargumente zugunsten weiterer christlicher Glaubensinhalte vorgebracht. Neben der Frage nach der grundsätzlichen Möglichkeit objektiver Wahrscheinlichkeit (Problem der Induktion) wird bei diesem Ansatz insbesondere diskutiert, ob es faktisch wirklich gelingt, eine solche höhere Wahrscheinlichkeit für die Inhalte des christlichen Glaubens nachzuweisen.

Für die *theologische Diskussionslage* über die drei Modell-Typen sind neben den bereits erwähnten Aspekten noch die beiden folgenden Gesichtspunkte wichtig:

1. Gegen kritizistisch orientierte Ansätze läßt sich in methodologischer Hinsicht keine Fundamentalkritik vorbringen, da hier sozusagen lediglich die *Minimalanforderungen* für die Rationalität des Glaubens formuliert werden. Das heißt: Auch wer meint, die sichere Wahrheit oder zumindest die größere Wahrscheinlichkeit der Glaubensüberzeugungen nachweisen zu können und zu sollen, muß sich doch bemühen, Einwände, die gegen eine mögliche Wahrheit des Glaubens sprechen, abzuwehren. Die theologische Kritik gegen ein kritizistisch orientiertes Modell kann daher lediglich in dem Vorwurf bestehen, daß hier der Maßstab für Rationalität zu niedrig gehängt werde und somit die Orientierung an einer bloß möglichen Wahrheit den Ansprüchen des Glaubens nicht genügend Rechnung trage. Wer dies vertritt, muß dann freilich erstens zeigen, warum für den Glauben mehr als eine mögliche Wahrheit erwiesen werden soll, und zweitens, daß ein solches »Mehr« auch wirklich erreichbar ist.

2. Die Frage, welches Rationalitätsmodell für die Glaubensrechtfertigung herangezogen wird, hat wesentlichen Einfluß auf die theologische *Einschätzung des Atheismus*: Wenn die Wahrheit der Glaubensüberzeugungen sicher bewiesen oder auch nur als objektiv wahrscheinlich erwiesen werden kann, dann muß zwangsläufig demjenigen, der dennoch diese Glaubensüberzeugungen ablehnt, entweder intellektuelle oder moralische Defizienz unterstellt werden. Mit anderen Worten: Der Atheist muß zwangsläufig entweder zu dumm sein, um die Argumente zu verstehen, oder zu böse, um sich ihrer Konsequenz zu beugen. Und dieselben Vorwürfe werden mit umgekehrten Vorzeichen gegen Christen erhoben, wenn Atheisten von der sicheren Wahrheit oder objektiven Wahrscheinlichkeit ihrer weltanschaulichen Überzeugungen ausgehen. Allein die kritizistisch orientierten Modelle können mit der Möglichkeit rechnen, daß weder der Christ noch der Atheist zwangsläufig dumm oder böse sind. Zwar können ihre Überzeugungen, wenn sie sich kontradiktorisch widersprechen, nicht beide gleichermaßen wahr sein. Doch können deren Vertreter als gleichermaßen rational gelten, falls es beiden Seiten gelingt, ihre Überzeugungen gegen kritische Einwände zu bewähren. Ja, sie brauchen einander sogar, da der Umgang mit ihren Überzeugungen nach diesem Modell nur dann als rational gelten kann, wenn sie sich ernsthaft mit den Einwänden der Gegenseite auseinandersetzen.

Glaube ohne theoretische Rationalität?

Eine Reihe von christlichen Denkern, häufig als »Fideisten« bezeichnet, hielt die Frage nach der Rationalität des Glaubens im theoretischen Sinn für un- oder sogar nur negativ beantwortbar. Sie versuchten daher zu zeigen, daß christlicher Glaube ohne eine solche Rationalität auskommen kann oder sogar muß. Besonders bekannt und einflußreich sind die Überlegungen von Sören Kierkegaard (1813–1855), Blaise Pascal (1623–1662) und William James (1842–1910).

Nach **S. Kierkegaard** geht es im christlichen Glauben primär um die Art der existentiellen Beziehung oder Haltung zur Gottesfrage. Allein die Radikalität »unendlicher Leidenschaft« sei hier die angemessene Haltung, nicht aber die Haltung »objektiver Überlegung«, bei der man quasi von der eigenen existentiellen Betroffenheit absehe. Je größer die »objektive Ungewißheit« in der Gottesfrage, desto mehr sei an echtem leidenschaftlichem Risiko, also wirklichem Glauben, gefordert. Daher sei echter Glaube mit einer rationalen Haltung unvereinbar.

In diese Überlegung spielt augenscheinlich ein Rationalitätsbegriff im psychologischen Sinn hinein. Natürlich läßt sich Glaube nicht auf einen intellektuellen Habitus reduzieren und mit diesem identifizieren. Aber existentielle Leidenschaft, wie sie auch dem christlichen Glauben innewohnt, kann sich mit allen möglichen Überzeugungen verbinden. Worin aber sollte – auch und gerade unter theologischen Vorzeichen – der Wert einer völlig beliebigen Leidenschaft liegen? Die rational kontrollierte Frage nach der Wahrheit dient unter anderem gerade dem Zweck, eine solche Leidenschaft davor zu bewahren, daß sie blind, unkritisch und damit beliebig wird.

Nach **B. Pascal** gleicht die Situation zwischen christlichem Glauben und Atheismus einer Wette (»Pascal'sche Wette«): Auf theoretischem Weg lasse sich die Wahrheit von keiner der beiden Seiten sicher beweisen, jede Seite gehe daher mit ihrer Option ein Risiko ein. Trotzdem aber sei es vernünftiger, auf die Wahrheit des christlichen Glaubens zu setzen, selbst dann, wenn der Einsatz hier höher ist, weil ein entsprechendes Leben dem Gläubigen mehr abverlangt. Denn in jedem Fall sind die Gewinnaussichten bei Wahrheit des Glaubens (ewiges Leben statt ewiger Verdammnis) unvergleichlich größer als bei Wahrheit des Atheismus (Vernichtung im Tod für beide Seiten).

Unübersehbar deutlich begründet Pascal die Vernünftigkeit des Glaubens als eine Vernünftigkeit im praktischen Sinn. Sein Argument geht jedoch nur unter seinen sehr spezifischen Voraussetzungen auf, die selber alles andere als sicher sind: Vielleicht belohnt und bestraft Gott ja nicht in dieser Weise? Vielleicht erwartet Gott eine ganz andere Einstellung? Vielleicht ist Gott nicht der Gott des christlichen Glaubens, sondern der Gott eines anderen Kultes, der seinen Himmel für Christen verschlossen hält? Das heißt, die Pascal'sche Wette beruht somit auf Glaubensüberzeugungen, bezüglich derer die Frage der Rationalität ungeklärt bleibt und sich auf dem Weg, den die »Wette« vorschlägt, auch nicht klären läßt.

Eine moderatere, zugleich aber stärkere Version dieser Argumentation hat **W. James** in seinem berühmten Essay »The Will to Believe« (»Der Wille zum Glauben«) vorgelegt. Auch nach JAMES liegen religiösem Glauben und atheistischer Weltanschauung gleichermaßen unbewiesene Hypothesen zugrunde, die beide eine Chance haben, wahr zu sein. In dieser Situation könne derjenige nicht als »unweise« bezeichnet werden, der das Wagnis des Glaubens eingehe, und derjenige als »weiser«, der aus Furcht vor Irrtum die Chance verspielt, mit einer wahren Auffassung zu leben. Dies gelte insbesondere dann, wenn das Risiko möglicherweise der einzige Weg sei, zur Gewißheit zu gelangen. JAMES gibt folgende Analogie: Wer aus Angst vor einem Fehler niemals wage, einem Mädchen einen Heiratsantrag zu machen, der bringe sich von vornherein um die Möglichkeit, eine erfüllende Beziehung zu erfahren.

Die gegen JAMES geäußerten Einwände lauten oft ähnlich wie die gegen PASCAL. Zum einen sei die Alternative zu eng gestellt (d.h. unterschiedliche religiöse Optionen werden nicht berücksichtigt), zum anderen beinhalte das Plädoyer für einen Vertrauensvorschuß die Gefahr des Wunschdenkens. Andererseits kann jedoch zugunsten von JAMES zurückgefragt werden, ob kritische Rationalität denn zwangsläufig so etwas wie einen Vertrauensvorschuß ausschließen muß. Wenn dem nicht so ist, dann wäre die Situation des Glaubens, wie JAMES sie beschreibt, grundsätzlich mit einem kritizistisch orientierten Rationalitätsverständnis kompatibel. Es bedürfte hierzu freilich des Nachweises, daß sich das Vertrauen auf religiöse Erfahrung gegenüber kritischen Einwänden ebenso gut rechtfertigen läßt wie das Vertrauen auf Sinneserfahrung. Und um genau diesen Nachweis bemühen sich mehrere jener Theologen, die einem kritizistischen Modell zuneigen (→ 10. Kapitel).

Die Überlegungen der Fideisten dürften zumindest teilweise mit dem Umstand zusammenhängen, daß ihnen als Alternative nur die Orientierung am klassisch-neuzeitlichen Rationalitätsverständnis oder eben der Verzicht auf eine Rationalität im theoretischen Sinn vor Augen stand. Da sie aber der Meinung waren, daß es unmöglich und dem Wesen des Glaubens auch unangemessen sei, seine Wahrheit sicher zu beweisen, blieb ihnen scheinbar nur der zweite Ausweg offen. Ein kritizistisches Rationalitätsverständnis ermöglicht es jedoch, diese unselige Alternative zu vermeiden.

Resümee

Die fundamentaltheologische Grundfrage nach der Rationalität des Glaubens wird in diesem Kurs nicht im Sinn einer Glaubenspsychologie und auch nicht im Sinn einer der Glaubenspraxis immanenten Rationalität verfolgt. Es geht vielmehr um die Rationalität des intellektuellen Umgangs mit Glaubensüberzeugungen. Dabei stehen grundsätzlich drei unterschiedliche Modelle zur Verfügung: (1) Modelle, die sich am klassisch-neuzeitlichen Rationalitätsbegriff orientieren und mittels zwingender Beweise hinsichtlich der Glaubensüberzeugungen soweit wie möglich nach sicherem Wissen streben. (2) Probabilistisch orientierte Modelle, die für die Rationalität des Glaubens lediglich den Nachweis einer objektiven Wahrscheinlichkeit der Glaubensüberzeugungen voraussetzen. (3) Kritizistisch orientierte Modelle, die Rationalität am Nachweis einer möglichen Wahrheit der Glaubensüberzeugungen und an der Bereitschaft zur kritischen Überprüfung festmachen. Das klassisch-neuzeitliche Rationalitätsverständnis ist heute erheblichen Einwänden ausgesetzt. Unabhängig von diesen grundsätzlichen Einwänden läßt sich die Frage, welches Modell für die Bestimmung der Rationalität des Glaubens geeignet ist, auf dem Weg einer Überprüfung jener Argumente klären, die für und die gegen die zentrale Glaubensannahme der Existenz Gottes sprechen. Im folgenden Kapitel geht es daher zunächst um die argumentative Kraft der Gottesbeweise.

Literatur:

Für einen *kurzen Überblick* empfiehlt sich:
- A. Kreiner, Demonstratio religiosa, in: Ders., H. Döring, P. Schmidt-Leukel, Den Glauben denken, Freiburg i.Br. 1993, bes. 11–23.
- J. Hick, Religion, München 1996, 230–252.
- A. Loichinger, Glaube und Vernunft, in: P. Schmidt-Leukel (Hrsg.), Berechtigte Hoffnung. Über die Möglichkeit, vernünftig und zugleich Christ zu sein, Paderborn 1995, 15–48.

Zum *Glaubensbegriff*:
- A. Loichinger, Was bedeutet Glaube?, in: Münchener Theologische Zeitschrift 48 (1997) 155–162.
- P. Neuner, Der Glaube als subjektives Prinzip der theologischen Erkenntnis, in: Handbuch der Fundamentaltheologie, Bd. 4, 51–67.
- M. Buber, Zwei Glaubensweisen, Zürich 1950.
- J. Hick, Faith and Knowledge, London ^{3}1988.
- W.C. Smith, Belief and History, Charlottesville 1977.
- Ders., Faith and Belief, Princeton 1987.
- H. Fries, Fundamentaltheologie, ^{2}1985, 15–150.

Zum Rationalitätsbegriff allgemein:
- H.M. BAUMGARTNER, Wandlungen des Vernunftbegriffs in der Geschichte des europäischen Denkens, in: L. SCHEFFCZYK (Hrsg.), Rationalität. Ihre Entwicklung und ihre Grenzen, München 1989, 167–203.
- A. LOICHINGER, Warum sollen wir rational sein?, in: Münchener Theologische Zeitschrift 47 (1996) 43–64.
- N. RESCHER, Rationalität. Eine philosophische Untersuchung über das Wesen und die Begründung der Vernunft, Würzburg 1993.

Unter den zahlreichen guten Einführungen in die Grundfragen gegenwärtiger *Wissenschaftstheorie und -philosophie* sei empfohlen:
- K. LAMBERT, G.G. BRITTAN, Eine Einführung in die Wissenschaftsphilosophie, Berlin, New York 1991.

Zur Methode *neuscholastisch* geprägter Theologie:
- A. LANG, Fundamentaltheologie, Bd. 1. Die Sendung Christi, München ^{4}1967, 15–45.
- F. SCHÜSSLER FIORENZA, Fundamentale Theologie. Zur Kritik theologischer Begründungsverfahren, Mainz 1992, 223–304.

Zur *transzendental orientierten Letztbegründung* und ihrer theologischen Relevanz:
- K.O. APEL, Das Problem der philosophischen Letztbegründung im Lichte einer transzendentalen Sprachpragmatik, in: B. KANITSCHEIDER (Hrsg.), Sprache und Erkenntnis, Innsbruck 1976, 55–82.
- W. KUHLMANN, Reflexive Letztbegründung. Untersuchungen zur Transzendentalpragmatik, Freiburg, München 1985.
- E. ARENS (Hrsg.), Habermas und die Theologie, Düsseldorf 1989.
- H. VERWEYEN, Gottes letztes Wort, Düsseldorf ^{2}1991, bes. 77–103.
- DERS., Botschaft eines Toten? Den Glauben rational verantworten, Regensburg 1997, bes. 96–146.

Zum *kritischen Rationalismus* und seiner Relevanz für die Theologie:
- K. POPPER, Logik der Forschung, 9. Aufl., Tübingen 1989.
- Karl R. Popper Lesebuch, hrsg. von D. MILLER, Tübingen ^{2}1997 (UTB 2000). (Ausgezeichneter Reader mit zentralen Texten von POPPER zu seinen hauptsächlichen Arbeitsgebieten.)
- H. ALBERT, Traktat über kritische Vernunft, 5. Aufl., Tübingen 1991 (UTB 1609).
- W.W. BARTLEY, Flucht ins Engagement, Tübingen 1987.
- W. PANNENBERG, Wissenschaftstheorie und Theologie, Frankfurt a.M. 1987 (stw 676), bes. 329–348.
- M. PETERSON, W. HASKER, B. REICHENBACH, D. BASINGER, Reason and Religious Belief, New York, Oxford 1991, 32–47.

Zur *Reformierten Epistemologie*:
- A. Plantinga, Ist der Glaube an Gott berechtigterweise basal?, in: C. Jäger (Hrsg.), Analytische Religionsphilosophie, Paderborn 1998, 317–330.
- N. Wolterstorff (ed.), Faith and Rationality. Reason and Belief in God, Notre Dame – London 1983.
- L. Zagzebski (ed.), Rational Faith. Catholic Responses to Reformed Epistemology, Notre Dame 1993.
- M. Peterson, W. Hasker, B. Reichenbach, D. Basinger, Reason and Religious Belief, New York, Oxford 1991, 117–135.

Zum *induktiven Probabilismus* und seiner theologischen Relevanz:
- J.L. Mackie, Das Wunder des Theismus, Stuttgart 1985.
- R. Swinburne, Die Existenz Gottes, Stuttgart 1987.
- Ders., Faith and Reason, Oxford 1981.
- A. Loichinger, Ist der Glaube vernünftig? Zur Frage nach der Rationalität in Philosophie und Theologie, München Neuried 1999.

Glaube *ohne theoretische Rationalität*:
- N. Hoerster (Hrsg.), Glaube und Vernunft, Stuttgart 1988, 298–327.
- W. James, Der Wille zum Glauben, in: Texte der Philosophie des Pragmatismus, Stuttgart 1975, 128–160 (Reclam UB 9799).
- S. Kierkegaard, Unwissenschaftliche Nachschrift, München 1976 (dtv 6064).
- B. Pascal, Über die Religion und einige andere Gegenstände (Pensées), Berlin 1940.

6. KAPITEL (RELIGION UND RELIGIONSKRITIK III)

Kann man Gott beweisen?
Die argumentative Kraft der Gottesbeweise

Fundamentaltheologischer Stellenwert der Gottesbeweise

Die Einstellung zu den sogenannten »Gottesbeweisen« hängt davon ab, welche weltanschauliche Position und welches Rationalitätsverständnis man vertritt.

Unter den *Befürwortern der Gottesbeweise* lassen sich zwei Gruppen unterscheiden: Wie bereits im ersten und fünften Kapitel erwähnt wurde, ist es für die am *klassisch-neuzeitlichen Rationalitätsbegriff* orientierte Apologetik eine entscheidende Voraussetzung, das Dasein Gottes auf rein vernünftigem Weg beweisen zu können (vgl. auch die diesbezüglichen Aussagen des I. Vatikanums: DS 3004 u. 3026). Aber auch theologische Befürworter eines *probabilistischen Rationalitätsverständnisses* gehen davon aus, daß es sich zumindest bei einigen der Gottesbeweise um gute Argumente zugunsten einer höheren Wahrscheinlichkeit der Existenz Gottes handelt.

Unter den *Kritikern der Gottesbeweise* finden sich sowohl Atheisten als auch solche, die an die Existenz Gottes glauben. Die Bestreitung der Gottesbeweise – sei es im Sinne zwingender Beweisbarkeit oder höherer Wahrscheinlichkeit – ist eine essentielle Voraussetzung *atheistischer Religionskritik*. Am klassischen Rationalitätsbegriff orientierte Atheisten halten es für bewiesen, daß Gott nicht existiert; probalistisch orientierte Atheisten halten die Existenz Gottes für höchst unwahrscheinlich. Eine zwingende oder probabilistische Beweiskraft der Gottesbeweise wird natürlich auch von *allen Vertretern eines kritizistischen Rationalitätsverständnisses* bestritten. Insofern es sich hierbei um Atheisten handelt, sind sie zumeist der Auffassung, daß der Glaube an Gott aufgrund innerer und/oder äußerer logischer Inkonsistenzen rational nicht gerechtfertigt sei (Atheisten dieser Art bezeichnen sich häufig auch als »Agnostiker«). Kritizistisch orientierte Denker mit einer *religiösen Ausrichtung* gehen bei ihrer Kritik der Gottesbeweise davon aus, daß die Möglichkeit eines zwingenden oder auch nur wahrscheinlichen Nachweises der Existenz Gottes die Freiheit des Glaubens entscheidend einschränken bzw. zerstören würde. In dieser Hinsicht trifft sich ihr Anliegen mit dem vieler *Fideisten*.

Die Diskussion um die Gottesbeweise ist folglich nicht einfach identisch mit einer Diskussion zwischen Atheismus und Theismus, obwohl sie mit dieser freilich eng verzahnt ist. Wer davon überzeugt ist, daß es keinen Gott gibt, der muß sich kritisch gegen jeden Versuch wenden, die Existenz Gottes als sicher oder wahrscheinlich nachzuweisen. Doch nicht jeder, der die Beweiskraft der Gottesbeweise bestreitet, muß zwangsläufig Atheist sein. Denn es ist durchaus möglich, daß etwas existiert (in dem Fall: Gott), dessen Existenz sich für uns (unter unseren erkenntnistheoretischen Bedingungen) jedoch nicht beweisen läßt. Unter den Voraussetzungen eines kritizistischen Rationalitätsverständnisses kann man somit vernünftigerweise an Gott glauben, ohne dabei der Auffassung sein zu müssen, die Existenz Gottes lasse sich beweisen. Dies gilt zumindest solange, als sich die Existenz Gottes nicht deutlich widerlegen läßt. Allein die Kritik der Gottesbeweise ist jedoch noch keine Widerlegung der Existenz Gottes.

Grundformen der Gottesbeweise und ihre Kritik

Bei den sogenannten »Gottesbeweisen« handelt es sich um eine Anzahl unterschiedlicher Argumente zugunsten der Existenz Gottes, die teilweise aus der antiken griechischen Philosophie und teilweise aus den theologischen Traditionen von Judentum, Christentum und Islam stammen. Fast alle Gottesbeweise wurden bis in die Gegenwart hinein weiterentwickelt und zum Teil durch neue Argumente ergänzt. Im folgenden werden die bekanntesten Gottesbeweise sowie die wichtigsten Einwände gegen sie skizziert.

Das ontologische Argument

Das ontologische Argument ist der Versuch, *das Dasein Gottes aus dem Begriff bzw. der Idee Gottes zwingend abzuleiten.* Es versucht nachzuweisen, daß schon die bloße Möglichkeit einer Nicht-Existenz Gottes mit der Gottesidee unvereinbar und daher ausgeschlossen ist.

1. Besonders berühmt ist die Fassung dieses Arguments durch ANSELM VON CANTERBURY (1033–1109) in dessen Schrift »*Proslogion*«. Zunächst definiert ANSELM Gott als dasjenige, »über das hinaus Größeres nicht gedacht werden kann«. Dann führt er die Unterscheidung zwischen der Existenz Gottes im Geist und der Existenz Gottes in Wirklichkeit ein. Wer leugne, daß Gott in Wirklichkeit existiere, der müsse zumindest die Existenz Gottes im Geist einräumen. Denn er mache sich ja zunächst im Geist eine Vorstellung von dem, dessen reale Existenz er leugne. Nun sei aber reale Existenz etwas »Größeres« als die bloße Existenz im Geist. Wenn somit der Gottesleugner nur die Existenz Gottes im Geist

anerkenne, nicht aber die in Wirklichkeit, dann habe er damit den Gottesbegriff überhaupt nicht erfaßt. Denn das, was nur im Geist existiere, sei nicht dasjenige, über das hinaus Größeres nicht gedacht werden kann. Der Gottesleugner befinde sich somit in einem unüberwindlichen Selbstwiderspruch, insofern er, um Gott überhaupt leugnen zu können, den Gottesbegriff erfassen müsse, zugleich jedoch, durch seine Gottesleugnung zeige, daß er den Gottesbegriff nicht erfaßt habe und damit auch nicht leugnen könne. Wenn es aber nicht möglich sei, die Existenz Gottes ohne Selbstwiderspruch zu leugnen, dann folge daraus, daß Gott existiere.

Kritik: Gegen diese Form des Arguments lassen sich zwei Einwände vorbringen. Zunächst kann von einem skeptischen Standpunkt aus grundsätzlich bestritten werden, daß die Unmöglichkeit, etwas ohne Selbstwiderspruch zu leugnen, bereits eine unumstößliche Gewähr für Existenz biete. Aber auch wenn man einräumt, daß all das wirklich existiert, dessen Existenz nicht ohne Selbstwiderspruch geleugnet werden kann, bleibt ANSELMS Argument anfechtbar. Denn es ist keineswegs klar, daß er die Selbstwidersprüchlichkeit des Gottesleugners nachgewiesen hat. Der Gottesleugner würde nur unter zwei Bedingungen in einen Selbstwiderspruch geraten: (a) Wenn er die Existenz der Gottes*idee* voraussetzt und zugleich bestreitet. Er bestreitet aber nicht die Existenz der Gottesidee, sondern die Existenz der mit dieser Idee gemeinten Sache, d.h. die Existenz Gottes. (b) Wenn er die Existenz Gottes bestreitet und zugleich voraussetzt. Der Gottesleugner setzt jedoch bei seiner Gottesleugnung nicht voraus, daß Gott existiert, sondern lediglich, daß Gott vom Gläubigen als (in Wirklichkeit) existierend gedacht wird. Und genau dieses Existenzurteil hält der Gottesleugner für falsch. Davon, daß der Gottesleugner die Gottesidee gar nicht erst erfaßt habe, könnte nur dann die Rede sein, wenn er davon ausginge, daß der Begriff »Gott« nicht Gott, sondern die Gottesidee bezeichnet (also das, was nur im Geist existiert). Dies ist jedoch nicht der Fall. Wer die Existenz Gottes behauptet, behauptet selbstverständlich mehr als nur die Existenz der Gottesidee. Und wer die Existenz Gottes bestreitet, bestreitet damit keineswegs die Existenz der Gottesidee. Er mißversteht diese auch nicht, insofern ihm bewußt bleibt, daß der Gläubige mehr behauptet als die Existenz der Gottesidee. Er bestreitet lediglich – und zwar ohne Selbstwiderspruch –, daß diese Behauptung zutrifft.

2. ANSELM entwickelte sein Argument sowohl im »Proslogion« als auch in der Auseinandersetzung mit seinem Kritiker GAUNILO noch weiter zu der Auffassung, daß Gottes Sein ein *notwendiges Sein* sei. Nur etwas, das notwendig existiere, sei dasjenige, über das hinaus Größeres nicht gedacht werden könne. Was aber notwendig existiere, von dem gelte, daß es (a) nicht nicht-sein kann und (b) auch nicht als nicht-seiend gedacht werden kann. In einer dieser zweiten Form verwandten Fassung wird das ontologische Argument auch von RENÉ DESCARTES (1596–1650) vertreten, wobei DESCARTES die Position aufstellt, notwen-

dige Existenz gehöre ebenso unvermeidlich zur Definition bzw. Idee Gottes, wie die Winkelsumme von 180° zur Definition eines Dreiecks (Meditationen V).

Kritik: Die entscheidende Kritik dieser Form des Arguments ist von IMMANUEL KANT (1724–1804) formuliert worden. Nach KANT kann die Behauptung der *Existenz* eines Gegenstands niemals Teil der *Definition* dieses Gegenstands sein. Denn »Existenz« steuere zum Inhalt einer Definition nichts bei. Vielmehr gehe es bei der Existenzbehauptung darum, ob etwas, das so und so definiert ist, wirklich existiere oder nicht. Dieser Einwand KANTS bleibt selbst dann gültig, wenn man – anders als KANT – erlaubt, daß Existenz, insbesondere notwendige Existenz, Teil einer Definition sein darf. Denn auch bei einem Wesen, das als notwendig existierend definiert wird, läßt sich immer noch fragen, ob es in der Wirklichkeit etwas gibt, das dieser Definition entspricht. Mit anderen Worten, *wenn* Gott existiert, dann mag er sehr wohl notwendig existieren und kann nicht nicht-existieren. Doch ist damit noch nicht entschieden, *ob* er bzw. ein solches notwendiges Wesen wirklich existiert.

3. DESCARTES hat noch eine weitere Variante des ontologischen Arguments vorgelegt (Meditationen III). Hier geht DESCARTES nicht mehr ausschließlich vom Gottesbegriff aus, sondern vielmehr vom *Vorkommen der Gottesidee im menschlichen Bewußtsein*. Dadurch trägt er ein aposteriorisches Element, das heißt einen Aspekt der Erfahrung in das ontologische Argument mit ein. Wie, so fragt DESCARTES, ist es möglich, daß der Mensch in sich die Idee eines unüberbietbar vollkommenen, unendlichen Wesens vorfindet? Die naheliegende Antwort, daß es zu dieser Vorstellung durch die Negation jener Unvollkommenheit und Endlichkeit kommt, die der Mensch bei sich selbst und in seiner Erfahrungswelt antrifft, lehnt DESCARTES ab. Vielmehr sei es gerade umgekehrt, das heißt der Mensch könne Unvollkommenes nur dann als Unvollkommenes und Endliches nur dann als Endliches erkennen, wenn er bereits über die Vorstellung des Vollkommenen und Unendlichen verfüge. Es sei daher unmöglich, daß die Gottesidee vom Menschen selbst gebildet werde. Dann aber könne sie dem Menschen nur von Gott selbst eigegeben sein, woraus folge, daß Gott wirklich existiert.

Kritik: Die entscheidende Voraussetzung dieses Arguments besteht in der Annahme, daß der Begriff des Unvollkommenen und Endlichen nur auf dem Weg über eine Privation (Einschränkung) des Vollkommenen bzw. Unendlichen gebildet werden könne und nicht umgekehrt. Diese Voraussetzung läßt sich jedoch leicht bestreiten. J.L. MACKIE (1917–1981) hat zu bedenken gegeben, daß der Begriff der Vollkommenheit (und analog der der Unendlichkeit) auch über den Vergleich von Erfahrungen mit unterschiedlichen Unvollkommenheiten gewonnen werden kann. Das heißt, wir erleben, daß etwas – obwohl immer noch unvollkommen – dennoch vollkommener ist als etwas anderes. Durch eine solche Steigerung der Vollkommenheiten bzw. relativen Unvollkommenheiten kann nun aber leicht die prospektive Idee von etwas uneingeschränkt

Vollkommenem gebildet werden. Es ist daher nicht zwingend erforderlich, für die Entstehung dieser Vorstellung eine übernatürliche Quelle anzunehmen.

Das kosmologische Argument

Anders als das ontologische setzt das kosmologische Argument nicht beim Gottesbegriff an, sondern versucht *von der Existenz der Welt auf das Dasein Gottes als ihren notwendigen Grund zu schließen.*

THOMAS VON AQUIN (1224/5–1274) hat das ontologische Argument in der ersten Version ANSELMS als nicht schlüssig abgelehnt (Summa Theologica I,2,1 ad 2). Er selbst befürwortet folgende »fünf Wege« (*quinque viae*), die Existenz Gottes zu beweisen (ebd. I,2,3):

1. Argument aus der Bewegung bzw. Veränderung
2. Argument aus der Wirkursache
3. Argument aus der Möglichkeit
4. Argument aus den Seins-Stufen (bzw. Vollkommenheitsstufen)
5. Argument aus der Geordnetheit der Dinge

Während es sich beim fünften Weg um eine Form des *teleologischen Arguments* (siehe unten) handelt und der vierte Weg (verschiedene Vollkommenheitsstufen setzen ein höchstes Vollkommenes voraus) eine entfernte Ähnlichkeit zur dritten Variante des ontologischen Arguments zeigt, stellen die ersten drei Wege unterschiedliche Versionen des kosmologischen Arguments dar.

Im *ersten Weg* geht THOMAS davon aus, daß sich Dinge in Bewegung, das heißt im Übergang von möglichen zu wirklichen Zuständen befinden. Diese Bewegung bzw. Veränderung sei nur möglich, wenn sie durch ein anderes bewirkt werde. Ist dieses ebenfalls etwas Bewegtes, dann muß auch seine Bewegung durch anderes verursacht sein. Soll aber die Kette von Bewegtem und Bewegendem nicht ins Unendliche zurückgehen, dann muß alle Bewegung letztlich von einem ersten Glied, einem unbewegten Beweger ausgehen. Und dieses – so THOMAS – »nennen alle ›Gott‹«. Der zweite und der dritte der »fünf Wege« haben dieselbe Struktur wie der erste, bringen jedoch eine größere Abstraktion. So heißt es im *zweiten Weg*, daß alles, was bewirkt ist, von einem anderen bewirkt sein muß, und man auch hier schließlich zur Vermeidung des infiniten Regresses eine erste unbewirkte Ursache annehmen müsse. Diese wird wiederum als Gott identifiziert. Noch abstrakter spricht der *dritte Weg* davon, daß alles, was ein bloß mögliches Sein habe (d.h. alles, was genausogut sein oder auch nicht sein kann), sein Sein einem anderen, notwendig Seienden verdanke. Ein notwendig Seiendes habe diese Notwendigkeit entweder aus sich selbst oder aus einem anderen, so daß erneut zur Vermeidung des infiniten Regresses etwas angenommen werden müsse, das sein notwendiges Sein aus sich selbst habe.

Das kosmologische Argument arbeitet also mit zwei Elementen: Zum einen mit der Behauptung, daß gewisse Seins-Merkmale der Dinge (ihre Veränderlichkeit, Bewirktheit oder bloße Möglichkeit) eine *Abhängigkeit* ihres Seins von etwas anderem belegen. Zum anderen mit der Behauptung, daß ein *unendlicher Regreß* der Abhängigkeiten unmöglich sei. Daraus folge, daß alle Abhängigkeit letztlich in etwas wurzeln müsse, das von jenen Merkmalen, die auf Abhängigkeit verweisen, frei ist. Der unabhängige Grund aller Abhängigkeit wird sodann mit Gott identifiziert.

Trotz dieser einheitlichen Grundstruktur gibt es das kosmologische Argument in zwei unterschiedlichen Formen, je nachdem ob die Abhängigkeit (a) primär in einem *zeitlichen* Sinn (das sogenannte »Kalam-kosmologische Argument«) oder (b) in einem grundsätzlichen, *metaphysischen* Sinn verstanden wird.

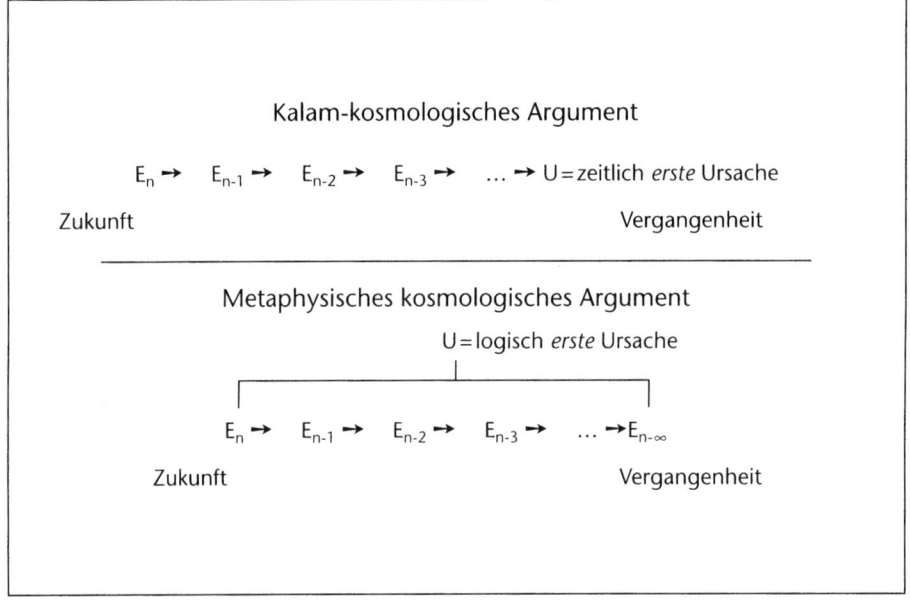

Zwei Varianten des kosmologischen Arguments

In der zweiten Form wurde das kosmologische Argument vor allem von G.W. LEIBNIZ (1646–1716) vertreten. Selbst dann, wenn man – entgegen der Kalam-kosmologischen Version – annehme, daß die Kette der Abhängigkeiten unendlich in die Vergangenheit zurückreiche, daß also jedes Ereignis im zeitlichen Sinn von einem vorangegangenen Ereignis abhängig sei, bleibe immer noch die Frage offen, warum es überhaupt diese ganze Kette von abhängigen Ereignissen gebe. Man finde also vielleicht für jedes spezielle Ereignis eine Erklärung in dem ihm vorangegangenen Ereignis. Aber in keinem dieser Ereignisse könne ein *zureichender Grund* für die Existenz der gesamten Ereigniskette gefunden werden. Insofern sich somit die Kette in ihrer Gesamtheit als ein bloß mögliches, das heißt *kontingentes* Phänomen erweise, als etwas, das auch anders oder überhaupt nicht sein könne, könne ihre Existenz nur von etwas herrühren, das mit metaphysischer Notwendigkeit existiere, und dies sei allein Gott.

Den entscheidenden Einwand gegen das kosmologische Argument in allen seinen Versionen hat BERTRAND RUSSELL (1872–1970) formuliert:

> Wenn alles eine Ursache haben muß, dann muß auch Gott eine Ursache haben. Wenn es etwas geben kann, das keine Ursache hat, kann das ebensogut die Welt wie Gott sein, so daß das Argument bedeutungslos wird.
>
> RUSSELL, Warum ich kein Christ bin, 20

Mit diesem Einwand sind die beiden folgenden *grundsätzlichen Kritikmöglichkeiten* angezeigt:

1. Das kosmologische Argument setzt voraus, daß alles notwendigerweise einen zureichenden Grund haben müsse. Daraus ergibt sich die *erste Kritikmöglichkeit*. Denn wodurch ist diese Prämisse begründet? Ohne eine zwingende Begründung für diese Prämisse ist man nicht genötigt, diese zu teilen. Lehnt man sie ab, so ist das ganze Argument hinfällig. Falls die Welt einen zeitlichen Anfang besitzt, so könnte man beispielsweise davon ausgehen, daß dieser in einem singulären, völlig spontanen, auf nichts weiteres mehr rückführbaren und somit völlig unerklärbaren Ereignis bestehe. Falls die Welt jedoch keinen zeitlichen Anfang haben sollte, dann wäre es auch denkbar, daß in der Tat jedes Ereignis seine Erklärung nur in dem ihm vorangehenden Ereignis findet, die ganze Ereigniskette jedoch ohne weiteren Grund existiert. Keine dieser beiden Annahmen enthält einen inneren Widerspruch, und so bleiben sie als atheistische Alternativen zur Erklärung der Welt durch Gott möglich. Durch diese Kritikmöglichkeit wird zugleich deutlich, wie das Kontingenz-Argument von den grundsätzlichen Einwänden gegen deduktive Beweisverfahren zur Letztbegründung betroffen ist (→ 5. Kapitel). Wie jeder deduktive Beweis beruht es auf Prämissen, die selbst begründungsbedürftig und somit nicht sicher sind.

2. Des weiteren setzt das kosmologische Argument voraus, daß es etwas gibt, nämlich Gott, für das kein zureichender Grund mehr erforderlich ist. Daraus ergibt sich die *zweite Kritikmöglichkeit*. Denn warum sollte man diese Voraussetzung erst für das Dasein Gottes und nicht schon für das Dasein der Welt in Anspruch nehmen dürfen? Was diesen Kritikpunkt betrifft, läßt sich die Ausgangsproblematik des kosmologischen Arguments folgendermaßen darstellen:

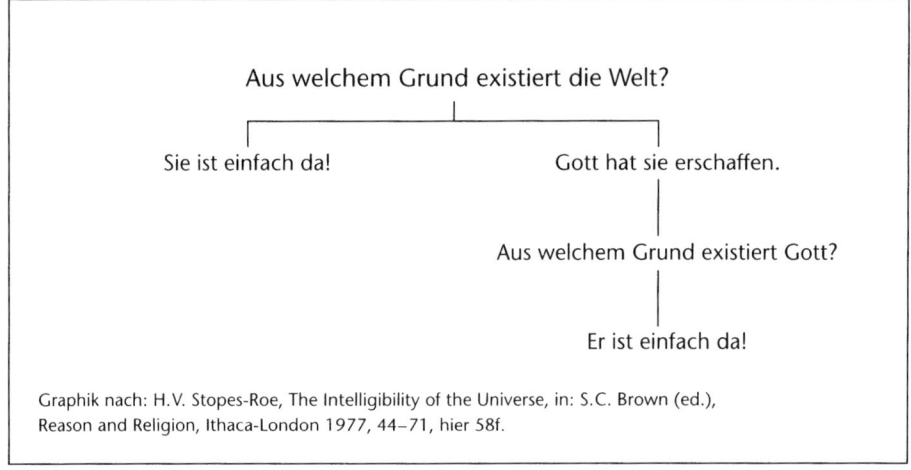

Graphik nach: H.V. Stopes-Roe, The Intelligibility of the Universe, in: S.C. Brown (ed.), Reason and Religion, Ithaca-London 1977, 44–71, hier 58f.

Ausgangsproblematik des kosmologischen Arguments

Angesichts dieser Problematik lautet somit die entscheidende Frage, was den Unterschied zwischen Welt und Gott hinsichtlich der Begründungsnot ihrer Existenz rechtfertigt. Warum muß für die Existenz der Welt nach einem weiteren Grund gefragt werden, nicht aber für die Existenz Gottes? Die Vertreter des kosmologischen Arguments verweisen hierzu in verschiedenen Formen auf eine *Kontingenz der Welt* (weshalb das kosmologische Argument auch als »Kontingenz-Argument« bezeichnet wird). Nun hängt alles davon ab, was hierbei unter »Kontingenz« verstanden werden soll. Zwei Deutungen sind möglich, die beide Anlaß zur Kritik geben:

1. *Faktische* Kontingenz. Etwas ist »kontingent«, heißt: Es würde nicht existieren, wenn etwas, von dem seine Existenz abhängt, anders gewesen wäre als es faktisch der Fall ist oder war. Bei diesem Verständnis von »Kontingenz« mag zwar alles innerhalb der Welt kontingent sein, die Annahme, daß die Welt als ganze in diesem Sinn kontingent ist, ist jedoch nicht gerechtfertigt, da hierbei bereits die faktische Existenz weltjenseitiger Sachverhalte (die anders hätten sein können) vorausgesetzt wird. Das heißt, in diesem Fall liegt ein Zirkelschluß vor, da die Existenz solcher weltjenseitiger Sachverhalte genau das ist, was zur Debatte steht. Faktische Kontingenz der Welt läge also etwa dann vor, wenn sich die Welt faktisch dem schöpferischen Impuls Gottes verdankt und Gott beispielsweise auch auf ihre Erschaffung hätte verzichten können. Oder wenn die Welt sich faktisch der Existenz Gottes verdankt und daher im Fall seiner Nicht-Existenz auch selber nicht in die Existenz gekommen wäre. Nur unter der Voraussetzung ihres Erschaffenseins gilt dann also das Argument, daß es ohne Gott keine Welt gäbe und daher ihre Existenz die Existenz Gottes beweist.

2. *Logische* Kontingenz. Etwas ist »kontingent« heißt: Es ist logisch möglich, daß es nicht existiert. In dem Fall muß alles – auch Gott – als »kontingent« be-

zeichnet werden, weil von nichts einfach von vornherein feststeht, daß seine Nicht-Existenz logisch unmöglich ist. Insofern taugt der Begriff der logischen Kontingenz nicht zu jener essentiellen Unterscheidung zwischen Gott und Welt, die das kosmologische Argument zu seiner Schlüssigkeit voraussetzt. Es sei denn, man nehme an, daß nur die Welt logisch kontigent sei, nicht aber Gott. Dann aber bewegt man sich nicht mehr in den Bahnen des kosmologischen Arguments, sondern in denen des ontologischen, und fällt unter die dagegen vorgebrachten Einwände. Diese Überlegung entspricht jener Kritik, die KANT gegen das kosmologische Argument vorgebracht hat. Nach KANT vermag das kosmologische Argument den infiniten Regress in der Begründungskette nur dann bei Gott enden zu lassen, wenn es voraussetzt, daß Gott logisch notwendig existiert. Das aber bedeute nichts anderes, als daß das kosmologische Argument stillschweigend die Gültigkeit des ontologischen Arguments annimmt und mit dessen Kritik ebenfalls hinfällig ist.

Das teleologische Argument

Das teleologische Argument (oder: »physiko-theologische Argument«) stellt den Versuch dar, *von den Strukturen bzw. Ordnungen innerhalb der Welt auf einen göttlichen Konstrukteur zu schließen, indem die Strukturen als geplante Ordnungen gedeutet werden.*

1. In seinen älteren Formen beruhte das Argument vor allem auf der Beobachtung, daß zahlreiche Phänomene in der Natur hervorragend an bestimmte Zwecke angepaßt sind und dabei zugleich eine erstaunliche Komplexität besitzen. All dies – so das Argument – weise klar auf einen intelligenten schöpferischen Konstrukteur hin. WILLIAM PALEY (1834–1805) formulierte hierfür eine einleuchtende Analogie (»Paley's Uhrmacher«): Stößt man in einer Heide an einen Stein, dann ist dies nicht weiter verwunderlich. Die Annahme, daß der Stein dort liegt, weil er eben zu dieser Landschaft gehört, ist nur vernünftig. Stößt man jedoch an eine Uhr, dann sei dieselbe Annahme äußerst unvernünftig. Selbst wenn man nicht verstehe, worum es sich bei diesem Objekt genau handle, selbst wenn es Defekte und scheinbar unnötige Teile aufweise, müsse man dennoch davon ausgehen, daß es seine Existenz einem intelligenten Schöpfer verdankt.

Kritik: Bereits DAVID HUME (1711–1776) hatte den Einwand vorgebracht, daß die Angepaßtheit und Geordnetheit in der Natur nicht zwangsläufig durch einen intelligenten Schöpfer erklärt werden müssen. Es bleiben auch alternative Erklärungen denkbar: Vielleicht verdanke sich beispielsweise all das nur »Zeugung und Wachstum«. Dieser Einwand erhielt starke Unterstützung durch die Forschungen von CHARLES DARWIN (1809–1882). Die Evolutionstheorie bzw. die These einer Anpassung durch natürliche Selektion im Rahmen der Generationenabfolge bot zumindest für die Ordnungen im biologischen Bereich eine rein natürliche Erklärung.

2. Inzwischen haben Befürworter des teleologischen Arguments dieses jedoch so weiterentwickelt, daß sie die Evolutionstheorie in das Argument mit einbeziehen. Nach F. R. TENNANT oder R. SWINBURNE bleibt es nach wie vor erklärungsbedürftig, warum die Welt so beschaffen ist, daß sich darin Leben und sogar bewußtes Leben entwickeln konnte. Diese Argumentation hat besonderen Auftrieb erhalten durch neuere physikalische Theorien bezüglich der Anfangsbedingungen im Rahmen der Urknall-Theorie. Sollte das uns bekannte Universum tatsächlich aus einem »Urknall« hervorgegangen sein, dann müssen sehr spezifische Bedingungen geherrscht haben, damit sich die Materie mit genau jener Dichte und Geschwindigkeit ausbreiten konnte, die für die Entstehung der Sonnensysteme und schließlich die Entstehung des Lebens erforderlich war. Minimalste Abweichungen in diesen Ausgangsbedingungen hätten die Evolution unmöglich gemacht. Außerdem erklärt die Evolutionstheorie Darwin'scher Prägung nach wie vor mehrere Phänomene nicht, wie etwa die allgemeine Konstanz der Naturgesetze, das Ausmaß an Schönheit in der Welt und die Entstehung des Bewußtseins bzw. die Korrelation von Bewußtsein und Materie.

Kritik: Auch gegenüber den modernen Formen des teleologischen Arguments bleibt der grundsätzliche Einwand HUMES gültig, daß immer auch andere Erklärungen denkbar und möglich sind. HUME macht damit auf die Gefahr des Zirkelschlusses im teleologischen Argument aufmerksam: Wer darauf beharrt, daß es sich bei den Ordnungen im Universum um geplante Ordnungen handelt, der unterstellt damit schon die Existenz des Planers, den es doch erst zu beweisen gilt. Doch gegen den Einwand HUMES ist zurückzufragen, ob denn jede denkmögliche Erklärung für die Ordnung im Universum – einschließlich der Zufallsthese – als gleichermaßen gute Erklärung betrachtet werden muß. Die Anhänger einer probabilistischen Interpretation der Gottesbeweise führen besonders in diesem Zusammenhang die Forderung ein, man habe die verschiedenen möglichen Erklärungen nochmals hinsichtlich ihrer unterschiedlichen Wahrscheinlichkeit gegeneinander abzuwägen. Sie räumen damit allerdings zugleich ein, daß sich auch durch das teleologische Argument kein zwingender Beweis für die Existenz Gottes führen läßt.

Einen anderen Einwand gegen das teleologische Argument hat I. KANT vorgebracht. Danach führt das teleologische Argument bestenfalls zur Annahme eines Welt*ordners*, nicht aber zur Annahme eines Welt*schöpfers*. Um die Existenz eines Weltschöpfers zu beweisen, müsse das teleologische Argument auf das kosmologische Argument zurückgreifen. Und da dieses nur erfolgreich sei, wenn es stillschweigend das ontologische Argument voraussetze, wirke sich die Kritik des ontologischen Arguments schließlich auch verhängnisvoll auf das teleologische Argument aus. Die Befürworter einer probabilistischen Neuinterpretation der Gottesbeweise tragen in gewisser Weise auch diesem Einwand Rechnung, insofern sie vorschlagen, auch das kosmologische Argument probabilistisch zu deuten und es mit dem teleologischen Argument zu einer kumulativen Argumentation zu verbinden. Das heißt, wenn man für die Existenz der Welt und der konkreten Ordnung in ihr nach einer Erklärung sucht, dann müsse die Annahme eines intelligenten Schöpfers als die beste und wahrscheinlichste Erklärung für beide Phänomene betrachtet werden.

Argumente aus dem moralischen Empfinden

1. *Gott als moralischer Gesetzgeber*: Die Einsicht in moralische Prinzipien ist verbunden mit der Einsicht in ihren verpflichtenden Charakter. Erfahren bzw. empfunden wird diese Verpflichtung häufig als »Stimme des Gewissens«. Verweist diese gebieterische Stimme nicht auf einen letzten und höchsten Gesetzgeber hinter den Geboten der Moral? Aus dem moralischen Empfinden des Menschen – so das Argument – folgt die Existenz Gottes.

Kritik: Versteht man dieses Argument in einem mehr psychologischen Sinn, dann ergibt sich unmittelbar der Einwand, daß die »*Stimme des Gewissens*« keineswegs immer identisch ist mit moralischer Einsicht. Bei entsprechender Prägung und Sozialisation kann die »Stimme des Gewissens« dem Menschen Handlungen gebieten oder verbieten, die keineswegs nur dem entsprechen, was moralisch gut oder verwerflich ist. Die Stimme des Gewissens mag folglich eher als Verinnerlichung der erlebten Sozialisation erscheinen.

Versteht man das Argument jedoch nicht im psychologischen Sinn, dann führt es vor ein grundsätzliches Problem des Verhältnisses von Religion und Moral, nämlich das sogenannte »*Euthyphron-Dilemma*«. Die Vorstellung, daß sich das moralisch Verpflichtende göttlichem Gebot verdankt, wirft nämlich folgendes Problem auf: (1) Sind Gottes Gebote gut, weil er sie gebietet? Oder (2): Gebietet er sie, weil sie gut sind? Entscheidet man sich für die erste Alternative, dann folgt daraus die Möglichkeit einer völligen Aufhebung des moralischen Empfindens: Denn wenn Gott beispielsweise Mord gebietet (etwa das grundlose Opfer des eigenen Kindes), dann wäre dieses Gebot definitionsgemäß moralisch gut. Die Antwort, daß Gott so etwas nicht gebiete, weil er ein guter Gott sei, wird indes unmöglich, da Gott – bei dieser Alternative – definitionsgemäß immer »gut« ist, insofern nämlich jedes beliebige Gebot »gut« genannt werden muß, wenn es nur von ihm kommt. Entscheidet man sich aber für die zweite Alternative, dann läßt sich das moralische Gutsein der Gebote nicht mehr auf Gott als obersten Gebieter zurückführen. Vielmehr sind alle Gebote selbst danach zu beurteilen, ob sie moralisch gut sind. Was aber als moralisch gut zu gelten hat, läßt sich nicht durch eine dieses festsetzende Autorität – und sei es Gott – bestimmen.

2. *Gott als Postulat praktischer Vernunft.* Ist es vernünftig, moralisch zu handeln? Insofern die Erkenntnis einer moralischen Verpflichtung als eine vernünftige Einsicht gelten kann, muß die Frage bejaht werden. Aber ist es in einem praktischen Sinn von »vernünftig« nicht sehr oft »unvernünftig«, moralisch zu handeln, nämlich immer dann, wenn mir moralisches Handeln zum eigenen Nachteil gereicht? Ich bezahle einen Betrag von DM 10,– mit einem Zwanzigmarkschein und erhalte irrtümlich statt eines Zehnmarkscheins einen Hundertmarkschein als Wechselgeld zurück. Die moralisch gebotene Handlung, auf den Irrtum hinzuweisen, würde mich um die unverhoffte Einnahme bringen. Für einen solchen Konflikt zwischen praktischer Vernunft und moralischer Einsicht ließen sich mühelos zahlreiche gravierendere und dennoch äußerst realistische Beispiele nennen. Nimmt man jedoch an, daß ein solcher Zwiespalt in der praktischen Vernunft nur scheinbar existiert, daß es also immer nur eine einheitliche vernünftige und zugleich moralisch richtige Handlung gibt, dann muß auf die ein oder andere Art ein Prinzip ausgleichender Gerechtigkeit postuliert werden. Das heißt, es muß garantiert sein, daß es – zumindest langfristig, konkret: über den Tod hinaus – auch im praktischen Sinn dem Nutzen des Menschen am besten dient, das zu tun, was das moralisch Richtige ist. Als Garant einer solchen ausgleichenden Gerechtigkeit komme aber nur Gott infrage.

Kritik: Dieses Argument wurde von I. KANT formuliert. Doch war sich KANT sehr wohl dessen bewußt, daß hiermit keineswegs ein zwingender Beweis gegeben ist. Denn die entscheidende Prämisse einer inneren Einheit von moralischer und praktischer Vernunft ist alles andere als selbstverständlich. Es gibt daher durchaus Konzeptionen von Ethik, die den Verpflichtungscharakter der Moral bekräftigen, ohne davon auszugehen, daß das moralisch Gebotene schließlich immer auch das für den Menschen Nützlichste ist. Allerdings zeigt KANT mit seinem Argument, wie im Rahmen einer religiösen Weltanschauung eine sinnvolle Integration von moralischer Einsicht und praktischer Vernunft gedacht werden kann, die ansonsten so wohl kaum möglich ist.

Argumente aus der religiösen Erfahrung

Als letzte unter den häufiger genannten Argumenten für die Existenz Gottes bleiben noch die Argumente aus der *religiösen Erfahrung*, unter denen wiederum das *Wunder-Argument* eine besondere Prominenz erlangt hat.

1. *Religiöse Erfahrung*, das heißt Erfahrungen, bei denen Menschen glauben, auf direkte oder indirekte Art die Gegenwart Gottes oder übernatürlicher Wirklichkeiten zu erleben, ist zweifellos ein weit verbreitetes Menschheitsphänomen. Ein Argument für die Existenz Gottes ließe sich daraus jedoch nur dann ableiten, wenn diese Erfahrungen ausschließlich eine religiöse Deutung zuließen, das heißt, wenn atheistische bzw. naturalistische Deutungen dieses Phäno-

mens unmöglich oder zumindest hochgradig unwahrscheinlich wären. Das ist jedoch keineswegs der Fall. Atheisten haben sich darum bemüht, das Phänomen religiöser Erfahrung auf rein natürlichem Weg, das heißt ohne die Annahme der Existenz Gottes zu erklären, und ihre Erklärungen sind nicht selten auf eine beachtlich große Akzeptanz gestoßen (→ 8. Kapitel). (Von der Frage nach dem argumentativen Wert der religiösen Erfahrung zu unterscheiden ist jedoch die Frage, ob es für den Gläubigen vernüftigerweise berechtigt ist, religiöser Erfahrung zu vertrauen, vgl. dazu → 10. Kapitel.)

2. Eine Sonderform der religiösen Erfahrung stellt die Erfahrung des *Wunders* dar. Was dabei als »Wunder« betrachtet wird, ist jedoch häufig sehr verschieden. Dem einen mag bereits die Schönheit einer kleinen, unbedeutenden Wiesenblume als »Wunder« erscheinen, dem anderen ein großer, glücklicher Zufall, etwa eine plötzliche und unwahrscheinliche Rettung aus Lebensgefahr. Im klassischen Sinn wäre als »Wunder« allein die Durchbrechung einer naturgesetzlichen Regelmäßigkeit zu betrachten, z.B. einige der neutestamentlichen Wunder wie der Wandel über das Wasser oder die Speisung der Fünftausend. Aus Ereignissen dieser Art könnte ein Argument für die Existenz Gottes abgeleitet werden, wenn sich ihr Auftreten ausschließlich durch übernatürliche Verursachung erklären ließe.

Daher sind grundsätzlich zwei Arten von *Einwänden* möglich: Zunächst kann bestritten werden, *daß es Wunder im Sinn der Durchbrechung von Naturgesetzen überhaupt gibt*. HUME hat die Auffassung vertreten, es sei immer vernünftiger, an das Vorliegen eines natürlich erklärbaren Ereignisses als an die Tatsache eines Wunders zu glauben. Da es sich bei Wundererfahrungen und Wunderberichten jedoch um absichtliche oder unabsichtliche Täuschung handeln könne und Täuschung in beiden Formen ein natürliches Phänomen ist, sei es in jedem Fall vernünftiger, mit dieser Erklärung zu rechnen. Allerdings beruht dieser Einwand auf der fragwürdigen Prämisse, daß das Auftreten von Wundern grundsätzlich unwahrscheinlicher sei als das Auftreten natürlicher Phänomene. Denn diese Prämisse scheint nur unter atheistischen Vorzeichen korrekt zu sein. Unter der Voraussetzung, daß es Gott gibt und dieser Gründe für das Bewirken von Wundern hat, ist es keineswegs von vornherein unwahrscheinlich, daß diese auch gelegentlich geschehen.

Gewichtiger erscheint daher der zweite Einwand, *wonach sich von keinem Ereignis sicher sagen läßt, daß es allein durch übernatürliche Verursachung zu erklären sei*. Immer bleibt die Möglichkeit offen, daß eine natürliche Ursache vorliegt, die jedoch nicht oder noch nicht erkennbar ist. So lassen sich spontane Heilungen, die früher als Wunder im strengen Sinn galten, heute teilweise als psychosomatische Phänomene erklären (etwa bei bestimmten Formen von Lähmungen). Zudem könnte auch mit der Möglichkeit gerechnet werden, daß Naturgesetze gelegentliche Aussetzer bzw. Sprünge haben. Es muß daher nicht zwangsläufig von einem sehr ungewöhnlichen Ereignis auf Gott geschlossen werden. Freilich stellt sich auch hier wiederum die Frage nach der jeweiligen Wahrscheinlichkeit der unterschiedlichen Erklärungen. Insgesamt hat das Wunderargument jedoch den großen Nachteil, daß wir in der Regel nicht unmittelbar mit den wunderhaften Ereignissen selbst konfrontiert sind, sondern mit Wunderberichten. Wunderberichte aber sind selbst keine Wunder – darin hat HUME zweifellos Recht.

Vorschläge zur Neuinterpretation der »Gottesbeweise«

Nachdem sich keines der bislang vorgebrachten Argumente als fähig erwiesen hat, die Existenz Gottes *zwingend zu beweisen*, versuchen neuere theologische Ansätze Wert und Ziel dieser Argumente anders zu bestimmen.

Gottesbeweise als Wahrscheinlichkeitsargumente

Formuliert man die Gottesbeweise als deduktive Argumente, dann läßt sich mit ihnen kein zwingender Beweis für die Existenz Gottes führen. Vielmehr spiegeln sie dann die grundsätzliche Problematik deduktiver Letztbegründungsversuche wider (→ 5. Kapitel). Nach RICHARD SWINBURNE eignen sich die Gottesbeweise (mit Ausnahme des ontologischen Arguments) jedoch für eine probabilistische Neuinterpretation. Das Ziel dieser Argumente besteht dann nicht in dem Nachweis, daß die Existenz Gottes unbezweifelbar sicher sei, sondern daß es sich hierbei um die beste und wahrscheinlichste Erklärung für jene Phänomene handelt, von denen die erfahrungsorientierten Argumente ausgehen, also für die Existenz der Welt, der Ordnungen in ihr, das Auftreten des menschlichen Bewußtseins und die religiöse Erfahrung. Das heißt, die argumentative Kraft der Gottesbeweise darf nicht nur isoliert für jedes einzelne Argument untersucht werden, vielmehr müssen sie in ihrer Gesamtheit als eine Fülle von Indizien betrachtet werden, die die Annahme der Existenz Gottes wahrscheinlich machen.

Zwei Aspekte sind bei diesem Versuch von besonderer Bedeutung: Zum einen versucht SWINBURNE zu zeigen, daß das Vorkommen einer Welt wie der unseren wahrscheinlicher ist für den Fall, daß es einen theistischen Schöpfergott gibt, als für den Fall, daß es diesen nicht gibt. Mit anderen Worten, gibt es einen Gott von der Art wie ihn die theistischen Religionen beschreiben, dann hätte dieser Gott sehr gute Gründe für die Erschaffung einer Welt wie der unseren. Und daß es nun in der Tat eine solche Welt gibt, macht dann umgekehrt die Annahme, daß auch ein entsprechend motivierter Gott existiert, wahrscheinlich. Zum anderen zeichne sich die Erklärung der Welt durch die Annahme eines Schöpfergottes gegenüber konkurrierenden Thesen durch ihre größere Einfachheit ab. Dies gelte insbesondere gegenüber der Annahme, daß die Welt ohne jeden weiteren Grund existiere. Die theistische Hypothese sei demgegenüber deshalb einfacher, weil sie die grundlose Existenz einer sehr einfachen Wirklichkeit, nämlich der Wirklichkeit Gottes, voraussetze, wohingegen die atheistische These von der grundlosen Existenz einer sehr komplizierten Wirklichkeit, nämlich der Welt, ausgehe. Die größere Einfachheit einer These sei bei gleicher Erklärungskraft jedoch intuitiv als ein Zeichen für ihre höhere Wahrscheinlichkeit anzusehen.

SWINBURNES Versuch findet in der aktuellen religionsphilosophischen Diskussion große Beachtung. Insbesondere beeindruckt er durch zahlreiche starke Argumente im Detail. Doch seine allgemeinen Rahmenvoraussetzungen bieten Anlaß zur Kritik. *Erstens* kommt *Fundamentalkritik* aus dem Lager kritizistisch orientierter Denker, die aufgrund der Probleme des Induktionsschlusses die Vorstellung ablehnen, es lasse sich so etwas wie objektive Wahrscheinlichkeit erreichen. SWINBURNE habe demnach nur dargelegt, aus welchen Gründen demjenigen, der dieselben Voraussetzungen teile, die Existenz Gottes subjektiv als wahrscheinlich erscheine. Unabhängig von dieser Fundamentalkritik an der probabilistischen Methode läßt sich jedoch *zweitens* auch fragen, ob es wirklich gelingen kann, bei der Beurteilung solch weitreichender metaphysischer Thesen eine eindeutig höhere Wahrscheinlichkeit für oder gegen den Theismus bzw. Atheismus nachzuweisen. Denn die Wahrscheinlichkeit der Argumente für die Existenz Gottes muß nicht nur mit anderen Erklärungen abgeglichen werden, sondern auch mit den Argumenten gegen die Existenz Gottes und hier vor allem mit dem Theodizee-Einwand. Läßt sich aber objektiv und geradezu quantifizierbar nachweisen, welcher *Prozentsatz an Wahrscheinlichkeit* von den Pro- und Contra-Argumenten jeweils erreicht wird? Genau dies wäre jedoch erforderlich, wenn am Schluß eine Wahrscheinlichkeit der theistischen Hypothese von mehr als 0.5 belegt werden soll. *Drittens* hat J.L. MACKIE die Argumente für und gegen die Existenz Gottes nach derselben induktiv probabilistischen Methode einer erneuten Prüfung unterzogen und dabei die entgegengesetzte Auffassung verteidigt, wonach die Annahme eines Schöpfergottes *eher unwahrscheinlich* sei. In diesem Zusammenhang lehnt MACKIE denn auch die Behauptung ab, daß es sich bei der theistischen These um die einfachste Erklärung handle. Denn wenn Gott die Welt bewußt geschaffen habe, dann müsse es sich bei Gott um eine noch weitaus komplexere Wirklichkeit handeln als bei der Welt. *Viertens* schließlich wird von theologischer Seite eingewendet, daß die Art und Weise, wie SWINBURNE Gott in seine Argumentation einbeziehe, der Transzendenz Gottes nicht genügend Rechnung trage und diesen eher zu »einer Art Supergeist oder zu einer Größe in dieser Welt« degradiere (E. RUNGALDIER).

Gottesbeweise als Gottesaufweise

Wesentlich bescheidener als die probabilistische Neuinterpretation ist die Umdeutung der Gottesbeweise zu Gottesaufweisen. Das heißt, es wird mehr oder weniger deutlich eingeräumt, daß die Gottesbeweise die Existenz Gottes weder als sicher noch als wahrscheinlich nachweisen können. Sie sind jedoch dazu in der Lage, den Gottesgedanken so zu *präzisieren* und seine *Relevanz für die Deutung der Welt* darzulegen, daß die Existenz Gottes als eine *denkbare Möglichkeit* ausgewiesen wird. So kann beispielsweise ANSELMS Definition Gottes im ontologischen Argument hoch geschätzt werden, ohne dem Argument selbst zustimmen zu müssen. Ähnliches gilt von den anderen Argumenten, die sich demnach deuten lassen als Aussagen darüber, welche konkreten Relationen zwischen Gott und Welt der Gläubige annimmt.

Dieser hermeneutisch orientierte Ansatz kann mehr *nach außen* gewendet sein, indem man zu zeigen versucht, daß der christliche Glaube an die Existenz Gottes nicht der Vernunft widerspricht und gegenüber dem Atheismus eine durchaus vernünftige Alternative zum Verständnis dieser Welt bietet. Oder er ist mehr *nach innen* gerichtet, indem die Gottesaufweise als die reflexive Bemühung der bereits Glaubenden gedeutet werden, ihren Glauben und seine Implikationen besser oder tiefer zu verstehen.

Gottesbeweise als Ausdruck einer transzendentalen Grundstruktur

Eine besondere Variante des zweiten Ansatzes zur Neuinterpretation ist der Vorschlag, diese als reflexen Ausdruck einer einheitlichen transzendentalen Grundstruktur zu deuten. Dieser Ansatz wurde besonders von K. RAHNER (1904–1984) favorisiert. Es geht dabei um die bereits erwähnte Auffassung (→ 2. Kapitel), daß der Struktur des menschlichen Geistes immer schon eine gewisse Vertrautheit mit dem Gottesgedanken innewohnt, insofern der Erfassung des Endlichen als Endlichem zwangsläufig der Gedanke des Unendlichen korreliert. Die Gottesbeweise erscheinen vor diesem Hintergrund quasi als reflexe Externalisierungen dieser transzendentalen Grundstruktur. Denn einerseits stellen sie immer einen Bezug zwischen spezifischen endlichen Wirklichkeiten und der unendlichen Wirklichkeit Gottes her bzw. deuten diese endlichen Wirklichkeiten im Horizont der Vorstellung einer unendlichen Wirklichkeit. Und indem sie dabei andererseits Gott als den Grund aller endlichen Wirklichkeit denken, bilden sie einen reflexiven und ins Kosmologische gewandten Nachvollzug jener transzendentalen Erfahrung, wonach ohne den Ausgriff auf das Unendliche das Endliche in seiner Endlichkeit nicht erfaßt werden kann.

Diese transzendentaltheologische Deutung der Gottesbeweise besitzt eine unverkennbare Nähe zu jenem Argument DESCARTES', das oben als dritte Form des ontologischen Arguments vorgestellt wurde. Es ist daher auch nicht verwunderlich, daß bei diesem Ansatz die Grenzen einer rein hermeneutischen Deutung der Gottesbeweise im Sinne von Gottesaufweisen sehr leicht wieder in Richtung auf einen Beweis hin überschritten werden können. Dann aber wäre dieser Versuch unverzüglich auch wieder von den oben genannten Einwänden betroffen.

Resümee

Wie die kritische Diskussion der Gottesbeweise zeigt, ist es bislang nicht gelungen, mit ihrer Hilfe die Existenz Gottes zwingend zu beweisen. Vielmehr spiegeln sich in den Schwächen der Gottesbeweise die grundsätzlichen Probleme deduktiver Letztbegründungen wider (→ 5. Kapitel). Somit erweist es sich als undurchführbar, die Rationalität des Glaubens im Sinn des klassisch-neuzeitlichen Rationalitätsverständnisses zu bestimmen. Denn unter der Voraussetzung dieses Rationalitätsverständnisses wäre es irrational, an die Existenz Gottes zu glauben, solange diese nicht sicher bewiesen ist. Wenn man aber davon ausgeht, daß es einem Teil der »Gottesbeweise« gelingt, im Rahmen einer kumulativen Argumentation die Existenz Gottes wahrscheinlicher zu machen als seine Nicht-Existenz, dann fällt ihnen nach wie vor eine entscheidende Rolle im Rahmen eines probabilistisch orientierten Rationalitätsverständnisses zu. Das heißt, dann erweisen sie die Rationalität des Glaubens, insofern sie belegen können, daß die Existenz Gottes wahrscheinlich ist. Die in den »Gottesbeweisen« enthaltenen Überlegungen und Argumente bleiben jedoch selbst dann noch wichtig, wenn man ihnen weder einen zwingenden Beweis, noch einen Wahrscheinlichkeitsnachweis der Existenz Gottes zutraut. Sie können dann in der ein oder anderen Form dazu dienen, die Gottesidee begrifflich zu präzisieren und/oder die transzendentale Grundlage des Glaubens an Gott zu verdeutlichen. In diesen Funktionen tragen sie dazu bei, die Existenz Gottes immerhin als eine denkbare Möglichkeit auszuweisen, was wiederum für ein kritizistisch orientiertes Rationalitätsverständnis relevant ist. Letzteres legt den Schwerpunkt allerdings auf die Bewährung in der Kritik. Das folgende Kapitel wird sich daher mit dem wichtigsten der kritischen Einwände gegen die Existenz Gottes befassen: dem Problem von Übel und Leid.

Literatur:

Für eine erste, schnelle Orientierung bieten sich an:
– J. Hick, Philosophy of Religion, 4th ed., Englewood Cliffs 1990, 15–29.
– P. Vardy, Das Gottesrätsel. Antworten auf die Frage nach Gott, München 1997, 59–93.
– R. Swinburne, Argumente für die Existenz Gottes, in: P. Schmidt-Leukel (Hrsg.), Berechtigte Hoffnung, Paderborn 1995, 71–83.
– N. Hoerster (Hrsg.), Glaube und Vernunft, Stuttgart 1988, 16–93.

Unter den Quellen empfiehlt sich besonders die Lektüre von:
- Geschichte der Philosophie in Text und Darstellung (hrsg.v. R. Bubner). Bd. 2: Mittelalter (hrsg.v. K. Flasch), Stuttgart 1988 (Reclam UB 9912). (Enthält u.a. die zentralen Texte von Anselm und Thomas zur Frage der Gottesbeweise.)
- R. Descartes, Meditationen über die Grundlagen der Philosophie, Hamburg 1960 (Felix Meiner PhB 271).
- D. Hume, Dialoge über die natürliche Religion, Stuttgart 1981 (Reclam UB 7692).
- I. Kant, Kritik der reinen Vernunft, Stuttgart 1978 (Reclam UB 6461).
- B. Russell, Warum ich kein Christ bin, Reinbek bei Hamburg 1968.

Einen Einblick in die aktuelle Diskussion vermitteln:
- S. Davis, God, Reason and Theistic Proofs, Edinburgh 1997.
- J. Hick, Arguments for the Existence of God, London-New York 1971.
- Ders., Religion, München 1996, 85–141.
- W.L. Craig, Q. Smith, Theism, Atheism and Big Bang Cosmology, Oxford ^{2}1995. (Enthält vor allem eine Diskussion über die philosophischen und naturwissenschaftlichen Aspekte des Kalam-kosmologischen Arguments.)
- J.L. Mackie, Das Wunder des Theismus. Argumente für und gegen die Existenz Gottes, Stuttgart 1985 (Reclam UB 8075).
- R. Swinburne, Die Existenz Gottes, Stuttgart 1987 (Reclam UB 8434).
- Ders., Is There a God?, Oxford 1996. (Eine leichter gefaßte Darstellung der Argumentation von »Die Existenz Gottes«.)
- F. Ricken (Hrsg.), Klassische Gottesbeweise in der Sicht der gegenwärtigen Logik und Wissenschaftstheorie, Stuttgart 1991.

Zur Frage einer theologischen Neubewertung der traditionellen Gottesbeweise:
- W. Pannenberg, Metaphysik und Gottesgedanke, Göttingen 1988.
- Ders., Systematische Theologie. Bd. I, Göttingen 1988, 73–132.
- K. Rahner, Grundkurs des Glaubens, Freiburg-Basel-Wien 1976, 61–79.
- J. Splett, Über die Möglichkeit, Gott heute zu denken, in: Handbuch der Fundamentaltheologie, Bd. 1 (1985), 136–155.

7. KAPITEL (RELIGION UND RELIGIONSKRITIK IV)
Übel und Leid – eine Widerlegung Gottes?
Aufgabe und Probleme der Theodizee

Beschreibung und Bedeutung des Problems

Der Ausdruck »Theodizee« geht auf G.W. Leibniz (1646–1716) zurück und bedeutet: »Rechtfertigung Gottes« angesichts der Existenz von Übel und Leid. Genauer gesagt geht es jedoch nicht um eine Rechtfertigung Gottes, sondern um eine *rationale Rechtfertigung des Glaubens an die Existenz eines allmächtigen und gütigen Gottes angesichts von Übel und Leid*. Diese Rechtfertigung ist deswegen erforderlich, weil die folgenden drei Behauptungen miteinander *logisch unvereinbar* zu sein scheinen:

1. Gott ist allmächtig.
2. Gott ist gütig.
3. Es gibt Leid.

Ein allmächtiger Gott kann das Leid seiner Geschöpfe verhindern und ein gütiger Gott will dies auch. Gäbe es somit einen gütigen und allmächtigen Gott, dann dürfte es kein Leid auf dieser Welt geben. Da es aber das Leid gibt, gibt es offensichtlich einen solchen Gott nicht.

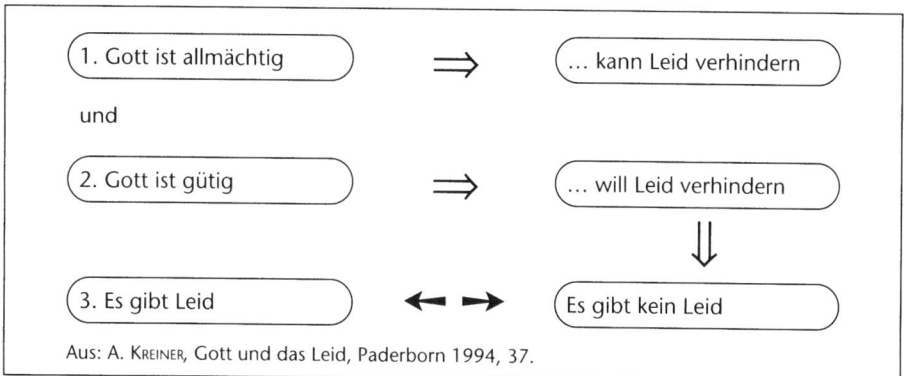

Aus: A. Kreiner, Gott und das Leid, Paderborn 1994, 37.

Das Problem der Theodizee

Die *Bedeutung* dieses Problems ist eng verknüpft mit der *Beurteilung der Gottesbeweise* (→ 6. Kapitel). Hält jemand aufgrund eines oder mehrerer Argumente die Existenz Gottes für zweifelsfrei bewiesen, dann stellt das Theodizee-Problem lediglich ein Rätsel dar, dessen Lösung zwar wünschenswert wäre, aber nicht unbedingt erforderlich ist. Wird die argumentative Kraft der »Gottesbeweise« jedoch geringer eingeschätzt, so daß die Existenz Gottes nicht als sicher bewiesen anzusehen ist, dann wird die im Theodizee-Problem thematisierte anscheinende Widersprüchlichkeit zu einem starken Argument dafür, daß der Glaube an Gott falsch ist. Mit anderen Worten: Eine Unlösbarkeit des Theodizee-Problems wäre dann ein Argument gegen die Existenz Gottes. In der Tat argumentieren atheistische Religionskritiker bis in die Gegenwart hinein auf diese Weise: Zunächst wird die Beweiskraft der Gottesbeweise kritisiert und dann das Theodizee-Problem im Sinne einer Widerlegung der Existenz Gottes vorgebracht. Treffend hat GEORG BÜCHNER daher im Hinblick auf das Theodizee-Problem vom »Fels des Atheismus« gesprochen.

Angesichts dieser argumentativen Ausgangslage wäre zu erwarten, daß in einer sich als Wissenschaft verstehenden Theologie dementsprechend starke Anstrengungen zur Lösung des Theodizee-Problems unternommen werden. Dies ist jedoch nur zum Teil der Fall. Im folgenden werden vier *verschiedene Formen des theologischen Umgangs mit dem Theodizee-Problem* vorgestellt.

Uminterpretation des Problems

Vertreter dieses Ansatzes behaupten, daß es im Theodizee-Problem eigentlich um die Frage des konkreten *praktischen Umgangs mit dem Leid* gehe. Die Beschreibung des Theodizee-Problems als theoretisches Problem, als logischer Widerspruch zwischen verschiedenen Behauptungen sowie die entsprechenden Versuche einer theoretischen Lösung dieses Problems werden als ungeeignete, selbstherrliche oder gar realitätsblinde und zynische Strategien im Umgang mit dem Leid desavouiert. Denn jede theoretische Lösung müsse zwangsläufig auf eine Legitimation des Leids hinauslaufen. Wer Gründe dafür nenne, warum Gott das Leid zulasse, der erkläre damit unweigerlich das Leid zu etwas von Gott Gewolltem. Und so verhindere eine theoretische Theodizee das, was allein die angemessene christliche Reaktion sein könne, den aufopfernden praktischen Einsatz gegen das Leid. Durch das Kreuz Jesu zeige Gott selbst, wie das Problem zu »lösen« sei, nämlich durch den freiwilligen Eintritt in das Leid aus Liebe zum Nächsten. An die Stelle einer intellektuell-theoretischen Auseinandersetzung mit dem Theodizee-Problem habe allein das praktische Engagement zur Leidverringerung zu treten.

Dieser Ansatz ist heute besonders in der deutschsprachigen Theologie und in Teilen der Befreiungstheologie stark verbreitet, hat jedoch erhebliche Schwächen: Als theoretisches Problem ist das Theodizee-Problem deutlich verschieden von der Frage nach dem praktischen, existentiellen Umgang mit dem Leid. Es gibt keinen Grund dafür, beide Fragen miteinander zu vermischen. Obwohl die Bemühung um eine theoretische Lösung des Theodizee-Problems unter Umständen auch tröstliche und sinnstiftende Funktion haben kann, ist sie selber doch nicht in erster Linie als eine Form der Leidbewältigung gedacht oder gar als etwas, das an die Stelle des praktischen Einsatzes gegen das Leid treten soll. Leidbewältigung und Leidbekämpfung sollen in der Tat auf der praktischen Ebene geschehen und aus dem vertrauenden Glauben an Gott Kraft und Motivation beziehen. Die theoretische Beschäftigung mit der Theodizee hängt demgegenüber mit der Frage zusammen, ob dieser Gott überhaupt existiert und inwiefern somit das Vertrauen auf ihn rational gerechtfertigt ist. Wer freilich als *Atheist* davon ausgeht, daß es Gott nicht gibt, für den stellt sich auch nicht mehr das Problem der Theodizee, sondern nurmehr das Problem des Leids bzw. des Umgangs damit. Die Theologie kann sich diesen Standpunkt allerdings nicht zu eigen machen. Die Behauptung schließlich, daß jede theoretische Lösung des Theodizee-Problems zwangsläufig zu einer kontraproduktiven Legitimation des Leids führe, läßt sich freilich am besten durch den Nachweis des Gegenteils widerlegen.

Aufhebung des Widerspruchs durch Preisgabe einer Prämisse

Bei diesem Ansatz wird das Theodizee-Problem als theoretisches Problem ernstgenommen und die von ihm ausgehende Herausforderung akzeptiert. Sie wird beantwortet durch die Preisgabe einer von jenen Prämissen, die den Widerspruch herbeiführen: (1) Gott ist allmächtig. (2) Gott ist gütig. (3) Es gibt Leid. Niemand wird ernsthaft versuchen, die Realität des Leids zu bestreiten. Daher kommen als mögliche Kandidaten für eine Aufhebung oder Preisgabe allein die beiden ersten Prämissen infrage, das heißt die *göttlichen Attribute der Allmacht oder der Güte*. In jeder seiner Varianten stellt dieser Weg somit eine *Modifikation des Theismus* dar.

Preisgabe/Modifikation des Attributs der Güte Gottes

Nur selten – und wenn, dann eher verdeckt – wird der Weg eingeschlagen, *Gottes Güte zu bestreiten* oder zu modifizieren. Es gibt jedoch einen durchaus verbreiteten Weg, der bisweilen in diese Richtung tendiert: Nicht selten wird nämlich angesichts schwerer Leiderfahrungen betont, daß Gott zwar durchaus gütig sei, aber Gottes »Güte« nicht dem entspreche, was Menschen als »Güte« bezeichnen. In der Tat handelt es sich um eine gewichtige theologische Überzeugung, daß unsere Begriffe Gott nicht im unmittelbar wörtlichen Sinn zutreffend erfassen und beschreiben können, weil alle menschlichen Begriffe aus der endlichen Erfahrungswelt des Menschen entlehnt sind, aber Gott eine alle Endlichkeit transzendierende Wirklichkeit ist (→ 4. Kapitel). Doch damit ist und kann nicht gemeint sein, daß sich die eigentliche Bedeutung unserer Begriffe bei ihrer Anwendung auf Gott in ihr wörtliches Gegenteil verkehrt. Mit anderen Worten, es mag durchaus der Fall sein, daß das Wort »gütig« in der Ausssage »Gott ist gütig« nicht denselben Sinn hat wie in der Aussage »Der Mensch X ist gütig«. Aber das heißt nicht, mit »Gott ist gütig« sei in Wahrheit gemeint »Gott ist böse«. Auch wenn im Sinn erfahrungsorientierter Neuansätze zur Hermeneutik der Rede von Gott der unmittelbare Bezugspunkt des Satzes »Gott ist gütig« in der menschlichen Gotteserfahrung liegt, stellt sich nach wie vor die Frage, ob und wenn ja wie die Erfahrung eines gütigen Gottes in Einklang zu bringen ist mit der Erfahrung von Übel und Leid.

Eine deutlichere Leugnung des Attributs der »Güte« Gottes liegt jedoch in der Lehre von der »doppelten Prädestination« vor, das heißt in der Vorstellung, daß Gott einen (kleinen) Teil der Menschheit zum ewigen Heil und einen anderen (großen) Teil zur ewigen Verdammnis schon vor ihrer Erschaffung vorherbestimmt habe. In keinem noch so analogen Sinn scheint ein solches Handeln Gottes mit der Behauptung »Gott ist gütig« vereinbar zu sein. Vielmehr wäre ein solcher Gott in einem sehr wörtlichen Sinn »böse«. Obwohl es bedeutende christliche Theologen gab, die anscheinend in diese Richtung dachten, ist dieses Gottesbild nicht vereinbar mit der neutestamentlichen Auffassung, an Jesus sei deutlich geworden, daß Gott Liebe ist (1 Joh 4,8). Und wie mächtig ein böser Gott auch sein mag, er wäre in jedem Fall nicht mehr berechtigterweise Gegenstand unserer Verehrung.

Preisgabe/Modifikation des Attributs der Allmacht Gottes

Für eine Preisgabe oder Modifikation eignet sich somit am ehesten das *Attribut der »Allmacht«*. Religionsgeschichtlich gesehen findet sich der Gedanke eines guten, aber nicht allmächtigen Gottes in *dualistischen Religionen* wie z.B. im Mazdaismus und im Manichäismus. Vereinfacht gesagt steht hier ein guter Gott im kosmischen Kampf gegen einen bösen Antipoden. Der gute Gott verfügt nicht über die Macht, die Kräfte des Bösen einfach zu eliminieren, auch wenn diese Religionen freilich von der Hoffnung auf einen endgültigen Sieg des Guten bewegt sind. Auch dem Christentum ist dieses Motiv nicht völlig fremd. So verstand sich etwa MANI (216–276) selbst als »Apostel Jesu Christi«. Der frühchristliche Theologe MARCION (2. Jh.) nahm einen Antagonismus zwischen dem bösen Schöpfergott und dem guten Erlösergott an. Insbesondere aber sind dualistische Motive mit dem christlichen Teufelsglauben verbunden. Allerdings hielt man in der Regel daran fest, daß der Teufel die Macht Gottes nicht wirklich begrenzt, sondern nur soweit agieren kann wie Gott es zuläßt. Insofern mit dem christlichen Teufelsglauben also nicht wirklich eine Einschränkung der Allmacht Gottes verbunden ist, kann auf dieser Linie auch keine Lösung oder Aufhebung des Theodizee-Problems erreicht werden.

Die Auffassung, daß Gott nicht allmächtig ist, trifft in der Theologie der Gegenwart – gerade unter dem Eindruck des Theodizee-Problems – des öfteren auf Zustimmung. Vor allem wird diese Auffassung in der sogenannten *Prozeßtheologie* vertreten. Diese stützt sich auf das philosophische Werk (»Prozeßphilosophie«) von ALFRED NORTH WHITEHEAD (1861–1947), der für eine philosophische Wiederbelebung der platonischen Vorstellung von Gott als »Demiurgen«, das heißt als einem Weltgestalter, nicht aber als einem absoluten Weltschöpfer, plädiert hatte. Nach prozeßtheologischer Auffassung sind Gott und Materie zwei gleichermaßen ewig existierende Mächte. Gott hat die Materie nicht erschaffen und hat als reiner Geist auch keinerlei Möglichkeit, zwingend auf die Materie einzuwirken. Gottes Macht ist vielmehr von inspirierender, »überredender« (»*persuasive*«) Natur. Für sich allein genommen ist die Materie ein rein chaotisches Potential. Doch unter Gottes inspirierender Einwirkung vermag sie sich zu organisieren und dabei allmählich immer höhere und komplexere Existenzformen anzunehmen. Auf diese Weise läßt sich die Notwendigkeit der naturgeschichtlichen und biologischen Evolution erklären. Je höher und komplexer die entstehenden Lebewesen werden, desto größer wird ihr Erlebnisspielraum und ihr Machtradius. Auf diesem Weg bringt Gott alles Gute in der Schöpfung hervor: alle Möglichkeiten, Gutes zu erfahren, und alle Möglichkeiten, Gutes zu bewirken. Die unvermeidliche Schattenseite dieses Prozesses liegt jedoch darin, daß damit zwangsläufig auch die Möglichkeiten zum Schlechten wachsen: die Möglichkeiten, Leid zu erfahren, und die Möglichkeiten, Leid zu bewirken. Diese Gesetzmäßigkeit wurzelt in der grundsätzlichen Eigenständigkeit der Materie und kann von Gott nicht verändert werden. Gott ist insofern für die Schöpfung verantwortlich, als er die inspirierende Kraft hinter ihrer Entwicklung ist. Theoretisch hätte Gott also die Entwicklung der Welt und damit die Entstehung von Übel und Leid verhindern können. Doch dann wäre eben auch alles Gute in ihr niemals Wirklichkeit geworden. Was somit nicht in seiner Macht steht, ist die Erschaffung einer Welt, in der sich nur Gutes verwirklicht. Obwohl Gott somit indirekt verantwortlich für die Entstehung von Übel und Leid ist, ist er nach prozeßtheologischer Überzeugung dennoch als gut zu bezeichnen, weil der Wert des Guten den damit zwangsläufig verknüpften Unwert von Leid und Übel aufwiegt. Zudem zielt Gottes allgegenwärtige Inspiration einzig und allein auf die Entwicklung immer höherer Möglichkeiten zum Guten. Gott leidet mit den Menschen unter jedem Schmerz, unter jeder Krankheit, unter jeder Bosheit. Aber zugleich ist Gott der inspirierende Geist, der den Menschen bewegt, den Schmerz zu lindern, die Krankheit zu besiegen, die Bosheit durch Liebe zu überwinden.

Obwohl dieser Ansatz den Glauben an die Allmacht Gottes preisgibt, kommt die prozeßtheologische Lösung des Theodizee-Problems zweifellos in vielen Zügen der christlichen Frömmigkeit entgegen. Ein vollkommen guter, nicht aber allmächtiger Gott, kann mit Recht Gegenstand unserer Verehrung sein und als inspirierende Quelle eines christlichen Lebens gelten. Zudem führt die Prozeß-theologie zu einer intellektuell sauberen Aufhebung des Theodizee-Problems. Darüber hinaus hat sie schließlich den Vorteil, den Glauben an ein schöpferisches Wirken Gottes auf plausible Weise mit der naturwissenschaftlichen Einsicht in die Evolution des Universums zu verbinden.

Kritisch werden gegen diese Lösung vor allem folgende Einwände erhoben: (1) Die Einschränkung der Allmacht Gottes hat für die religiöse Haltung des Gläubigen einen hohen Preis. Zum einen kann man beispielsweise zu einem Gott von nur inspirierender Macht nicht um ein Wunder im engeren Sinn beten. Vor keiner Katastrophe kann Gott den Menschen bzw. die Menschheit mit Sicherheit bewahren. Zum anderen stellt sich die gewichtige Frage, ob ein Gott von bloß inspirierender Macht eine Überwindung des Todes garantieren kann. Vermag der prozeßtheologisch vorgestellte Gott seinen Geschöpfen ein ewiges Leben zu sichern und damit eine endgültige Überwindung der der Materie innewohnenden Chaostendenzen herbeizuführen? (2) Ein anderer Einwand ist von noch grundsätzlicherer Natur. Ist der Prozeß-Gott überhaupt noch »Gott« im klassischen Sinn? Gehören die Attribute vollkommener Güte und vollkommener Macht nicht beide konstitutiv zum Gottesbegriff hinzu, so daß ein Wesen ohne diese Attribute nicht mehr als »Gott« zu bezeichnen wäre? Diese Frage ist freilich schwer zu beantworten. Denn wer legt fest, was »Gott« ist? Aber die klassische Definition ANSELMS, wonach Gott dasjenige ist, über das hinaus Größeres nicht gedacht werden kann, wird vom Gott der Prozeß-Theologie zweifellos nicht mehr erfüllt. Der Prozeß-Gott ist nicht die unumgreifbar größte, alles Endliche unendlich übersteigende Wirklichkeit, sondern eher eine begrenzte Teilwirklichkeit im Universum – sozusagen die gute Seele der Welt. Die Idee von einem begrenzten Gott mag daher – mit JOHN HICK gesprochen – als »metaphysisch unbefriedigend« erscheinen.

Gläubiger Verzicht auf eine Lösung

Theologen, die diesen Ansatz vertreten, darunter beispielsweise HANS KÜNG und WOLFHART PANNENBERG, negieren weder den theoretischen Ernst des Theodizee-Problems, noch sind sie bereit, es durch die Preisgabe eines der Attribute Gottes aufzuheben. Sie akzeptieren das Problem und betrachten es zugleich als unlösbar. Genauer gesagt gehen sie zumeist davon aus, daß zwar eine Lösung besteht, daß diese jedoch nur Gott bekannt, uns hingegen unerreichbar verborgen ist. Es bleibt allein die Hoffnung, daß wir im eschatologischen Heilszustand erkennen werden, warum Gott Leid und Übel zugelassen hat. Wie bei einem handgeknüpften Teppich sehen wir bisher nur die Rückseite mit ihrem scheinbar unentwirrbaren Chaos von Fäden. Doch wenn wir einst die Vorderseite erblicken, dann werden wir auch das bisher verborgene Muster erkennen.

Dieser Ansatz hat eine lange theologische Tradition. Er deckt sich gut mit dem Charakter des Glaubens als einem Gott geschenkten Vertrauen. Aber wie steht es um die Rationalität der damit verbundenen Haltung? Hier fällt nun massiv die veränderte Einschätzung der Gottesbeweise ins Gewicht. In der Tradition konnte man mit dem Theodizee-Problem deshalb so gut auf diese Weise umgehen, weil man die Existenz Gottes für sicher bewiesen hielt. Das Theodizee-Problem schien daher nicht die Existenz Gottes in Frage zu stellen, sondern verdunkelte quasi nur Gottes Pläne. Vertrauen war dann die angemessene Reaktion. Wenn man jedoch – wie nahezu alle zeitgenössischen Theologen – einräumt, daß es keine zwingenden Beweise für die Existenz Gottes gibt, dann lautet die Frage nicht mehr nur, ob es trotz der Existenz von Leid und Übel berechtigt ist, auf Gott zu vertrauen. Vielmehr lautet die Frage dann, ob es trotz der scheinbaren Widerlegung der Existenz Gottes noch länger rational ist, an seine Existenz zu glauben.

Nun vertreten die Befürworter dieses Ansatzes freilich keinen Glauben gegen die Vernunft, kein »credo quia absurdum« (»Ich glaube, weil es absurd ist«). Sie gehen davon aus, daß der logische Widerspruch, der das Theodizee-Problem konstituiert, nur von scheinbarer Natur ist, daß also Gründe für die göttliche Zulassung des Leids bestehen, nur daß uns diese eben verborgen sind. Immerhin ist diese Möglichkeit nicht auszuschließen. So mag dieser Ansatz als eine – wenn auch sehr schwache – Minimalrechtfertigung des Glaubens gelten. Die rationale Rechtfertigung würde jedoch deutlich überzeugender ausfallen, wenn sich solche Gründe, die Gott für die Zulassung des Leids haben könnte, wenigstens spekulativ benennen und in ihrem Zusammenhang mit der Realität von Leid und Übel verdeutlichen ließen. Genau dies versuchen die Vertreter des folgenden Ansatzes.

Lösung des Widerspruchs durch Einführung von Zusatzannahmen

Bei dieser Form des theologischen Umgangs mit dem Theodizee-Problem wird versucht, durch Einführung zusätzlicher Annahmen den Widerspruch, der zum Theodizee-Problem führt, aufzulösen. Soll dieser Weg dabei nicht der Gefahr verfallen, den Widerspruch durch eine mehr oder weniger versteckte Negation der Realität des Leids zu beseitigen, dann muß gezeigt werden, daß sich die verschiedenen Formen von Leid und Übel sowie ihr tatsächliches Ausmaß prinzipiell mit der Güte und Allmacht des Schöpfergottes verbinden lassen, das heißt:

1. das Leid von *Mensch und Tier*,
2. die Existenz sogenannter »*natürlicher Übel*« (= natürlicher Ursachen dieses Leids) wie unverschuldete Naturkatastrophen und Krankheiten,
3. die Existenz sogenannter »*moralischer Übel*« (= moralisch schuldhafte Verursachungen von Leid).

Zugleich dürfen die zur Lösung des Problems eingeführten Zusatzannahmen natürlich nicht zu neuen Widersprüchen führen.

Die logische Grundstrategie aller Lösungsversuche hat G.W. LEIBNIZ klar formuliert: Wenn Gott eine bessere Welt hätte erschaffen können (Allmacht) und es nicht tat, so würde dies seiner sittlichen Vollkommenheit (Güte) widersprechen. Gibt es also einen allmächtigen und gütigen Gott, dann muß diese Welt – so wie sie ist – die »beste aller möglichen Welten« sein. Dieser Schluß ist seither häufig Anlaß zu bitterem Spott geworden. Denn es ist nicht sonderlich schwer, sich eine »bessere« im Sinn von leidfreiere Welt vorzustellen. Dennoch weist LEIBNIZ' Schlußfolgerung in die richtige Richtung. Sie könnte nämlich durchaus korrekt sein, wenn man diese Welt – so wie sie ist – nicht als Endzweck von Gottes Schöpfungsabsichten ansieht. Es ist nicht auszuschließen, daß Gott in seiner Güte Ziele verfolgt, für die die Erschaffung der Welt nur ein Mittel zum Zweck darstellt: Ziele oder Werte, die (a) nicht anders zu realisieren sind als auf einem Weg, bei dem das Vorkommen der realen Leiden unvermeidlich oder zumindest nicht auszuschließen war, und die (b) diesen Preis wert sind. Dann könnte die Welt – so wie sie ist – die beste aller *im Hinblick auf die Verwirklichung dieser Ziele und Werte möglichen* Welten sein. Zur Lösung des Theodizee-Problems wäre daher danach zu fragen, um welche Werte und Ziele es sich dabei handeln könnte.

»Free-will-defence«

Seit es Versuche gibt, das Theodizee-Problem auf diesem Weg zu lösen, spielt in diesen Ansätzen der Wert der Willensfreiheit eine zentrale Rolle. In der Analytischen Religionsphilosophie hat sich dafür der Ausdruck »*free-will-defence*« eingebürgert, das heißt »Verteidigung mit Hilfe der Willensfreiheit«.

Traditionelle Lösungsversuche mit Hilfe der Willensfreiheit hatten zumeist folgende Gestalt: Gott habe ursprünglich eine vollkommen gute und leidfreie Welt ohne Krankheit, Schmerzen und Tod, aber mit freien Wesen, Engeln und Menschen, erschaffen. Im ersten Sündenfall mißbrauchten diese jedoch die ihnen gegebene Freiheit, wodurch Leid und Übel entstanden: zum einen als unmittelbare Folge in Gestalt des moralischen Übels und zum anderen als mittelbare Folge in Gestalt göttlicher Strafe. Letzteres galt insbesondere auch für die natürlichen Übel. So erscheinen im Buch *Genesis* beispielsweise Schmerz und Tod als göttliche Strafen für den Sündenfall der ersten Menschen. Dieser Grundgedanke durchzieht nahezu die gesamte biblische Tradition: Entweder ist Leid die unmittelbare Auswirkung der bösen Entscheidungen von Menschen und gefallenen Engeln bzw. Teufeln, Dämonen etc. Oder es tritt auf als gerechte göttliche Strafe für die entsprechenden Sünden.

Gegen diese Konzeption erheben sich jedoch zahlreiche *gravierende Einwände*:

1. Schon in den biblischen Schriften selbst wird teilweise (besonders im Buch *Ijob*) die Vorstellung kritisiert, daß Leid immer gerechte Strafe sei. Wie oft trifft Leid unschuldige Menschen, z.B. kleine Kinder. Es widerspricht jeglichem Gerechtigkeitsempfinden, hierbei an gerechte Strafen zu denken. Daran ändert auch nichts die im Zusammenhang mit der Erbsündenlehre entwickelte Vorstellung, daß kein Mensch unschuldig sei, sondern alle Menschen die Sünde der Stammeltern erben.

2. Die mit dem biblischen Mythos verbundene Vorstellung, daß die Schöpfung ursprünglich völlig frei von Leid und Übel gewesen und alles nur Folge der Sünde sei, widerspricht den heutigen naturgeschichtlichen Erkenntnissen. Die Vorstellung, daß Krankheiten, Schmerz und Tod oder eine biologische Neigung zur Aggressivität erst als Folge eines menschlichen Sündenfalls in die Welt gekommen seien, läßt sich als naturgeschichtliche These nicht halten. Lange vor den ersten Menschen gab es Tiere, die krank wurden, Schmerzen litten, die starben, kämpften und töteten.

3. Schließlich bleibt es völlig uneinsichtig, warum sich in einer ursprünglich vollkommenen Schöpfung überhaupt irgendein freies Wesen – ob Engel oder Mensch – gegen Gott gestellt haben sollte. Wenn alles vollkommen war, was sollte dann der Auslöser für einen Akt der Rebellion gewesen sein?

Die »free-will-defence« steht und fällt jedoch nicht mit ihrer traditionellen Gestalt. **Moderne Versionen** vermögen gewisse elementare Einsichten der Tradition zu bewahren und zugleich eine plausiblere Lösung vorzuschlagen.

1. Grundlegend ist dabei der Gedanke, daß echte, sittlich relevante Willensfreiheit mit logischer Notwendigkeit die Möglichkeit des *moralischen Übels* einschließt. Wenn Gott freie Wesen erschafft, dann muß er in Kauf nehmen, daß diese sich freiwillig zu sittlich bösen Handlungen entscheiden. Wollte Gott eine Entscheidung zum Bösen jedesmal verhindern – was er aufgrund seiner Allmacht natürlich könnte –, dann wäre die Freiheit des Menschen erheblich eingeschränkt, ja als sittlich relevante Freiheit aufgehoben. Denn wenn nur Wahlfreiheit zwischen verschiedenen guten Handlungen bestünde, könnten diese kaum noch in einem moralischen Sinn als »gut« bezeichnet werden: Es wäre nicht mehr »gut«, sondern lediglich zwangsläufig, auf diese Art zu handeln.

2. Es wird somit vorausgesetzt, daß Gott in der Tat *allmächtig* ist, aber dadurch nicht die Regeln der Logik außer Kraft gesetzt sind. »Allmacht« heißt, daß jeder Sachverhalt herbeigeführt werden kann, der nicht in sich widersprüchlich ist. Oder anders gesagt, daß es in sich widersprüchliche Sachverhalte überhaupt nicht geben kann.

3. Vermag das Argument der Willensfreiheit aber auch die *natürlichen Übel* zu erklären, ohne hierfür auf den Gedanken der biblischen Straflogik zurückzugreifen? Diesbezüglich haben moderne Theodizee-Versuche folgende Antwor-

ten formuliert: Erstens ist eine naturgesetzliche Regelmäßigkeit die notwendige Voraussetzung für eine verantwortliche Freiheit. Zweitens darf die naturgesetzliche Regelmäßigkeit nicht völlig harmlos sein, wenn sie eine sittlich relevante Freiheit ermöglichen soll. Das heißt, Willensfreiheit kann nur dann verantwortlich ausgeübt werden, wenn sich die Folgen der jeweiligen Entscheidung einigermaßen zuverlässig absehen lassen. Nur wenn ich weiß, was in diesem oder jenem Fall geschehen wird, kann ich eine Entscheidung treffen, die von den Folgen mitbestimmt ist. Genau dies ist aber nur in einer regelmäßig geordneten Welt möglich. In einer fiktiven Welt, in der sich alles völlig regellos verhalten würde, könnte nicht einmal im Kleinsten abgesehen werden, was aufgrund einer bestimmten Entscheidung geschieht. Damit wäre aber »Entscheidung« im Sinne einer Wahl zwischen verschiedenen Handlungsalternativen unmöglich. Also sind naturgesetzliche Regelmäßigkeiten eine Bedingung für die Möglichkeit verantwortlicher Willensfreiheit. Wenn es aber eine naturgesetzlich geregelte Welt gibt, dann wirken diese Gesetze ohne Rücksicht auf die Folgen. Dieselben naturgesetzlichen Eigenschaften, die es ermöglichen, einem Dürstenden Wasser zu geben, ermöglichen es auch, im Wasser zu ertrinken oder jemanden zu ertränken. Hätte Gott dann nicht aber eine naturgesetzlich geregelte Welt erschaffen können, deren Regeln völlig harmlos sind, in denen also nie eine leidvolle Auswirkung auftritt? Vermutlich ja. Doch dies würde wiederum bedeuten, daß in einer solchen Welt auch die Möglichkeit zu einer sittlich bösen Entscheidung nicht mehr bestehen würde, das heißt die Entscheidung zu einer Handlung, als deren Folge der Schaden eines anderen Wesens gewollt ist. Dann aber gäbe es keine sittlich relevante Freiheit mehr und damit auch nicht mehr die Möglichkeit zu einer moralisch »guten« Tat. Die Existenz natürlicher Übel läßt sich somit keineswegs nur als göttliche Strafe für das

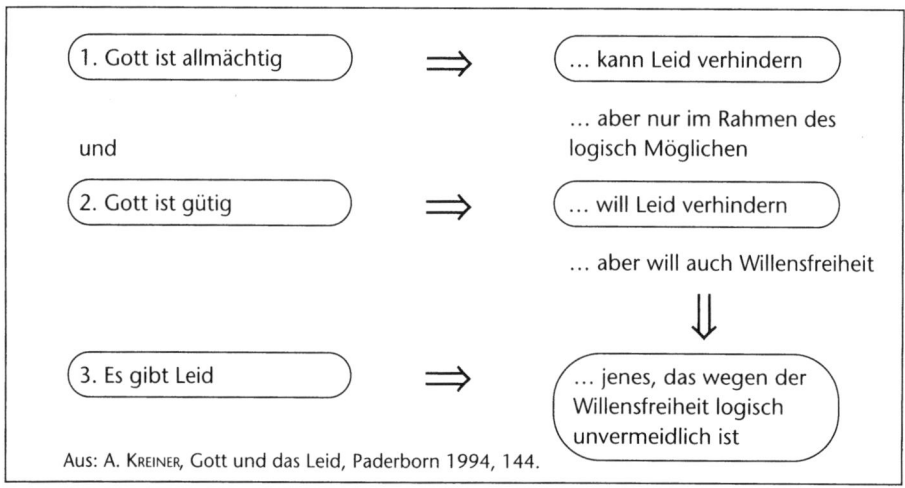

Aus: A. KREINER, Gott und das Leid, Paderborn 1994, 144.

Lösung des Theodizeeproblems im Sinn der »free-will-defence«

moralische Übel erklären, sondern als Folge der Möglichkeitsbedingungen für die Existenz sittlich relevanter Willensfreiheit.

»Soul-making-theodicy«

Wiegt nun aber der Wert sittlich relevanter Freiheit den Preis der damit verknüpften moralischen und natürlichen Übel auf? Auf diese Frage antworten Vertreter der »free-will-defence« mit dem Hinweis auf weitere Werte, die durch die Existenz der Willensfreiheit ermöglich werden, nämlich sämtliche moralischen und spirituellen Tugenden, aber auch solche grundlegenden Werte wie interpersonale Liebe.

Besondere Beachtung hat in dieser Hinsicht die sogenannte »*soul-making-theodicy*« (»Theodizee der Seelenbildung«) von JOHN HICK gefunden. HICK greift hierin einen Gedanken des IRENÄUS VON LYON (2. Jh.) auf, wonach Gott den Menschen zwar zu seinem Ebenbild, als *imago dei*, erschaffen habe, aber nicht mit einer *similitudo dei*, einer Gottähnlichkeit. Das eigentliche Ziel der Schöpfung bestehe darin, eine Welt hervorzubringen, in der Menschen zu einer solchen Gottähnlichkeit heranreifen, in der sie also einen Charakter vollendeter, nicht mehr um das eigene Ego kreisender Liebe entwickeln können. Weil ein solcher Charakter etwas ist, das *per definitionem* nur als das Resultat eines von eigenen Freiheitsentscheidungen gesteuerten Reifeprozesses entstehen kann, war es logisch unmöglich, daß Gott den Menschen von vornherein mit einer solchen vollendeten Persönlichkeit erschaffen hat. Und nur in einer Welt wie der unseren, einer Welt mit der Widerständigkeit ihrer naturgesetzlichen Abläufe und ihren sittlichen Herausforderungen, ist eine solche Persönlichkeitsentwicklung vorstellbar. Diese Theodizee legitimiert nicht das Leid, sondern die Werthaftigkeit einer vom Engagement gegen das Leid geprägten Persönlichkeit. Sie besagt auch nicht, daß Leid immer einer solchen Persönlichkeitsentwicklung dient. Sie besagt vielmehr, daß eine solche Persönlichkeitsentwicklung nur möglich ist in einer Welt, in der das Leid eine reale Herausforderung bildet. Nicht selten sind Leid und Übel jedoch so groß, daß Menschen daran nicht reifen, sondern darunter zerbrechen. Und da viele in dieser Welt nicht zu ihrem von Gott gewollten Ziel gelangen, nimmt HICK an, daß sich der Prozeß der Seelenbildung über den Tod hinaus fortzusetzen vermag, vielleicht in anderen, aber prinzipiell ähnlich strukturierten Welten. Allein eine eschatologische Hoffnungsperspektive garantiert somit, daß es letztendlich – und quasi rückblickend – kein sinnloses Leid in dieser Welt gab bzw. gibt und niemand nur und für immer ein Opfer des Freiheitsmißbrauchs anderer oder der natürlichen Übel sein und bleiben wird.

Für viele Formen von Übel und Leid vermögen die Vertreter der »free-will-defence« somit konkrete Gründe, Zusammenhänge und Werte zu benennen, die es erlauben, damit die Existenz eines gütigen und allmächtigen Schöpfers zu vereinbaren. Bislang haben sie jedoch nur wenige Überlegungen entwickelt, wie in diese Argumentation das Leid der Tiere einbezogen werden kann. Denn Tiere verfügen offensichtlich nicht über eine sittlich relevante Willensfreiheit und ihre Existenz stellt anscheinend auch nicht – wie etwa die der Naturgesetze – eine Voraussetzung für die Ausübung der Willensfreiheit dar. Warum aber hat dann ein gütiger und allmächtiger Gott die Tiere erschaffen? Warum so, daß sie Schmerz empfinden und einander Leid zufügen? Warum sind beispielsweise nicht alle Tiere Pflanzenfresser? Der vielleicht erfolgversprechendste Ansatz zu einer Lösung dieses Aspekts der Theodizee-Problematik liegt grundsätzlich auf der Linie evolutiven Denkens, wie sie die »soul-making-theodicy« eingeschlagen hat. Demzufolge gehören zu jenen Voraussetzungen, die den spezifischen Entwicklungsprozeß des Menschen ermöglichen sollen, nicht nur die Existenz sittlich relevanter Willensfreiheit und einer naturgesetzlich strukturierten Umwelt, sondern auch jenes spezifische biologische Potential, das der Mensch als Produkt der biologischen Evolution in sich trägt. Vielleicht konnte Gott den Menschen nur über die Evolution erschaffen, weil jedes nicht durch Evolution erschaffene Wesen nicht mehr der Mensch wäre (ARMIN KREINER). JOHN HICK hat allerdings noch etwas anderes zu bedenken gegeben: Nach ihm muß eine Theodizee, die auf grundsätzliche Weise zeigt, wie Leid und Übel mit der Existenz Gottes vereinbar sein könnten, dies nicht für jede einzelne Art von Leid verdeutlichen. Es wird immer Leid geben, das rätselhaft, sinnlos und absurd erscheint, und gerade die darin liegende Herausforderung stellt eine weitere elementare Voraussetzung für die Möglichkeit des Seelenbildungsprozesses dar.

Atheistische Einwände gegen eine »free-will-defence« setzen an jedem einzelnen Zug der Argumentation an und versuchen die jeweilige Plausibilität zu erschüttern. Aber es scheint nur einen wirklich ausschlaggebenden Kern in den atheistischen Kritiken zu geben. Er betrifft das tragende Fundament der Argumentation: die Existenz einer genuinen Willensfreiheit, das heißt einer Freiheit, wonach bestimmte Handlungen auf letztursächliche Weise durch einen Willensakt des Menschen zustande kommen, der selber nicht nochmals durch andere Ursachen determiniert ist. Daß wir diese Freiheit besitzen, scheint jeder Mensch intuitiv vorauszusetzen, und offensichtlich basieren unsere gesamten Moral- und Rechtsvorstellungen darauf. Vielleicht ist diese intuitive Gewißheit jedoch illusionär. Vielleicht ist jeder Akt des Menschen, jede Regung seines Gehirns und seines Geistes lediglich ein entweder kausal strikt determiniertes oder rein zufälliges Ereignis, in keinem Fall aber eine autonome und freie Setzung. Sollte sich dies nachweisen lassen, dann hätte das freilich nicht nur völlig desaströse Auswirkungen auf die Theodizee-Versuche, sondern auf das gesamte Verständnis der menschlichen Kultur. Wäre der Mensch in Wahrheit nur ein »*l'homme machine*«, ein »Maschinenmensch« – wie es der Atheist und Materialist J.O. LA METTRIE (1709–1751) in seinem gleichnamigen Buch behauptete –, dann wäre der Atheismus wohl die rationalere Theorie. Aber in diesem Fall wäre es völlig sinnlos, an Rationalität zu appellieren, da Maschinen nicht frei sind, zwischen rationalem und irrationalem Verhalten zu wählen.

Resümee

Wenn man einräumt, daß sich die Existenz Gottes nicht zwingend beweisen läßt, dann ist damit konzediert, daß es nicht wirklich sicher ist, ob es Gott gibt. Angesichts dieser Unsicherheit gewinnt der Theodizee-Einwand ein verändertes Gewicht. Leid und Übel sind nicht länger nur ein ungeklärtes Rätsel. Vielmehr werden sie so zum Ausgangspunkt eines Gegenbeweises gegen die Existenz Gottes. Wollte man in dieser Situation die grundsätzliche Unlösbarkeit des Theodizee-Problems einräumen, dann müßte man schon sehr starke Wahrscheinlichkeitsargumente für die Existenz Gottes anführen. Denn sonst wäre mit diesem Eingeständnis der Nachweis der Rationalität des Glaubens endgültig gescheitert. Gesteht man zu, daß nichts definitiv für die Existenz Gottes spricht, wohl aber die Existenz von Leid und Übel definitiv dagegen, dann ist es nach keinem Rationalitätsmodell vernünftig, noch länger an der Überzeugung von der Wahrheit seiner Existenz festzuhalten. Die Aufgabe der Fundamentaltheologie im traditionellen Sinn wäre somit unerfüllbar. Sie könnte sich nur noch auf die Verdeutlichung einer der Glaubenspraxis immanenten Rationalität konzentrieren, da selbstverständlich jedes System, auch wenn es auf noch so irrationalen Überzeugungen aufruht, eine gewisse systemimmanente Rationalität besitzen kann. Im Sinn der Frage nach der Rationalität des intellektuellen Umgangs mit Überzeugungen müßte sich der Glaube auf das irrationale Konzept des »credo quia absurdum« (»Ich glaube, weil es absurd ist«) zurückziehen. Diese Konsequenz läßt sich allerdings in dem Maß vermeiden, in dem es gelingt, einsehbare Gründe zu benennen, die für eine Vereinbarkeit der Existenz von Übel und Leid mit der Existenz Gottes sprechen. Denn auf diesem Weg kann das Gewicht des Theodizee-Einwands entkräftet werden. Solange sich weder die Existenz Gottes noch seine Nicht-Existenz beweisen oder als wahrscheinlich bzw. unwahrscheinlich aufzeigen lassen, bleiben beide Möglichkeiten gleichermaßen offen. Der Glaube an die Existenz Gottes kann dann zumindest nach einem kritizistisch orientierten Rationalitätsverständnis weiterhin als rational gerechtfertigt gelten und der Vorwurf des Irrationalismus zurückgewiesen werden. Für die Aufgabe und das Verständnis der Fundamentaltheologie fällt dem Theodizee-Problem somit eine Schlüsselrolle zu.

Literatur:

Einführend:
- C.-F. Geyer, Das Theodizeeproblem – ein historischer und systematischer Überblick, in: W. Oelmüller (Hrsg.), Theodizee – Gott vor Gericht?, München 1990, 9–32.
- J. Hick, Philosophy of Religion, 4th ed., Englewood Cliffs 1990, 39–55.
- A. Kreiner, Theodizee und Atheismus, in: P. Schmidt-Leukel (Hrsg.), Berechtigte Hoffnung, Paderborn 1995, 99–110.
- Ders., Gott und das Leid, Paderborn 1994. (Eine leicht verständliche und zugleich theologisch differenzierte Einführung.)
- P. Vardy, Das Rätsel von Übel und Leid, München 1998. (Bietet im ersten Teil eine gute und leicht verständliche Einführung.)

Reader und Diskussionbände:
- W. Sparn, Leiden – Erfahrung und Denken. Materialien zum Theodizeeproblem, München 1980. (Recht ausführlicher Reader mit Einführungen und längeren klassischen Textauszügen zum Thema.)
- N. Hoerster (Hrsg.), Glaube und Vernunft, Stuttgart 1988, 94–129. (Mit Textauszügen von Russell, Augustinus, Leibniz, Hume und Mackie.)
- M. McCord Adams, R.M. Adams (ed.), The Problem of Evil, Oxford ^{5}1996. (Umfassendster Reader mit Texten zum Theodizee-Problem aus der Analytischen Religionsphilosophie.)
- C. Jäger (Hrsg.), Analytische Religionsphilosophie, Paderborn 1998, 227–301. (Mit Texten von Pike, Schlesinger, Adams und Lewis.)
- S.C. Brown (Hrsg.), Reason and Religion, Ithaca-London 1977, 79–139. (Enthält in diesem Teil eine Diskussion über das Theodizee-Problem zwischen R. Swinburne, D.Z. Phillips und J. Hick.)
- S.T. Davis (ed.), Encountering Evil, Edinburgh-Atlanta 1981. (Diskussionsband zum Thema, mit Beiträgen von u.a. J. Hick und D. Griffin.)

Zur politisch orientierten Uminterpretation des Problems:
- H.-G. Janssen, Gott – Freiheit – Leid. Das Theodizee-Problem in der Philosophie der Neuzeit, Darmstadt ^{2}1993.
- W. Oelmüller (Hrsg.), Theodizee – Gott vor Gericht?, München 1990.
- R. Ammicht-Quinn, Von Lissabon bis Auschwitz. Zum Paradigmenwechsel in der Theodizeefrage, Freiburg 1992.

Theodizee der Prozeßtheologie:
- D. Griffin, God, Power and Evil, Philadelphia 1976.
- Ders., Evil Revisited, Albany 1991.

Zur »free-will-defence«:
- A. Plantinga, God, Freedom and Evil, New York 1974.
- R. Swinburne, Die Existenz Gottes, Stuttgart 1987, 273–308.
- Ders., Das Problem des Übels, in: P. Schmidt-Leukel (Hrsg.), Berechtigte Hoffnung, Paderborn 1995, 111–121.
- Ders., Providence and the Problem of Evil, Oxford 1998.

- A. Kreiner, Gott im Leid. Zur Stichhaltigkeit der Theodizee-Argumente, Freiburg i.Br. 1997. (Eine ausführliche Verteidigung der »free-will-defence« in kritischer Auseinandersetzung mit alternativen Ansätzen zur Theodizee.)

Zur »soul-making theodicy«
- J. Hick, Evil and the God of Love, London 1990 (4. Ausg. der 2. Aufl.). (Eines der gegenwärtig besten Werke zur Theodizee.)
- Ders., Death and Eternal Life, London 1990 (2. Ausg. der 2. Aufl.). (Hicks Eschatologie, die das Grundmotiv seiner Theodizee fortführt.)
- Ders., An Irenaen Theodicy, in: P. Badham (ed.), A John Hick Reader, London 1990, 88–105. (Auszug aus S. Davis (ed.), Encountering Evil; gute Kurzfassung der Theodizee Hicks.)

Atheistische Kritiken christlicher Theodizee-Versuche:
- N. Hoerster, Die Unlösbarkeit des Theodizee-Problems, in: E. Dahl (Hrsg.), Die Lehre des Unheils, Hamburg 1993, 53–71.
- J.L. Mackie, Das Wunder des Theismus, Stuttgart 1985, 239–281. (Vorwiegend gegen Swinburnes Theodizee.)
- C.R. Mesle, John Hick's Theodicy, London 1991. (Atheistische Auseinandersetzung mit Hicks Theodizee.)
- G. Streminger, Gottes Güte und die Übel der Welt, Tübingen 1992. (Umfassendstes Werk zur atheistischen Kritik neuerer Theodizee-Versuche.)

8. KAPITEL (RELIGION UND RELIGIONSKRITIK V)

Gottesglaube als Selbstentfremdung?
Grundzüge funktionalistischer Religionskritik

Historisch-systematische Einordnung

Religionskritik läßt sich in drei Formen einteilen:

- *Interne* Religionskritik
- *Interreligiöse* Religionskritik
- *Externe* Religionskritik

Unter »interner Religionskritik« ist jene Kritik zu verstehen, die vom Standpunkt *innerhalb einer bestimmten religiösen Tradition* gegen bestimmte Fehlformen, mißbräuchliche Praktiken, Entartungen usw. der *eigenen Religion* geübt wird. Beispiele hierfür sind etwa die Kritik der jüdischen Propheten an kultischer Entartung und Veräußerlichung in ihrer Religion, die Kritik Jesu an bestimmten Formen der Gesetzesauslegung und -praxis im Judentum seiner Zeit, die Kritik Guru Nanaks am Kastensystem des Hinduismus oder die Kritik Luthers an der Ablaßpraxis seiner Kirche. In der Regel hat diese Kritik eine reformerische Stoßrichtung. Nicht selten hat sie aber auch zu institutionellen Brüchen und dadurch zur Entstehung neuer Religionsgemeinschaften geführt.

Unter »interreligiöser Religionskritik« ist jene Kritik zu verstehen, die vom Standpunkt *innerhalb einer bestimmten religiösen Tradition* gegen eine *fremde Religion* geführt wird. Die Religionsgeschichte ist voll von Beispielen für diese Form der Religionskritik und interreligiösen Polemik. Man denke beispielsweise an die christliche Kritik des Islam, konzentriert auf die Bestreitung der prophetischen Sendung Muhammads, an die islamische Kritik des Hinduismus, konzentriert auf den Vorwurf der Vielgötterei, an die hinduistische Kritik des Buddhismus als einer gefährlichen Häresie oder an die buddhistische Kritik des Christentums als eines schändlichen Aberglaubens. Interreligiöse Kritik geschieht zumeist nicht aus einem Interesse an der Reform der kritisierten Religion heraus, sondern mit dem Ziel, die eigene Religion als die bessere Alternative auszuweisen.

Unter »externer Religionskritik« wird hier eine Kritik der Religion verstanden, die von einer *nichtreligiösen bzw. atheistischen Basis* aus geschieht. Sie zielt weder auf Reformen ab, noch auf die Ersetzung einer Religion durch eine andere, sondern vielmehr auf die *Überwindung von Religion* schlechthin. Das heißt, hier handelt es sich um Fundamentalkritik. Nicht selten hat sich die externe Religionskritik jedoch gewisse Elemente und Argumente der internen und insbesondere der interreligiösen Religionskritik zu eigen gemacht. Denn viele Argumente, die die interreligiöse Polemik einsetzte, um die Glaubwürdigkeit einer anderen Religion zu untergraben, ließen sich auch gegen die Glaubwürdigkeit von Religion überhaupt verwenden (→ 9. u. 11. Kapitel).

Externe Religionskritik kann primär die Gestalt einer argumentativen Auseinandersetzung mit den inhaltlichen Überzeugungen und theoretischen Grundlagen der Religionen annehmen. In diesem Fall liegt der Schwerpunkt auf dem Vorwurf, die religiösen Überzeugungen seien falsch. Sie kann aber auch primär praktisch bzw. *funktionalistisch* ausgerichtet sein. Dann lautet der Vorwurf, daß Religion nicht nur falsch, sondern auch *schädlich* ist. Um diese Form von Religionskritik geht es in diesem Kapitel. Sie wurde in der 2. Hälfte des 19. Jh. dominant und ragte prägend in das 20. Jh. hinein. Im Mittelpunkt steht dabei die Behauptung, daß sich *das Wesen und die Entstehung von Religion als ein Phänomen menschlicher Selbstentfremdung verstehen lassen.* Die bekanntesten Vertreter dieser Form von Religionskritik sind Ludwig Feuerbach (1804–1872), Karl Marx (1818–1883), Friedrich Nietzsche (1844–1900) und Sigmund Freud (1856–1939), von denen jeder eine eigene, wichtige Variante dieses Grundmotivs vertreten hat.

Im Zentrum der funktionalistischen Religionskritik steht nicht mehr der Versuch, gegen die Existenz Gottes zu argumentieren. Vielmehr steht für ihre Vertreter mit Sicherheit fest, daß Gott nicht existiert und dies für jeden vernünftigen und unparteiischen Menschen einsehbar ist. Die erforderlichen Beweise sind nach ihrer Meinung von der Religionskritik des 18. und frühen 19. Jh. zur Genüge erbracht worden (hierbei ist vor allem an die Kritik der Beweisbarkeit Gottes und den Theodizee-Einwand zu denken, wie sie beispielsweise in den Werken der Atheisten J.O. de La Mettrie (1709–1751), D. Hume (1711–1776), D. Diderot (1713–1784), P.-H.T. d'Holbach (1723–1789) ausgiebigst erörtert wurden). Was die Überlegungen der funktionalistischen Religionskritiker betrifft, so steht eine ganz andere Frage im Hintergrund: Wenn die religiösen Überzeugungen falsch bzw. – wie sie meinten – erwiesenermaßen falsch sind, wie kommt es dann, daß ihnen dennoch so viele Menschen, darunter unbestritten auch kluge Menschen, folgen? Ist die lange und weite Verbreitung von Religion in der Geschichte der Menschheit nicht doch ein Hinweis darauf, daß an ihr »etwas dran« ist? Auf dem Hintergrund dieses Problemhorizonts versuchten sie:

1. eine *natürliche Erklärung für die Entstehung* des Phänomens Religion (faktisch jedoch auf die christliche Religion beschränkt) zu geben (*genetisches Motiv*), wodurch zugleich die aus anderen Gründen gewonnene atheistische Position untermauert werden sollte. Dieses Ziel glaubten sie,
2. durch eine *Analyse der Funktion von Religion* erreichen zu können (*funktionsanalytisches Motiv*).

Die eigentliche *Religionskritik* wird dann zumeist im Rahmen des funktionsanalytischen Aspekts vorgebracht, wonach Religion im Hinblick auf das Ziel menschlicher Selbstverwirklichung entweder immer schon oder zumindest in der Gegenwart dysfunktional wirke, also eine Form menschlicher Selbstentfremdung darstelle.

Schon früher hatte die atheistische Religionskritik versucht, für die Entstehung und Verbreitung der Religion natürliche Erklärungen zu geben. Beliebt war etwa die These vom »Priesterbetrug«, wonach Religion einfach auf einem Täuschungsmanöver basiere, mit dem klerikale und politische Kreise das Volk verdummen, um ihre Macht zu sichern. Aber solche Erklärungen erschienen zu flach, um dem Phänomen insgesamt gerecht zu werden. Die im folgenden vorzustellenden Religionskritiker entwickeln demgegenüber weitaus differenziertere Erklärungsmuster. Dadurch haben sie eine wesentlich größere Überzeugungskraft gewonnen, und ihre Grundgedanken sind bis heute weit verbreitet.

Ludwig Feuerbach

Für FEUERBACH besteht das eigentliche, dem Gläubigen selbst verborgene Wesen der Religion in einer *Projektion* menschlicher Wünsche und Ideale auf ein fiktives Wesen (»Gott«). Jede Gottheit, die der Mensch verehrt, konstituiert sich nach FEUERBACH aus den ihr beigelegten Eigenschaften. Untersuche man diese Eigenschaften näher, dann lasse sich leicht erkennen, daß es sich hierbei um unerfüllte menschliche Wünsche (wie Unsterblichkeit, Glückseligkeit, Vollkommenheit etc.) oder Ideale (wie Weisheit, Gerechtigkeit, Liebe etc.) handelt. In Wahrheit sind nach FEUERBACH somit »die Bestimmungen des göttlichen Wesens ... Bestimmungen des menschlichen Wesens« (Das Wesen des Christentums, 2. Kap.).

Die Beobachtung der Projektion menschlicher Züge auf die Götter ist sehr alt und geht zurück auf XENOPHANES (6. Jh.v.Chr.). XENOPHANES bemerkte die Ähnlichkeit, die zwischen den jeweiligen Göttern und den sie verehrenden Völkern besteht (»Schwarz, stumpfnasig: so stellt die Götter sich vor der Äthiope; aber blauäugig und blond malt sich der Thraker die seinen«), versuchte damit jedoch lediglich die Unterschiede zwischen den Gottesvorstellungen der verschiedenen Religionen bzw. Kulturen zu erklären. Gott selbst verstand er als eine unbegreifliche und unabbildbare Realität. Dagegen betrachtet FEUERBACH gerade die Annahme der Existenz Gottes als die eigentlich verhängnisvolle Projektion. Wie ein Kind, das noch nicht zum Gebrauch des Wortes »Ich« gekommen ist, von sich in der dritten Person redet, so sei der Glaube an ein unabhängig vom Menschen existierendes göttliches Subjekt *Ausdruck des noch nicht zum vollen Selbstbewußtsein gelangten Menschen*. Der Religion liege somit eine Art Bewußtseinsspaltung des Menschen zugrunde. Die Überwindung der Religion vollzieht sich dementsprechend als die bewußte Inanspruchnahme der menschlichen Ideale und Wünsche durch den Menschen selbst. Religiöse Überzeugungen wie »Gott ist gerecht« oder »Gott ist die Liebe« müssen transformiert werden in die ihnen zugrundeliegenden Wahrheiten wie »Gerechtigkeit ist göttlich« oder »Liebe ist göttlich«, genauer gesagt: Gerechtigkeit und Liebe sind höchste menschliche Ideale.

Eine Überwindung der religiösen Selbstentfremdung ist für FEUERBACH vor allem aus zwei Gründen erforderlich. (1) Zum einen führe sie den Menschen zu einem *fruchtbaren Realismus*. In dem Maß, in dem der Mensch die religiösen Projektionen als Ausdruck seines eigenen Wunschdenkens zu erkennen lerne, werde er fähig, zwischen den darin enthaltenen unerfüllbaren und den erfüllbaren Idealen zu unterscheiden und die Verwirklichung letzterer in Angriff zu nehmen, ohne durch die ersteren gelähmt zu sein. (2) Zum anderen befreie die Überwindung der Religion den Menschen von einer spezifisch religiösen Gefahr: Nach FEUERBACH ist die religiöse Selbstentfremdung nämlich keineswegs harmlos. In der Religion gibt der Mensch dem fiktiven Gott all jene Ehre, die eigentlich dem Menschen selbst zukommt. Wird aber – wie in der Religion – nicht der Mensch, sondern der fiktive, projizierte Gott zum höchsten Wesen, dann erzeugt dies die Bereitschaft, diesem Gott den Menschen zu opfern. Darin sieht FEUERBACH die eigentliche Ursache aller religiös motivierten Greueltaten. Weil der Glaube an Gott nicht den Menschen selbst an die oberste Stelle setzt, liegt – so FEUERBACH – »im Glauben ... ein böses Prinzip«. Dagegen gebe der Atheismus dem Menschen die ihm eigene Würde zurück und stelle daher den *wahren Humanismus* dar. Für ihn gilt der Grundsatz: »Der Mensch ist des Menschen Gott« (Das Wesen des Christentums, 28. Kap.).

Karl Marx

In seiner Religionskritik fußt MARX im wesentlichen auf FEUERBACH. Wie FEUERBACH steht auch MARX im Trend der linkshegelianischen Schule, die die Geschichte nicht wie HEGEL als einen Prozeß der Selbstverwirklichung des göttlichen Geistes deutet, sondern als einen Prozeß der Selbstverwirklichung des menschlichen Geistes, innerhalb dessen die religiösen Vorstellungen eine zu überwindende Durchgangsphase darstellen. Allerdings ist für MARX die linkshegelianische Religionskritik (einschließlich FEUERBACH) selbst noch zu idealistisch (und somit in gewisser Weise selbst noch »religiös«), weil sie vom Wesen des Menschen und dem Prozeß seiner Selbstverwirklichung in einer zu abstrakten Weise denkt und spricht. MARX bringt hier einen bedeutend positivistischeren Zug ein. Auch er sieht in der Religion die Projektion des menschlichen Wesens. Aber das menschliche Wesen gibt es nicht in irgendeiner abstrakten, idealen Form. Für MARX ist das Wesen des Menschen immer das konkrete »Ensemble der gesellschaftlichen Verhältnisse«. Das heißt, *es gibt das Wesen des Menschen nur in seiner durch die jeweilige sozio-ökonomische Realität bestimmten Form*. Und *dieses* Wesen des Menschen spiegelt sich in den Religionen wider.

Die sich in der Entwicklung der religiösen Vorstellungen vollziehende Selbstentfremdung bzw. Selbstaufspaltung des Menschen in das vermeintliche göttliche Wesen und den Menschen als dessen Untertan hat nach MARX daher ihren Grund in der Zerrissenheit und den Widersprüchen der realen menschlichen Welt, in den vom Produktionsprozeß bedingten Klassengegensätzen der jeweiligen gesellschaftlichen Verhältnisse. Am Jenseitsglauben läßt sich diese Deutung der Religion besonders gut veranschaulichen: In der Hoffnung auf ein besseres Jenseits artikuliert sich implizit ein Protest gegen das schlechtere Diesseits. Insofern ist Religion für Marx »der *Seufzer der bedrängten Kreatur*«. Zugleich aber wird durch die illusorische Hoffnung auf das bessere Jenseits verhindert, daß dieser Protest in eine reale Veränderung des Diesseits mündet. So steht Religion nach MARX einer echten Befreiung des Menschen im Wege. In dieser Hinsicht ist sie »das *Opium des Volkes*«, welches zwar die Schmerzen lindert, dabei aber die Beseitigung ihrer Ursachen, die dringend nötige Operation, verhindert. Religiöse Vorstellungen lassen sich somit in ihrer jeweils konkreten Form als »ideologischer Überbau« der konkreten gesellschaftlichen Verhältnisse (insbesondere der Produktionsstruktur und der damit verbundenen Klassengegensätze bzw. Macht- und Besitzorganisation) verstehen. Sind die gesellschaftlichen Verhältnisse einst zu einer gerechten und widerspruchsfreien Form gekommen, dann – so MARX – wird die Religion von selbst verschwinden, weil dem religiösen Bedürfnis der Wurzelgrund entzogen ist.

MARX begnügt sich nicht mit der bloßen Analyse. Er wirft der Philosophie vor, die Welt lediglich zu interpretieren, obwohl es darauf ankomme, sie zu verändern. Dies gilt auch für die Religionskritik. So formuliert er unter Anspielung auf FEUERBACH: »Die Kritik der Religion endet mit der Lehre, daß der Mensch das höchste Wesen für den Menschen sei, also mit dem kategorischen Imperativ, alle Verhältnisse umzuwerfen, in denen der Mensch ein erniedrigtes, ein geknechtetes, ein verlassenes, ein verächtliches Wesen ist ...« (Einleitung zur Kritik der Hegelschen Rechtsphilosophie). Dieser revolutionäre Kampf gegen die herrschenden Klassen muß sich auch gegen die Religion als eine ihrer wichtigsten Stützen richten. Dabei kann die »Waffe der Kritik die Kritik der Waffen nicht ersetzen, die materielle Gewalt muß gestürzt werden durch materielle Gewalt« (Einleitung zur Kritik der Hegelschen Rechtsphilosophie). Mit diesen Auffassungen wird MARX zum geistigen Vater einer militanten Religionskritik, wie sie später in zahlreichen kommunistischen Staaten praktiziert wurde. Aber auch unabhängig von der kommunistischen Doktrin und Weltanschauung hat MARX' Deutung der Religion als eines gesellschaftlich verursachten Phänomens großen Einfluß ausgeübt und wirkt vor allem in der Religionssoziologie fort.

Friedrich Nietzsche

Liegt der Religionskritik von MARX eine positivistische bzw. materialistische Verschärfung des bei FEUERBACH noch wertidealistisch gestimmten Atheismus zugrunde, so erfährt diese Tendenz bei NIETZSCHE nochmals eine weitere Radikalisierung im Sinn einer *nihilistischen Beseitigung aller metaphysischen Reste*. Warum, so ließe sich gegenüber MARX fragen, wird denn überhaupt eine gerechte Ordnung erstrebt? Liegt hier nicht doch noch eine letztendlich wertmetaphysische Deutung des geschichtlichen Verlaufs vor? Wenn es keinen Gott und nichts als die rein materiell zu begreifenden Naturabläufe gibt, wenn auch die Menschheit nur ein Produkt der seelenlosen Natur ist, warum soll sie dann überhaupt sich selbst der höchste Wert sein? Nach NIETZSCHE kann es dafür keinen anderen Grund geben als den blanken in sich keinem höheren Wert mehr unterstellbaren *Willen zum Leben* bzw. *Willen zur Macht*! Dieser vitalistische Grundimpuls, der dumpfe, doch kraftvolle Selbstbehauptungstrieb – das ist es, was nach NIETZSCHE den Menschen ausmacht.

In seiner Deutung der Religion greift auch NIETZSCHE auf den Projektionsgedanken zurück. In den ursprünglichen Religionen verehrt ein Volk in seinem Gott »die Bedingungen, durch die es obenauf ist, – es projiziert seine Lust an sich, sein Machtgefühl in ein Wesen, dem man dafür danken kann« (Nachlaß). Die primitiven Götter sind dementsprechend stark, gewalttätig und rücksichtslos. Doch wird die pure Bejahung des Lebenswillens pervertiert durch die Entstehung der moralischen Religionen. Sie unterstellen das Leben anderen, vermeintlich »höheren« Werten, indem sie »Geistiges« für real halten und an die Stelle des eigentlich Realen, des naturhaften Lebens setzen. In den religiösen Idealen von Gerechtigkeit, Gleichheit, Mitgefühl mit den Schwachen, Feindesliebe usw. sieht NIETZSCHE eine »Umwertung aller Werte«, eine menschliche Selbstentfremdung im Sinn einer *theoretischen und praktischen Lebensverneinung*. Doch auch der Entstehung der moralischen Religionen liegt letztlich nichts anderes als der natürliche Lebenswille zugrunde, nur daß dieser sich hier gegen sich selbst wendet und damit völlig pervertiert. In den moralischen Religionen spreche sich der Haß und Neid der niedrigen und schwachen Menschen auf die Lebenskraft und Durchsetzungsfähigkeit der Starken aus (vor allem in der »Sklavenreligion« des Christentums). Im Ideal des »guten« Menschen ergreift die Religion »die Partei alles Schwachen, Kranken, Mißratenen, An-sich-selber-

Leidenden ..., alles dessen, was zugrunde gehen soll«, und dadurch – so NIETZSCHE – wird »das Gesetz der Selektion gekreuzt« (Ecce homo).

Die metaphysische Grundgestalt von Religion, das heißt die Überordnung des Geistigen über das Vitale, ist nach NIETZSCHE jedoch gebunden an das Streben nach Wahrheit und geht an diesem selbst zugrunde. Im strikten Willen zur Wahrheit, vom Christentum selbst kultiviert, erkennt die Vernunft Schritt für Schritt die Unwahrheit der Religion. So stimmt der Atheismus im letzten noch mit dem Wahrheitsideal der Religion überein. Der nihilistische Blick in den jenseits von Religion und Moral liegenden Bereich wird erst eröffnet durch die Frage: »Was bedeutet aller Wille zur Wahrheit?« Denn hier erschließt sich der nicht weiter begründbare Lebenswille als der einzige Grund allen vermeintlichen Sinns. Mit dieser Rückführung der (lebensverneinenden) Religion auf einen ihr letztlich allein Kraft gebenden vitalistischen Impuls ist für NIETZSCHE das Wesen der Religion als Selbstentfremdung des Menschen, als Verirrung des Lebenswillens in sein Gegenteil, erklärt. Es ist allein die »Lust«, auf der der Wille zur Ewigkeit fußt. Soll der Mensch sich selber Gott sein, dann muß er sich zu seiner dionysischen Natur bekennen und an Stelle der Selbstverleugnung dem Willen zur Macht, dem Willen zum »Übermenschen« Raum geben. Aber irgendeine Form von geistigem Sinn liegt freilich auch darin nicht.

Sigmund Freud

Auch S. FREUD geht davon aus, daß es »Sinn und Wert des Lebens ... in objektiver Weise nicht (gibt)« und die religiöse Frage nach beidem eine krankhafte Fehlorientierung darstellt (so in einem Brief an O. PFISTER). Seine Deutung der Religion, das heißt ihrer Entstehung und ihrer Funktion, vollzieht sich im Rahmen *darwinistischer* Voraussetzungen und mittels der von FREUD selbst entwickelten *psychoanalytischen Kategorien*. Demnach entspreche (1) die Grundform des religiösen *Vollzugs* (Ritus, Kult) der *zwangsneurotischen*, insbesondere auf die Bewältigung von Schuldgefühlen ausgerichteten *Kompensationshandlung*, und (2) die Grundform religiöser *Glaubensinhalte* der *infantilen Illusion*.

Im Zuge der ersten Interpretationslinie vertrat FREUD u.a. die Ansicht, daß die Entstehung der Religion menschheitsgeschichtlich durch Ereignisse in der »Urhorde« und den Versuch ihrer rituellen Bewältigung zu erklären seien (Ermordung des Urvaters; Übernahme seiner Ideale und Vorschriften). Diese Ereignisse wirken nach Art einer kollektiven Zwangsneurose im Gedächtnis der Menschheit nach und geben so den religiösen Praktiken Nahrung. Was die Glaubensinhalte betrifft, so erschienen sie FREUD als falscher, weil regressiver Umgang mit dem Gefühl tiefer menschlicher Hilflosigkeit. Auch FREUD bedient sich diesbezüglich der *Projektionsthese*. Angesichts der durchaus realistischen Bedrohung durch die unkontrollierbaren Kräfte der Natur und des Schicksals und angesichts der Ohnmacht vor dem Tod, assoziere der Mensch damit die

Erfahrung frühkindlicher Hilflosigkeit, behelfe sich darin zugleich jedoch durch die Projektion des ebenfalls erfahrenen väterlichen Schutzes. So wird Gott zum fiktiven *Übervater*. Diese Imagination mächtiger unsichtbarer Schutzkräfte spendet zwar Trost, stabilisiert dadurch aber auch ein halluzinatorisches, der Realität nicht angemessenes Wunschdenken.

Nach beiden Deutungen ist Religion für Freud demnach eine Art *seelische Krankheit*. Sie bringt »einerseits Zwangseinschränkungen wie nur eine individuelle Zwangsneurose« und »enthält ... andererseits ein System von Wunschillusionen mit Verleugnung der Wirklichkeit, wie wir es isoliert nur bei einer Amentia, einer glückseligen halluzinatorischen Verworrenheit, finden« (Die Zukunft einer Illusion). Zeichen seelischer Gesundheit sei hingegen ein illusionsloser Realismus, eine Haltung, in der der Mensch auch ohne transzendenzbezogene Vorstellungen und Handlungen auf realitätsgerechte Weise zu Leistung und Genuß fähig sei. Auch in diesem Zusammenhang kehrt bei Freud ein Motiv wieder, daß sich bereits bei Feuerbach und Marx findet: Indem der Mensch seine religiösen Illusionen überwindet, werden seine Kräfte frei, sich ganz auf die Verbesserung des diesseitigen Lebens zu konzentrieren. »Was soll ihm die Vorspiegelung eines Großgrundbesitzes auf dem Mond, von dessen Ertrag doch nie jemand etwas gesehen hat? Als ehrlicher Kleinbauer auf dieser Erde wird er seine Scholle zu bearbeiten wissen, so daß sie ihn nährt« (Die Zukunft einer Illusion). Konkret dachte Freud hierbei an den wissenschaftlichen Fortschritt. Denn Wissenschaft – so Freud – ist keine Illusion. In ihr übt der Mensch vielmehr seine ihm einzig zur Verfügung stehenden Fähigkeiten zur Verbesserung seiner Lebensbedingungen aus.

Grundzüge der theologischen Auseinandersetzung

Für die theologische Auseinandersetzung mit der funktionalistischen Religionskritik ist es von zentraler Bedeutung, die beiden oben genannten Motive (genetisches Motiv = Erklärung der Entstehung von Religion; funktionsanalytisches Motiv = Vorwurf der Selbstentfremdung) zu unterscheiden.

1. Im Zusammenhang mit dem **genetischen Motiv** gilt, daß für die Frage der *Wahrheit* einer religiösen Annahme die *Erklärung ihrer Genese keine Rolle* spielt. Die Wahrheit einer Überzeugung hängt einzig und allein davon ab, ob sie mit den realen Sachverhalten übereinstimmt, nicht aber davon, wie jemand zu dieser Überzeugung kommt. Mit anderen Worten, selbst wenn der Glaube an die Existenz Gottes durch den ein oder anderen der hier vorgestellten Projektionsmechanismen entstanden sein sollte, wäre damit noch nicht über die mögliche Wahrheit oder Falschheit dieses Glaubens entschieden.

Andererseits ist unschwer zu erkennen, daß sich die genannten Erklärungsmodelle einer vorgefaßten atheistischen Überzeugung verdanken. Jeder dieser vier Religionskritiker geht davon aus, daß der Glaube an die Existenz Gottes falsch ist, und versucht, von dieser Basis aus eine natürliche bzw. atheistische Erklärung für die Entstehung dieses Glaubens zu geben. Insofern stehen die genannten Modelle in einem grundsätzlichen *Gegensatz* zu jener theologischen Überzeugung, die die Entstehung von Religion auf *göttliche Offenbarung* bzw. göttliche Selbstmitteilung zurückführt. Dies besagt jedoch wiederum nicht, daß sich einzelne Elemente der genannten Theorien nicht auch in eine Erklärung von Religion durch Offenbarung mit einbeziehen ließen (→ 10. und 11. Kapitel).

Der Umstand, daß Atheisten Möglichkeiten aufzeigen können, wie sich aus ihrer Sicht die Entstehung und Verbreitung von Religion erklären läßt, besagt also keineswegs, daß der Glaube an Gott falsch und Religion insgesamt illusionär ist. Er besagt aber durchaus, daß sich aus den starken religiösen Neigungen der Menschheit und der Vielfalt ihrer religiösen Erfahrungen kein zwingender Beweis für Wahrheit einer religiösen Grundannahme (etwa in Gestalt der Existenz Gottes) ableiten läßt. Dies wäre eben bestenfalls nur dann der Fall, wenn sich eine natürliche Erklärung des Phänomens Religion als völlig unmöglich erweisen würde (→ 6. Kapitel). Die atheistische Deutung von Religion bleibt somit eine *ernstzunehmende Möglichkeit*.

2. Der im Zusammenhang mit dem **funktionsanalytischen Motiv** stehende Vorwurf, der Glaube an Gott stelle in jedem Fall eine Form menschlicher Selbstentfremdung dar, ist in dieser *prinzipiellen Form* von der Annahme der Unwahrheit dieses Glaubens abhängig; das heißt, dieser Vorwurf ist nicht das Resultat einer unvoreingenommenen Untersuchung des Phänomens Religion, sondern wurzelt in den atheistischen Voraussetzungen der Religionskritiker. Er wäre bestenfalls dann gerechtfertigt, wenn die Nicht-Existenz Gottes in der Tat als zweifelsfrei bewiesen angesehen werden könnte. Bei der theologischen Auseinandersetzung mit dem Vorwurf der Selbstentfremdung ist daher in jeder seiner Formen jeweils zu prüfen, inwieweit er allein auf der atheistischen Grundoption beruht oder inwieweit er auch unabhängig von ihr argumentativ gestützt wird. Für den letzteren Fall wäre dann unter Umständen eine *bedingte Rezeption* der religionskritischen Vorwürfe und ein entsprechender konstruktiv-kritischer Dialog möglich. Das heißt konkret: Gegenüber der Kritik, daß Religion grundsätzlich zu humanistischen Defiziten (FEUERBACH), zur Legitimation ausbeuterischer Machtverhältnisse (MARX), zur Verneinung des Lebens (NIETZSCHE), zur Pflege irrationaler Illusionen (FREUD) führe, kann einerseits darauf hingewiesen werden, daß diese Erscheinungen in Religionen zwar sehr wohl anzutreffen und in diesem Fall auch kritikwürdig sind. Daß es aber andererseits in den Religionen auch zahlreiche Beispiele gibt für humanistisches Engagement, für emanzipatorische und revolutionäre Impulse angesichts ungerechter sozialer Verhältnisse, für eine Akzeptanz der Werte des biologischen Lebens und ebenso für illusionslose Wahrheitssuche.

3. Es ist ein kaum zu bestreitendes Verdienst dieser Form der Religionskritik, das Bewußtsein grundsätzlich für die funktionalen Aspekte von Religionen bzw. Weltanschauungen geschärft zu haben. Im Zuge der zunehmenden weltanschaulichen Pluralisierung unserer Gesellschaften gerät diese Sensibilisierung für die individuellen und kollektiven Funktionen und Auswirkungen der Weltanschauungen zu einer wichtigen Voraussetzung bei der kritischen Sondierung und Selektion weltanschaulicher Positionen, deren Wahrheit oder Falschheit anders nicht zu klären ist. Dadurch wird die Möglichkeit eines »*hermeneutischen Wettbewerbs*« (R. SCHAEFFLER) eröffnet, bei dem die funktionalen Stärken und Schwächen, Chancen und Gefahren der jeweiligen Angebote von Welt- und Menschenbild in eine fruchtbare Konkurrenz zueinander treten können. Das zwanzigste Jahrhundert hat allerdings auf bittere Weise die Lektion erteilt, daß atheistisch geprägte Systeme faschistischer oder kommunistischer Provenienz, die sich zum Teil auf die Vorstellungen von NIETZSCHE und MARX stützten, keineswegs dazu geeignet waren, die Verheißung einer Aufhebung menschlicher Selbstentfremdung durch die Überwindung der Religion als besonders plausibel erscheinen zu lassen. Die im Namen des Atheismus begangenen Greuel scheinen den im Namen der Religion verübten in nichts nachzustehen.

Resümee

Versteht man die Aufgabe der Fundamentaltheologie so, daß es hierbei um die Rationalität des Glaubens im Sinne des intellektuellen Umgangs mit den Glaubensüberzeugungen geht, dann fällt der funktionalistischen Religionskritik bei weitem nicht dasselbe Gewicht zu wie der Kritik der Gottesbeweise oder dem Theodizee-Einwand. Denn die hier vorgestellten Religionskritiker setzen als Basis ihrer Kritik bereits die Gültigkeit des Atheismus voraus und sind in dieser (unbewiesenen) Voraussetzung selber angreifbar. Ihre Überlegungen zur Genese religiöser Überzeugungen sind nicht in der Lage, den vorausgesetzten Atheismus zu beweisen. Sie zeigen allerdings, daß es möglich ist, die Existenz religiöser Phänomene auch von einem naturalistischen Standpunkt aus zu erklären. Der Vorwurf menschlicher Selbstentfremdung beruht in seiner Pauschalität auf einer atheistischen Prämisse und läßt sich in dieser Form leicht zurückweisen. Doch dort, wo er nicht pauschal vorgebracht, sondern konkret belegt wird, kann und muß er Gegenstand eines konstruktiven Dialogs mit dieser Art der Religionskritik sein.

Zwischenbilanz

Wir sind hiermit am Ende unserer Einführung in den Traktat »Religion und Religionskritik« angekommen. Die traditionelle Aufgabe dieses Traktats bestand in der *demonstratio religiosa*, daß heißt im Nachweis der Vernünftigkeit des Glaubens an Gott (und eines dem entsprechenden Lebens) durch den Beweis der Existenz Gottes. Wie ich in den Kapiteln 2 bis 4 zu zeigen versuchte, ist es nach wie vor sinnvoll, die Aufgabe der Fundamentaltheologie in der Tat bei der Frage nach der Existenz Gottes ansetzen zu lassen. Doch hat die Revision der einschlägigen Argumente für und gegen die Existenz Gottes in den Kapiteln 6 bis 8 ergeben, daß es bislang weder gelungen ist, die Existenz Gottes zu beweisen, noch diese zu widerlegen. Für die traditionelle Apologetik wäre dieses Ergebnis vernichtend gewesen. Dies liegt jedoch daran, daß für sie im Sinne des klassischen Vernunftverständnisses der Glaube an die Existenz Gottes nur unter der Voraussetzung seines Wahrheitsbeweises als vernünftig gelten konnte. Genau diese Voraussetzung kann heute jedoch – wie im Kapitel 5 gezeigt – mit guten Gründen preisgegeben werden. Läßt man den Glauben an Gott auch dann noch als vernünftig gelten, wenn er sich zumindest als möglichweise wahr erweist, weil er sich in der Kritik bewährt, dann ist unser Ergebnis völlig hinreichend: Es ist vernünftig, an Gott zu glauben, auch wenn seine Existenz nicht sicher ist. Und wenn Glaube nicht mit sicherem Wissen identisch sein soll, dann ist Glaube sogar nur so möglich: Es bleibt ein Wagnis, an Gott zu glauben, oder positiver ausgedrückt, der Glaube an Gott entspricht einer Hoffnung – einer Hoffnung, zu der wir allerdings rational berechtigt sind! Dieselbe Vernünftigkeit können und dürfen wir jedoch auch denen nicht absprechen, die diese Hoffnung – aus welchen Gründen auch immer – nicht teilen können oder wollen. Zu dem Urteil, daß der Atheist entweder zu dumm ist, um die vermeintlichen Gottesbeweise einzusehen, oder zu böse, um sich nach seiner Einsicht zu richten, sind wir weder berufen noch berechtigt. Vielmehr sind wir gehalten, die atheistischen Einwände ernst zu nehmen. Denn nur wenn sich der Glaube an Gott auch weiterhin für Kritik zugänglich zeigt und sich in ihr bewährt, bleibt er ein vernünftiger Glaube.

Das Resultat, daß die Existenz Gottes nicht sicher ist, sondern vernünftigerweise geglaubt bzw. erhofft wird, hat nun allerdings gewichtige Konsequenzen für den Fortgang der fundamentaltheologischen Aufgabe: Denn im traditionellen Dreischritt der Fundamentaltheologie konnte man die *demonstratio christiana*, das heißt den Beweis der Offenbarung Gottes durch Jesus Christus, erst dann in Angriff nehmen, wenn es als gesichert galt, daß es diesen Gott gibt. Ist es aber noch länger vernünftig, von einer Offenbarung Gottes zu reden – und wenn ja wie –, wenn man eingestehen muß, daß die Existenz Gottes keineswegs sicher ist? Um diese Frage wird es in den folgenden Kapiteln gehen.

Literatur:

Zur Religionskritik allgemein:
- K.H. Weger (Hrsg.), Religionskritik von der Aufklärung bis zur Gegenwart. Autoren-Lexikon von Adorno bis Wittgenstein, Freiburg-Basel-Wien 1979. (Sehr hilfreiches Lexikon fast aller westlichen Religionskritiker mit ausführlichen Informationen zu Werk und Leben sowie Literaturangaben.)
- M. Weinrich (Hrsg.), Religionskritik in der Neuzeit. Philosophische, soziologische und psychologische Texte, Gütersloh 1985. (Reader mit zahlreichen Textauszügen und kurzen Einführungen.)
- N. Hoerster (Hrsg.), Religionskritik (Arbeitstexte für den Unterricht – Sekundarstufe II), Stuttgart 1984. (Glänzend eingeleiteter Reader mit Texten klassischer und moderner Religionskritiker.)
- E. Dahl (Hrsg.), Die Lehre des Unheils. Fundamentalkritik am Christentum. Veränderte und erweiterte Taschenbuchausgabe, München 1995. (Eine umfangreiche Sammlung aktueller religions- und kirchenkritischer Texte zu nahezu allen relevanten Fragen der gegenwärtigen Auseinandersetzung.)
- H.R. Schlette (Hrsg.), Religionskritik in interkultureller und interreligiöser Sicht, Bonn 1998. (Dieser wichtige Band greift das bisher noch kaum beachtete Feld der interreligiösen Religionskritik auf.)

Zur theologischen Auseinandersetzung mit der Religionskritik:
- R. Schaeffler, Die Kritik der Religion, in: Handbuch der Fundamentaltheologie. Band I (1985), 117–135.
- A.K. Wucherer-Huldenfeld / J. Figl, Der Atheismus, in: Handbuch der Fundamentaltheologie Band I (1985), 95–116.
- H. Zirker, Religionskritik, 3. durchgesehene und überarbeitete Auflage, Düsseldorf 1995. (*Die* Einführung in die wichtigsten Formen der Religionskritik für Theologen.)

Zur Religionskritik von Feuerbach, Marx, Nietzsche und Freud:
- A. Kreiner, Demonstratio religiosa, in: H. Döring, A. Kreiner, P. Schmidt-Leukel, Den Glauben denken, Freiburg i.Br. 1993, bes. 22–34. (Kurzgefaßte Auseinandersetzung aus christlicher Sicht.)
- H. Küng, Existiert Gott?, München 1978, 221–469. (Ausführliche Darstellung und Auseinandersetzung aus christlicher Sicht.)
- J.L. Mackie, Das Wunder des Theismus, Stuttgart 1985, 297–315. (Darstellung und Diskussion aus atheistischer Sicht.)
- L. Feuerbach, Das Wesen des Christentums, Stuttgart 1988 (Reclam UB 4571).
- Ders., Das Wesen der Religion. Ausgewählte Texte zur Religionsphilosophie, Heidelberg 1983. (Enthält Auszüge aus Feuerbachs »Das Wesen des Christentums« und »Das Wesen der Religion«.)
- K. Marx / F. Engels. Studienausgabe in 4 Bänden, hrsg. von I. Fetscher, Bd. I: Philosophie, Frankfurt a.M. 1966 (Fischer 6059). (Enthält die wichtigsten religionskritischen Schriften von Marx.)
- E. Fromm, Das Menschenbild bei Marx, Frankfurt a.M. 1982. (Gut lesbare Einführung und großer Textteil mit Auszügen aus den Frühschriften.)

- Nietzsche für Christen. Eine Herausforderung. Textauswahl und Einleitung von EUGEN BISER, Freiburg-Basel-Wien 1983 (HB 1056). (NIETZSCHE-Anthologie mit biographisch orientierter Einleitung, die den Schwerpunkt auf die Religionskritik legt.)
- S. FREUD, Totem und Tabu, Frankfurt a.M. 1993 (Fischer TB 10451).
- DERS., Massenpsychologie und Ich-Analyse/Die Zukunft einer Illusion, Frankfurt a.M. 1993 (Fischer TB 10452).
- DERS., Der Mann Moses und die monotheistische Religion, Frankfurt a.M. 1993 (Fischer TB 10454).

9. KAPITEL (OFFENBARUNG I)

Läßt sich Gott erkennen?
Epistemologische Aspekte des Offenbarungsglaubens

Terminologie

Der Begriff der »Offenbarung« wird teilweise mit höchst unterschiedlichen Bedeutungen verwendet. Primär zu unterscheiden sind seine:
    (a) phänomenologische Verwendung,
    (b) theologisch-normative Verwendung.

Phänomenologische Verwendung

In seiner phänomenologischen Verwendung bezeichnet der Offenbarungsbegriff *Erkenntnisse, die vom Erkennenden auf eine außermenschliche und/oder transzendente Wirklichkeit zurückgeführt werden.*

Als »Offenbarung« kann dabei sowohl die *Form*, das heißt der besondere Vorgang, durch den diese Erkenntnis zuteil wird, als auch der *Inhalt* dieser Erkenntnis bezeichnet werden. Beides kommt in zahlreichen Varianten vor: Als Form bzw. Vorgang kann »Offenbarung« geschehen durch: Versenkung, Trance, Rauschzustände, Visionen, Auditionen, Träume, Eingebungen, Orakel, gewöhnliche oder außergewöhnliche Ereignisse, menschliche oder nichtmenschliche Mittler, etc. Der Inhalt von »Offenbarung« kann praktisch das gesamte Feld menschlicher *Wissensgehalte* umfassen: Informationen über die transzendente Wirklichkeit, metaphysische Sachverhalte, historische und quasihistorische Ereignisse, profane Wissensgebiete, sittliche Weisungen, Geheimwissen etc. Inhalt der Offenbarung kann jedoch auch eine *heilige* bzw. die *göttliche Wirklichkeit selbst* sein. In diesem Fall spricht man auch von Hierophanie (»Erscheinung des Heiligen«) oder Theophanie (»Erscheinung Gottes«). Hierophanien oder Theophanien können dabei wiederum entweder *indirekt* gedacht werden, das heißt, sie sind durch nichtgöttliche Wirklichkeiten vermittelt (durch gewöhnliche oder außergewöhnliche Naturphänomene, durch historische Ereignisse, durch kultische Vorgänge und Kultobjekte, durch Tiere oder Menschen usw.), oder *direkt*, das heißt, sie geschehen in Erfahrungen der mystischen Einswerdung (»unio mystica«) oder der unmittelbaren Gottesschau.

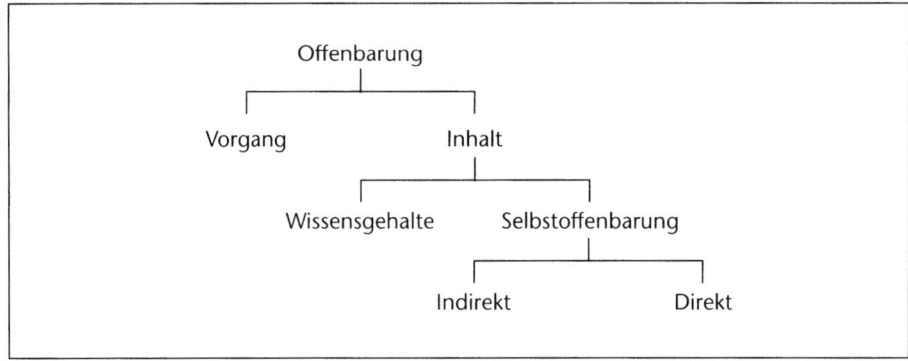

Phänomenologische Verwendung des Offenbarungsbegriffs

Die phänomenologische Verwendung des Offenbarungsbegriffs ist vor allem in der Religionswissenschaft anzutreffen. Hier hat man früher des öfteren zwischen Naturreligionen, mystischen Erlösungsreligionen und Offenbarungsreligionen unterschieden. Inzwischen ist diese Unterscheidung jedoch weithin als problematisch bzw. undurchführbar erkannt worden. Nahezu jede Religion (abgesehen von den »säkularen Religionen«) führt sich auf eine transzendente Wirklichkeit zurück und ist somit im weitesten Sinn »Offenbarungsreligion«.

Theologisch-normative Verwendung

In seiner theologisch-normativen Verwendung wird der Offenbarungsbegriff zu einer grundlegenden Reflexionskategorie der entsprechenden Religionsgemeinschaft. Dabei geht es zum einen um die Frage, welche der *Offenbarungsphänomene* als *echt* betrachtet werden sollen. Zum anderen geht es darum, wie Offenbarung der *Form* und dem *Inhalt* nach überhaupt zu denken ist. Innerhalb der Geschichte der christlichen Theologie lassen sich diesbezüglich deutliche Veränderungen erkennen. Zumeist unterscheidet man drei verschiedene offenbarungstheologische Paradigmen:

1. Das *epiphanische* Paradigma:
   Offenbarung als göttliche *Erscheinung*
2. Das *instruktionstheoretische* Paradigma:
   Offenbarung als göttliche *Belehrung*
3. Das *personalistische* oder *kommunikationstheoretische* Paradigma:
   Offenbarung als göttliche *Selbstmitteilung*

Diese offenbarungstheologischen Paradigmen lassen sich teilweise als unterschiedliche Akzentsetzungen im Verständnis von »Offenbarung«, teilweise aber auch als wirklich divergierende Konzeptionen beschreiben. Historisch gesehen sind sie in einer gewissen zeitlichen Abfolge aufgetreten. Sie sollen nun zunächst, wenn auch in unvermeidlicher Vergröberung, etwas näher charakterisiert werden.

Offenbarungstheologische Paradigmen

Epiphanisches Paradigma

In biblischer und frühpatristischer Zeit ist der Offenbarungsbegriff *noch keine theologisch systematisierte Kategorie*. Rückblickend läßt sich jedoch feststellen, daß der Sache nach das *Konzept der Epiphanie (»Erscheinung«)* den Schwerpunkt offenbarungstheologischer Denkweisen bildete. Dabei geht es zunächst um die jüdisch-apokalyptisch geprägte und vor allem *heilsgeschichtlich orientierte Vorstellung*, daß als Höhepunkt einer Vielzahl göttlicher Epiphanien »jetzt« (das heißt mit Leben, Tod und Auferstehung Jesu) die Liebe Gottes auf eine neue, bislang nur ersehnte Weise zum Durchbruch gekommen ist. Damit ist zugleich die erwartete Endzeit angebrochen, die in die als unmittelbar bevorstehend gedachte endgültige Errichtung der Gottesherrschaft münden wird.

Kennzeichnend für das epiphanische Paradigma ist somit die heilsgeschichtliche Betrachtungsweise. Das heißt, die Offenbarungsphänome des Alten Bundes (und bei einigen Kirchenvätern auch gewisse Phänomene anderer, insbesondere griechischer Religionen) werden als gültig betrachtet, laufen jedoch auf einen Kulminationspunkt hinaus, der dann die Endzeit einleitet. Als Offenbarungsinhalt kann dabei sowohl die Übermittlung eines apokalyptischen Geheimwissens über den Sinn und Zeitplan der heilsgeschichtlichen Ereignisse als auch das In-Erscheinung-Treten Gottes gedacht werden. Dieses wird zumeist im Sinne einer geschichtlich vermittelten, indirekten Erscheinung vorgestellt, gipfelt aber schließlich in der Erscheinung im »Sohn«, was schon bald als eine inkarnatorische Weise der Theophanie verstanden wird. Das heißt, in Jesus ist Gott selbst (später: die zweite Person des trinitarischen Gottes) erschienen.

In spätpatristischer Zeit verändert sich das offenbarungstheologische Denken, so daß sich allmählich ein neues Paradigma herausbildet und zwar zunächst in Gestalt veränderter Akzentsetzungen. Dafür dürften vor allem zwei Faktoren maßgeblich verantwortlich gewesen sein.

Erstens die sogenannte *»Parusieverzögerung«*: Das heißt, das Ausbleiben der als nahe bevorstehend erwarteten endzeitlichen Ereignisse, insbesondere der Wiederkunft Christi, führte – trotz beharrlichen Wiederaufflackerns – insgesamt zu einer deutlichen Abschwächung der apokalyptischen Perspektive. Die Vorstellung, man befinde sich mitten in der letzten Schlußphase des rasant auf sein Ende zulaufenden geschichtlichen Prozesses der göttlichen Erscheinung trat zurück und damit zugleich die heilsgeschichtliche Perspektive insgesamt.

Zweitens die *Entstehung christlicher Glaubenslehren*: Sie wurde befördert durch Kanonbildung, Entwicklung der Glaubensbekenntnisse und die Entfaltung christlicher Theologie unter erheblichem Einfluß griechischer Philosophie. All dies förderte die verstärkte Konzentration auf die Glaubensinhalte. Zugleich war dieser Prozeß von Anfang an von erheblichen innerchristlichen Auseinandersetzungen um die rechte Lehre und ihre Abgrenzung von der vermeintlichen Häresie begleitet. Dabei entwickelte sich schon recht früh die Vorstellung, daß diejenigen über die rechte Lehre verfügen, deren Lehre sich auf geoffenbarte Glaubensinhalte zurückführen läßt. So bildete sich allmählich ein neues offenbarungstheologisches Paradigma heraus.

Instruktionstheoretisches Paradigma

Indem der christliche Glaube zunehmend die Gestalt dogmatisch und sprachlich fixierter Formulierungen annahm, wandelte sich das Verständnis von Offenbarung. Sie wurde nun primär als belehrende Mitteilung von zumeist übernatürlichen (d.h. mit der Vernunft nicht erkennbaren) Sachverhalten verstanden. Dabei handelte es sich vornehmlich um die in den Glaubensbekenntnissen enthaltenen Kerndogmen, von denen man annahm, daß sie die Essenz der biblischen Schriften wiedergeben. Der Schwerpunkt offenbarungstheologischen Denkens lag somit nicht mehr auf den in der Bibel berichteten Ereignissen, sondern auf den in ihr enthaltenen Lehren. Diese Entwicklung mündete schließlich in der Vorstellung, daß die biblischen Texte selbst Offenbarung sind, was durch die Auffassung der Verbalinspiration untermauert wurde. Demnach galten die biblischen Schriften als den Autoren wortwörtlich vom Heiligen Geist eingegebene Texte, die – weil sie direkt von Gott stammen – unfehlbar bzw. irrtumslos sind.

Das instruktionstheoretische Paradigma beherrschte die Theologie vom Mittelalter bis zur Neuzeit und wurde dabei immer weiter ausgebaut. Mehr und mehr betrachtete man die geoffenbarten Wahrheiten als *für den menschlichen Verstand unverstehbar* (*mysteria stricte dicta* = Geheimnisse im strengen Sinn; z.B. christologische und trinitätstheologische Dogmen). Sie waren nicht aufgrund vernünftiger Einsicht, sondern *aufgrund der Autorität Gottes zu glauben*. Das Heil des Menschen wurde nicht mehr als eine Dimension und Folge des geschichtlichen In-Erscheinung-Tretens Gottes gesehen, sondern als eine mehr oder weniger rein eschatologische bzw. postmortale Verheißung, der jene teilhaftig werden, die die geoffenbarten Wahrheiten glauben und entsprechend leben. Der Umstand, daß Gott diese Wahrheiten geoffenbart hat, galt als Geschenk göttlicher Gnade. Das heißt, Gott war hierzu in keiner Weise dem Menschen gegenüber verpflichtet (»*ungeschuldeter*« Charakter der Offenbarung). Damit hing wiederum zusammen, daß man darauf bestand, der Mensch hätte von sich aus, allein mit den Mitteln seiner Vernunft, niemals zur Erkenntnis der geoffenbarten Wahrheiten gelangen können. Denn wenn der Mensch von sich aus diese Wahrheiten hätte erkennen können, dann wäre Gott nicht mehr frei gewesen, sie zu offenbaren oder sie dem Menschen vorzuenthalten.

Ausgenommen wurden hiervon allerdings die Erkenntnis der Existenz Gottes und des natürlichen Sittengesetzes. Beides galt zwar einerseits als Inhalt der Offenbarung, andererseits aber auch als etwas, das der Mensch selbst mit seiner Vernunft erkennen kann: die Existenz Gottes durch die Betrachtung der Natur (konkret: durch die Gottesbeweise), das Sittengesetz durch die Erforschung seines Gewissens. Gegenüber dieser »*natürlichen Gotteserkenntnis*« bzw. »natürlichen Theologie« wurde »Offenbarung« mehr und mehr zum Synonym für die über die bloße Existenz Gottes hinausgehenden *übernatürlichen Inhalte* des christlichen Glaubens (obwohl man hinsichtlich der »natürlichen Gotteserkenntnis« teilweise auch von »Offenbarung«, allerdings von »Schöpfungsoffenbarung« sprach). Offenbarungsphänomene in anderen Religionen konnten bestenfalls insofern akzeptiert werden, als sie als Ausdruck natürlicher Gotteserkenntnis in Frage kamen. Inwieweit die natürliche Gotteserkenntnis hinreichend für eine Heilsmöglichkeit ist oder ob hierzu die Kenntnis der übernatürlichen Offenbarung erforderlich sei, war umstritten (→ 11. Kapitel).

Im Zuge seiner zunehmenden Verschärfung ließ das instruktionstheoretische Paradigma der rationalen Argumentation nur noch wenig Spielraum. Dieser ist markiert durch die *extrinsezistische Methode* der Fundamentaltheologie (→ 1. Kapitel). Das heißt, es sollte auf vernünftigem Weg bewiesen werden, *daß* Gott die entsprechenden Glaubenswahrheiten geoffenbart hatte, ohne bei dieser Beweisführung den Inhalt der geoffenbarten Wahrheiten selbst ins Spiel zu bringen, da dieser ja als für die Vernunft weitgehend unzugänglich galt. Vergleicht man die Offenbarung mit einer himmlischen Paketsendung, dann fiel der fundamentaltheologischen Argumentation quasi die Aufgabe zu, die Richtigkeit der Absenderangabe nachzuweisen, ohne das Paket dabei zu öffnen. Denn wenn gesichert war, daß das Paket von Gott kommt, dann mußte sein Inhalt gut sein. Dieser Nachweis geschah im wesentlichen dadurch, daß man Jesus aufgrund der Erfüllung alttestamentlicher *Weissagungen* und aufgrund seiner *Wundertätigkeit* als einen göttlich autorisierten Boten auszuweisen suchte. Da aber Jesus selbst keine schriftlichen Zeugnisse hinterlassen hatte, mußte man darüber hinaus die *Glaubwürdigkeit der biblischen Zeugen* belegen. Dies geschah vor allem durch den Hinweis auf ihr *Martyrium*, das als Beleg ihrer sittlichen Lauterkeit und damit ihrer Zuverlässigkeit diente. Wenn es als rational gesichert galt, daß die biblischen Zeugen zuverlässig über Jesus berichtet haben und die über ihn berichteten Wunder und erfüllten Weissagungen ihn klar als göttlichen Boten ausweisen, dann schien die Akzeptanz der geoffenbarten

Wahrheiten nur noch eine Frage des Gehorsams. Denn daran, daß das, was Gott selbst geoffenbart hatte, wahr sei, konnte es keinen rationalen Zweifel geben. Gott kann weder irren (aufgrund seiner Allwissenheit), noch betrügen (aufgrund seiner sittlichen Vollkommenheit). Also muß alles, was Gott mitteilt, unbedingt wahr sein – auch wenn es der Mensch nicht versteht.

Das instruktionstheoretische Paradigma ist bis in die Gegenwart hinein wirksam. Im 19. und 20. Jh. dominierte es die neuscholastische Theologie und prägte die offenbarungstheologischen Aussagen des *I. Vatikanums*. Gegenwärtig taucht es als grundlegende Folie in lehramtlichen Aussagen des Vatikans immer häufiger wieder auf. Im protestantischen Bereich lebt es vor allem in den evangelikal und fundamentalistisch ausgerichteten Gemeinschaften fort. Auch unter einigen theologisch eher konservativ urteilenden Analytischen Religionsphilosophen hat es neuerdings wieder Zustimmung erfahren (z.B. bei R. SWINBURNE, N. WOLTERSTORFF) – wenn auch mit einer deutlich positiveren Einschätzung der Einsehbarkeit und Verstehbarkeit von Offenbarung. Dennoch ist das instruktionstheoretische Offenbarungsverständnis einigen erheblichen Einwänden ausgesetzt, die vor allem von der Offenbarungskritik der Aufklärung vorgebracht wurden. Diese Kritik, die später noch dargestellt wird, sowie die Rückbesinnung auf das epiphanische Paradigma waren mit für die Entstehung eines dritten Paradigmas verantwortlich, das sich bereits in der Theologie des 19. Jh. abzeichnete, vor allem aber im 20 Jh. sehr einflußreich wurde.

Personalistisches bzw. kommunikationstheoretisches Paradigma

Unter dem Einfluß der Philosophie des Deutschen Idealismus einerseits und der wissenschaftlichen Erkenntnisse hinsichtlich der historischen Genese der sogenannten Offenbarungsdokumente (Schrift, Glaubensbekenntnisse etc.) andererseits, entwickelte sich die Auffassung, daß Gott *nicht irgendwelche Satzwahrheiten, sondern sich selbst* geoffenbart habe (»*Selbstmitteilung*« bzw. »*Selbstoffenbarung*« Gottes). Offenbarung bedeutet dann, daß Gott selbst sich dem Menschen zuwendet, um diesem den Weg zur Gemeinschaft mit ihm zu eröffnen. Im Glauben, der nun vor allem als *Vertrauen auf Gott* erscheint, stimmt der Mensch in diese Beziehung zu Gott ein und erfährt darin *Sinn und Heil menschlicher Existenz*. Offenbarung gilt somit primär als ein *kommunikatives*, quasi interaktionistisches Geschehen zwischen Gott und Mensch. Die *Glaubensinhalte* spiegeln aus dieser Sicht einerseits die Reaktion des Menschen auf die göttliche Selbstmitteilung wider und artikulieren andererseits, wie in der Beziehung zu Gott Sinn und Heil erfahren werden. Der *rationalen Argumentation* fallen dementsprechend zwei Aufgaben zu: Sie muß zeigen, daß die Annahme einer solchen Selbstoffenbarung Gottes rational berechtigt oder (je nach Rationalitätskonzept; → 5. Kapitel) sogar verpflichtend ist, und es fällt ihr, gemäß der intrinsezistischen Methode (→ 1. Kapitel) die hermeneutische Aufgabe zu, die existentielle Sinnhaftigkeit der Glaubensinhalte zu verdeutlichen.

Mit diesem Verständnis von Offenbarung ist zumeist eine enorme *Ausweitung des Offenbarungsbegriffs* verbunden, da dieser nun die gesamte Interaktion zwischen Gott und Menschheit, also das gesamte Heilsgeschehen in allen seinen Dimensionen umfaßt. Darin liegt zum einen der entscheidende Ansatzpunkt für die *Überwindung* der mit dem instruktionstheoretischen Paradigma verbundenen *Diastase zwischen einer rationalen natürlichen Gotteserkenntnis einerseits und einer der Vernunft unzugänglichen übernatürlichen Gotteserkenntnis andererseits*. Zum anderen bietet das personalistische Paradigma wesentlich günstigere Ausgangsbedingungen für die grundsätzliche Akzeptanz der *Gültigkeit* auch *außerchristlicher Offenbarungszeugnisse*.

Das personalistische bzw. kommunikationstheoretische Paradigma ist vor allem in der römisch-katholischen und protestantischen wissenschaftlichen Gegenwartstheologie vorherrschend, wenn auch in durchaus stark variierenden Ausprägungen. Außerdem hat es einen gewissen Niederschlag in der Offenbarungskonstitution des II. Vatikanums (*Dei Verbum*) gefunden, in der allerdings auch Grundzüge des instruktionstheoretischen Paradigmas anzutreffen sind.

Offenbarungskritik der Aufklärung

Das Leitmotiv der Aufklärung war die *Autonomie der Vernunft*, meisterlich zusammengefaßt von IMMANUEL KANT (1724–1804) in den berühmten Einleitungsworten zu seiner Schrift über die Frage »Was ist Aufklärung?«:

> *Aufklärung ist der Ausgang des Menschen aus seiner selbst verschuldeten Unmündigkeit. Unmündigkeit ist das Unvermögen, sich seines Verstandes ohne Leitung eines anderen zu bedienen. Selbstverschuldet ist diese Unmündigkeit, wenn die Ursache derselben nicht am Mangel des Verstandes, sondern der Entschließung und des Mutes liegt, sich seiner ohne Leitung eines anderen zu bedienen. Sapere aude! Habe Mut, dich deines eigenen Verstandes zu bedienen! ist also der Wahlspruch der Aufklärung.*

Die Vertreter der Aufklärung waren keineswegs insgesamt religionsfeindlich bzw. atheistisch orientiert. Nur für einen Teil der Aufklärer (z.B. LA METTRIE, DIDEROT, D'ALAMBERT, D'HOLBACH, HUME) erschien Religion bzw. der Glaube an Gott grundsätzlich als unvernünftig und daher mit den Idealen der Aufklärung unvereinbar. Andere hingegen (z.B. CHERBURY, TOLAND, TINDAL, COLLINS, LOCKE, LESSING, KANT) hielten an der Möglichkeit einer vernunftgemäßen Religion fest. Für die Einschätzung der offenbarungskritischen Argumente der Aufklärung ist es wichtig, diese unterschiedliche Motivationslage zu berücksichtigen. Denn während die atheistischen Aufklärer den Offenbarungsglauben im Zuge ihrer Fundamentalkritik der Religion verwarfen, wandten sich die anderen allein gegen solche Formen des Offenbarungsglaubens, die in ihren Augen entweder dem Grundsatz der Vernunftautonomie widersprachen oder einer vernünftigen Überprüfung nicht standhalten konnten. Mit anderen Worten, nicht jede Offenbarungskritik der Aufklärung erfolgte aus einer anti-religiösen Absicht heraus. Einem Teil der Aufklärer ging es vielmehr ausdrücklich um die Konstruktion einer bereinigten, rational gerechtfertigten Form von Offenbarungstheologie.

Die kritische Stoßrichtung sowohl der religiösen als auch der atheistischen Aufklärer war das damals vorherrschende instruktionstheoretische Paradigma. Ihre Kritik an bestimmten Zügen dieses offenbarungstheologischen Modells hat letztlich ganz erheblich zur Entstehung des neuen, personalistischen bzw. kommunikationstheoretischen Paradigmas beigetragen. Den zentralen Ausgangspunkt der aufgeklärten Offenbarungskritik bildet die mit dem instruktionstheoretischen Paradigma verknüpfte Auffassung, daß »Offenbarung« einen *epistemologischen Sonderweg* markiert, also die Auffassung, daß durch Offenbarung dem Menschen eine für seine natürlichen Erkenntnismittel grundsätzlich unzugängliche, nämlich übernatürliche Erkenntnis eröffnet wird. Der Unterschied zwischen

➤ *übernatürlicher = geoffenbarter Erkenntnis* und
➤ *natürlicher = Vernunfterkenntnis*

bezog sich innerhalb des instruktionstheoretischen Paradigmas primär auf drei Aspekte:

1. Geoffenbarte Erkenntnis besitzt eine *höhere Gewißheit* als Vernunfterkenntnis.
2. Geoffenbarte Erkenntnis besitzt einen wesensmäßig *anderen Inhalt* als Vernunfterkenntnis.
3. Geoffenbarte Erkenntnis besitzt gegenüber der natürlichen Gotteserkenntnis der Vernunft eine *größere* (oder gar *singuläre*) *soteriologische Relevanz*, das heißt sie ist heilsnotwendig.

Diese drei Aspekte bildeten die hauptsächlichen Zielpunkte der offenbarungskritischen Einwände.

Argumente gegen die höhere Gewißheit der Offenbarung

Gegen den Anspruch auf eine höhere Gewißheit der Offenbarung stellten die Aufklärer das **Prinzip der Vernunftautonomie**. Demnach kann die Gewißheit der Offenbarung nicht größer sein als jene Gewißheit, die die *Vernunft* darüber zu erlangen vermag, *ob überhaupt Offenbarung vorliegt*. In diesem Sinn formuliert beispielsweise JOHN LOCKE (1632–1704):

> Alles, was Gott geoffenbart hat, ist mit Sicherheit wahr: Es läßt sich nicht bezweifeln und ist mit Recht der Gegenstand des Glaubens. Aber *ob* es sich um eine göttliche Offenbarung handelt, das muß die Vernunft entscheiden.
> LOCKE, An Essay Concerning Human Understanding, IV, 18

In der Anwendung dieses Arguments folgen die kritischen Einwände der extrinsezistischen Methode, das heißt, sie betreffen (1) die Abhängigkeit des Offenbarungsglaubens vom Gottesglauben und (2) die drei Säulen der *demonstratio christiana* (erfüllte Verheißungen, Beglaubigung durch Wunder, Martyrium als Erweis der Glaubwürdigkeit der Zeugen).

1. Die Gewißheit, daß Offenbarung vorliegt, kann *nicht größer sein als die Gewißheit bezüglich der Existenz Gottes*. Gibt es keinen Gott, dann gibt es auch keine Offenbarung. Ist die Existenz Gottes nicht sicher beweisbar, dann bleibt auch die Existenz von Offenbarung ungewiß. So heißt es bei PAUL THIRY D'HOLBACH (1723–1789):

> Man wird zweifellos sagen, Gott habe sich durch Offenbarung zu erkennen gegeben. Aber setzt diese Offenbarung nicht die Existenz eines Gottes als wahr voraus, über die wir doch noch streiten?
> D'HOLBACH, System der Natur II, 3

Die Offenbarung für sicher zu erklären, weil sie von Gott kommt, und die Existenz Gottes für sicher zu erklären, weil in der Offenbarung gelehrt wird – das, so hatte schon RENÉ DESCARTES (1596–1650) eingewendet, wäre ein eindeutiger Zirkelschluß.

2. Das Argument, wonach das Martyrium die *Glaubwürdigkeit der Zeugen* sichert, konnte leicht erschüttert werden, da die Bereitschaft zum Martyrium alle möglichen Gründe besitzen kann und daher keine echte Gewähr für Zuverlässigkeit bietet. Zudem machten die ersten Ergebnisse einer *historisch-kritisch orientierten Bibelexegese* bald klar, daß die biblischen Schriften nicht als getreue historische Berichte, sondern als Dokumente mit einer theologischen Absicht und einer oft komplizierten Entstehungsgeschichte interpretiert werden müssen.

Damit war zugleich das Argument der *erfüllten Weissagungen* entkräftet. Denn nur zu leicht legte sich der Verdacht einer anachronistischen Deutung nahe. Mit anderen Worten, prophetische Weissagungen wurden erst im nachhinein so gedeutet, daß sie auf ihre vermeintliche Erfüllung paßten.

Der wichtigste Einwand gegen das *Wunderargument* lautete, man habe es nicht mit Wundern, sondern mit Wunderberichten zu tun. Dem Wunderbericht könne jedoch nie dieselbe argumentative Kraft zukommen wie dem Wunder, weil »Nachrichten von Wundern nicht Wunder sind« (LESSING). So bleibt es immer möglich, den Wunderbericht zu bezweifeln und von einer absichtlichen oder unabsichtlichen Täuschung auf Seiten derer auszugehen, die das Wunder behaupten. Nach DAVID HUME (1711–1776) ist die Annahme, der Wunderbericht sei falsch, immer vernünftiger als die Annahme, er sei wahr. Denn um glaubhaft zu sein, müßte die »Falschheit seines Zeugnisses wunderbarer als das von ihm berichtete Zeugnis« sein. Dieses Argument gilt freilich nur unter der atheistischen Prämisse, wonach das Auftreten von Wundern grundsätzlich unwahrscheinlich ist. Andererseits zeigt der Einwand HUMES, daß das Wunderargument bestenfalls dann einen gewissen Wert haben könnte, wenn durch andere Gründe die Existenz eines Wunder wirkenden Gottes belegt und damit eine gewisse Grundwahrscheinlichkeit für das Auftreten von Wundern gegeben wäre. Es wird hierdurch erneut deutlich, wie abhängig die offenbarungstheologische Argumentation von der Frage der Existenz Gottes ist.

G.E. LESSING (1729–1781) weitet die Kritik gegen das Wunderargument zu einer grundsätzlichen Kritik an dem Versuch aus, metaphysische Behauptungen durch Berichte über geschichtliche Ereignisse begründen zu wollen. Eine historische Wahrheit läßt sich nach LESSING niemals zwingend (also durch deduktive Beweisverfahren) demonstrieren. Wenn aber

> … keine historische Wahrheit demonstriert werden kann, so kann auch nichts *durch* historische Wahrheiten demonstriert werden.
> LESSING, Über den Beweis des Geistes und der Kraft

Alle Nachrichten über Christus tragen aber den Charakter »historischer Wahrheiten«. Der Glaubende ist von Christus getrennt durch den »garstig breiten Graben« der Geschichte. So sind die Nachrichten über Christus bestenfalls in dem Maße gewiß, wie es für historische Wahrheiten möglich ist. Doch eine »Verbindlichkeit, etwas zu glauben, wogegen sich meine Vernunft sträubet«, könne durch eine solche bloß »historische Gewißheit« (ebd.) niemals etabliert werden. Geoffenbarte Wahrheiten könnten nur dann als rational verpflichtend gelten, wenn sie sich in bewiesene Vernunftwahrheiten umwandeln lassen, das heißt, wenn sich die Wahrheit ihres Inhaltes von diesem selbst her deduktiv beweisen läßt.

Ein ganz anders gearteter Einwand versuchte der Unbeweisbarkeit von Offenbarung einen positiven Sinn abzugewinnen: Wären die Existenz Gottes und seine Offenbarung sicher beweisbar, dann würde dies die *Freiheit des Glaubens* unmöglich machen. Der Mensch wäre durch das Gewicht der Beweise zum Glauben gezwungen. Nach KANT hat der Glauben aber nur dann einen moralischen Wert, wenn er »ein freies Annehmen enthält«. KANT hielt die Freiheit des Glaubens deshalb für wichtig, weil sich im Glauben die freie Absicht zu einer moralischen Lebensführung bekunde. BLAISE PASCAL (1623–1662) – in mehrfacher Hinsicht ein Vorläufer moderner Positionen – hatte den Wert des freien Glaubens bereits umfassender, nämlich mit der Freiheit der Gottesbeziehung begründet. Gott habe das Maß seiner Erkennbarkeit so eingerichtet, daß die Freiheit des Glaubens unangetastet bleibe:

> … da er für die, die ihn von ganzem Herzen suchen, unverschleiert erscheinen wollte und verborgen für die, die ihn von ganzem Herzen fliehen, milderte er seine Erkennbarkeit derart, daß er Zeichen seiner selbst gegeben hat, die sichtbar für die sind, die ihn suchen, und es nicht sind für die, die ihn nicht suchen. Für die, die nichts wünschen als zu sehen, ist genug Licht, und Finsternis genug für die, die entgegengesetzt gestimmt sind.
>
> PASCAL, Pensées 430

Argumente gegen den übernatürlichen Inhalt der Offenbarung

Die Argumente gegen den übernatürlichen, satzhaft gedachten Inhalt von Offenbarung lassen sich ebenfalls in zwei Gruppen einteilen: Sie wenden sich

1. gegen den *übernatürlichen Charakter der biblischen Schriften*,
2. gegen den *Geheimnischarakter der geoffenbarten Wahrheiten*.

1. Argumentation gegen den *übernatürlichen Charakter der biblischen Schriften*: Als übernatürlich galten die *biblischen Schriften* insofern, als man sie für vom Heiligen Geist inspiriert hielt. Nun kann die Vorstellung einer Inspiriertheit recht unterschiedliche Formen und Ausmaße annehmen. Im instruktionstheoretischen Paradigma tendierte man dazu, von einer wortwörtlichen Eingebung der biblischen Texte auszugehen. Gott hatte die Texte diktiert, die biblischen Schriftsteller waren lediglich lebende Schreiborgane, aber keine echten Verfasser. Durch diese Vorstellung sah man es als gewährleistet an, daß der Text der Bibel in allen Dingen irrtumslos und frei von menschlicher Eintrübung ist. Genau hier setzte die Kritik an. Sie führte den Nachweis, daß der Text der Bibel *unleugbare Fehler* enthält, was mit der These einer wortwörtlichen Inspiration durch einen allwissenden Gott nicht zu vereinbaren ist, und daß sich in der Schrift *moralisch fragwürdige Berichte* finden, was mit einer wortwörtlichen Inspiration durch einen sittlich vollkommenen Gott unvereinbar ist.

Was das zweite Argument betrifft, so wurde als Beispiel häufig die Abrahamserzählung herangezogen bzw. der vermeintliche Befehl Gottes, Abraham solle seinen Sohn opfern. Bis in die Gegenwart hinein wird als Einwand gegen die

Inspiriertheit der Bibel ins Feld geführt, daß es sich bei ihr um ein »in einem außerordentlich weitgehenden Umfang inhuman-archaisches Buch« handelt (F. Buggle).

Bezüglich des ersten Arguments spielte der Streit um Galilei (1564–1642) eine Schlüsselrolle. Denn seine Behauptung, daß sich nicht die Sonne um die Erde, sondern die Erde um die Sonne dreht, stand im Widerspruch zu einer ganzen Reihe von alttestamentlichen Schriftstellen (z.B. Kohelet 1,5). Wie Kardinal Bellarmin (1542–1621) verdeutlichte, lag darin der eigentliche Grund für das kirchliche Vorgehen gegen Galilei: Wenn auch nur für eine einzige Aussage der Schrift nachgewiesen werden kann, daß sie falsch ist, dann ist die Behauptung ihrer Irrtumslosigkeit widerlegt. Ist sie nicht völlig irrtumslos, dann kann sie nicht mehr länger als wortwörtlich inspiriert gelten. Die Folge hiervon ist, daß jede ihrer Behauptungen einer eigenen rationalen Überprüfung und Absicherung bedarf. Damit – so glaubte man damals – sei dem christlichen Glauben die Basis entzogen.

2. Die Argumentation gegen den *Geheimnischarakter der geoffenbarten Wahrheiten* läßt sich folgendermaßen zusammenfassen: Wenn die Offenbarungswahrheiten wirklich im radikalen Sinn völlig unverstehbar sind, dann wird mit ihnen gar nichts geoffenbart, dann liegt also überhaupt keine Offenbarung vor (Toland). In dem Maße aber, in dem sie doch verstehbar sind, unterscheiden sie sich nicht mehr grundsätzlich von der natürlichen Vernunfterkenntnis. Sind die geoffenbarten Inhalte nämlich verständlich bzw. in ihrer Wahrheit einsehbar, dann hat Gott dem Menschen darin etwas mitgeteilt, worauf der Mensch früher oder später auch ohne Offenbarung hätte kommen können (Lessing). Gott bleibt also auch im Hinblick auf eine mögliche Offenbarung an die Grenzen der menschlichen Erkenntnisfähigkeit gebunden: Er kann ihnen nur das offenbaren, was sie verstehen können. Aber das, was sie verstehen können, können sie prinzipiell auch selber einsehen.

Dieser ursprünglich auf das instruktionstheoretische Offenbarungsverständnis bezogene Einwand ist von Karl Jaspers (1883–1969) auch auf das personalistische Paradigma angewandt worden. Da die menschliche Erkenntnisfähigkeit auf die Erkenntnis von Endlichem begrenzt ist, könne Gott als der Unendliche und Unbegrenzte nicht zum Gegenstand menschlicher Erkenntnis werden. Daher sei eine Offenbarung Gottes im Sinn einer Selbstoffenbarung ausgeschlossen. Was immer der Mensch erkennt, ist endlich und vermag nur im Modus einer Chiffre über sich hinaus auf den je größeren transzendenten Gott zu verweisen. Also sei dieser nicht offenbar, sondern bleibe verborgen. Es gebe somit keine Offenbarung, die über die Grenzen der »natürlichen« bzw. philosophischen Situation menschlicher Transzendenzerkenntnis hinausführt.

Argumente gegen die soteriologische Relevanz der Offenbarung

Die Einwände gegen die Vorstellung, die Kenntnis der im Christentum geoffenbarten Wahrheiten sei heilsnotwendig, lassen sich gleichfalls in zwei Gruppen einteilen: Diese Vorstellung stehe

1. im Widerspruch zum Glauben an die *Güte Gottes*,
2. sogar in einer Spannung zum Glauben an die *Existenz Gottes*.

In diesen beiden unterschiedlichen Einwänden spiegeln sich zugleich die beiden Flügel der Aufklärung, ihre religiösen und ihre atheistischen Vertreter, wider.

1. Nach einer weit verbreiteten theologischen Überzeugung geschieht Offenbarung zum Heil des Menschen. Versteht man dies so, daß Menschen das Heil nur dann erlangen können, wenn sie über die Kenntnis bestimmter geoffenbarter Inhalte verfügen, dann wären von vornherein all jene Menschen vom Heil ausgeschlossen, denen die Kenntnis dieser Inhalte unmöglich war, weil sie entweder vor deren Offenbarung lebten oder nie von dieser Offenbarung erfahren haben. Nach D'HOLBACH

> ... setzt jede Offenbarung voraus, daß die Gottheit dem Menschengeschlecht für lange Zeit die Kenntnis der für sein Glück wichtigsten Wahrheiten hat verbergen können. Wenn die Offenbarung nur einer kleinen Anzahl auserwählter Menschen zuteil wird, so zeugt das (...) von einer Parteilichkeit und ungerechten Vorliebe in jenem Wesen, die mit der Güte des gemeinsamen Vaters des Menschengeschlechtes kaum zu vereinbaren ist.
>
> D'HOLBACH, System der Natur, II, 3

Insbesondere die englischen Aufklärer HERBERT VON CHERBURY (1582/83–1648) und MATTHEW TINDAL (1657–1733) zogen aus diesem Einwand jedoch nicht den Schluß, daß es überhaupt keine Offenbarung gäbe oder Offenbarung nicht heilsnotwendig sei. Vielmehr waren sie der Ansicht, daß jene Offenbarungsinhalte, die zum Heil unerläßlich sind, auf eine Weise geoffenbart wurden, die niemanden ohne seine Schuld vom Heil ausschließt. Mit anderen Worten, sie glaubten, daß ein Kernbestand an heilsnotwendigen Offenbarungsinhalten jedem Menschen bereits von Geburt an mitgegeben sei. Faktisch lief dies allerdings darauf hinaus, die heilsnotwendige Offenbarung mit der natürlichen Gotteserkenntnis gleichzusetzen.

2. Die atheistische Argumentation verlief an dieser Stelle freilich anders. Nach ihrer Ansicht gibt es keinen Beleg für die Existenz einer allgemein verbreiteten,

einheitlichen Gotteserkenntnis bzw. Offenbarung. Genau dies aber müßte – wenn es einen gütigen Gott geben sollte – der Fall sein. Nach d'Holbach bezeugt die Religionsgeschichte jedoch, daß die Offenbarung »in den verschiedenen Ländern der Erde nie die gleiche Sprache geführt«, sondern »an so vielen Orten und so häufig und immer so unterschiedlich gesprochen hat«. Daher erscheine es naheliegender, von der Unechtheit aller Offenbarungansprüche auszugehen. Nicht Gott zeige sich in ihnen, sondern eine verwirrende und widersprüchliche Vielfalt von »leeren Phantomen«.

In ähnlicher Weise erweiterte Hume seine Kritik des Wunderarguments. Jede Religion berufe sich zur Stützung ihrer Lehren auf Wunder. Da die Religionen jedoch zueinander im Widerspruch stünden, sei jedes Wunder, das zugunsten der einen Religion angeführt werde, zugleich ein Argument gegen die Wahrheit der anderen Religionen und damit auch gegen die Beweiskraft der dort angeführten Wunder. So widerlegen sich nach Hume die Religionen gegenseitig und untergraben wechselseitig die Glaubwürdigkeit ihrer Offenbarungsbelege. Für die kritische Vernunft gleiche die Situation einem Prozeß, bei dem jeder Zeugenaussage eine Vielzahl gegenteiliger Zeugnisse entgegenstehen, so daß der Richter schließlich keinem der Zeugen Glauben schenken könne.

Die Überwindung der doppelten Erkenntnisordnung

Wie gezeigt betreffen die offenbarungskritischen Argumente der Aufklärung vor allem die These einer doppelten Erkenntnisordnung, das heißt der *natürlichen* Vernunfterkenntnis einerseits und der *übernatürlichen* geoffenbarten Erkenntnis andererseits. Eine positive Aufnahme bzw. Beantwortung dieser Kritik ist dann möglich, wenn diese These aufgegeben wird. Dies kann grundsätzlich von zwei Seiten her geschehen:

1. durch eine Veränderung im Verständnis von »Vernunft«,
2. durch eine Veränderung im Verständnis von »Offenbarung«.

1. **Veränderung im Vernunftverständnis:** Mit dem klassischen, substantialistischen Vernunftverständnis war die Auffassung verbunden, daß die Vernunft über einen ihr vorgegebenen, eigenen Bereich von Erkenntnisgegenständen verfügt. Das heißt, man nahm an, daß es unter der Menge aller Wahrheiten eine bestimmte Teilmenge gibt, deren Wahrheit von der menschlichen Vernunft auf sichere und voraussetzungslose Weise erkannt werden kann. Die jenseits dieser Teilmenge liegenden Wahrheiten können dem Menschen hingegen nur durch Offenbarung zugänglich werden. Gibt man dieses substantialistische Vernunftverständnis zugunsten eines dispositionellen Vernunftverständnisses auf, wonach die Vernunft nicht ein geistiges Erkenntnisorgan mit einem ihr spezifisch zugehörigen Erkenntnisbereich bezeichnet, sondern eine spezifische

Läßt sich Gott erkennen?

Verhaltensdisposition im Umgang mit Wahrheitsansprüchen bzw. theoretischen Überzeugungen, dann ist es nicht mehr möglich, Vernunftwahrheiten von Offenbarungswahrheiten abzugrenzen. Gegenstand der Vernunft ist dann nicht länger eine bestimmte Teilklasse von Wahrheiten, sondern der intellektuelle Umgang mit sämtlichen Wahrheiten bzw. Wahrheitsansprüchen (→ 5. Kapitel).

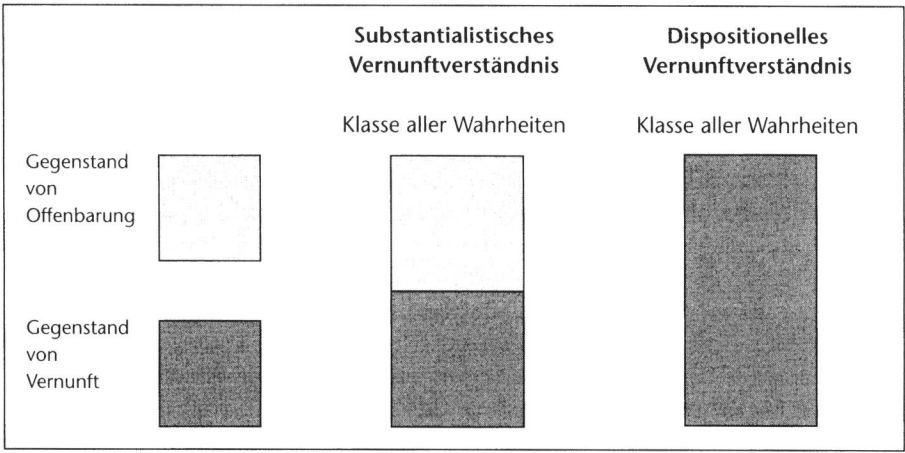

Erkenntnisordnung bei verschiedenen Vernunftverständnissen

2. **Veränderung im Offenbarungsverständnis:** Eine strukturell ähnliche Veränderung ergibt sich durch den Umbruch vom instruktionstheoretischen zum

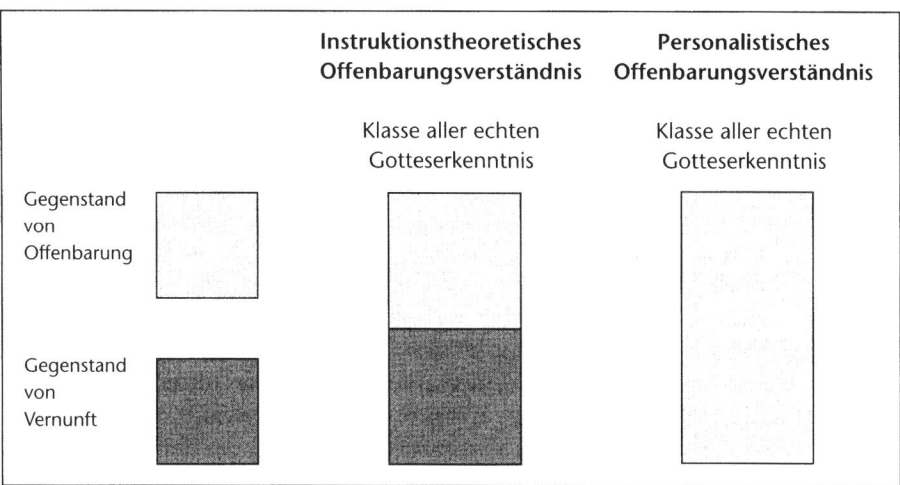

Erkenntnisordnung bei verschiedenen Offenbarungsverständnissen

155

personalistischen Offenbarungsverständnis. Wenn Offenbarung nicht die Mitteilung einer Klasse satzhafter Glaubenswahrheiten bezeichnet, sondern die Selbstmitteilung Gottes, dann läßt sich nicht mehr länger eine natürliche Gotteserkenntnis von einer übernatürlichen geoffenbarten Gotteserkenntnis unterscheiden. »Offenbarung« bezeichnet dann nicht mehr einen epistemologischen Sonderweg. Vielmehr bringt der Begriff »Offenbarung« zum Ausdruck, daß der Mensch Gott dann wirklich erkennt, wenn und weil sich Gott vom Menschen erkennen läßt. Folglich muß jede echte Gotteserkenntnis des Menschen als »Offenbarung« gelten, unabhängig davon, wie und wodurch ihm diese zuteil wird.

Als paradigmatisch für die Überwindung der Diastase zwischen natürlicher und übernatürlicher Erkenntnisordnung im Rahmen des personalistischen Paradigmas können die offenbarungstheologischen Ansätze von WOLFHART PANNENBERG und KARL RAHNER gelten.

PANNENBERG definiert Gott als die »alles bestimmende Wirklichkeit«. Demnach offenbart sich Gott in dem Maße, wie er sich als diese alles bestimmende Wirklichkeit erweist. Der umfassendste Begriff von Wirklichkeit ist nach PANNENBERG nicht der Begriff des »Seins«, sondern der »Geschichte«, weil der Begriff der »Geschichte« (als »Naturgeschichte« und als menschliche »Geschichte«) dem prozessualen Charakter der Wirklichkeit besser Rechnung trägt als der statische Begriff des Seins. Daher offenbart sich Gott dann als die alles bestimmende Wirklichkeit, wenn er sich im historischen Ablauf als der Herr der Geschichte erweist. Wer die Geschichte letztendlich bestimmt, wird jedoch erst am Ende der Geschichte offenbar sein. Im Verlauf der Geschichte kann Offenbarung daher lediglich einen proleptischen bzw. antizipatorischen, also einen vorgreifenden, aber damit auch nur vorläufigen Charakter tragen. Der Höhepunkt dieser proleptischen Offenbarung ist nach PANNENBERG in der Auferweckung Jesu geschehen. Denn die Auferweckung der Toten kann als das eigentliche Endziel der Geschichte bestimmt werden. Somit erweist sich derjenige als Gott bzw. als die alles bestimmende Wirklichkeit, der in der Lage ist, die Toten aufzuerwecken. Genau diesen Selbsterweis hat Gott durch die Auferweckung Jesu gegeben.

Die Erkenntnis dieser Selbstoffenbarung Gottes in der Geschichte hat nach PANNENBERG nichts mit einer übernatürlichen Erkenntnis zu tun. Vielmehr könne sie mit den rein natürlichen Mitteln der Vernunft und zwar vor allem mit den Mitteln historischer Forschung erwiesen werden. Allerdings vermag die Vernunft das Ergangensein von Offenbarung lediglich als eine Hypothese zu behaupten: zum einen weil der endgültige Selbsterweis Gottes erst am Ende der Geschichte erfolgen wird, zum anderen weil »alles historische Wissen bestenfalls wahrscheinlich (ist) und ... sowohl hinsichtlich der behaupteten Tatsachen als auch im Blick auf die ihnen zugeschriebene Bedeutung mancherlei Einwänden ausgesetzt (bleibt)« (Systematische Theologie III, 175).

Um jedoch historische Ereignisse überhaupt als Offenbarung *Gottes* deuten zu können, muß der Mensch nach PANNENBERG bereits eine gewisse Vorstellung davon haben, wer oder was »Gott« ist. Dieser Vorbegriff von Gott ist jedem Menschen auf unthematische Weise durch die Struktur des menschlichen Geistes gegeben, daß heißt durch das intuitive Bewußtsein vom Unendlichen als dem Horizont aller Wahrnehmung des Endlichen. Ist Offenbarung aber immer Selbstoffenbarung Gottes, dann hat auch dieser Vorbegriff von Gott bereits Offenbarungsqualität. So ist nach PANNENBERG Gott »jedem Menschen von allem Anfang an gegenwärtig und wird von einem jeden gekannt, obwohl er noch nicht als Gott gewußt wird« (Systematische Theologie I, 131).

Dieser zuletzt genannte Gedanke PANNENBERGS bildet die Leitvorstellung der Offenbarungstheologie KARL RAHNERS. RAHNER erklärt die Unterscheidung von Natur und Übernatur zu einer rein theoretischen Unterscheidung, der in dieser Welt faktisch nichts entspricht. Gott selbst (als die einzig *übernatürliche* Wirklichkeit) hat sich der geschöpflichen (*natürlichen*) Wirklichkeit des Menschen von Anfang an in ontologischer Weise mitgeteilt. Das heißt, es hat niemals und nirgendwo eine *rein natürliche* Wirklichkeit gegeben und damit auch keine rein natürliche Gotteserkenntnis. Vielmehr bildet die jedem Menschen immer schon zuteil gewordene Selbstmitteilung Gottes ein »*übernatürliches Existential*«, das heißt einen Wesenszug menschlicher Existenz, der immer schon seine bloße Kreatürlichkeit übersteigt. Den primären »Ort« dieser göttlichen Selbstmitteilung erblickt RAHNER in der Transzendenzeröffnetheit des menschlichen Geistes. Der unumfaßbare, unendliche Horizont aller endlichen Erkenntnis, das uneinholbare Geheimnis, vor dem alle menschliche Erkenntnis steht, ist Gott selbst (das »heilige Geheimnis«), der dem Menschen darin auf transzendentale Weise gegenwärtig ist. Diese »*transzendentale Offenbarung*« kann dem Menschen jedoch nur in seinen kategorialen, das heißt raum-zeitlich begrenzten Erkenntnis- und Freiheitsakten bewußt werden. Nur durch die Erkenntnis des Endlichen ist die Wahrnehmung des unendlichen Horizonts gegeben und nur durch das konkrete Verhalten entscheidet der Mensch, ob er/sie sich diesem unendlichen Horizont anvertraut und diesen damit als die göttliche Wirklichkeit glaubend annimmt. Wenn dies geschieht, erlangt solches Erkennen und Verhalten zugleich Hinweischarakter auf die Gegenwart der unendlichen Wirklichkeit selbst, das heißt, es wird zur »*kategorialen Offenbarung*«. Die kategorialen Offenbarungen sind somit einerseits menschliche Auslegung der transzendentalen Offenbarung und andererseits durch die transzendentale Offenbarung ermöglicht und hervorgebracht. Insofern ist Gott selbst in ihnen am Werk. Die Geschichte menschlicher Gotteserkenntnis und die Geschichte göttlicher Selbstmitteilung sind daher nach RAHNER zwei verschiedene Seiten desselben Prozesses. Im Menschen Jesus, der ganz von der transzendentalen Gegenwart Gottes her lebt und dadurch diese in seiner ganzen Existenz kategorial gegenwärtig macht, hat dieser Prozeß seinen unüberbietbaren Höhepunkt erreicht.

Resümee

Im Sinne einer theologischen Reflexionskategorie war der Offenbarungsbegriff starken Wandlungen unterzogen, die sich als drei unterschiedliche Paradigmen beschreiben lassen. Auf das ursprüngliche epiphanische Paradigma folgte das für lange Zeit prägende und bis heute einflußreiche instruktionstheoretische Paradigma, demzufolge es sich bei Offenbarung um die göttliche Mitteilung übernatürlicher Wissensgehalte handelt. Dieses Paradigma setzt eine doppelte Erkenntnisordnung voraus, wonach es einerseits einen der Vernunft zugehörigen natürlichen und andererseits einen der Vernunft unzugänglichen übernatürlichen Erkenntnisbereich gibt, der durch die Offenbarung erschlossen wird. An dieser Auffassung entzündete sich die Offenbarungskritik der Aufklärung, die sich insbesondere gegen die Behauptung einer höheren Gewißheit, eines übernatürlichen, der Vernunft unzugänglichen Inhalts und einer besonderen soteriologischen Relevanz der Offenbarung richtete.

Die Vorstellung von einer doppelten Erkenntnisordnung wird überwunden, wenn im Rahmen des personalistischen bzw. kommunikationstheoretischen Paradigmas Offenbarung als göttliche Selbstmitteilung verstanden wird. Gleichzeitig wird diese Überwindung durch ein verändertes Vernunftverständnis unterstützt, wonach Vernunft eben nicht eine Art geistiges Erkenntnisorgan mit einem spezifischen Erkenntnisbereich, sondern eine besondere Verhaltensdisposition im Umgang mit jeglichen Wahrheitsansprüchen bezeichnet. Diese offenbarungstheologisch und rationalitätstheoretisch verankerte Überwindung der These einer doppelten Erkenntnisordnung hat erhebliche Konsequenzen für die Beantwortung der offenbarungskritischen Einwände: Die Frage der *Gewißheit* von Offenbarung kann nicht mehr im Sinn einer Entgegensetzung von Vernunfterkenntnis einerseits und geoffenbarter Erkenntnis andererseits beantwortet werden. Vielmehr muß die Behauptung, daß Offenbarung vorliegt, – wie alle anderen Faktizitätsbehauptungen auch – als eine Hypothese bzw. als eine Glaubensannahme betrachtet werden, deren Vernünftigkeit vor allem durch ihre Bewährung in der Kritik zu sichern ist. Den übernatürlichen *Inhalt* von Offenbarung bildet nichts anderes als die göttliche Wirklichkeit selbst. Dagegen sind die biblischen Schriften und christlichen Dogmen nicht übernatürlich. Sie sind keine geoffenbarten Texte bzw. Wahrheiten, sondern stellen menschliche Zeugnisse von Reaktionen auf und Interpretamente der Offenbarung dar. Auch die darin ausgedrückte Erkenntnis des sich selbst offenbarenden Gottes fällt nicht aus dem Rahmen der menschlichen Erkenntnis- und Erfahrungsmöglichkeiten heraus. Selbstmitteilung Gottes kann und muß vielmehr so gedacht werden, daß sie der grundsätzlichen Verwiesenheit menschlicher Erkenntnis auf Endliches nicht widerspricht. Sofern dies auf dem Weg einer transzendentalen Verankerung menschlicher Gotteserkenntnis bzw. göttlicher Selbsterschließung geschieht, ist damit zugleich ein Ansatz für die Lösung der Einwände gegen die *soteriologische Relevanz* der Offenbarung gegeben. Denn wenn sich Gott auf transzendentalem Weg jedem Menschen immer schon mitgeteilt hat, dann ist damit zugleich jedem Menschen die Möglichkeit einer heilshaften Gottesbeziehung eröffnet.

In den drei folgenden Kapiteln sollen diese mit dem personalistischen bzw. kommunikationstheoretischen Offenbarungsverständnis verbundenen Aspekte näher erläutert werden. Unter der Perspektive des grundsätzlichen Verhältnisses von Glaube und Vernunft ist zunächst der epistemologische Aspekt der Offenbarungstheologie noch weiter zu bedenken. Dabei geht es um die Erfahrung von Offenbarung bzw. genauer gesagt, um die Frage nach der Zuverlässigkeit dieser Erfahrung.

Literatur:

Zur Einführung in den fundamentaltheologischen Offenbarungstraktat:
- K.-H. WEGER, Gott hat sich offenbart, Freiburg i.Br. 1982.
- J. SCHMITZ, Offenbarung, Düsseldorf 1988.
- P. SCHMIDT-LEUKEL, Demonstratio christiana, in: H. DÖRING, A. KREINER, P. SCHMIDT-LEUKEL, Den Glauben denken, Freiburg i.Br. 1993, 49–81.
- H. WALDENFELS, Einführung in die Theologie der Offenbarung, Darmstadt 1996.

Zum Pardigmenwechsel im Verständnis von »Offenbarung«:
Einen kurzen Überblick vermitteln:
- M. SECKLER, Der Begriff der Offenbarung, in: W. KERN, H.J. POTTMEYER, M. SECKLER (Hrsg.), Handbuch der Fundamentaltheologie 2: Traktat Offenbarung, Freiburg-Basel-Wien 1985, 60–83.
- H. DÖRING, Paradigmenwechsel im Verständnis von Offenbarung, in: MThZ 36, (1985) 20–35.
- W. PANNENBERG, Systematische Theologie, Bd. I, Göttingen 1988, 234–251.

Ausführliche Darstellungen unterschiedlicher Offenbarungsmodelle geben:
- P. EICHER, Offenbarung. Prinzip neuzeitlicher Theologie, München 1977.
- A. DULLES, Models of Revelation, New York 1983.

Zur Offenbarungskritik:
- M. SECKLER, Aufklärung und Offenbarung, in: Christlicher Glaube in moderner Gesellschaft, Teilband 21, Freiburg-Basel-Wien 1980, 5–78.
- M. SECKLER, M. KESSLER, Die Kritik der Offenbarung, in: W. KERN, H.J. POTTMEYER, M. SECKLER (Hrsg.), Handbuch der Fundamentaltheologie 2: Traktat Offenbarung, Freiburg-Basel-Wien 1985, 29–59.
- P. BYRNE, Natural Religion and the Nature of Religion. The Legacy of Deism, London, New York 1981.
- K. JASPERS, Der philosophische Glaube angesichts der Offenbarung, München 1962.
- F. BUGGLE, Denn sie wissen nicht, was sie glauben, Reinbek 1992.

Zeitgenössische offenbarungstheologische Ansätze:
Instruktionstheoretisch orientiert:
- R. Swinburne, Revelation. From Metaphor to Analogy, Oxford 1992.
- N. Wolterstorff, Divine Discourse. Philosophical reflections on the claim that God speaks, Cambridge 1995.

Personalistisch-kommunikationstheoretisch orientiert:
- W. Pannenberg (Hrsg.), Offenbarung als Geschichte, Göttingen ^{5}1982.
- Ders., Systematische Theologie, Bd. I, Göttingen 1988, 207–281.
- K. Rahner, Über das Verhältnis von Natur und Gnade, Schriften zur Theologie, Bd. I, 323–345.
- Ders., Bemerkungen zum Begriff der Offenbarung, in: Ders./J. Ratzinger, Offenbarung und Überlieferung (QD 25), Freiburg-Basel-Wien 1965, 11–24.
- Ders., Grundkurs des Glaubens, Freiburg i.Br. ^{9}1977, 122–177.

10. KAPITEL (GLAUBE UND VERNUNFT III)
Wie zuverlässig ist religiöse Erfahrung?
Glaubensgewißheit und Glaubenserfahrung

Gewißheit und Erfahrung

In der neuscholastisch geprägten Theologie unterschied man im Hinblick auf *jede Form von Erkenntnis* folgende Bedeutungen von »Gewißheit«:

1. *objektive Gewißheit,*
2. *subjektive Gewißheit,*
3. *Gewißheit der Zustimmung.*

Objektive Gewißheit bezeichnet ein *sicheres, jede Irrtumsmöglichkeit ausschließendes Wissen.* Dieses Wissen besteht aufgrund objektiver Gewißheitsgründe. Je nach Art dieser Gründe unterschied man weiter in
➤ *metaphysische Gewißheit* (beruhend auf metaphysischen Gesetzmäßigkeiten; Erkenntnis der inneren, logischen Notwendigkeit),
➤ *physische Gewißheit* (beruhend auf physischen Gesetzmäßigkeiten; Erkenntnis der faktischen Gegebenheit),
➤ *moralische Gewißheit* (beruhend auf anthropologischen und geschichtlichen Gesetzmäßigkeiten; Erkenntnis der faktischen Gegebenheit).

Subjektive Gewißheit bezeichnet *psychische Zustände*, die mit der subjektiven *Festigkeit einer Überzeugung* verbunden sind. Sie reicht von der Erfahrung einer Evidenz oder Klarheit bis hin zur einfachen Abwesenheit von Zweifeln.

Gewißheit der Zustimmung bezeichnet die bewußt *gewollte Akzeptanz* einer Behauptung und eine entsprechende *Ausrichtung des Lebens*. Als *Festigkeit der Zustimmung* beinhaltet sie unter Umständen auch den willentlichen Ausschluß weiterer Zweifel, die – so nahm man an – außer bei metaphysischer Gewißheit immer möglich bleiben.

Anhand dieser Unterscheidungen läßt sich die grundlegende erkenntnistheoretische Problematik der Gewißheit verdeutlichen. Den Ausgangspunkt hierzu bildet folgende traditionelle Überlegung: Ist etwas objektiv gewiß, dann erscheint die Gewißheit bzw. Festigkeit der Zustimmung als moralisch und rational geboten. Denn es wäre unvernünftig und moralisch unverantwortlich, sich gegen objektiv sicheres Wissen zu stellen. Wie aber wird objektiv sicheres Wissen erreicht? Die traditionelle Antwort lautet: durch Einsicht in die logische Notwendigkeit oder faktische Gegebenheit des behaupteten Sachverhaltes. Aber was ist das Kriterium dafür, daß diese Einsicht wirklich vorliegt und eine Täuschung definitv ausgeschlossen ist? Oder anders gefragt: *Welcher Art ist die Gewißheit jener Einsicht, die garantieren soll, daß objektive Gewißheit gegeben ist?*

Dies kann nicht noch einmal die *objektive Gewißheit* sein, da sonst entweder ein infiniter Begründungsregreß (objektive Gewißheit beruht auf einer Einsicht, die objektiv gewiß ist, weil sie auf einer Einsicht beruht, die objektiv gewiß ist, weil sie ...) oder ein Zirkelschluß entsteht (objektive Gewißheit und Einsicht begründen sich gegenseitig).

Es kann aber auch nicht die *Gewißheit der Zustimmung* sein. Denn eine behauptete Einsicht vermag nicht deswegen objektiv gewiß zu sein, weil ihr mit Festigkeit zugestimmt wird.

Kann also die *subjektive Gewißheit* die Garantie für objektive Gewißheit bilden? Auch dies scheidet offensichtlich aus, weil wir nicht selten die Erfahrung machen, daß uns etwas subjektiv gewiß ist, also mit Erlebnissen von Evidenz, Klarheit oder Zweifelsfreiheit verbunden ist, obwohl es sich später als falsch herausstellt. Andererseits läßt sich jedoch fragen, wie sich für uns etwas überhaupt als falsch herausstellen kann, wenn nicht wiederum durch subjektive Gewißheit?

Nehmen wir folgendes Beispiel: Angenommen, ich sitze in der U-Bahn und bin subjektiv gewiß, in nördlicher Richtung zu fahren. Bei der nächsten Haltestelle merke ich, daß ich versehentlich in die falsche Bahn eingestiegen und daher in südlicher Richtung gefahren bin. Meine subjektive Gewißheit, in die richtige Richtung zu fahren, war keine Garantie für eine objektive Gewißheit. Aber diese Feststellung kann ich nur deshalb machen, weil ich nun erneut subjektiv gewiß bin, mich in Wahrheit südlich anstatt nördlich von meinem Einstiegsbahnhof zu befinden. Ist nun diese neuerliche subjektive Gewißheit eine Garantie für objektive Gewißheit? Könnte es nicht auch diesmal – wenn auch vielleicht auf einer grundsätzlicheren Ebene – der Fall sein, daß mich meine subjektive Gewißheit trügt? Ich höre die Ansage, daß ich mich am U-Bahnhof »Odeonsplatz« befinde, und ich sehe die entsprechenden Schilder. Ich erinnere mich, daß ich am U-Bahnhof »Universität« eingestiegen bin. Ich habe gelernt, daß sich die Haltestelle »Odeonsplatz« südlich von der Haltestelle »Universität« befindet, und meine Erfahrung hat dies kontinuierlich bestätigt. Bietet also meine neue subjektive Gewißheit, in Wahrheit in südlicher Richtung gefahren zu sein, nach dieser Vergewisserung eine Garantie für die objektive Gewißheit des Sachverhalts? Vom *Skeptizismus* sind auch hiergegen Einwände vorgebracht worden: Wie sicher ist es, daß uns unsere Sinneserfahrung ein korrektes Bild der Wirklichkeit vermittelt? Könnte es nicht der Fall sein, daß wir bei der Sinneswahrnehmung einer grundsätzlichen Täuschung unterliegen? Präsentieren uns nicht die Sinne eine künstliche Scheinwelt? Wir nehmen eine Tischplatte als festen Gegenstand wahr. Die Physik belehrt uns jedoch darüber, daß es sich hierbei in Wirklichkeit um eine höchst bewegte Ansammlung von Atomen handelt. Natürlich sind wir auch zu dieser physikalischen Einsicht nur dadurch gekommen, daß wir grundsätzlich von der Zuverlässigkeit unserer Sinneswahrnehmung ausgehen. Aber handelt es sich deshalb um objektive Gewißheit? Ist wirklich jede Irrtumsmöglichkeit ausgeschlossen? Vielleicht präsentieren uns die Sinne nicht nur partiell eine Scheinwirklichkeit, sondern überhaupt. Und wie zuverlässig ist unser Erinnerungsvermögen? Natürlich stellen wir oft fest, daß uns unser Gedächtnis getäuscht hat. Aber könnte es nicht auch grundsätzlich denkbar sein, daß alles Täuschung ist? Auch wenn an allem gezweifelt wird, so DESCARTES, dann bleibt es doch zumindest gewiß, daß der Zweifel existiert. Aber worum handelt es sich bei diesem berühmten Antwortversuch auf den Skeptizismus? Entweder ist die Auskunft von DESCARTES tautologischer Natur (»wenn Zweifel, dann Zweifel«). Dann aber sagt sie nichts über die Wirklichkeit aus. Oder sie beruht wiederum lediglich auf subjektiver Gewißheit (»wenn ich zweifle, dann ist es für mich evident, daß ich zweifle, und daher objektiv gewiß«).

Angesichts dieser Problematik liegt die Versuchung nahe, sich einfach auf die nicht weiter begründbare Behauptung zurückziehen, daß subjektive Gewißheit – zumindest in bestimmten Fällen (etwa im Fall logischer Schlußfolgerung und einiger grundlegender Wahrnehmungen) – eben objektive Gewißheit *garantiert*. Doch erneut entsteht die Frage, welche Gewißheit denn dieser Behauptung zukommt – und vermutlich ist dies dann letztlich doch die Gewißheit bzw. Festigkeit der Zustimmung: Ich schließe bewußt und willentlich jeden weiteren Zweifel aus. Gemessen am Ideal objektiver Gewißheit läuft diese Lösung auf eine völlige Kapitulation hinaus. Und doch verweist sie in die richtige Richtung: Unser Vertrauen, daß uns Wahrnehmung in Kontakt mit der Wirklichkeit bringt, und unser Vertrauen, daß logische Schlußfolgerung bei der Erkenntnis der Wirklichkeit hilft, ist nichts anderes als genau dies: *Es ist ein Akt des Vertrauens, es ist ein Glaube.* Mit anderen Worten, das Vertrauen in die Zuverlässigkeit unserer grundlegenden Erkenntnismittel hat in der Tat etwas mit der *Gewißheit* bzw. der *Festigkeit der Zustimmung* zu tun. Der skeptische Zweifel kann nicht theoretisch überwunden, aber aus pragmatischen Gründen ausgeschlossen werden.

Eine solche **pragmatische Rechtfertigung** unseres Vertrauens in Wahrnehmung und Schlußfolgerung beruht im wesentlichen auf zwei Säulen:
1. *Das Prinzip der Praktikabilität*: Eine radikale Skepsis, die alles bezweifelt, ist im *Alltag* nicht durchzuhalten. Mit jeder einzelnen Handlung setzen wir impli-

zit die Gültigkeit bestimmter Überzeugungen voraus. Die praktische Nutzlosigkeit des umfassenden Zweifels bezeichnete HUME als den »vernichtendsten Einwand« gegen einen übertriebenen Skeptizismus. Dessen große Überwinder seien »Handlung, Beschäftigung und die Verrichtungen des täglichen Lebens«.

2. *Das Prinzip der Verläßlichkeit*: Ein »Prinzip des grundsätzlichen Zweifels« kann kein brauchbares Kriterium zur Unterscheidung zwischen vernünftiger und unvernünftiger Überzeugung sein. Nach einem solchen Prinzip wäre immer nur der Zweifel rational. Es gäbe auf diesem Weg niemals die Möglichkeit, den Zweifel berechtigterweise einzuschränken. Anders verhält es sich hingegen, wenn man ein grundsätzliches Vertrauen in Wahrnehmung und Schlußfolgerung setzt. Ein solches »Prinzip der Verläßlichkeit« (HICK, SWINBURNE u. a.) geht davon aus, daß es berechtigt ist, der Wahrnehmung und Schlußfolgerung zu vertrauen, solange nicht schwerwiegende Einwände dagegen sprechen. Solche Einwände werden sich jedoch ihrerseits auf Wahrnehmung und Schlußfolgerung stützen und setzen daher auch in dieser kritischen Funktion das »Prinzip der Verläßlichkeit« voraus. Beispielsweise kann ich den Irrtum, mit der U-Bahn in die richtige Richtung gefahren zu sein, nur deswegen als Irtum erkennen, weil ich grundsätzlich der Zuverlässigkeit meiner Wahrnehmungen und Schlußfolgerungen vertraue. Somit erlaubt das »Prinzip der Verläßlichkeit« sowohl Bestätigung als auch Kritik unserer Überzeugungen. Während also auf der Basis eines grundsätzlichen Zweifels an der Zuverlässigkeit von Wahrnehmung und Schlußfolgerung eine Selbstkorrektur ausgeschlossen ist, wird diese durch das Vertrauen in die Zuverlässigkeit von Wahrnehmung und Schlußfolgerung ermöglicht. Daher ist nur das Prinzip der Verläßlichkeit, nicht aber ein »Prinzip des grundsätzlichen Zweifels« für eine Unterscheidung von Rationalität und Irrationalität geeignet.

Nach dieser allgemeinen Diskussion von Gewißheit und Erfahrung können wir nun zu der spezifisch theologischen Problematik der Glaubensgewißheit übergehen. Als *bisheriges Ergebnis* lassen sich folgende Punkte festhalten:

1. Der Anspruch auf objektive Gewißheit im Sinne eines jede Irrtumsmöglichkeit ausschließenden Wissens kann nicht eingelöst werden.
2. Die Unterscheidung, ob es vernünftig oder unvernünftig ist, eine bestimmte Überzeugung zu vertreten, läßt sich daher nicht an der Herstellung objektiver Gewißheit festmachen, sondern basiert auf dem Vertrauen in eine grundsätzliche Zuverlässigkeit von Wahrnehmung und Schlußfolgerung.
3. Es gibt somit keinen scharfen Gegensatz zwischen Glauben und Wissen, sondern bestenfalls einen graduellen Unterschied: All unserem Wissen inhäriert ein Element des Glaubens.

Glaubensgewißheit

Die mit dem instruktionstheoretischen Verständnis von Offenbarung verbundene Vorstellung einer doppelten Erkenntnisordnung (→ 9. Kapitel) führt zu folgender Problemstellung: Worauf gründet der Glaube? Gründet er auf der Offenbarung Gottes, oder gründet er auf den Einsichten menschlicher Vernunft, die feststellt, daß Gott existiert und Offenbarung ergehen ließ? Die Antwort erscheint zunächst denkbar einfach: Der Glaube gründet auf beidem. Der Glaube an die Existenz Gottes und an das Ergangensein von Offenbarung gründet auf der Einsicht menschlicher Vernunft, der Glaube an das von Gott Geoffenbarte gründet auf der Offenbarung und damit letztlich in Gott selbst. Und doch liegt in dieser scheinbar einfachen Antwort eine erhebliche Problematik, die die neuzeitliche Theologie bis in die Gegenwart hinein zutiefst beschäftigt. Das Problem wird sichtbar, wenn man die Frage nach dem Grund des Glaubens unter dem Aspekt der Gewißheit des Glaubens erneut stellt. In der Theologie wird diese Problematik unter dem Namen »analysis fidei« (»Glaubensanalyse«) behandelt.

Das Problem der »analysis fidei«

Trotz des großen Vertrauens, das Philosophie und Theologie der Neuzeit in die Fähigkeiten der Vernunft setzten, war man freilich nicht blind für ihre Irrtumsanfälligkeit. Gemessen an der Allwissenheit Gottes erschienen die Möglichkeiten menschlicher Vernunft hinsichtlich irrtumsloser Erkenntnisse doch eher begrenzt. Selbst wenn man davon ausging, daß Wahrnehmung und Schlußfolgerung zu objektiver Gewißheit führen können, blieb immer noch das Problem, daß unser dadurch hergestelltes Wissen begrenzt ist. Allein schon aufgrund der nur begrenzten Reichweite menschlicher Erkenntnis mußte deren Gewißheit doch insgesamt niedriger eingestuft werden als die Gewißheit göttlicher Erkenntnis. Denn bei Gott ist jeder Irrtum absolut ausgeschlossen. Beim Menschen hingegen können selbst sichere Einsichten aufgrund der Begrenztheit des Wissens zu irrigen Annahmen führen. Wenn nun aber der Glaube sowohl auf menschlicher Vernunft als auch auf dem durch Offenbarung übermittelten göttlichen Wissen gründet, wie steht es dann angesichts dieser unterschiedlichen Gewißheit von menschlicher Vernunfterkenntnis und göttlichem Wissen um die Gewißheit des Glaubens?

An dieser Stelle des Problems führte man die Unterscheidung zwischen dem eigentlichen »Glauben« und der bloßen »Glaubwürdigkeitserkenntnis« ein und ordnete die unterschiedlichen Gewißheiten folgendermaßen zu:

▶ Die *Gewißheit des Glaubens* (*certitudo fidei*), das heißt der geoffenbarten Glaubensgeheimnisse, gründet auf göttlicher Offenbarung und damit in Gott selbst. Daher handelt es sich hierbei um eine »untrügliche«, »unüberbietbare«, ja »absolute« Gewißheit.

▶ Die *Gewißheit der Glaubwürdigkeitserkenntnis* (*certitudo credibilitatis*), das heißt der Existenz Gottes und des Ergangenseins von Offenbarung, gründet auf vernünftiger Einsicht. Bei ihr handelt es sich um eine menschenmöglich hohe Gewißheit, die allerdings in jedem Fall geringer bleibt als die auf göttlicher Offenbarung gründende »certitudo fidei«. Das heißt, selbst als objektive Gewißheit bleibt sie weit hinter der absoluten Gewißheit zurück.

Mit dieser Unterscheidung war das Problem jedoch alles andere als gelöst. Vielmehr wird es hierdurch erst voll und ganz deutlich. Da nämlich die Glaubwürdigkeitserkenntnis dem eigentlichen Glauben vorausgehen muß, stellt sich das »logisch unüberwindbare« (Rahner) Problem, wie die geringere Gewißheit Basis einer höheren Gewißheit sein könne: Wie soll die Gewißheit einer von Gott mitgeteilten Offenbarung *für den Menschen* größer sein können als die mit der menschlichen Vernunft erreichbare Gewißheit hinsichtlich der Existenz Gottes bzw. des Ergangenseins von Offenbarung? Jede Kette ist nur so stark wie ihr schwächstes Glied. Dies gilt auch für die Argumentationskette in der Glaubensbegründung. Wird damit nicht aber die »unbedingte Gewißheit (der Glaubenszustimmung) zerstört und der Glaube schließlich auf das Maß menschlicher Vernunfterkenntnis reduziert« (E. Kunz)?

Im Rahmen der neuscholastisch geprägten Theologie ging man davon aus, daß die *Existenz Gottes* mit *metaphysischer und/oder physischer Gewißheit* erkannt werden könne (mit metaphysischer Gewißheit dann, wenn man das ontologische Argument akzeptierte; → 6. Kapitel). Auch das *Ergangensein von Offenbarung* sei mit objektiver Gewißheit, allerdings lediglich mit ihrer Unterform der *moralischen Gewißheit* erkennbar. Denn hier mußte ja bei der Glaubwürdigkeitsbegründung unvermeidlich auf die Glaubwürdigkeit der Zeugen zurückgegriffen werden. Jede Argumentation in diesem Feld war somit gezwungen, sich auf die Behauptung anthropologischer und geschichtlicher Gesetzmäßigkeiten zu stützen (z. B. daß ein Mensch, der bereit ist, für seine Überzeugung zu sterben, diese Überzeugung nicht vortäuscht etc.). Die grundsätzliche Problematik der »analysis fidei« verschärfte und konkretisierte sich folglich durch die von der Aufklärung vorgebrachte *Offenbarungskritik* sowie durch die *Einwände gegen die Gottesbeweise*.

Lessings Wort vom »garstig breiten Graben« der Geschichte ist hierfür zum Symbol geworden (→ 9. Kapitel): Wir haben unsere Kenntnisse über Jesus Christus nur aufgrund historischer Nachrichten, aufgrund der biblischen und außerbiblischen Berichte und der Überlieferung der Kirche(n). Historische Nachrichten können jedoch zahlreiche Ungenauigkeiten, Fehler, Irrtümer, Phantasien usw. enthalten, und wir verfügen lediglich über die in diesem Fall höchst begrenzten Möglichkeiten menschlicher Vernunft zu ihrer Entdeckung.

Wenn aber alles, was wir über Jesus wissen, unvermeidlich mit der Ungewißheit historischer Nachrichten behaftet bleibt, wie soll dann der Glaube an eine durch ihn ergangene Offenbarung von höherer Gewißheit sein? Was genau wurde denn von Jesus selbst gelehrt, und was ist Produkt späterer Gemeindebildung? Die Schwierigkeiten und die Resultate historisch-kritischer Forschung verdeutlichen nur zu sehr, wie ruinös der »garstige Graben« der Geschichte für den traditionellen Anspruch ist, es handle sich bei der Glaubensgewißheit um eine »untrügliche«, »unüberbietbare« und »absolute« Gewißheit. So ist es auch nicht verwunderlich, daß jene Richtung gegenwärtiger Fundamentaltheologie, die nach wie vor darum bemüht ist, durch eine transzendental orientierte »Letztbegründung« einen »unbedingten Verpflichtungscharakter« und eine »unumstößliche Evidenz« des Glaubens zu erweisen, vor allem mit diesem Problem des »garstigen Grabens« ringt (→ 5. Kapitel).

Ein traditioneller Versuch, den Einwand der Ungewißheit aller historischer Nachrichten zu kontern, besteht in der These, daß der Heilige Geist bzw. die göttliche Gnade die Schwachheit der menschlichen Vernunft ausgleiche, indem Gott beispielsweise die Korrektheit der historischen Überlieferung garantiere – sei es bei der Abfassung der biblischen Schriften, sei es bei der Entwicklung der kirchlichen Glaubenslehre –, oder indem er der individuellen Einsicht in das Faktum seiner Offenbarung nachhelfe. Man konnte so argumentieren, weil man die Existenz Gottes als metaphysisch und/oder physisch gewiß ansah. Es legte sich dann der folgende Schluß nahe: Wenn Gott, den es mit Sicherheit gibt, Offenbarung ergehen lassen will, dann wird er auch dafür Sorge tragen, daß diese Offenbarung unverfälscht bewahrt und sicher erkannt werden wird. Noch mehr als durch LESSINGS »garstigen Graben« wird daher die Problematik der »analysis fidei« durch die *Kritik der Gottesbeweise* verschärft. Denn wenn die Glaubwürdigkeitserkenntnis schon hinsichtlich der Existenz Gottes nicht zu dem Ergebnis eines sicheren Beweises seiner Existenz gelangt, dann ist selbstverständlich auch das Ergangensein von Offenbarung ungewiß.

Beides, die Existenz Gottes und das Ergangensein von Offenbarung, lassen sich somit angesichts der heutigen Diskussionslage lediglich als rational berechtigte Hypothesen, als mögliche Wahrheiten vertreten und glauben. Aber wenn sich durch eine solche hypothetische Glaubensrechtfertigung schon keine objektive Gewißheit im Sinne sicheren Wissens herstellen läßt, wie sollte sie dann zu einer »untrüglichen«, »unüberbietbaren« und »absoluten« Glaubensgewißheit führen können? Es bleibt offensichtlich keine andere Wahl, als diesen Anspruch aufzugeben und »sowohl den Aussagen der Dogmatik als auch den Behauptungen der durch sie dargestellten christlichen Lehren wissenschaftstheoretisch den Status der Hypothese« zuzuschreiben (PANNENBERG, Systematische Theologie I, 66).

Glaube ohne objektive Gewißheit

Gibt man den Anspruch auf objektive Gewißheit auf, dann verschwindet das Problem der »analysis fidei« mitsamt seinen Verschärfungen durch LESSINGS »garstigen Graben« und die Kritik der Gottesbeweise. Doch welche Konsequenzen ergeben sich daraus für das Verhältnis von

1. Glaube und Offenbarung,
2. Glaube und Wissen,
3. Glaube und Erfahrung?

Glaube und Offenbarung: Die oben gestellte Ausgangsfrage lautet, ob der Glaube auf Offenbarung oder auf menschlicher Vernunft gründet. Was bedeutet der Verzicht auf den Anspruch absoluter und sogar »bloß« objektiver Gewißheit für die Beantwortung dieser Frage? Wird damit nicht eine Rückführung des Glaubens auf Offenbarung völlig unmöglich? Dies wäre nur dann der Fall, wenn man an der mit dem instruktionstheoretischen Paradigma verbundenen Vorstellung von zwei Erkenntnisordnungen festhielte. Wie gezeigt (→ 9. Kapitel), erlaubt das personalistische Paradigma jedoch eine Überwindung gerade dieser Vorstellung. Das heißt, *jede Gotteserkenntnis* – unabhängig davon, wie der Mensch sie erlangt – *geht, wenn sie echt ist, auf göttliche Selbsterschließung zurück*. Oder anders gesagt: Es gibt eine wie auch immer geartete Gotteserkenntnis nur deshalb, weil sich Gott dem Menschen erkennbar macht. Ohne eine solche Selbstoffenbarung Gottes wäre Gotteserkenntnis ausgeschlossen. Und dies ist selbstverständlich auch dann noch der Fall, wenn Gott sich dem Menschen auf eine Art und Weise zu erkennen gibt, mit der keine objektive Gewißheit hergestellt wird, auf eine Weise also, die – mit PASCAL gesprochen – sowohl genug Licht für einen berechtigten Glauben gibt als auch genug Finsternis für einen berechtigten Unglauben enthält (→ 9. Kapitel). Der Offenbarungsbegriff erlangt dann eine doppelte Funktion:

▶ Zum einen bezeichnet »Offenbarung« nach wie vor den *Grund des Glaubens*: Gott wird nur deshalb erkannt – glaubend erkannt –, weil er sich zu erkennen gibt. Aber er gibt sich eben auf eine Weise zu erkennen, die nicht zu sicherem Wissen führt, sondern gerade den Glauben ermöglicht.

▶ Zum anderen bezeichnet »Offenbarung« selbst einen Glaubensgegenstand: Gotteserkenntnis auf göttliche Selbsterschließung zurückzuführen, ist *Ausdruck des Glaubens* an die Echtheit dieser Gotteserkenntnis.

Glaube und Wissen: Durch den Verzicht auf den Anspruch objektiver Gewißheit degeneriert der Glaube keineswegs zu einem bloßen, bedeutungslosen Meinen, das als solches weit hinter dem sicheren Wissen zurückbliebe. Diese Konsequenz wäre nur dann gegeben, wenn man an der grundsätzlichen Möglichkeit objektiver Gewißheit festhielte. Indem sich jedoch diese Möglichkeit als illusorisch erweist, ist ein an objektiver Gewißheit orientierter Wissensbegriff zu verabschieden: »Alles Wissen ist nur Vermutungswissen« (POPPER) und ist daher – wie bereits erwähnt – vom Glauben bestenfalls nur *graduell verschieden.*

Die Besonderheit des religiösen und vor allem des christlichen Glaubens wird nicht zu Unrecht häufig mit *interpersonalem Wissen* verglichen, das heißt, mit der Art und Weise wie Personen wechselseitig um ihre Haltung zueinander wissen. Die entscheidende Ähnlichkeit liegt im Akt des *Vertrauens.* Denn der hypothetische Charakter des Glaubens, daß sich Gott vom Menschen erkennen läßt, schließt nicht aus, sondern ein, daß sich der Glaubende vertrauend auf Gott einläßt. Wo die transzendente Wirklichkeit Gottes dabei in Analogie zur Personalität des Menschen gedacht und erfahren wird (→ 4. Kapitel), legt sich der Vergleich mit dem interpersonalen Wissen nahe.

Der Vergleich mit interpersonalem Wissen verweist zugleich auf den legitimen und genuinen Ort der Glaubensgewißheit. Denn auch über die innere Haltung einer anderen Person gibt es keine objektive Gewißheit, und dennoch kann man sich der Liebe einer anderen Person völlig gewiß sein. Diese *subjektive Gewißheit* ist nicht Ausdruck einer objektiven Gewißheit, sondern der *Gewißheit der Zustimmung.* Einer anderen Person zu vertrauen, bedeutet, an ihr nicht zu zweifeln, obwohl Zweifel möglich wäre. Andererseits gibt es auch im interpersonalen Bereich Grenzen des Vertrauens. Wird dieses häufig mißbraucht, dann wird es schwierig und unvernünftig, den Zweifel bewußt und willentlich auszuschließen. In ähnlicher Weise kann der Hinweis auf den Vertrauenscharakter des Glaubens nicht dazu dienen, die Frage nach seiner Berechtigung der kritischen Überprüfung zu entziehen.

Glaube und Erfahrung: Der Verzicht auf den Anspruch objektiver Gewißheit besagt nicht, daß der Glaube damit zu einer Sache blanker Theorie erklärt würde. Vielmehr steht auch der Glaube in einem engen Zusammenhang mit Erfahrung. Oder genauer gesagt: Es gibt spezifisch religiöse *Glaubenserfahrung.* Im Glauben auf Gott sein Vertrauen zu setzen, ist eine Sache der Erfahrung. Und in einem weit gefaßten Sinn läßt sich sagen, daß Glaubenserfahrung bzw. religiöse Erfahrung das Lebensblut der Religion schlechthin ist.

Insofern Offenbarung der Grund des Glaubens ist, *erreicht Offenbarung den Menschen in Gestalt von Glaubenserfahrung.* Unabhängig davon, ob man Offenbarung nun im instruktionstheoretischen Sinn als Mitteilung satzhafter Wahrheiten oder im personalistischen Sinn als göttliche Selbstmitteilung versteht, setzt Offenbarung auf Seiten des Menschen einen Offenbarungsempfang voraus, der sich nicht anders denn als Glaubenserfahrung bzw. religiöse Erfahrung beschreiben läßt.

Wie aber können die religiösen Glaubensüberzeugungen einerseits als eine Sache der Erfahrung und andererseits als Hypothesen bezeichnet werden? Ist dies nicht ein Widerspruch? Erneut gilt, daß sich diese Frage nur dann stellt, wenn man von der grundsätzlichen Möglichkeit objektiver Gewißheit ausgeht und die Erfahrung, insbesondere die Sinneserfahrung, als eine Quelle objektiver Gewißheit betrachtet. Nur dann wäre es widersprüchlich, einerseits vom hypothetischen Charakter der Glaubensüberzeugungen und andererseits von ihrer Erfahrbarkeit zu sprechen. Dieser Widerspruch löst sich jedoch auf, wenn anerkannt wird, daß auch gewöhnliche Erfahrung lediglich zu hypothetischem Wissen führt. Wenn angesichts der Herausforderung durch den Skeptizismus eingeräumt werden muß, daß es letzlich eine Sache des Vertrauens ist, von einer grundsätzlichen Verläßlichkeit unserer Wahrnehmung auszugehen, dann stehen Glaubenserfahrung und Sinneserfahrung offensichtlich in einer gewissen Kontinuität zueinander. So wie die allgemeine Frage nach Gewißheit in die Frage nach der Zuverlässigkeit unserer Erfahrung mündet, mündet also die Frage nach der spezifisch religiösen Glaubensgewißheit in die Frage nach der Zuverlässigkeit der religiösen Erfahrung.

Glaubenserfahrung

Formen und Verbreitung religiöser Erfahrung

Was als eine »religiöse Erfahrung« gelten soll, ist nicht leicht zu *definieren*, da eine Definition religiöser Erfahrung an den Problemen einer Definition von »Religion« partizipiert. Wenn jedoch für einen christlich rezipierbaren Religionsbegriff dem Glauben an eine transzendente Wirklichkeit eine tragende Rolle zukommt (→ 2. Kapitel), dann kann in diesem Sinn eine Erfahrung dann als religiös gelten, wenn in ihr diese transzendente Wirklichkeit unmittelbar oder mittelbar vorkommt.

RICHARD SWINBURNE hat die **unterschiedlichen Formen religiöser Erfahrung** auf hilfreiche Weise in fünf Arten eingeteilt:
 1. Religiöse Erfahrung auf der Basis *normaler, öffentlich zugänglicher* Gegebenheiten. Das heißt, jeder, der anwesend ist, kann dieselben Gegebenheiten ebenfalls wahrnehmen, aber derjenige oder diejenige, die hierbei eine religiöse Erfahrung hat, nimmt in oder durch diese Gegebenheiten eine übernatürliche Wirklichkeit wahr. Jemand sieht also zum Beispiel einen klaren nächtlichen Sternenhimmel und erfährt diesen als einen überwältigenden Ausdruck der Majestät Gottes. Oder um ein anderes Beispiel zu nennen: Alttestamentliche Propheten haben nicht selten bestimmte politische Ereignisse als von Jahwe geführt erfahren. So erfährt Jesaja etwa die plötzliche Beendigung der Belagerung Jerusalems durch den Assyrer Sanherib (im Jahre 701 v.Chr.) als ein göttliches Rettungshandeln.
 2. Religiöse Erfahrung auf der Basis *außergewöhnlicher, aber öffentlich zugänglicher* Gegebenheiten. In diese Gruppe von Erfahrungen gehört zum Beispiel

das Erlebnis eines Wunders, wobei es hier jedoch mehr auf den außergewöhnlichen Charakter des Ereignisses ankommt als darauf, ob wirklich die Durchbrechung eines Naturgesetzes vorliegt. Es geht also beispielsweise um den Fall, daß jemand unter einer stark fortgeschrittenen Krebserkrankung leidet, und nach einem Gebet um Heilung kommt es zu einer völlig überraschenden und unerwarteten Besserung. Die eine erfährt dies als ein Wirken Gottes, der andere sieht darin lediglich ein sonderbares, unerklärtes Ereignis.

3. Religiöse Erfahrung auf der Basis *nicht öffentlich zugänglicher* bzw. *rein mentaler* Gegebenheiten, die sich *in normaler Sprache* beschreiben läßt. Hierzu gehören etwa religiöse Erlebnisse im Traum, wie zum Beispiel der Traum Josefs, in dem ihm ein Engel als Gesandter Gottes erscheint und sagt, er solle Maria zur Frau nehmen. Oder beispielsweise religiöse Visionen und Auditionen, wie sie in großer Zahl in allen religiösen Traditionen immer wieder berichtet werden. Charakteristisch ist, daß eine solche Vision oder Audition nur von demjenigen wahrgenommen wird, der diese Erfahrung macht. Andere Menschen, die vielleicht ebenfalls anwesend sind, sehen und hören davon nichts.

4. Religiöse Erfahrung auf der Basis *nicht öffentlich zugänglicher* bzw. *rein mentaler* Gegebenheiten, die sich *nicht in normaler* Sprache beschreiben läßt. Auch diese Form von religiöser Erfahrung bezieht sich auf spezifische innere Ereignisse. Allerdings läßt sie sich, wie etwa die Mystiker häufig bezeugen, nur in entfernten Vergleichen oder eben überhaupt nicht mehr beschreiben.

5. Religiöse Erfahrung die *nicht durch bestimmte Gegebenheiten vermittelt* ist und daher auch *keinen Ereignischarakter* trägt. Hier wäre beispielsweise an ein eher unspezifisches Grundgefühl zu denken, wie etwa das unbestimmte, aber unter Umständen dennoch sehr starke Gefühl der Gegenwart Gottes im eigenen Leben, ohne daß man sagen könnte, auf welches konkrete Ereignis oder auf welchen Sachverhalt sich dieses Gefühl stützt. Oder etwa auch das von SCHLEIERMACHER zur Basis von Religion überhaupt erhobene Grundgefühl »schlechthinniger Abhängigkeit« von Gott.

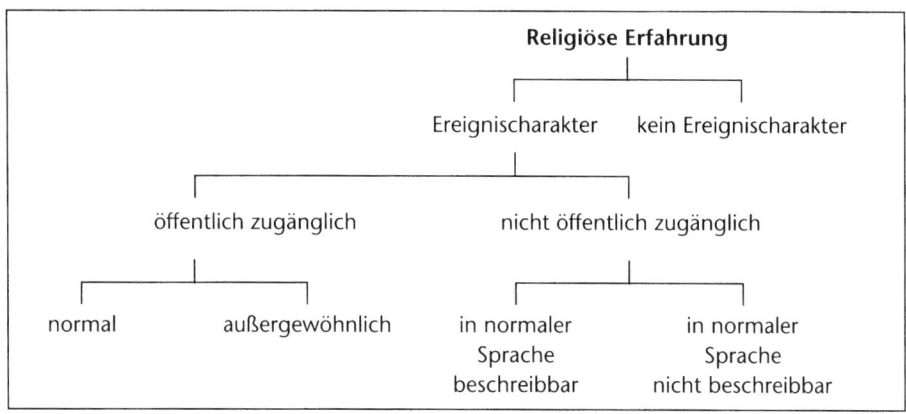

Einteilung der religiösen Erfahrung nach R. SWINBURNE

Religiöse Erfahrung und Sinneserfahrung

Nimmt man all die Formen religiöser Erfahrung zusammen, dann ist es unbestritten, daß eine sehr große Zahl von Menschen aller Zeiten, Kulturen und Religionen religiöse Erfahrungen gemacht hat. Freilich gibt es diesbezüglich bisher nur wenige statistische Erhebungen. Doch erste Untersuchungen (z.B. von DAVID HAY) bestätigen die These einer sehr starken Verbreitung religiöser Erfahrung. In fundamentaltheologischer Hinsicht stellt die weite Verbreitung religiöser Erfahrung ein bedeutsames Argument gegen eine *Präsumption des Atheismus* dar. ANTONY FLEW hat vorgeschlagen, in Analogie zur juristischen Bedeutung der Unschuldsvermutung, die Präsumption des Atheismus als grundlegend zu betrachten. Denn da man die Existenz Gottes nirgendwo empirisch feststelle, müsse nicht der Atheist seinen Atheismus begründen, sondern nur der Theist seinen Glauben an Gott. Die Beweislast und Beweispflicht liege also eindeutig und einseitig beim Gläubigen. Dieser These läßt sich unter Berufung auf die Existenz und Verbreitung religiöser Erfahrung widersprechen. FLEW selbst hat die Relevanz dieses Gegenarguments eingeräumt, es jedoch zugleich mit der Bemerkung abgewehrt, religiöse Erfahrung stelle nicht wirklich eine Art der Wahrnehmung (»a kind of perceiving«) dar. Damit ist das entscheidende Problem berührt: *Lassen sich Sinneswahrnehmung und religiöse Erfahrung parallelisieren?* Dahinter steht die Frage, ob man das für die Rationalität konstitutive Prinzip der Verläßlichkeit von Sinneserfahrung auch auf religiöse Erfahrung übertragen kann. Mit anderen Worten: Ist es ähnlich vernünftig, grundsätzlich auf einen Realitätsgehalt religiöser Erfahrung zu vertrauen, wie es vernünftig ist, grundsätzlich darauf zu vertrauen, daß uns unsere Sinneswahrnehmung tatsächlich in Kontakt mit der Wirklichkeit bringt? Die Bejahung oder Verneinung dieser Frage hängt vom Ausmaß der Parallelität zwischen Sinneserfahrung und religiöser Erfahrung ab. In der gegenwärtigen Religionsphilosophie genießt dieses Problem außerordentlich starke Aufmerksamkeit.

1. Das wichtigste Argument für die *Verläßlichkeit religiöser Erfahrung* besteht in dem Nachweis einer grundsätzlichen *Strukturparallelität*. Zunächst ist festzuhalten, daß in jeder Form von Erfahrung ein Element der Interpretation mitschwingt. Das heißt, wenn wir etwas erfahren, dann erfahren wir es immer *als* dieses oder jenes. Wenn wir vor unseren Augen ein Buch sehen, dann erfahren wir nicht einfach das Vorliegen irgendwelcher optischer Sinnesreize. Wir nehmen vielmehr das, was wir in diesem Fall wahrnehmen, *als* ein Buch wahr. Dieser Akt der Interpretation geschieht nicht erst nachträglich zur Erfahrung, sondern im Augenblick der Erfahrung selbst. Erfahrung ist somit *interpretierte Wahrnehmung*.

Das interpretative Element in der Erfahrung ist keineswegs vollständig durch die Wahrnehmungsdaten festgelegt. Vielmehr handelt es sich hierbei um eine kreative und in gewissen Grenzen freie Leistung des erfahrenden Bewußtseins.

Dies wird besonders deutlich durch die sogenannten Vexierbilder. So kann etwa die folgende Abbildung entweder als Hase (der nach rechts blickt) oder als Ente (die nach links blickt) gesehen werden.

Vermutlich wird niemand in diesem Vexierbild statt eines Hasen oder einer Ente ein Auto oder ein Flugzeug sehen. Die Freiheit bzw. der Spielraum der Interpretation ist also durchaus durch die Art der Wahrnehmungseindrücke begrenzt. Doch kann diese interpretative Freiheit erheblich zunehmen, wenn die Erfahrungsgegenstände komplexer werden. Wenn beispielsweise nicht ein einfacher Gegenstand, sondern eine ganze Situation erfahren wird, eine Situation, in die frei handelnde Menschen involviert sind, wird die Bandbreite unterschiedlicher Interpretations- und damit Erfahrungsmöglichkeiten wesentlich größer. Es ist eine psychologische Binsenweisheit, daß ein und dieselbe Situation von den beteiligten Personen auf teilweise höchst verschiedene Weise erfahren werden kann.

Der interpretative Spielraum im Akt der Erfahrung wird jedoch nicht nur durch die Wahrnehmungsdaten und die Komplexität des Wahrgenommenen bestimmt, sondern auch durch die zur Verfügung stehenden Kategorien und Begriffe. Diese sind in hohem Maße vom jeweiligen Lebenskontext des Erfahrenden abhängig. So könnte beispielsweise jemand, der aus einem Land stammt, in dem es weder Hasen noch Enten gibt, und der beides noch nie gesehen hat, in unserem Vexierbild weder einen Hasen noch eine Ente erblicken. Jemand, der in einer schriftlosen Kultur lebt, könnte ein Buch, das man ihm zeigt, nicht als ein Buch sehen. Und erst recht nicht könnte er eine wissenschaftliche Konferenz als eine wissenschaftliche Konferenz oder eine katholische Messe als katholische Messe wahrnehmen.

Ein interpretatives Element wohnt jeder Art von Erfahrung inne. Dies gilt sowohl für die gewöhnliche Sinneserfahrung als auch für religiöse Erfahrung. Und genau dies ist der Grund dafür, daß Erfahrung *irrig sein kann*. Mit anderen Worten, die im Akt der Erfahrung geleistete Interpretation kann dem Gegenstand der Erfahrung inadäquat und somit falsch sein. Bereits die Auffassung, daß unseren Sinneserfahrungen überhaupt Gegenstände zugrunde liegen, daß wir also deshalb bestimmte Wahrnehmungseindrücke haben, weil wir durch die Sinne in Kontakt mit einer realen Außenwelt stehen, ist eine solche, normalerweise unbewußt vollzogene Interpretation im Akt der Erfahrung. Zwingend beweisen läßt sich die Existenz der Außenwelt nicht, wie es die Geschichte der Auseinandersetzung mit Skeptizismus und Solipsismus gezeigt hat. Es handelt sich vielmehr um einen normalerweise unbewußt vollzogenen *Glauben*, eine als wahr erachtete Interpretation im Akt der Sinneserfahrung. In analoger Weise hat JOHN HICK den lebendigen religiösen Glauben als das interpretative Element innerhalb der religiösen Erfahrung bestimmt. So wie der Sinneserfahrung die Interpretation zugrunde liegt, in Kontakt mit einer realen Außenwelt zu stehen, liegt der religiösen Erfahrung die Interpretation zugrunde, in Kontakt mit einer realen göttlichen bzw. transzendenten Wirklichkeit zu stehen. Beide Interpretationen lassen sich nicht zwingend als wahr beweisen. Doch so wie es dennoch rational berechtigt ist, grundsätzlich auf einen Realitätsgehalt der Sinneserfahrung zu vertrauen und diese nur dann zu bezweifeln, wenn hierfür gewichtige Gründe vorliegen, ist es nach HICK, SWINBURNE, ALSTON und anderen rational ebenso berechtigt, grundsätzlich auf einen Realitätsgehalt der religiösen Erfahrung zu vertrauen und diese nur dann zu bezweifeln, wenn hierfür gewichtige Gründe vorliegen.

Damit ist freilich nicht gesagt, daß es rational berechtigt sei, allen religiösen Erfahrungen und allen in ihnen mitschwingenden Interpretationen zu vertrauen. Dies ist jedoch auch auf der Ebene der Sinneserfahrung nicht der Fall. Auch hier gilt, daß die Sinne ein Bild der Wirklichkeit vermitteln, das nicht in allen Zügen zuverlässig ist (man denke etwa an das bereits erwähnte Beispiel, daß uns der Tastsinn von bestimmten Objekten den Eindruck vermittelt, sie seien völlig starr und unbewegt, obwohl es sich in Wirklichkeit um eine durchaus bewegte Ansammlung von Atomen handelt). Worum es geht ist vielmehr die Frage, ob es rational berechtigt ist, darauf zu vertrauen, daß wir durch religiöse Erfahrung grundsätzlich in Kontakt mit einer transzendenten Wirklichkeit stehen. Der stärkste Grund, diese Frage kategorisch zu verneinen, würde natürlich darin bestehen, daß sich die Existenz einer transzendenten Wirklichkeit definitv widerlegen läßt. Daher ist die Rationalität des Vertrauens auf religiöse Erfahrung grundsätzlich überhaupt nur dann möglich, wenn es gelingt, grundlegende Einwände gegen die Existenz Gottes abzuwehren und damit die Möglichkeit seiner Existenz offen zu halten.

2. So wie das Plädoyer für die Verläßlichkeit religiöser Erfahrung auf der Behauptung einer grundsätzlichen Strukturparallelität zur Sinneserfahrung basiert, beruht die Bestreitung ihrer Verläßlichkeit auf den Unterschieden zwischen religiöser Erfahrung und Sinneserfahrung. Dabei werden besonders folgende Aspekte ins Feld geführt:

Sinneserfahrung ist *universal*, religiöse Erfahrung nicht. Das heißt, jeder Mensch, der mit gesunden Sinnesorganen ausgestattet ist, hat auch Sinneserfahrungen. Religiöse Erfahrungen werden jedoch – trotz ihrer weiten Verbreitung – offensichtlich nicht von allen Menschen gemacht.

Berichte auf der Basis von Sinneserfahrungen sind prinzipiell einer öffentlichen bzw. *intersubjektiven Überprüfung* zugänglich. Religiöse Erfahrungen scheinen hingegen, auch dann, wenn ihnen allgemein beobachtbare Ereignisse zugrunde liegen, gerade in ihrem religiösen Aspekt privater Natur zu sein. Wenn jemand berichtet, er habe soeben gesehen, daß in der nächsten Straße ein Haus brennt, dann kann man hingehen und nachschauen, ob dies stimmt. Wenn jemand berichtet, ihm sei soeben ein Engel erschienen, dann läßt sich diese Erfahrung nicht durch die Erfahrung anderer Menschen überprüfen.

Während bei Sinneserfahrungen die Beschreibungen der erfahrenen Objekte durch verschiedene Menschen relativ stark *übereinstimmen* – wenn vielleicht auch nicht völlig –, so scheinen sich die religiösen Erfahrungen ebenso stark zu widersprechen. Wenn zum Beispiel Menschen aus unterschiedlichen Kulturen denselben Berg betrachten, werden sie ihn zwar auf charakteristisch verschiedene Weise, zugleich aber auch mit deutlichen Übereinstimmungen beschreiben. Im Bereich der religiösen Erfahrung scheint dies jedoch ganz anders zu sein. Dem Katholiken erscheint Maria, während der Hindu in einer Vision den blaugefärbten Krishna sieht (und auffälligerweise nie umgekehrt). Der alttestamentliche Jude der Frühzeit hört im Sturm die Stimme Jahwes, der Indianer hingegen die Stimme Manitus. Die christliche Mystikerin erfährt die mystische Einheit mit der Allerheiligsten Dreifaltigkeit, der taoistische Mystiker erfährt die Einheit mit dem impersonalen Tao, usw.

Vor allem diese drei Unterschiede zwischen der Sinneserfahrung und der religiösen Erfahrung machen es in den Augen vieler Kritiker unmöglich, das Prinzip der Verläßlichkeit von der Sinneserfahrung auf die religiöse Erfahrung zu übertragen. Demgegenüber ergeben sich nach Meinung der Befürworter einer solchen Übertragbarkeit die genannten Unterschiede konsequent aus der besonderen Eigenart der religiösen Erfahrung und aus der Besonderheit ihres eigentlichen Objekts, nämlich der göttlichen Wirklichkeit selbst:

Religiöse Erfahrung könnte z.B. deshalb *nicht universal* sein, weil sie möglicherweise davon abhängt, inwieweit sich ein Mensch *freiwillig* auf eine religiöse Lebensweise einläßt. Auch bestimmte Sinneserfahrungen kann man ja nur unter besonderen Bedingungen haben. Die Aussicht von einem hohen Berg kann ich beispielsweise erst dann erleben und genießen, wenn ich mich der Mühe unterziehe, diesen zu besteigen. Oder bestimmte Feinheiten der Sinneswahrnehmung, wie etwa das ausgeprägte akustische Wahrnehmungsvermögen eines Dirigenten, können selbst bei entsprechender Begabung nur durch ein langes Training entfaltet werden und stehen nicht einfach jedem offen.

Daß bei religiösen Erfahrungen häufig *keine intersubjektive Überprüfung* möglich ist, dürfte vor allem von der Eigenart des erfahrenen Objekts abhängig sein. *Gott ist kein Gegenstand*, den man unter ein Mikroskop legen oder im Labor untersuchen kann. Doch ist damit noch nicht gesagt, daß im religiösen Bereich so etwas wie intersubjektive Bestätigung überhaupt nicht existiert. Es gibt durchaus Anhaltspunkte dafür, daß Menschen, die sich auf denselben religiösen Weg begeben, in gewisser Weise auch ähnliche Erfahrungen machen. So können die Erfahrungsberichte der spirituellen Meister, die die religiöse Weltliteratur füllen, allem Anschein nach von vielen anderen Menschen verstanden und in ihrer eigenen Erfahrung bestätigt werden.

Die *unterschiedlichen Beschreibungen* religiöser Erfahrung könnten damit zusammenhängen, daß die göttliche Wirklichkeit – wie in vielen Religionen behauptet – eigentlich jede Beschreibbarkeit übersteigt. Die unterschiedlichen Beschreibungen könnten daher auf unterschiedliche Erfahrungen bzw. auf deren unterschiedliche Prägung durch die jeweilige religiöse Vorstellungs- und Bilderwelt zurückgehen. Die Unterschiede würden sich dann vor allem der kulturellen Konditioniertheit der in der religiösen Erfahrung bzw. in ihrem interpretativen Element wirksamen Begriffe und Kategorien verdanken. Daß also der eine Zeus und die andere Jahwe und wieder jemand anderes das Brahman erfährt, könnte daher durchaus so zu erklären sein, daß es sich dabei um kulturell und religiös unterschiedlich geprägte Erfahrungen handelt, aber dennoch um Erfahrungen mit derselben transzendenten Wirklichkeit.

	Sinneserfahrung	religiöse Erfahrung	Grund
(1)	universal (jeder hat sie)	nicht universal (nicht jeder hat sie)	freiwilliger Eintritt in religiösen Weg
(2)	intersubjektive Überprüfung möglich	intersubjektive Überprüfung nicht möglich	Ungegenständlichkeit Gottes
(3)	führt zu übereinstimmenden Beschreibungen	wird höchst unterschiedlich beschrieben	Unbeschreibbarkeit Gottes; kulturelle Prägung der religiösen Erfahrung

Unterschiede zwischen Sinneserfahrung und religiöser Erfahrung

Stimmt man diesen Deutungen der Unterschiede zwischen Sinneserfahrung und religiöser Erfahrung zu, dann sprechen die genannten Unterschiede in der Tat nicht mehr zwangsläufig gegen eine grundsätzliche Verläßlichkeit religiöser Erfahrung. Es bleibt jedoch ein weiteres Problem bestehen, das mit der *ontologischen bzw. anthropologischen Verschiedenheit von Gott und Mensch* zusammenhängt. Wie soll es denkbar sein, daß der unendliche Gott zum Gegenstand der bloß endlichen Erfahrungsmöglichkeiten des Menschen wird? Muß Gott nicht notwendig die begrenzte Kapazität menschlicher Erfahrung unendlich übersteigen, so daß die Möglichkeit einer Gotteserfahrung daher von vornherein auszuschließen wäre? Diesem Einwand ist insofern zuzustimmen, als damit in der Tat ausgeschlossen ist, daß der Mensch Gott in seiner Unendlichkeit erfahren könnte. Gottes Unendlichkeit kann vom Menschen nicht erfaßt und daher auch nicht als solche erfahren werden. Aber das schließt nicht aus, daß der Mensch Gott auf eine dem Menschen gemäße Weise erfährt. Das heißt, die menschliche Gotteserfahrung wäre im Sinne endlicher Erfahrungseindrücke von einer unendlichen Wirklichkeit zu konzipieren. So wie der Blick in den nächtlichen Sternenhimmel nicht beinhaltet, daß wir damit der immensen Weiten des Weltalls ansichtig würden, so bringt er uns doch in einen echten erfahrungsmäßigen Kontakt mit dem All und vermittelt uns einen begrenzten Eindruck. Übertragen auf die Möglichkeit menschlicher Gotteserfahrung heißt dies, daß die Unterschiede in der religiösen Erfahrung der Menschheit auf die unterschiedlichen, aber echten Erfahrungseindrücke von einer Wirklichkeit zurückzuführen sind, deren alles überragende Größe und Erhabenheit notwendig jede endliche Erfahrung von ihr übersteigt.

Resümee

Trotz unverkennbarer Unterschiede zwischen religiöser Erfahrung und Sinneserfahrung erscheint es unter bestimmten Voraussetzungen in der Tat möglich zu sein, der religiösen Erfahrung eine der Sinneserfahrung analoge Verläßlichkeit zuzusprechen. Das heißt nicht, daß sich aus der religiösen Erfahrung ein Beweis für die Existenz Gottes bzw. eine objektive Gewißheit seiner Existenz ableiten ließe. Vielmehr ist damit gesagt, daß es grundsätzlich rational berechtigt ist, auf der Basis religiöser Erfahrung an Gott zu glauben. Wenn nun im Sinne eines personalistischen Verständnisses von Offenbarung all unsere Gotteserkenntnis auf göttliche Selbsterschließung zurückgeht und wenn diese Offenbarung den Menschen in Gestalt religiöser Erfahrung erreicht, dann ist damit zugleich gesagt, daß es rational berechtigt ist, aufgrund von Offenbarung an Gott zu glauben, ohne daß damit der Anspruch einer objektiven Gewißheit hinsichtlich der Existenz Gottes und seiner Selbstoffenbarung verbunden werden müßte oder der Anspruch, Gott dadurch in seinem unendlichen Wesen zu erfassen. Die im Glauben erfahrbare subjektive Gewißheit ist daher nicht als Ausdruck einer objektiven Gewißheit, sondern als Ausdruck der Gewißheit bzw. Festigkeit der Zustimmung zu deuten, das heißt, sie entspricht dem genuinen Vertrauenscharakter des Glaubens.

Literatur:

Zum Problem der Gewißheit aus philosophischer Sicht:
– A. SCHÖPF, Art. »Gewißheit«, in: Handbuch philosophischer Grundbegriffe (hrsg. von H. KRINGS u.a.), Bd. 3, München 1973, 585–596.

- W. Stegmüller, Metaphysik, Skepsis, Wissenschaft, Berlin-Heidelberg-New York ²1969.
- L. Wittgenstein, Über Gewißheit, Frankfurt 1970.

Zum Problem der Gewißheit aus theologischer Sicht:
- E. Kunz, Glaubwürdigkeitserkenntnis und Glaube (analysis fidei), in: W. Kern, H. Pottmeyer, M. Seckler (Hrsg.), Handbuch der Fundamentaltheologie, Bd. 4, Freiburg-Basel-Wien 1988, 414–449.
- A. Lang, Fundamentaltheologie. Bd. 1: Die Sendung Christi, München ⁴1967, 93–97.
- H. Fries, Glauben – wissen, Berlin 1960.
- A. Kreiner, Ende der Wahrheit?, Freiburg i. Br. 1992, 56–75, 118–165, 572–576.

Überblicke zur fundamentaltheologischen Bedeutung religiöser Erfahrung:
- H. Döring, Disput um die Erfahrbarkeit Gottes, in: M. Kessler u. a. (Hrsg.), Fides quaerens intellectum (FS M. Seckler), Tübingen, Basel 1992, 17–39.
- A. Loichinger, Zur rationalen Begründungsfunktion religiöser Erfahrung, in: A. Kreiner, P. Schmidt-Leukel (Hrsg.), Religiöse Erfahrung und theologische Reflexion (FS H. Döring), Paderborn 1993, 29–57.

Klassiker zur Phänomenologie religiöser Erfahrung:
- W. James, Die Vielfalt der religiösen Erfahrung, Olten, Freiburg 1979 (= The Varieties of Religious Experience, 1. Aufl. 1902).
- R. Otto, Das Heilige, München 1987 (1. Aufl. 1917).
- E. Underhill, Mysticism, New York 1990 (1. Aufl. 1911).

Zur gegenwärtigen Verbreitung religiöser Erfahrung:
- D. Hay, Religious Experience Today, 1990.

Zur Kritik der Verläßlichkeit religiöser Erfahrung:
- A. Flew, The Presumption of Atheism, in: R.D. Geivett, B. Sweetman (eds.), Contemporary Perspectives on Religious Epistemology, Oxford 1992, 19–32.
- J.L. Mackie, Das Wunder des Theismus, Stuttgart 1985, 282–315.
- M.C. Bagger, The Miracle of Minimal Foundationalism : Religious Experience and Justified Belief, in: Religious Studies 29 (1993) 297–312.

Zur Verteidigung der Verläßlichkeit religiöser Erfahrung:
- J. Hick, Faith and Knowledge, London 1988.
- Ders., Religious Faith as Experiencing-as, in: Ders., A John Hick Reader, London 1990, 34–48.
- Ders., Religiöse Erfahrung: Ihr Wesen und ihre Zuverlässigkeit, in: P. Schmidt-Leukel (Hrsg.), Berechtigte Hoffnung, Paderborn 1995, 85–98.
- Ders., Religion. Die menschlichen Antworten auf die Frage nach Leben und Tod, München 1996, 143–252.
- R. Swinburne, Die Existenz Gottes, Stuttgart 1987, 336–383.
- C. Franks Davis, The Evidential Force of Religious Experience, Oxford 1989.
- W.P. Alston, Perceiving God. The Epistemology of Religious Experience, Ithaca-London 1991.

- DERS., Religiöse Erfahrung und religiöse Überzeugungen, in: C. JÄGER (Hrsg.), Analytische Religionsphilosophie, Paderborn 1998, 303–316.
- K. E. YANDELL, The Epistemology of Religious Experience, Cambridge 1993.

Zum Problem der ontologischen bzw. anthropologischen Bedingungen der Gotteserfahrung:

- P. SCHMIDT-LEUKEL, »Niemand hat Gott je gesehen«? Zu den anthropologischen Rahmenbedingungen der Gotteserfahrung bei Thomas von Aquin und John Hick, in: M. THURNER (Hrsg.), Die Einheit der Person. Beiträge zur Anthropologie des Mittelalters (FS R. HEINZMANN), Stuttgart 1998, 263–280.

11. KAPITEL (OFFENBARUNG II)

Außerhalb der Kirche kein Heil?
Offenbarungsglaube und Religionstheologie

Problemfelder einer Theologie der Religionen

Nie zuvor sind die Religionen einander in einem solchen Ausmaß und mit solcher Intensität begegnet wie heute. Dies liegt zum einen an der extremen Mobilität und permanenten Migration in der modernen Welt und zum anderen an den erheblich verbesserten Kenntnissen über andere Religionen sowie der weiten Verbreitung dieser Informationen. Für die christliche Theologie hat dies zur Folge, daß die Frage nach dem Verhältnis zwischen Christentum und nichtchristlichen Religionen sich mehr und mehr zu einem theologischen Zentralproblem entwickelt. Diese Frage wird heute weltweit unter dem Stichwort »Theologie der Religionen« diskutiert. Genauer gesagt handelt es sich hierbei um eine Doppelfrage: *Wie beurteilt das Christentum die anderen Religionen, und wie beurteilt es sich selbst angesichts der anderen Religionen?* Beide Fragen hängen eng miteinander zusammen, da einerseits die Einschätzung der anderen Religionen nicht unabhängig vom Selbstverständnis des Christentums ist und da andererseits sich diese Selbsteinschätzung des Christentums an dem faktischen Erscheinungsbild der anderen Religionen bewähren muß. Im einzelnen läßt sich die Aufgabe einer Theologie der Religionen in fünf Problemfelder aufgliedern:

1. Das dogmatische Problem
2. Das praktische Problem
3. Das kriteriologische Problem
4. Das apologetische Problem
5. Das hermeneutische Problem

Das dogmatische Problem: *Gibt es eine Heilsbedeutung nichtchristlicher Religionen?* Das heißt, kann oder muß den nichtchristlichen Religionen von christlich dogmatischen Voraussetzungen her und angesichts unserer verbesserten Kenntnisse über sie eine positive Heilsbedeutung zugesprochen werden? Oder nochmals anders gefragt: Können wir ihren Anspruch, Heilswege zu sein, bejahen oder müssen wir ihn vom christlichen Standpunkt aus verneinen? Diese Problematik betrifft unmittelbar die Offenbarungstheologie: Denn wenn Offenbarung zum Heil des Menschen geschieht, dann ist damit die grundsätzliche Frage aufgeworfen: *Wird heilshafte Gotteserkenntnis bzw. Offenbarung nur innerhalb des Christentums vermittelt oder auch in anderen Religionen?*

Diesem theoretischen Problem kommt in religionstheologischer Hinsicht die grundlegende Bedeutung zu. In einem engen Bezug hierzu steht jedoch:

Das praktische Problem: *Wie anderen Religionen begegnen?* Die Geschichte der interreligiösen Begegnung ist über weite Strecken hin eine Geschichte wechselseitiger Feindseligkeiten bis hin zu häufigen Explosionen krassester Gewalt. Ist dieser Kampf einer jeden Religion gegen alle anderen eine unvermeidbare Notwendigkeit? Etwas, das in gewisser Weise in der Natur der Sache liegt, weil jede Religion von sich behauptet, die einzig wahre zu sein und sich daher immer in einem latenten oder offenen Konflikt mit den Wahrheits- und Heilsansprüchen der anderen Religionen befindet? Muß und kann also das interreligiöse Konfliktpotential nur quasi äußerlich eingedämmt werden, etwa durch die wichtigen Forderungen nach Toleranz und Dialogbereitschaft, oder gibt es eine Möglichkeit, dieses Konfliktpotential von innen heraus zu überwinden, also im Sinne einer Überwindung der theoretischen Grundannahmen, die das Konfliktpotential begünstigen?

Hinsichtlich des theoretisch-dogmatischen Problems und auch hinsichtlich dieses praktischen Problems einer Theologie der Religionen wird viel davon abhängen, wie sich die Religionen wechselseitig beurteilen. Daher geht es innerhalb einer christlichen Theologie der Religionen auch um:

Das kriteriologische Problem: *Nach welchen Kriterien andere Religionen beurteilen?* Gemeint ist hierbei näherhin die Beurteilung der theoretischen und praktischen Grundüberzeugungen anderer Religionen sowie ihrer Wertvorstellungen. Nach welchen Kriterien kann und soll diese Beurteilung gerechterweise geschehen? Gibt es in dieser Hinsicht überhaupt so etwas wie adäquate und objektive Kriterien, oder dienen diese immer nur auf mehr oder weniger versteckte Weise der Selbstbestätigung der eigenen Religion? Dann würde bei jeder Bewertung einer anderen Religion von vornherein feststehen, daß hierbei nur die jeweils eigene Religion als die bessere herauskommen kann.

Ein besonderes Teilproblem dieses Problembereichs stellt die Auseinandersetzung mit dem *postmodernen Relativismus* dar, der gerade die universale Gültigkeit von Kriterien und Maßstäben wie überhaupt die Gültigkeit allgemeinverbindlicher Urteile bestreitet und damit im Grunde genommen allen Religionen widerspricht. Eines seiner wichtigsten Argumente ist die These, daß sich die Religionen so sehr voneinander unterscheiden, daß jede von ihnen quasi ein völlig autonomes Sinnsystem bildet, einen eigenständigen und in sich geschlossenen Kosmos der Wirklichkeitsdeutung, so daß es völlig unmöglich sei, irgendwelche religionsübergreifenden, allgemeinverbindlichen Maßstäbe aufzustellen.

Die Vielfalt und Verschiedenartigkeit der Religionen liegt auch den beiden letzten Problemfeldern zugrunde:

Das apologetische Problem: *Widerlegen sich die Religionen durch ihre Vielfalt selbst?* Oder genauer gesagt: Widerlegt die Vielfalt und Verschiedenartigkeit der Religionen nicht den in der ein oder anderen Weise von ihnen allen erhobenen Anspruch, sich einer transzendenten Quelle zu verdanken? Wie schon das erste Problemfeld betrifft auch dieses Problem in einem sehr unmittelbaren Sinn die Offenbarungstheologie. Es handelt sich hierbei nämlich um einen gewichtigen Einwand gegen die soteriologische Relevanz von Offenbarung, gegen die Glaubwürdigkeit von Offenbarungsansprüchen überhaupt (→ 9. Kapitel) und dementsprechend gegen die Verläßlichkeit religiöser Erfahrung (→ 10. Kapitel).

Noch radikaler ist die Herausforderung, um die es im letzten Problemfeld geht:

Das hermeneutische Problem: *Lassen sich vom Standpunkt einer Religion aus die anderen Religionen überhaupt richtig verstehen?* Oder anders gefragt: Kann man eine Religion vielleicht nur dann richtig verstehen, wenn man ihr angehört? Kann also beispielsweise ein Nichtchrist das Christentum richtig verstehen? Muß man sich vielleicht erst zu einer Religion bekehren, um sie zu verstehen? Will man diese extreme Auffassung vermeiden, wie ist es dann möglich, ein gutes Verständnis der Innenperspektive einer anderen Religion zu gewinnen, ohne dabei der eigenen Religion untreu zu werden? Ein gutes Verständnis anderer Religionen bildet eine Grundvoraussetzung für die Klärung jedes religionstheologischen Problemfeldes. Denn wäre ein interreligiöses Verstehen tatsächlich unmöglich, dann wäre damit jede adäquate Urteilsbildung über eine andere Religion ebenfalls ausgeschlossen. Was man nicht versteht, kann man auch nicht beurteilen. Oder – wie es Paul Knitter einmal formuliert hat – man kann den religionstheologischen Anzug nicht schneidern, ohne am Kunden Maß genommen zu haben. In diesem Zusammenhang spielt vor allem der interreligiöse Dialog eine wesentliche Rolle, da eine der wichtigsten Aufgaben des Dialogs darin besteht, ein adäquates Verständnis der anderen Religionen zu gewinnen bzw. das jeweilige Vorverständnis zu überprüfen.

Die Fülle dieser Problemfelder und der erforderlichen Kenntnisse anderer Religionen macht die »Theologie der Religionen« nicht gerade zu einer leichten Aufgabe. Nicht selten kranken religionstheologische Beiträge daran, daß sie entweder der inneren Verzahnung dieser Problemfelder nicht Rechnung tragen oder auf einer unzureichenden Kenntnis der Religionen beruhen. Zudem kommt erschwerend hinzu, daß von jeder religionstheologischen Aussage das

Selbstverständnis des Christentums betroffen ist, wodurch die religionstheologische Debatte teilweise extrem emotionalisiert wird. Um so wichtiger ist es, auch in dieser Debatte nach den Maßstäben wissenschaftlicher Theologie vorzugehen. Diesen läuft es freilich zuwider, wenn der Einsatz des Arguments durch den Einsatz kirchlicher Machtmittel ersetzt wird.

Im Rahmen dieser Einführung kann von der religionstheologischen Debatte nur eine recht grobe Skizze einiger zentraler Argumente geboten werden. Der Schwerpunkt liegt zudem einseitig auf jenen Problemfeldern, die unmittelbar den fundamentaltheologischen Offenbarungstraktat berühren, also auf dem *dogmatischen* und dem *apologetischen* Problem.

Klassifikation religionstheologischer Modelle

In der Beantwortung der religionstheologischen Grundfrage sind die eingenommenen Standpunkte außerordentlich kontrovers. Seit Beginn der 80er Jahre hat sich hierfür ein Klassifikationsschema weit verbreitet, das die unterschiedlichen Positionen in drei verschiedene Grundoptionen einteilt:

➤ Exklusivismus
➤ Inklusivismus
➤ Pluralismus

Die weite Verbreitung dieser Dreierklassifikation garantiert jedoch nicht, daß sie immer im selben Sinn und mit denselben Definitionen verwendet werden würde. Ihre unterschiedliche Verwendung ist vielmehr eine Quelle permanenter Mißverständnisse. Denn wenn beispielsweise in der Auseinandersetzung über den religionstheologischen »Inklusivismus« jeder der Beteiligten hierunter etwas anderes versteht, kann dies kaum zu fruchtbaren Ergebnissen führen. Es ist daher erforderlich, zunächst präzise festzulegen, (1) in welchem Sinn diese Klassifikation *hier* verwendet wird und (2) welche Definitionen dabei zugrunde gelegt werden.

Was die **Art einer Klassifikation** betrifft, so bieten sich grundsätzlich *zwei* sehr verschiedene Möglichkeiten an:

Telling-Names-Klassifikation: Bei diesem Verfahren listet man faktisch bestehende Positionen auf und klassifiziert bzw. definiert diese nach ihren jeweils hervorstechenden Charakteristika. Dieses Verfahren ist weder um logische Vollständigkeit noch unbedingt um systematische Einheitlichkeit (etwa hinsichtlich der definierenden Merkmale) bemüht. Es bleibt daher immer möglich, Positionen zu suchen bzw. zu entwickeln, die bisher in diesem Schema noch nicht erfaßt sind. Versteht man die religionstheologische Dreierklassifikation so, dann kann man sinnvollerweise fragen, ob es nicht jenseits von Exklusivismus, Inklusivismus und Pluralismus noch weitere und vielleicht bessere Standpunkte geben könnte.

Logische Klassifikation: Dieses Verfahren bildet das exakte Gegenstück zur »Telling-Names-Klassifikation«. Das heißt, die Klassifikation zielt auf logische Vollständigkeit ab und versucht alle logischen Möglichkeiten abzudecken, unabhängig davon, ob diese faktisch vertreten werden. Die Einteilung muß daher an einer systematisch einheitlichen Fragestellung orientiert sein und strikt disjunktiven Charakter tragen. Der Vorteil dieses Verfahrens besteht darin, daß man – wenn die logische Vollständigkeit garantiert ist – nicht mehr nach einer weiteren Position suchen muß, weil es keine weitere Position mehr geben kann. So vermag sich die Diskussion ganz darauf zu konzentrieren, anhand der jeweiligen Vorzüge oder Nachteile der klassifizierten Positionen eine Entscheidung unter ihnen zu treffen.

Nun ist es möglich, die Einteilung der religionstheologischen Positionen in Exklusivismus, Inklusivismus und Pluralismus so zu interpretieren, daß sie als Teile einer logisch umfassenden Klassifikation erscheinen. Dazu ist es allerdings erforderlich, die **Definition der Positionen** an einem strikt einheitlichen Merkmal auszurichten. Hierfür bietet sich nun jene Frage an, der oben im Zusammenhang mit der Beschreibung des dogmatischen Problems eine für die Religionstheologie grundlegende Bedeutung zugesprochen wurde: Wird heilshafte Gotteserkenntnis bzw. Offenbarung nur innerhalb des Christentums vermittelt oder auch in anderen Religionen? Oder noch etwas allgemeiner formuliert: *Wird in den Religionen (einschließlich des Christentums) Offenbarung bzw. die heilshafte Erkenntnis der transzendenten Wirklichkeit vermittelt?* Wenn man diese Frage als für die Aufgabe einer Theologie der Religionen grundlegend ansieht, dann lassen sich die möglichen Antworten und Positionen auf logisch umfassende Weise klassifizieren und zugleich definieren. Dies kann sehr leicht durch folgende Graphik veranschaulicht werden.

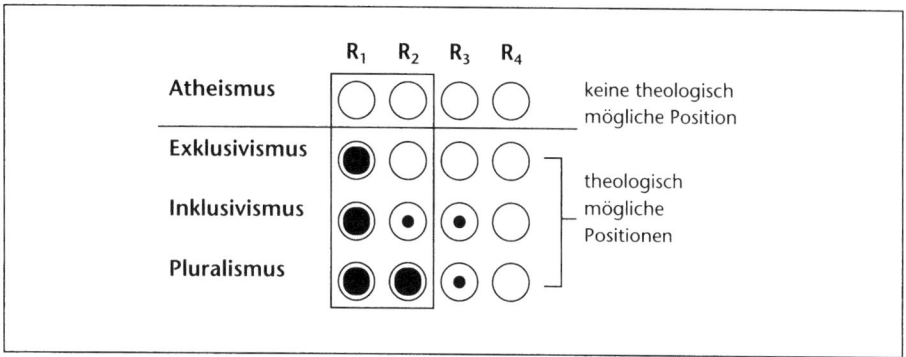

Formale Klassifikation religionstheologischer Positionen

Die Außenkreise symbolisieren Religionen bzw. religiöse Traditionen. Die dunklen Innenflächen stehen für eine bestimmte Eigenschaft, die den Religionen zu- oder abgesprochen wird. In diesem Fall handelt es sich – wie gesagt – um die Eigenschaft: »Vermittlung heilshafter Transzendenzerkenntnis«. Die rechteckige Umrahmung zeigt die definierenden Merkmale und damit die logische Vollständigkeit der Klassifikation an. Das heißt, wir erhalten folgende vier (und nur vier) logisch mögliche Positionen:

0. *Atheismus* (bzw. *Naturalismus*): Heilshafte Transzendenzerkenntnis wird von *keiner* Religion vermittelt (weil es nämlich keine transzendente Wirklichkeit gibt).
1. *Exklusivismus*: Heilshafte Transzendenzerkenntnis wird *nur von einer einzigen* Religion vermittelt (worunter man naturgemäß die eigene Religion verstehen wird).
2. *Inklusivismus*: Heilshafte Transzendenzerkenntnis wird von *mehreren* Religionen vermittelt, aber *nur von einer einzigen in einem alle anderen überbietenden Höchstmaß* (naturgemäß wird man auch hier die eigene Religion als diejenige betrachten, die allen anderen überlegen ist).
3. *Pluralismus*: Heilshafte Transzendenzerkenntnis wird von *mehreren* Religionen vermittelt, *auch im gleichen Höchstmaß*.

Nur innerhalb der pluralistischen Position wird anderen Religionen grundsätzlich die Möglichkeit einer echten *Gleichwertigkeit* zugestanden. Das Urteil der Gleichwertigkeit muß dabei *keineswegs zwangsläufig auf alle Religionen oder gar alle religiösen Phänomene* ausgedehnt werden. Die hier gewählte Definition umfaßt die Standpunkte, daß heilshafte Transzendenzerkenntnis (a) in *allen* oder (b) *nur in einigen* Religionen im gleichen Höchstmaß vermittelt wird. Möglichkeit (a) ist dabei von rein theoretischer Natur. Das heißt, meines Wissens gibt es keinen religionstheologischen Pluralisten, der faktisch Position (a) vertreten würde. Im Rahmen der hier gewählten Definition kann daher im Sinn von Möglichkeit (b) gegenüber bestimmten Religionen oder – wie man dann wohl urteilen wird – Pseudo-Religionen eine exklusivistische und gegenüber wieder anderen eine inklusivistische Position eingenommen werden, ohne damit einem grundsätzlich pluralistischen Standpunkt untreu zu werden. Was für diesen allein entscheidend ist, ist die Auffassung, daß es heilshafte Gottes- bzw. Transzendenzerkenntnis auch in anderen Religionen als der eigenen in einem prinzipiell gleichen Höchstmaß gibt.

Wenn bei dieser Klassifikation die Möglichkeit einer *graduellen Gestuftheit* der klassifizierenden Eigenschaft vorausgesetzt wird, dann kann dies sowohl in einem quantitativen als auch in einem qualitativen Sinn verstanden werden. Das heißt, die Überlegenheit hinsichtlich der heilshaften Transzendenzerkenntnis kann im Sinne einer größeren Fülle, höheren Deutlichkeit, stärkeren Wirksamkeit, besseren Adäquatheit usw. verstanden werden. Dies gilt dann natürlich analog auch für das Urteil der Gleichwertigkeit, so daß hier – bei aller Verschiedenheit zwischen den Religionen – von einer prinziell gleichen Fülle, Deutlichkeit, Wirksamkeit, Adäquatheit usw. der von ihnen vermittelten heilshaften Transzendenzerkenntnis zu sprechen wäre.

Die *logische Vollständigkeit* ergibt sich aus dem formal einheitlichen und streng disjunktiven Charakter der Klassifikation: Das heißt, die ausschlaggebende Eigenschaft (»Vermittlung heilshafter Transzendenzerkenntnis«) ist entweder gegeben oder nicht gegeben. Wenn sie gegeben ist, dann entweder nur einmal oder mehrmals. Wenn sie mehrmals gegeben ist, dann entweder nur einmal in einer Höchstform oder mehrmals. Wenn man also die religionstheologische Aufgabe grundsätzlich so versteht, wie es hier vorgeschlagen wird, dann existiert keine theologische Position, die von dieser Klassifikation nicht erfaßt wäre. Da die atheistische Option als theologische Position ausscheidet, verbleibt für eine christliche Theologie der Religionen somit allein die Wahl zwischen einer exklusivistischen, inklusivistischen oder pluralistischen Position *in ihrem hier definierten Sinn.*

Zur Vermeidung von Mißverständnissen sei jedoch noch kurz auf zwei *abweichende Formen des Sprachgebrauchs* ausdrücklich hingewiesen:

Als *Exklusivismus* wird hier nicht etwa überhaupt das Vertreten ausschließender Wahrheitsansprüche bezeichnet. Denn jeder Wahrheitsanspruch schließt selbstverständlich die Wahrheit seiner Bestreitung aus. In dieser Hinsicht wären alle vier Positionen »exklusivistisch«, da jede von ihnen die Wahrheit der jeweils anderen Positionen bestreitet. Eine Theologie der Religionen, die auf das Vertreten von Wahrheitsansprüchen verzichten wollte, wäre ein Ding der Unmöglichkeit.

Ebensowenig wird hier als *Inklusivismus* die grundsätzliche Praxis einer christlich-theologischen Urteilsbildung über andere Religionen bezeichnet. In diesem Sinn wären ebenfalls alle drei theologischen Positionen (und in analoger Weise auch die atheistische Position) »inklusivistisch«. Das heißt, nach diesem Sprachgebrauch wäre es gleichermaßen »inklusivistisch«, einen Buddhisten (1) als »verlorenen Heiden« (K. BARTH), der von Gott nichts weiß, oder (2) als »anonymen Christen« (K. RAHNER), der Gott nur implizit kennt, oder (3) als einen, der in anderer, aber gleichermaßen heilshafter Beziehung zur göttlichen Wirklichkeit lebt (J. HICK), zu bezeichnen. Demgegenüber entspricht nach den hier vorgelegten Definitionen nur das zweite Urteil einer inklusivistischen, das erste hingegen einer exklusivistischen und das dritte einer pluralistischen Position.

Exklusivismus

Die exklusivistische Position spielte in der christlichen Tradition häufig die dominante Rolle. Ihr zufolge wird heilshafte Offenbarung nur im Christentum vermittelt. »Außerhalb der Kirche kein Heil« – lautete hierfür die bekannteste Kurzformel. Sie wurde auf katholischer Seite ebenso affirmiert wie auf reformatorischer. So verkündete beispielsweise das Konzil von Florenz (1442):

> Die heilige römische Kirche »glaubt fest, bekennt und verkündet, daß ›niemand außerhalb der katholischen Kirche, weder Heide‹ noch Jude noch Ungläubiger oder ein von der Einheit Getrennter – des ewigen Lebens teilhaftig wird, vielmehr dem ewigen Feuer verfällt, das dem Teufel und seinen Engeln bereitet ist, wenn er sich nicht vor dem Tod ihr (der Kirche) anschließt. (...) ›Mag einer noch so viele Almosen geben, ja selbst sein Blut für den Namen Christi vergießen, so kann er doch nicht gerettet werden, wenn er nicht im Schoß und in der Einheit der katholischen Kirche bleibt‹ (Fulgentius).«
>
> Neuner-Roos 381; vgl. Denzinger-Schönmetzer 1351

Nicht weniger unzweideutig formulierte Martin Luther ca. hundert Jahre später in seinem Großen Katechismus (1529/30):

> ... wo man nicht von Christus predigt, da ist kein Heiliger Geist, der die christliche Kirche macht, beruft und sammelt, außerhalb derer niemand zu dem Herrn Christus kommen kann. (...) Denn die außerhalb der Christenheit sind, seien es Heiden, Juden oder falsche Christen und Heuchler, mögen zwar nur *einen* wahrhaftigen Gott glauben und anbeten, aber sie wissen doch nicht, wie er gegen sie gesinnt ist. Sie können von ihm auch weder Liebe noch etwas Gutes erhoffen; deshalb bleiben sie in ewigem Zorn und Verdammnis.
>
> Unser Glaube. Die Bekenntnisschriften der evangelisch-lutherischen Kirche, Nr. 743 u. 751

Formen des Exklusivismus

Unter den exklusivistischen Positionen lassen sich drei Varianten unterscheiden: Da wäre zunächst ein *radikaler Exklusivismus*, wonach alle oder doch fast alle Nichtchristen der ewigen Verdammnis verfallen, wenn sie sich nicht vor dem Tod zum Christentum bekehren. Heute findet diese Position immer noch zahlreiche Anhänger in katholisch-traditionalistischen und protestantisch-evangelikalen Kreisen. So bekräftigt beispielsweise Eddy Lanz, theologischer Lehrer an der Bibelschule Wiedenest: »Ohne Christus gibt es keine Erlösung und wir können ergänzen: Ohne den verkündigten und von den Menschen angenommenen Christus gibt es keine Erlösung. ... Gottes Liebe in Christus will retten, ewig retten, gerade weil die einzige Alternative zu Christus ewiges Verlorensein ist. Was vom Fleisch geboren ist, das ist Fleisch und damit verloren. Nur wer im Gekreuzigten sein persönliches Heil in Anspruch nimmt, kann ewig leben« (LANZ, Ist der Gedanke ..., 64f.).

Neben dem radikalen Exklusivismus findet sich auch ein *gemäßigter Exklusivismus*. Hier räumt man zwar die Möglichkeit ein, daß der einzelne Nichtchrist das Heil erlangen kann, die nichtchristlichen Religion hierzu jedoch keinen positiven Beitrag leisten. Man spekuliert dann entweder, daß der Nichtchrist des Heils allein durch einen rein individualistisch gedachten Gewissensakt teilhaftig wird, oder daß er nach dem Tod eine Christusbegegnung erfahren wird, die ihm ein explizites Bekenntnis zu Christus und damit eine Heilsmöglichkeit eröffnet. Letztere Möglichkeit wird beispielsweise von dem amerikanischen Lutheraner GEORGE LINDBECK favorisiert.

Schließlich gibt es noch einen *unentschiedenen Exklusivismus*, der die Frage nach der Heilsmöglichkeit des Nichtchristen als unbeantwortbar offen läßt. Auf dieser Linie liegt beispielsweise die von den Kirchen der Arnoldshainer Konferenz und der Vereinigten Evangelisch-Lutherischen Kirche Deutschlands herausgegebene Studie »Religionen, Religiosität und christlicher Glaube« aus dem Jahre 1991. THEO SUNDERMEIER, einer der Mitautoren dieser Studie, kommentierte hierzu: »Die evangelischen Kirchen werden von verschiedenen Seiten gedrängt, endlich ihr Verhältnis zu den anderen Religionen zu klären und verbindlich zu sagen, ob und daß es auch außerhalb der Kirche in den anderen Religionen Heil gibt.« Dieses Urteil – so SUNDERMEIER – könne jedoch nicht abgegeben werden, »weil zu solch einem Urteil auch gehörte, die Grenzen und Bedingungen festzulegen, unter denen Heil noch möglich und wann nicht mehr möglich ist. In solch einem Fall aber hält man die Wahrheitsfindung nicht mehr offen, sondern setzt sich auf den Richterstuhl Christi, der uns nicht gebührt« (in: R. BERNHARDT (Hrsg.), Horizontüberschreitung, 187).

Einwände gegen den Exklusivismus

In der aktuellen religionstheologischen Debatte hat der Exklusivismus einige brillante Verteidiger gefunden, wie z.B. WILLIAM LANE CRAIG, HAROLD NETLAND und ALVIN PLANTINGA. Dennoch erheben sich gegen den Exklusivismus zwei gravierende *Einwände*, für die seine Vertreter keine überzeugenden Lösungen zu bieten haben.

1. Zunächst wäre da das Problem des *allgemeinen Heilswillen Gottes*, das vor allem den radikalen Exklusivismus betrifft. Wenn Gott, wie es im 1 Timotheusbrief 2,4 heißt, »will, daß alle Menschen gerettet werden und zur Erkenntnis

der Wahrheit gelangen«, wie läßt sich dann damit die Position vereinbaren, daß es außerhalb des Christentums keine Heilsmöglichkeit gibt? Sollte ein Gott, der das Heil aller Menschen will, dafür nicht auch die erforderlichen Voraussetzungen schaffen? Radikale Exklusivisten können hierauf zwei Antworten geben: *Erstens* können sie einen solchen allgemeinen Heilswillen Gottes bestreiten. So schrieb z. B. AUGUSTINUS (354–430) – obwohl dieser selbst keinen radikalen Exklusivismus vertrat – zu der gerade zitierten Stelle aus dem Timotheusbrief: Sie sei nicht etwa so zu verstehen, daß Gott das Heil aller Menschen will. Vielmehr solle damit gesagt sein, daß niemand das Heil erreichen könne, wenn es Gott nicht will (*Enchiridion* 27, 103). Eine konsequente Bestreitung des allgemeinen Heilswillen Gottes scheint jedoch unvereinbar zu sein mit der Auffassung, daß es sich bei Gott um eine in jeder Hinsicht vollkommene und unbegrenzte Wirklichkeit handelt. Ein Gott von nur geteilter Zuneigung wäre sicherlich nicht das, »worüber hinaus Größeres nicht gedacht werden kann«.

Radikale Exklusivisten können aber *zweitens* auch die Auffassung vertreten, daß Gott zwar das Heil aller Menschen wolle, aber daß das Heil aus logisch zwingenden Gründen nur innerhalb des Christentums zu erreichen ist. Bisher ist es den Exklusivisten jedoch noch nicht gelungen, solche logisch zwingenden Gründe darzulegen. Daher scheint der radikale Exklusivismus eine sehr schwache Position zu sein, und hierin dürfte auch der Grund dafür liegen, warum viele Exklusivisten eher einem gemäßigten oder unentschiedenen Exklusivismus zuneigen.

2. Der zweite Einwand gegen den Exklusivismus betrifft alle seine Spielarten, also auch den gemäßigten und den unentschiedenen Exlusivismus. Hierbei handelt es sich um das Argument, daß sich in den nichtchristlichen Religionen zahlreiche *Parallelen* zu dem finden, was im Christentum als Ausdruck heilshafter Gotteserkenntnis gilt. Das heißt, in den nichtchristlichen Religionen gibt es nicht nur eine Fülle von Unterschieden zum Christentum, sondern auch überraschende Übereinstimmungen. Und außerdem finden sich im Leben der Nichtchristen häufig jene Zeichen und Werke, die im Christentum als Frucht des Heiligen Geistes und als Zeichen echten Glaubens gewertet werden.

Angesichts dieses Einwands bleiben dem Exklusivisten wiederum zwei mögliche Antworten: *Erstens* kann er behaupten, daß alle Übereinstimmungen in Glauben und Leben von Christen und Nichtchristen trügerisch seien. In Wahrheit kenne der Nichtchrist weder den wirklichen Gott, noch seien die Werke seiner Liebe echt. Vielmehr verberge sich hinter beidem nur Projektion und Selbstgerechtigkeit, oder es handle sich sogar um dämonische Nachahmung des Heiligen. Dieser Standpunkt ist nur schwer zu widerlegen. Aber dennoch ist er schwach. Denn eine solche Skepsis gegenüber dem Augenschein muß schließlich auch das Vertrauen in die Echtheit des christlichen Glaubens und Lebens unterminieren. Wenn etwa der islamische Glaube an einen barmherzigen Gott nur Projektion sein soll, wieso sollte dann der christliche Glaube an einen barmherzigen Gott anders beurteilt werden? Und wenn etwa das Leben Gandhis nur fromme Heuchelei gewesen sein soll, mit welchem Recht wird dann das Leben eines Franz von Assisi oder eines Jesus von Nazaret anders betrachtet?

Der Exklusivist kann jedoch *zweitens* die Position beziehen, daß solche Parallelen zwar bestehen, aber daß sie für die Frage nach der Wahrheit und Heilshaftigkeit des Glaubens irrelevant seien. Nach KARL BARTH (1886–1968) etwa entscheidet »über Wahrheit und Lüge zwischen den Religionen nur Eines (…). Dieses Eine ist *der Name Jesus Christus*.« Und zwar – wie BARTH ausdrücklich betont – liege dieser alles entscheidende Unterschied »wirklich in der ganzen formalen Simplizität dieses Namens…« (BARTH, Die Kirchliche Dogmatik I/2, 376). In einer modernen Variante dieser Position hat GEORGE LINDBECK vertreten, daß der Glaube und das Leben eines Nichtchristen ja niemals *christlicher* Glaube und *christliches* Leben sein können, weil sie eben nicht durch das christliche Sprachspiel geformt sind. Was immer der Nichtchrist auch tut, es könne daher niemals christliche Agape sein. Was aber wäre die Konsequenz einer solchen Position? Wenn BARTH und LINDBECK recht haben, dann war es offensichtlich ein Irrtum, daß Jesus den barmherzigen Samariter als Muster eines Lebens unter der Gottesherrschaft vorstellte. Denn was immer dieser Samariter auch tat, es geschah nicht unter dem formalen Bezug auf den Namen Jesu, und es war keine vom christlichen Sprachspiel geformte Agape. Meines Erachtens kann man sich nur schwer des Eindrucks erwehren, daß solche Versuche, den Exklusivismus zu retten, jeglicher Überzeugungskraft entbehren. Sie scheinen mehr oder weniger krampfhaft herbeigeholt zu sein, um den exklusivistischen Anspruch nicht preisgeben zu müssen.

Inklusivismus

Aufgrund der offensichtlichen Schwächen des religionstheologischen Exklusivismus sind viele Christen inzwischen zu einer inklusivistischen Position übergegangen. Auch diese Position besitzt eine gewisse theologische Tradition, wenn sie auch insgesamt nicht so prägend für das Christentum war wie der Exklusivismus. In der Theologiegeschichte trifft man sie vor allem bei jenen Kirchenvätern an, die eine echte Hochschätzung für die religiösen Züge der hellenistischen Philosophie hegten. Seit JUSTIN († 165) griff man hierzu vielfach auf die Vorstellung von den »Samenkörnern des Logos« (»logoi spermatikoi«) zurück. Demnach finden sich Elemente oder Wirkungen jenes göttlichen Logos, der sich in Jesus Christus inkarniert hat, auch in anderen Religionen und haben dort bereits der Sache nach christliches Leben ermöglicht, selbst wenn dies nicht als solches bezeichnet wurde. Im Christentum aber ist die Fülle dessen gegeben, was dort nur in Ansätzen vorhanden ist.

In der römisch-katholischen Kirche repräsentiert der Inklusivismus seit dem *II. Vatikanischen Konzil* die offizielle Haltung des Lehramtes. Demzufolge gibt es nicht nur eine Heilsmöglichkeit für alle Menschen. Vielmehr hat diese ihren Niederschlag auch in zahlreichen wahren und gnadenhaften Elementen in den nichtchristlichen Religionen gefunden. Doch diese Heilswirklichkeit in Leben und Religion der Nichtchristen besitzt einen verborgenen, konstitutiven Bezug zu Jesus Christus. In Jesus Christus hat die göttliche Offenbarung ihren einzigen und unüberbietbaren Höhepunkt. Das aber macht die christliche Religion allen anderen Religionen überlegen. Ein typisches Beispiel dieser Position findet sich in dem vatikanischen Dokument »Dialog und Verkündigung« aus dem Jahre 1991. Dort heißt es, daß die anderen Religionen »Gnadenelemente (enthalten), die in der Lage sind, die positive Antwort ihrer Anhänger auf Gottes Einladung zu unterstützen« (Nr. 30), und daß »die Anhänger einer anderen Religion immer dann positiv auf Gottes Einladung antworten und sein Heil in Jesus Christus empfangen, wenn sie in ehrlicher Weise das in ihren Traditionen enthaltene Gute in die Tat umsetzen und dem Spruch ihres Gewissens folgen« (Nr. 29). Es gilt also, daß »alle erlösten Menschen, wenngleich in Verschiedenheit, dennoch an dem einen und selben Geheimnis der Erlösung in Jesus Christus teilhaben. Christen wissen das durch ihren Glauben, während anderen unbewußt ist, daß Jesus Christus die Quelle ihres Heils ist« (Nr. 29).

Diese Konzeption entspricht ganz der theologischen Linie KARL RAHNERS (1904–1984), der wohl als der prominenteste Vertreter einer inklusivistischen Religionstheologie gelten darf. Die transzendentale Offenbarung, die als göttliche Gnade jedem Menschen gegeben ist (»übernatürliches Existential«), findet ihren kategorialen Niederschlag auch in zahlreichen Elementen der nichtchristlichen Religionen (→ 9. Kapitel). Daher können die nichtchristlichen Religionen eine positive Rolle für die Vermittlung heilshafter Gotteserkenntnis spielen. Der Angehörige einer nichtchristlichen Religion, der auf diesem Weg das göttliche Gnadenangebot annimmt, ist der Sache nach ein »anonymer Christ«. Dies gilt nach RAHNER jedoch nur, solange der einzelne Nichtchrist noch nicht – oder noch nicht hinreichend – mit der Offenbarung in Jesus Christus in Berührung gekommen ist. Es muß nämlich das Ziel der christlichen Mission sein und bleiben, aus anonymen Christen explizite, das heißt bekennende Christen zu machen. Das Christentum, so RAHNER, kann keine andere Religion als gleichberechtigt neben sich anerkennen. Es ist die »einzige von Gott durch Christus selbst gestiftete, absolute, für alle Menschen bestimmte Religion« (RAHNER, Schriften zur Theologie VIII, 355f.) Da die Offenbarung Gottes in den anderen Religionen undeutlicher und verzerrter ist als im Christentum, ist dort auch die Heilschance geringer. So besitzen die anderen Religionen nur einen vorläufigen Wert und eine vorübergehende Berechtigung. Sie sind »›an sich‹ und grundsätzlich abgeschafft und überholt durch die Ankunft Christi (...), so daß die geschichtliche Ausbreitung des Christentums, die auch heute noch nicht einfach abgeschlossen ist, identisch ist mit einer fortschreitenden Aufhebung der Legitimität dieser Religionen« (ebd. 371f).

Einwände gegen den Inklusivismus

Die inklusivistische Position scheint wesentlich stärker zu sein als alle Varianten des Exklusivismus. Sie vermag nämlich dessen beide grundsätzliche Schwächen zu beheben, indem sie sowohl dem Glauben an den allgemeinen Heilswillen Gottes Rechnung trägt als auch dem Umstand, daß es in den nichtchristlichen Religionen und im Leben ihrer Anhänger zahlreiche Parallelen zu jenen Elementen gibt, die im Christentum als Ausdruck einer heilshaften Gotteserkenntnis gewertet werden. Dennoch hat auch der Inklusivismus seine Schwierigkeiten.

1. Die Hauptschwierigkeit betrifft die *mangelnde empirische Bestätigung* der inklusivistischen Position. Dieser Sachverhalt läßt sich folgendermaßen darstellen: Nach allgemeiner christlicher Auffassung geschieht Offenbarung nicht grundlos, sondern um des menschlichen Heiles willen. Insbesondere im Rahmen eines personalistischen Paradigmas gilt die göttliche Selbstoffenbarung als Voraussetzung dafür, daß der Mensch in einer heilshaften Beziehung zur göttlichen Wirklichkeit leben kann. Je deutlicher und klarer dabei die Offenbarung Gestalt annimmt bzw. erfaßt wird, desto günstiger wirkt sich diese Voraussetzung aus. Wenn nun die Offenbarung in Jesus Christus allen anderen Formen göttlicher Offenbarung weit überlegen sein soll, dann müßte das Christentum die besten Voraussetzungen für ein heilshaftes Leben bieten. Nun kennt das Neue Testament quer durch seine verschiedenen Schriften hindurch die Auffassung, daß sich heilshaftes Leben in entsprechenden Werken und Früchten ausdrückt. Paulus nennt als Frucht des Heiligen Geistes »Liebe, Freude, Friede, Langmut, Freundlichkeit, Güte, Treue, Sanftmut und Selbstbeherrschung« (Gal 5,22f). Jesus selbst spricht davon, daß man den wahren Propheten vom falschen Propheten daran unterscheiden kann, ob sein Wirken gute Früchte hervorbringt (Mt 7,15–18.20). Und im ersten Johannesbrief heißt es, daß »jeder, der liebt, von Gott stammt und Gott erkennt« (1 Joh 4,7).

Heute wissen wir, daß auch die anderen großen Religionen den spirituellen Rang dieser Früchte kennen. Auch hier werden Liebe, Selbstlosigkeit und innerer Friede als jene Eigenschaften gepriesen, die aus einem Leben erwachsen, das in rechter Orientierung auf die höchste Wirklichkeit geführt wird. Und wenn wir die Geschichte der großen religiösen Traditionen überblicken, dann haben wir jeden Grund für die Annahme, daß sie ebenfalls ideale Voraussetzungen für die Entfaltung eines heilshaften Lebens geboten haben und immer noch bieten. Natürlich gibt es in allen Religionen auch große Übel. Doch dies ist im Christentum nicht anders. Wenn wir somit die Religionen hinsichtlich ihrer guten Früchte miteinander vergleichen, dann läßt sich keine deutliche Überlegenheit des Christentums erkennen. Wäre die inklusivistische Annahme richtig, dann müßte sich aber eine solche Überlegenheit auch in den Früchten zeigen. Mit anderen Worten, die inklusivistische Position wird von diesem empirischen Befund nicht bestätigt.

Nun verteidigen einige Inklusivisten ihre Position mit dem Argument, das Christentum vermittle zwar die überlegene Offenbarung, doch folge daraus nicht, daß Christen auch faktisch besser leben würden als die Angehörigen anderer Religionen. Diese Verteidigung scheint jedoch nicht besonders überzeugend. Ich möchte dies mit einem kurzen Vergleich veranschaulichen. Stellen wir uns zwei unterschiedliche Kulturen vor. Kultur (A) befindet sich in medizinischer Hinsicht auf einem niedrig entwickelten Niveau und verfügt nur über eine rudimentäre Kräutermedizin, die noch dazu mit zahlreichen wirkungslosen Praktiken verknüpft ist. Kultur (B) verfügt dagegen über eine hochentwickelte Medizin und eine hervorragend ausgebaute Gesundheitsfürsorge. Nun kann es dennoch selbstverständlich vorkommen, daß einzelne Mitglieder aus Kultur (A) gesünder sind und länger leben als bestimmte Mitglieder aus Kultur (B). Aber insgesamt wird man doch erwarten, daß Gesundheitsstand und Lebenserwartung in Kultur (B) deutlich höher sind als in Kultur (A). Wenn dies nicht der Fall wäre, dann wäre der Anspruch auf eine medizinische Überlegenheit nicht glaubwürdig. Wenn somit Offenbarung in irgendeiner Weise ein effektives Heilsmittel sein soll, dann müßte dem inklusivistischen Überlegenheitsanspruch eine andere Situation entsprechen als sie faktisch gegeben zu sein scheint.

2. Ein weiteres Problem des Inklusivismus betrifft die *Einschätzung der religiösen Vielfalt*. Indem der Inklusivist glaubt, daß das Christentum allen anderen Religionen überlegen ist, wird er/sie sich explizit oder implizit wünschen, daß idealerweise alle Menschen Mitglieder dieser besten Religion sein sollten. Das impliziert jedoch den Wunsch, daß alle anderen Religionen zugunsten des Christentums verschwinden. Wäre dies aber nicht eine bedauerliche Verarmung für das religiöse Leben der Menschheit? In vielen Bereichen unserer Welt gilt das Prinzip, daß Vielfalt den Wert des Guten erhöht und nicht etwa reduziert. Es macht den Wert des Guten noch größer, wenn es dieses nicht nur in uniformer, sondern in pluriformer Gestalt gibt. Sollte dieses Prinzip nicht auch in der Religion gelten? Für den Exklusivismus gibt es nur eine einzig wahre Religion. Das Christentum steht als »die Religion der Wahrheit gegenüber den Religionen der Lüge« (BARTH, Die Kirchliche Dogmatik I/2, 377). Die Vielfalt der Religionen kann daher keinen Wert darstellen. Im Inklusivismus werden die nichtchristlichen Religionen zwar nicht pauschal als trügerisch und falsch betrachtet. Doch sind sie nur in dem Maß gut, wahr und heilig, wie sie sich mit dem Christentum decken. Sie sind Vorstufen, Abschattungen, undeutliche Varianten der einen wahren Religion, die im Christentum ihren deutlichsten Ausdruck gefunden hat. Daher bildet die religiöse Vielfalt auch für den Inklusivismus letztlich keinen echten Wert und sollte idealerweise zugunsten des Christentums überwunden werden. Dies widerspricht der Intuition, daß Vielfalt den Wert erhöht, nicht aber reduziert.

Pluralismus

Der religionstheologische Pluralismus wurde in den letzten Jahrzehnten vorwiegend im angelsächsischen Bereich entwickelt (durch W.C. Smith, J. Hick, P. Knitter, L. Swidler, R. Panikkar u. a.). Tendenzen zu einer solchen Position finden sich aber schon im Spätwerk von E. Troeltsch, P. Tillich und F. Heiler. In der Geschichte der christlichen Theologie trifft man allerdings nirgendwo auf eine ausgeprägt pluralistische Position. Ansätze hierzu finden sich bestenfalls bei den Nestorianern in China, über deren Theologie wir jedoch nur recht spärliche Informationen besitzen, sowie bei einigen Mystikern und Spiritualisten (auf diese Tradition berufen sich besonders F. Schuon (1907–1998) und die Vertreter der traditionalen Schule). Aus diesem Umstand wird deutlich, daß sich die pluralistische Position wie keine andere als Reaktion auf die heute wesentlich bessere und vertieftere Kenntnis anderer Religionen versteht. So ist es denn auch kein Zufall, daß nahezu alle Anhänger eines pluralistischen Standpunktes aus der aktiven Erfahrung des interreligiösen Dialogs bzw. der interreligiösen Begegnung kommen.

Die *pluralistische* Position macht mit dem Gedanken ernst, daß es wahre Religion in pluraler Gestalt geben kann und tatsächlich gibt. L. Gilkey hat das neue und spezifische Anliegen der pluralistischen Religionstheologie treffend charakterisiert:

> Dieses neue Verständnis der Pluralität schließt (...) ein, dem Begriff der Pluralität jenen der »Gleichwertigkeit« (»parity«) oder »ungefähren Gleichwertigkeit« hinzuzufügen: wir erkennen (...), daß wir Ansprüche auf die alleinige Wirksamkeit des Christentums oder auch nur auf seine Überlegenheit irgendwie nicht mehr aufrechterhalten können, oder zumindest nur mit erheblichem Unbehagen.
> Hick, Knitter (eds.), The Myth of Christian Uniqueness, 37

Wie diese Bemerkung verdeutlicht, begründet sich die pluralistische Position unter anderem als eine Konsequenz aus der Einsicht in die Schwächen der beiden alternativen religionstheologischen Standpunkte. Der exklusivistische Anspruch einer christlichen Alleingeltung und der inklusivistische Anspruch einer singulären Überlegenheit des Christentums werden als nicht mehr haltbar oder doch als recht implausibel aufgegeben. Positiv hat John Hick den religionstheologischen Pluralismus folgendermaßen definiert: Es ist die Ansicht,

> daß die großen Weltreligionen unterschiedliche Wahrnehmungen und Vorstellungen von und dementsprechend verschiedene Antworten auf das Wirkliche (the Real) oder Unbedingte (the Ultimate) verkörpern, und daß sich in jeder von ihnen unabhängig voneinander

> die Umwandlung der menschlichen Existenz von der Selbst-Zentriertheit zur Zentriertheit auf dieses Wirkliche ereignet.
>
> HICK, Religious Pluralism, in: Encyclopedia of Religion 12, 1987, 331

Einfacher – und wie HICK vermerkt – »in christlich-theologischer Terminologie ausgedrückt«:

> Es gibt eine Vielfalt von göttlichen Offenbarungen, die eine Vielfalt von Formen heilshafter menschlicher Antwort ermöglicht.
>
> HICK, Eine Philosophie des religiösen Pluralismus, 309

Zumindest in *ein* halb-offizielles kirchliches Dokument hat diese Position bisher Eingang gefunden. In dem Abschlußdokument einer vom Ökumenischen Rat der Kirchen veranstalteten Konsultation in Baar (1990) werden die Grundpfeiler einer pluralistischen Religionstheologie bekräftigt. Dort heißt es: »Wir betrachten die Vielfalt religiöser Traditionen sowohl als Ergebnis der mannigfaltigen Wege, in denen sich Gott Völkern und Nationen mitgeteilt hat, als auch als eine Manifestation des Reichtums und der Verschiedenartigkeit der Menschheit. (...) Wir betrachten sie (*scil.* die religiöse Vielfalt) weniger als ein Hindernis, sondern vielmehr als eine Chance zur Vertiefung unserer Begegnung mit Gott und unseren Nächsten« (Current Dialogue 19, Jan. 1991, 48f).

Wie gezeigt ist eine positive Bewertung der religiösen Vielfalt nur im Rahmen einer pluralistischen Position möglich. Dies ist von großer Bedeutung für die über das dogmatische Problem hinausgehenden Problemfelder: Im Rahmen des *praktischen* Problems wird dadurch die Möglichkeit eröffnet, das interreligiöse Konfliktpotential nicht nur äußerlich einzudämmen, sondern es von innen heraus aufzulösen. Denn dort wo die anderen Religionen gerade in ihrer Verschiedenheit geschätzt werden, gibt es keinen Grund mehr dafür, nach ihrer Überwindung zu streben. Im Rahmen des *kriteriologischen* Problems wird es grundsätzlich möglich, die Kriterien zur Beurteilung anderer Religionen nicht so eng anzusetzen, daß sich diese Beurteilung ausschließlich am Maß der Übereinstimmung der anderen Religionen mit der eigenen ausrichtet und somit die Überlegenheit der eigenen Religion schon vorprogrammiert ist. Hinsichtlich des *apologetischen* Problems besagt eine positive Bewertung religiöser Vielfalt, daß die Verschiedenartigkeit der Religionen keineswegs ausschließlich im Sinne unvereinbarer Widersprüche gedeutet werden muß, sondern letztendlich als komplementär angesehen werden kann. Und im Hinblick auf das *hermeneutische* Problem gilt, daß zahlreiche Mißverständnisse und Verzeichnungen zwischen den Religionen auf das vorgefaßte Urteil der Minderwertigkeit oder gar völligen Unwertigkeit aller anderen zurückgehen. Aus diesen Gründen stellt es einen großen Vorzug der pluralistischen Position dar, daß nur unter ihren Voraussetzungen eine genuine Wertschätzung religiöser Vielfalt möglich ist.

Einwände gegen den Pluralismus

Die pluralistische Position ist gegenwärtig weltweit ein Gegenstand heftiger Auseinandersetzungen. Während zahlreiche der gegen sie erhobenen Einwände auf Mißverständnissen und Verzeichnungen beruhen, gibt es jedoch vor allem zwei Einwände, von denen sie zentral betroffen ist. Der *erste* Einwand bezieht sich auf das Problem der *gegensätzlichen religiösen Wahrheitsansprüche*, der *zweite* Einwand bezieht sich auf ihr Verhältnis zur *Christologie*.

Nach A. KREINER geht der Einwand bezüglich der **Wahrheitsfrage** »von der Beobachtung aus, daß die in den verschiedenen religiösen Traditionen erhobenen Wahrheitsansprüche divergieren, miteinander konkurrieren oder einander sogar direkt widersprechen. Daraus wäre dann zu folgern, daß die pluralistische Behauptung einer Gleichwertigkeit offenbar fehlerhaft sein muß« (KREINER, in: SCHWAGER (Hrsg.), Christus allein?, 122). Der Einwand ist insofern vollkommen berechtigt, als in der Tat kontradiktorisch gegensätzliche Behauptungen nicht gleichermaßen wahr sein können.

Zunächst ist darauf zu antworten, daß die pluralistische These der Gleichwertigkeit sich *nicht auf alle* in den Religionen erhobenen Wahrheitsansprüche bezieht, sondern *nur auf jene, die im engeren Sinn mit der Behauptung heilshafter Transzendenzerkenntnis zusammenhängen*. Für diese wird nun jedoch ein kontradiktorischer Charakter bestritten. Genauer gesagt, die Divergenzen unter den als gleichwertig betrachteten religiösen Wahrheitsansprüchen müssen nach pluralistischer Auffassung nicht zwangsläufig als kontradiktorisch, sondern können auch als komplementär gedeutet werden. Es geht daher um die Frage nach dem rechten Verständnis der einander scheinbar widersprechenden religiösen Aussagen.

Daß religiöse Aussagen unterschiedlich interpretierbar sind, ist eine Tatsache, die sich wohl kaum ernsthaft bestreiten läßt. Die großen religiösen Traditionen legen selbst ein breites Zeugnis davon ab, wie weit unter Umständen der Auslegungsspielraum sein kann, der hier konkret möglich ist. Wie nun aber im einzelnen religiöse Aussagen verstanden werden, hängt nicht selten von bestimmten theologischen Axiomen ab. So liegen der pluralistischen Antwort auf den Einwand der Wahrheitsfrage bestimmte theologische Axiome zugrunde, aus denen sich eine theologische Hermeneutik ableitet, die es erlaubt, die entsprechenden Divergenzen nicht als kontradiktorisch, sondern als komplementär zu deuten. Die wichtigsten hierbei veranschlagten Grundsätze theologischer Axiomatik und Hermeneutik lassen sich einander folgendermaßen zuordnen:

Theologische Axiomatik		Theologische Hermeneutik
(1) Transzendenz	⟶	(1) Apophatik
(2) Selbstoffenbarung	⟶	(2) Symbolik
(3) Erfahrung	⟶	(3) Perspektivität
(4) Heil	⟶	(4) Funktionalität

Axiomatische und hermeneutische Voraussetzungen pluralistischer Religionstheologie

1. *Transzendenz bedingt Apophatik.* Der erste axiomatische Grundsatz pluralistischer Positionen ist die radikale Transzendenz der letzten Wirklichkeit. Wenn sie tatsächlich alle endliche Wirklichkeit unendlich übersteigt, dann kann sie mit keiner der Endlichkeit entlehnten Vorstellung positiv erfaßt, sondern nur auf dem Weg der Verneinung, der Apophatik (= verneinende Rede von Gott) bezeichnet werden. Wenn – so ANSELM VON CANTERBURY (1033/34–1109) – »Gott« jene Wirklichkeit sein soll, »über die hinaus Größeres nicht gedacht werden kann« (Proslogion 2), dann muß diese »größer sein als das, was gedacht werden kann« (Proslogion 15). Scheinbar gegensätzliche religiöse Wahrheitsansprüche sind also zunächst daraufhin zu überprüfen, ob sie nicht doch in diesem zentralen Punkt konvergieren. In der Tat lassen sich hierfür in den großen Religionen zahlreiche Anhaltspunkte nach Art der folgenden Beispiele finden: Nach THOMAS VON AQUIN ist es »das Äußerste der menschlichen Gotteserkenntnis, zu wissen, daß wir Gott nicht wissen« (De potentia 7,5 ad 14). »Es gibt nichts, was ihm gleicht« heißt es im Koran (Sure 42,11), und nach AL-GHAZALI »(kennt) kein anderer ... das Wesen Gottes, außer Gott selbst« (Die Nische der Lichter). In der Kena-Upanishad (1,3) wird das göttliche Brahman als das bezeichnet, »zu dem kein Aug' vordringt, nicht Rede und Gedanke nicht«, und »nur wer es nicht erkennt, kennt es; wer es erkennt, der weiß es nicht« (3,11). Das Tao-Tê King beginnt mit den berühmten Versen: »Könnten wir nennen den Namen, es wäre kein ewiger Name. Was ohne Namen, ist Anfang von Himmel und Erde« (Tao-Tê-King 1,1b–1,2a). Das buddhistische Nirvâna wird nicht nur als »das Ungeborene, Ungewordene, Ungeschaffene, Ungestaltete« bezeichnet, dessen Existenz allein die menschliche Erlösung ermöglicht (Udâna VIII,3), sondern auch als etwas, »für das es nirgend Gleichnis gibt« (Sutta Nipâta 1149), oder als »die Grenze des Erklärbaren« (Majjhima-Nikâya 44).

2. *Selbstoffenbarung ermöglicht Symbolik.* Das Verständnis von »Offenbarung« als einer Selbstoffenbarung der transzendenten, unendlichen Wirklichkeit an den endlichen Geist des Menschen zieht einen weiteren hermeneutischen Grundsatz nach sich: Von dieser transzendenten Wirklichkeit kann adäquat nur auf der Basis dieser ihrer Selbsterschließung gesprochen werden und zwar in einer Weise, die sowohl der ontologischen Verschiedenheit zwischen der göttlichen

und der menschlichen Wirklichkeit Rechnung trägt als auch der durch die Offenbarung konstituierten Beziehung zwischen beiden. Eine solche Redeweise läßt sich auf vielerlei Art bezeichnen, und die großen religiösen Traditionen haben hierfür ihre spezifischen Konzepte entwickelt. Der Einfachheit halber sei eine solche Redeweise hier in einem sehr allgemeinen Sinn als »symbolisch« bezeichnet. Die symbolische Redeweise nimmt ihre Bilder und Vorstellungen aus der endlichen Erfahrungswirklichkeit des Menschen und bringt damit zum Ausdruck, wie Menschen die an sich unbeschreibbare transzendente Wirklichkeit erfahren haben. Unter dieser Voraussetzung müssen divergierende, ja sogar kontradiktorisch erscheinende Aussagen nicht mehr wirklich kontradiktorisch sein. Wenn beispielsweise die göttliche Wirklichkeit als »Vater«, als »Mutter«, als das »Todlose« (*amrta*), als »Wirklichkeit/Bewußtheit/Glückseligkeit« (*satcitananda*), als »Weg« (*tao*) bezeichnet wird, so handelt es sich hierbei nur vordergründig um widersprüchliche Aussagen. Wird nämlich gleichzeitig der apophatische Grundsatz bejaht, dann können sich diese Beschreibungen nicht im unmittelbaren Sinn auf die transzendente Wirklichkeit selbst beziehen, sondern auf jene unterschiedlichen Erfahrungseindrücke, die die Menschen der verschiedenen Religionen und Kulturen von jener Wirklichkeit gewonnen haben (→ 4. Kapitel). So verstanden sind jedoch personale und impersonale Aussagen über die transzendente Wirklichkeit nicht mehr kontradiktorisch, sondern komplementär. Denn es widerspricht sich nicht, wenn dieselbe transzendente Wirklichkeit im Rahmen der einen Religion z.B. als »gütiger Vater« erfahren wird, in einer anderen hingegen als das wahrhaft »Todlose«.

3. *Erfahrung impliziert Perspektivität.* Wenn »Offenbarung« eine Relation zwischen Gott und Mensch ist, dann kommt diese Relation ohne den Menschen, ohne seine Erfahrung, in der er Offenbarung empfängt, nicht zustande. Es gibt jedoch keine menschliche Erfahrung, die nicht zugleich mitgeprägt wäre von dem, was den konkreten Menschen ausmacht: sein jeweiliger historischer, sozio-kultureller und religiöser Kontext sowie seine physische, psychische und mentale Verfassung in jenen allgemeinen Zügen, die der menschlichen Art zu eigen sind, und in jenen speziellen Zügen, die einem ganz bestimmten Individuum zukommen. Jede Erfahrung ist daher nicht nur interpretierte Wahrnehmung (→ 10. Kapitel), sondern individuell und kontextuell geprägte Wahrnehmung. Daraus ergibt sich der hermeneutische Grundsatz einer Perspektivität aller menschlicher Erfahrung und einer dementsprechend perspektivischen Gebundenheit ihrer sprachlichen Artikulation. Mit diesem Grundsatz ist jedoch keineswegs die Basis einer realistischen Epistemologie (= Erkenntnistheorie) verlassen. Die Behauptung einer grundsätzlichen Perspektivität aller menschlichen Erkenntnis beinhaltet vielmehr einen perspektivenrelativen Realismus, das heißt die Vorstellung, daß dieselbe Realität aus unterschiedlichen Perspektiven wahrgenommen wird. Für die Divergenz religiöser Wahrheitsansprüche bedeutet dies, daß zu ihrer Interpretation jene perspektivische

Verschiedenheit in Rechnung gestellt werden muß. Es wäre also kurzschlüssig, Wahrheitsansprüche, die unterschiedlichen religiösen Kontexten entstammen, unmittelbar aufeinander zu beziehen. Sie müssen vielmehr zunächst aus ihrem je eigenen Systemzusammenhang heraus verstanden werden. Dann aber ist es sehr wohl vorstellbar, daß sich das, was zunächst wie reine Gegensätze erscheint, in Wirklichkeit einer perspektivischen und daher prinzipiell komplementären Verschiedenheit verdankt.

4. Heil als Norm der Funktionalität. Der vierte und letzte axiomatische Grundsatz betrifft den soteriologischen Sinn der Offenbarung. Wenn göttliche Selbsterschließung die Voraussetzung dafür bildet, daß sich der Mensch in heilshafter Weise auf Gott hin ausrichten kann, dann sind die unterschiedlichen religiösen Aussagen auch danach zu beurteilen, wie gut sie diesem heilshaften Prozeß entsprechen. Es ist jedoch ohne weiteres vorstellbar, daß divergierende religiöse Aussagen in funktionaler Hinsicht konvergieren, also in ihrem jeweiligen Kontext gleichermaßen gut eine solche heilshafte Ausrichtung des Menschen auf die göttliche Wirklichkeit unterstützen. Aus christlicher Sicht wird dabei das entscheidende Kriterium die Einheit von Gottes- und Nächstenliebe sein, gemäß dem Wort: »jeder, der liebt, ... erkennt Gott« (1 Joh 4,7).

Unter der Voraussetzung dieser vier theologischen und hermeneutischen Axiome kann von einer pluralistischen Position aus der Einwand gegensätzlicher Wahrheitsansprüche gelöst werden. Damit wird jedoch zugleich auch klar, daß eine pluralistische Position nur unter ganz bestimmten theologischen Voraussetzungen haltbar ist. Wenn jemand die angeführten theologischen Axiome verwirft, dann lassen sich auch die entsprechenden hermeneutischen Grundsätze nicht mehr ableiten und dann scheitert der Pluralismus an dem genannten Einwand. Daher könnte die religionstheologische Diskussion fruchtbar weitergeführt werden, wenn hierbei die Gültigkeit dieser Axiome zur Debatte gestellt werden würde.

Der zweite gewichtige Einwand gegen die pluralistische Position betrifft die **Frage der Christologie.** Wenn sich Gott nur in Jesus Christus inkarniert hat, wenn Jesus Christus in singulärer Deutlichkeit die göttliche Selbsterschließung kategorial verkörpert, dann ist die pluralistische These von vornherein ausgeschlossen. Denn dann ist, wie RAHNER mit Recht sagt, das Christentum die »einzige, von Gott durch Christus selbst gestiftete, absolute für alle Menschen bestimmte Religion«. Die Vertreter einer pluralistischen Position bestehen gegenüber diesem Einwand jedoch darauf, daß sich aus Sachgründen, die nicht die Religionstheologie, sondern allein die internen Probleme der Christologie betreffen, eine Christologie nahelegt, wonach »die Wirksamkeit Gottes in Jesus von der gleichen Art ist wie die Wirksamkeit Gottes in anderen großen menschlichen Mittlern des Göttlichen« (HICK, Eine Philosophie des religiösen Pluralismus, 311). Die Diskussion dieses Einwands und seiner Entgegnung erfordert eine genauere Verständigung darüber, was mit »Inkarnation« gemeint ist, und inwiefern das jeweilige Verständnis von Inkarnation die Behauptung einer Einzigkeit der Inkarnation in Jesus Christus nach sich zieht oder nicht. Zumindest einige Eckdaten dieser Diskussion sollen im folgenden Kapitel skizziert werden.

Resümee

Die Aufgaben einer Theologie der Religionen sind eng verzahnt mit den Problemen fundamentaltheologischer Offenbarungstheologie. In dieser Hinsicht sind vor allem jene beiden Fragen besonders relevant, die sich bereits aus der Auseinandersetzung mit der Offenbarungskritik der Aufklärung ergaben: Kann oder muß heilshafte Offenbarung so verstanden werden, daß sie auch in anderen Religionen vermittelt wird? Unterminiert die Verschiedenartigkeit der Religionen und ihrer Offenbarungsansprüche nicht insgesamt die Plausibilität des Offenbarungsglaubens? Während es dem Exklusivismus nicht einmal gelingt, die erste Frage positiv zu beantworten, gelangt der Inklusivismus hinsichtlich der zweiten Problematik nur zu einer halbherzigen Lösung, da er der Vielfalt und Verschiedenartigkeit der Religionen letztlich keinen genuinen Wert beizumessen vermag. In dieser Hinsicht scheint die pluralistische Position deutlich überlegen zu sein. Die Konsistenz dieser Position hängt jedoch von einigen theologischen Prämissen ab, die zwar weit verbreitet, aber keineswegs unumstritten sind. Insbesondere beruht sie auf christologischen Annahmen, die Gegenstand heftiger Kontroversen und im folgenden Kapitel näher zu betrachten sind.

Literatur:

Einführungen:
- H. WALDENFELS, Theologie der nichtchristlichen Religionen. Konsequenzen aus »Nostra aetate«, in: DERS., Begegnung der Religionen, Bonn 1990, 75–91.
- M. SECKLER, Theologie der Religionen mit Fragezeichen, in: Theologische Quartalschrift 166 (1986), 164–184.
- A. KREINER, Die Erfahrung religiöser Vielfalt, in: DERS., P. SCHMIDT-LEUKEL (Hrsg.), Religiöse Erfahrung und theologische Reflexion, Paderborn 1993.
- P. SCHMIDT-LEUKEL, Die religionstheologischen Grundmodelle: Exklusivismus, Inklusivismus, Pluralismus, in: A. PETER (Hrsg.), Christlicher Glaube in multireligiöser Gesellschaft, Immensee 1996, 227–248.
- DERS., Christlicher Wahrheitsanspruch angesichts der Kritik und des heutigen Pluralismus: Religionstheologische Konsequenzen, ebd. 351–380.
- DERS., Wie ist das Wirken Gottes in den Religionen zu denken?, in: Una Sancta 53 (1998), 98–108.

Reader:
- K.-J. Kuschel (Hrsg.), Christentum und nichtchristliche Religionen, Darmstadt 1994, (Ausgezeichnete Zusammenstellung mit Texten aller drei religionstheologischer Richtungen.)
- R. Bernhardt (Hrsg.), Horizontüberschreitung. Die Pluralistische Theologie der Religionen, Gütersloh 1991. (Dieser ebenfalls sehr gute Reader enthält vor allem, aber nicht nur, Texte von Vertretern einer pluralistischen Position.)

Ausführliche Gesamtdarstellungen:
- R. Bernhardt, Der Absolutheitsanspruch des Christentums, Gütersloh 1990.
- A. Gerth, Theologie im Angesicht der Religionen. Gavin D'Costas Kritik an der pluralistischen Religionstheologie John Hicks, Paderborn 1996.
- P. Schmidt-Leukel, Theologie der Religionen. Probleme, Optionen, Argumente, München-Neuried 1997. (Die Arbeiten von Bernhardt und mir behandeln alle drei religionstheologischen Positionen, die Arbeit von Gerth konzentriert sich auf die Diskussion zwischen Inklusivismus und Pluralismus.)

Für die *exklusivistische* Position:
- K. Barth, Die Kirchliche Dogmatik I/2, Zollikon-Zürich 1960, ß 17 (Barths klassische Darlegung der exklusivistischen Position der Dialektischen Theologie.)
- H. Kraemer, The Christian Message in a Non-Christian World, London 1938.
- E. Lanz, Ist der Gedanke, daß Heiden ohne Jesus ewig verlorengehen, mit dem Glauben an einen liebenden Gott vereinbar?, in: A. Holzhausen (Hrsg.), Mission unter Beschuß, Neuhausen-Stuttgart 1996, 56–65. (Beispiel eines radikalen Exlusivismus mit evangelikalem Hintergrund.)
- G. Lindbeck, The Nature of Doctrine, Philadelphia 1984. (Sprachspieltheoretisch begründete Version eines gemäßigten Exklusivismus.)
- H. Netland, Dissonant Voices. Religious Pluralism and the Question of Truth, Grand Rapids 1991.
- W.L. Craig, »No Other Name«: A Middle Knowledge Perspective on the Exclusivity of Salvation Through Christ, in: Faith and Philosophy 6 (1989), 172–188.
- A. Plantinga, Pluralism: A Defense of Religious Exclusivism, in: Th.D. Senor (ed.), The Rationality of Belief and the Plurality of Faith (FS W. Alston), Ithaca, London 1995, 191–215. (Die Arbeiten von Netland, Craig und Plantinga verteidigen den Exklusivismus insbesondere gegenüber pluralistischen Einwänden.)

Für die *inklusivistische* Position:
- J. Zehner, Der notwendige Dialog. Die Weltreligionen in katholischer und evangelischer Sicht, Gütersloh 1992, 19–64 (Enthält auf den angegebenen Seiten eine gute Darstellung der religionstheologischen Position des II. Vatikanums.)
- K. Rahner, Das Christentum und die nichtchristlichen Religionen, in: Schriften zur Theologie, Bd. V, Zürich-Einsiedeln-Köln 1964, 136–158. (Rahners klassische Darlegung des transzendentaltheologisch begründeten Inklusivismus.)
- W. Pannenberg, Religion und Religionen, in: A. Bsteh (Hrsg.), Dialog aus der Mitte christlicher Theologie, Mödling 1987, 179–196.
- Ders., Die Religionen in der Perspektive christlicher Theologie und die Selbstdarstellung des Christentums im Verhältnis zu den nichtchristlichen Religionen, in: K.-J. Kuschel (Hrsg.), Christentum und nichtchristliche Religionen, Darmstadt, 1994, 119–134.

(Dieser Aufsatz enthält die komprimierteste und klarste Fassung der religionstheologischen Position Pannenbergs.)
- G. D'Costa, Theology and Religious Pluralism. The Challenge of Other Religions, Oxford-New York 1986. (Die nach wie vor wichtigste Arbeit zur Verteidigung des Inklusivismus gegenüber Exklusivismus und Pluralismus).
- J. Dupuis, Jesus Christ and the Encounter of World Religions, New York ²1993. (Neben D'Costa ist Dupuis gegenwärtig der profilierteste Vertreter einer inklusivistischen Position.)

Für die *pluralistische* Position:
- F. Schuon, Von der inneren Einheit der Religionen, 2. umgearb. Aufl., Interlaken 1979. (Älterer Vorläufer einer pluralistischen Position auf der Basis eines dezidiert traditionellen Standpunktes.)
- J. Hick, Eine Philosophie des religiösen Pluralismus, in: Münchener Theologische Zeitschrift 45 (1994), 301–318. (Eine komprimierte Darstellung der pluralistischen Position Hicks.)
- Ders., God and the Universe of Faiths, London ³1988.
- Ders., God Has Many Names, Philadelphia ²1982 (deutsch: Ders., Gott und seine vielen Namen, Altenberge 1985).
- Ders., Problems of Religious Pluralism, London ²1988.
- Ders., An Interpretation of Religion, London 1989 (deutsch: Ders., Religion, München 1996).
- W.C. Smith, Towards a World Theology, London 1981.
- A. Race, Christians and Religious Pluralism, London 1983.
- P. Knitter, No Other Name?, New York 1985 (deutsch (gekürzt!): Ders., Ein Gott – viele Religionen, München 1988).
- Ders., One Earth Many Religions, Maryknoll 1995.
- Ders., Jesus and the Other Names, Maryknoll 1996. (In diesen beiden zuletzt genannten Werken entfaltet Knitter seine soteriozentrische Variante der pluralistischen Position.)
- Ders., Horizonte der Befreiung. Auf dem Weg zu einer pluralistischen Theologie der Religionen, hrsg. von B. Jaspert, Frankfurt a.M., Paderborn 1997. (Aufsatzsammlung mit Beiträgen aus unterschiedlichen Perioden von Knitters religionstheologischem Denken.)
- L. Swidler, After the Absolute, Minneapolis 1990.
- R. Panikkar, Der Weisheit eine Wohnung bereiten, hrsg. von C. Bochinger, München 1991. (Knitter, Swidler und der *späte* Panikkar dürfen als die renommiertesten Vertreter einer pluralistischen Position innerhalb der katholischen Theologie gelten.)

Wichtige Diskussionsbände sind:
- J. Hick/P. Knitter (ed.), The Myth of Christian Uniqueness, New York 1987. (Bedeutendste Streitschrift zur Etablierung der pluralistischen Position.)
- G. D'Costa (ed.), Christian Uniqueness Reconsidered, New York 1990. (Eine Entgegnung auf »The Myth of Christian Uniqueness« mit Beiträgen aus exklusivistischer und zumeist inklusivistischer Sicht.)
- D.L. Okholm, T.R. Phillips (eds.), More than one Way?, Grand Rapids 1995. (Eine Diskussion zwischen Hick und Vertretern inklusivistischer sowie exklusivistischer Positionen mit evangelikalem Hintergrund.)

Offenbarung II

Einen Einblick in die Diskussion im deutschsprachigen Raum geben:
- R. Schwager (Hrsg.), Christus allein? Der Streit um die pluralistische Religionstheologie, Freiburg i.Br. 1996.
- H.-G. Schwandt (Hrsg.), Pluralistische Theologie der Religionen. Eine kritische Sichtung, Frankfurt a.M. 1998.

3 offenbarungstheolog. Paradigmen

epiphanisch	instruktionstheoretisch	personalistisch bzw. kommunikationstheoretisch
Jesus Christus im Zentrum der Ereignisse, in denen Gottes Heilswirken sichtbar geworden ist	Christus menschgewordener Logos → unüberbietbarer Künder göttlicher Lehren	Jesus als göttliche Inkarnation → vollendete Gestalt der Selbstmitteilung Gottes

12. KAPITEL (OFFENBARUNG III)
Offenbarung durch Jesus Christus?
Probleme und Wege der Christologie

Fundamentaltheologische Christologie

Fundamentaltheologische Christologie befaßt sich mit dem *Zusammenhang von Christologie und Offenbarungstheologie* bzw. mit der *Bedeutung Jesu Christi für die menschliche Gotteserkenntnis*. In allen drei offenbarungstheologischen Paradigmen gilt Jesus Christus als der zentrale Offenbarer: Nach dem *epiphanischen* Paradigma steht er im Zentrum jener Ereignisse, in denen Gottes Heilswirken sichtbar, ja geradezu greifbar geworden ist. Im *instruktionstheoretischen* Paradigma ist er der unüberbietbare Künder göttlicher Lehren, weil er selbst der menschgewordene Logos (die zweite Person der Trinität) ist. Und im *personalistischen* bzw. *kommunikationstheorethischen* Modell ist Jesus als göttliche Inkarnation die vollendete Gestalt der »Selbstmitteilung Gottes«; ja bisweilen, besonders in der sogenannten Dialektischen Theologie, fällt die Identifikation von Jesus und göttlicher Selbstoffenbarung in diesem Modell so stark aus, daß behauptet wird, nur an Jesus sei erkennbar, wer und wie Gott ist, oder anders gesagt: jede andere Form der Gotteserkenntnis scheide aus.

Im allgemeinen beruht die offenbarungstheologische Zentralität Jesu auf der Auffassung, daß Jesus der menschgewordene Gott bzw. genauer gesagt, die einmalige Inkarnation des einzigen »Sohnes Gottes« ist. Inkarnationsaussage und offenbarungstheologische Zentralität stützen sich also gegenseitig: Weil Jesus der inkarnierte Gottessohn ist, deshalb ist er der höchste Offenbarer. Daß Jesus der inkarnierte Gottessohn ist, wurde von ihm selbst geoffenbart.

Aufgrund dieses engen Zusammenhangs zwischen Inkarnationsaussage und offenbarungstheologischer Bedeutung Jesu berühren sich Dogmatik und Fundamentaltheologie nirgendwo so stark wie in der Frage der Christologie. Die traditionelle Apologetik glaubte diesbezüglich noch an die Möglichkeit einer sauberen Trennung: Gemäß der extrinsezistischen Methode meinte man, die Fundamentaltheologie könne sich damit begnügen, Jesus Christus als den von Gott gesandten bzw. bevollmächtigten Boten auszuweisen. Den Nachweis der Gottheit Jesu Christi und damit die gesamte Inkarnationsthematik könne man der Dogmatik überlassen. Dieser Vorschlag einer sauberen Arbeitsteilung beruhte jedoch auf der ungetrübten Zuversicht, die Gottheit Jesu sei von ihm selbst gelehrt worden. Nur unter dieser Voraussetzung konnte es als ausreichend erscheinen, die rationale Legitimation in extrinsezistischer Manier auf das Offenbarersein Jesu zu beschränken. Die Inkarnationsaussage, so glaubte man, lasse sich dann mehr oder weniger mühelos dem von Jesus verkündeten Offenbarungsinhalt entnehmen. Genau diese Annahme ist heute jedoch aus einer ganzen Reihe von Gründen problematisch geworden. Schon aus diesen Gründen kann sich die fundamentaltheologische Christologie nicht mehr mit einem rein extrinsezistischen Vorgehen begnügen. Sie muß vielmehr angesichts der einzelnen Probleme der Inkarnationsaussage den Zusammenhang zwischen dem Glauben an Jesus als göttlichen Offenbarer und der Inkarnationsaussage neu verdeutlichen und seine sachliche Berechtigung aufzeigen. Erst durch eine solche *hermeneutische Klärung* und deren *kritische Bewährung* läßt sich die Rationalität des Glaubens an die Offenbarung Gottes in Jesus Christus ausweisen.

Probleme der Inkarnationsaussage

Die Probleme, denen die Inkarnationsaussage ausgesetzt ist, lassen sich fünf unterschiedlichen Fragen zuordnen:

1. Die Grundfrage: das Verhältnis von Menschsein und Gottsein in Jesus
2. Die Frage der Authentizität der Inkarnationssaussage
3. Die Frage ihrer Sachgemäßheit
4. Die Frage ihrer Verstehbarkeit
5. Die Frage der Einzigkeit von Inkarnation

Die erste dieser Fragen ist von grundsätzlicher Natur und der Theologie seit jeher bekannt. Die weiteren Fragen sind demgegenüber erst in der Neuzeit und der Gegenwart aufgetreten. Sie hängen jedoch auf die ein oder andere Art eng mit der Grundfrage zusammen.

Die Grundfrage: das Verhältnis von Menschsein und Gottsein in Jesus

Wie vereinbart sich die Behauptung, Gott habe sich in Jesus Christus inkarniert, mit dem Monotheismus (dem Glauben an *einen* und nur einen Gott), der der Glaube des Judentums war und ist und – wie wir heute annehmen müssen – auch der Glaube Jesu und der frühen Christenheit? Eine naheliegende Lösung, die in den Anfängen der christlichen Theologie offensichtlich weit verbreitet war, bietet die modalistische bzw. monarchianistische Antwort: Der Geist, von dem Jesus erfüllt war, ist der eine Gott selbst. Der eine Gott ist in Jesus als Mensch erschienen. Diese noch ganz im Rahmen des Monotheismus verbleibende Antwort wirft jedoch massive Probleme auf. Zum einen betreffen sie das Menschsein Jesu: Wenn es der eine, ewige Gott ist, der als Mensch erschienen ist, ist dann dieser Mensch noch ein echter, wirklicher Mensch, oder erweckt er nur den Anschein eines wirklichen Menschen? Mit anderen Worten: Verunmöglicht das Gottsein Jesu nicht die Vorstellung von seinem wahren Menschsein? Zum anderen betreffen die Probleme aber auch das Gottsein Gottes: Wie soll es möglich sein, daß der eine Gott Gott bleibt, mit allen göttlichen Eigenschaften, und zugleich ein begrenzter, vergänglicher, leidender Mensch wird? Mit anderen Worten: Verunmöglicht das Menschsein Jesu nicht die Vorstellung von seinem wahren Gottsein? Der Monotheismus scheint unvereinbar zu sein mit dem Gedanken der Inkarnation Gottes in einem wirklichen Menschen. Die sich erst allmählich entwickelnde Trinitätslehre brachte hinsichtlich dieser Problematik jedoch keine echte Abhilfe. Zwar konnte man nun argumentieren, daß sich nicht der ewige Vater, der Schöpfer aller Dinge in Jesus inkarniert habe, sondern der Logos, das heißt die zweite Person des dreieinen Gottes. Doch auch dann stellt sich nach wie vor die Frage, wie sich Menschsein und Gottsein Jesu zueinander verhalten. Wie der Streit um ARIUS († 336) verdeutlichte, verschiebt sich das Problem bestenfalls auf die Ebene des Logos, indem nun die Frage unvermeidlich wird, ob der Logos wirklich wahrer Gott oder doch nur das erste Geschöpf Gottes ist.

Die Diskussion dieser Probleme gehörte zu den kontroversesten Themen der frühen Theologie. Während ein Teil der Christologien die Inkarnationsaussage und damit die Behauptung der Gottheit Jesu so abmilderte, daß sein wahres Menschsein nicht mehr bedroht war, machte der andere Teil eher Abstriche am wahren Menschsein Jesu, um so die Behauptung seiner Gottheit zu schützen. Die wichtigsten Entscheidungen fielen auf den Konzilien von *Nizäa (325)* und *Chalkedon (451)*. Gegen den Arianismus bekräftigte Nizäa die Gottheit des Logos und stellte die »*Wesenseinheit*« Jesu Christi mit Gott fest. Über das Verhältnis von Gottsein und Menschsein in Jesus formulierte Chalkedon die Lehre von der »*hypostatischen Union*«:

> Der eine und selbe ist vollkommen der Gottheit und vollkommen der Menschheit nach, wahrer Gott und wahrer Mensch, bestehend aus einer vernünftigen Seele und dem Leibe. Der eine und selbe ist wesensgleich dem Vater der Gottheit nach und wesensgleich auch uns seiner Menschheit nach, »er ist uns in allem ähnlich geworden, die Sünde ausgenommen« (Hebr 4,15). Vor aller Zeit wurde er aus dem Vater gezeugt seiner Gottheit nach, in den letzten Tagen aber wurde derselbe für uns und um unseres Heiles willen aus Maria, der Jungfrau, der Gottesgebärerin, der Menschheit nach geboren: Wir bekennen einen

und denselben Christus, den Sohn, den Herrn, den Einziggeborenen, der in zwei Naturen unvermischt, unverwandelt, ungetrennt und ungesondert besteht. Niemals wird der Unterschied der Naturen wegen der Einigung aufgehoben, es wird vielmehr die Eigentümlichkeit einer jeden Natur bewahrt, indem beide in eine Person und Hypostase zusammenkommen. Wir bekennen nicht einen in zwei Personen getrennten und zerrissenen, sondern *einen* und denselben einziggeborenen Sohn, das göttliche Wort, den Herrn Jesus Christus, wie schon die Propheten es vor ihm verkündet und der Herr Jesus Christus selbst es uns gelehrt und das Glaubensbekenntnis der Väter es uns überliefert hat.

NEUNER-ROOS 178; vgl. DENZIGER-SCHÖNMETZER 301–303

Mit dieser Formel bringt Chalkedon jedoch keine Lösung des Problems, sondern schreibt dogmatisch gegen beide Lager der christologischen Auseinandersetzungen fest, daß weder Abstriche am wahren Menschsein, noch Abstriche am wahren Gottsein Jesu gemacht werden dürfen. *Wie* das Verhältnis dieser beiden Naturen in der einen Person Jesu zu denken sei, erklärt Chalkedon nicht. Vielmehr wehrt Chalkedon auch hier wiederum lediglich die beiden grundsätzlich möglichen Konzeptionen ab: Das heißt, die zwei Naturen dürfen in der Person Jesu weder als vermischt, noch als getrennt gedacht werden. Da Chalkedon keine positive Lösung des Problems formulierte, sondern nur bestimmte Lösungsversuche verwarf, kamen die christologischen Auseinandersetzungen auch unter jenen, die die Formel von Chalkedon akzeptierten, nicht zur Ruhe. So tauchte das Problem des Verhältnisses der beiden Naturen in einer Person erneut mit Macht auf, als man fragte, zu welcher Natur denn der Wille dieser einen Person gehöre. Denn wenn der Wille Jesu wahrhaft menschlich war, dann war dieser – wie die Schrift es bezeugt (Hebr 4,15) – grundsätzlich zur Sünde versuchbar. Wenn der Wille Jesu jedoch wahrhaft göttlich war, dann wäre damit eine echte Versuchbarkeit ausgeschlossen. Die Antwort, die man hierauf fand, bekräftigte nun die Existenz von zwei Willen in Jesus, einem göttlichen und einem menschlichen, mit ihren für die beiden Naturen jeweils typischen Unterschieden (*Konstantinopel* 680/681). Wie die Koexistenz zweier solcherart verschiedener Willen mit der Einheit der Person Jesu vereinbar sein soll, wurde jedoch ebenfalls nicht positiv geklärt.

Diese offensichtlich unlösbaren Schwierigkeiten stützten die Auffassung, daß es sich bei der Zwei-Naturen-Lehre um ein Geheimnis im strikten Sinn handelt, das heißt um ein der Vernunft nicht nur vorläufig, sondern grundsätzlich unzugängliches Geheimnis. Es war allein deshalb zu glauben, weil es – wie man annahm – von Jesus selbst geoffenbart worden war. Genau diese Annahme ist heute jedoch nachhaltig erschüttert.

Die Frage der Authentizität

Die Väter von Chalkedon gingen explizit davon aus, daß ihre Christologie so ist, »wie der Herr Jesus selbst es uns gelehrt ... hat«. Dies war die beherrschende Meinung bis zum 19. Jh. und prägte die apologetische Argumentation: (a) Auf ihr beruht die wechselseitige Stützung von Inkarnations- und Offenbarungsaussage. (b) Sie liefert ein populäres apologetisches Argument: Jemand, der beansprucht, Gott zu sein, ist entweder verrückt, ein Betrüger oder sagt die Wahrheit. Jesus war nicht verrückt, war kein schlechter Mensch, also war er wirklich Gott. (c) Die christologischen Streitigkeiten der frühen Kirche spiegeln nicht einen theologischen Entwicklungsprozeß wider, der als solcher prinzipiell hinterfragbar wäre, sondern resultieren aus dem Versuch, das ursprüngliche, von den Aposteln überlieferte Dogma gegen häretische Abweichungen zu bewahren. (d) Die rationalen Probleme, die die Formel von Chalkedon aufwirft, können mit dem Argument beantwortet werden, daß es sich hierbei eben um ein striktes Geheimnis handelt, von dem jedoch mit objektiver Gewißheit erkennbar ist, daß Gott es durch Jesus geoffenbart hat, und von dem daher mit absoluter Gewißheit feststeht, daß es wahr ist.

Heute ist es ein weit verbreiteter Konsens der Exegeten, daß fast kein einziger der christologischen Hoheitstitel des Neuen Testaments von Jesus selbst verwendet worden ist, sondern diese erst nach der Auferweckung Jesu auf ihn angewendet wurden (evtl. ausgenommen sind nur die Titel »Menschensohn« und »der Sohn«). Aller historischen Wahrscheinlichkeit nach hatte Jesus selbst ein jüdisch monotheistisches Gottesbild und verstand sich selbst weder als die Inkarnation des einen Gottes, noch als die Inkarnation der zweiten Person eines trinitarischen Gottes. W. Pannenberg faßt den historischen Befund folgendermaßen zusammen:

> Im Mittelpunkt der Botschaft Jesu stehen der Vater und sein kommendes Reich, nicht eine für Jesu eigene Person beanspruchte Würdestellung, mit der er sich »Gott gleich gemacht« hätte (Joh 5,18). Jesus hat sich selbst als einen bloßen Menschen vom Vater als dem einen Gott unterschieden und sich dem Anspruch der kommenden Gottesherrschaft so untergeordnet, wie er das von seinen Hörern verlangte. So konnte er die ehrerbietige Anrede als »guter Meister« zurückweisen (Mk 10,18 parr) mit dem Hinweis auf Gott als den allein Guten.
>
> Pannenberg, Systematische Theologie II, 415

Dieser Befund macht die vier oben genannten Argumente in ihrer klassischen Form unmöglich und verlangt daher nach einer völlig anders gearteten fundamentaltheologischen Reaktion.

Die Frage der Sachgemäßheit

Daß Jesus selbst sich nicht als inkarnierten Gottessohn verstanden und verkündet hat, besagt nicht, daß die Inkarnationsaussage deshalb falsch sein muß. Vielmehr ist die Inkarnationsaussage als eine sich nachösterlich entwickelnde Deutung Jesu zu verstehen, die schließlich zu den dogmatischen Formeln von Nizäa und Chalkedon führte. Mit anderen Worten: Chalkedon zitiert Jesus nicht, sondern interpretiert ihn. Es ist nun aber durchaus vorstellbar, ja sogar naheliegend, daß die Bedeutung und das Wesen einer Person erst nach dem Ende ihres Lebens richtig verstanden und ausgesagt werden können. Es muß also die Interpretation einer Person nicht schon deshalb falsch sein, weil sie über das hinausgeht, was diese Person von sich selbst gedacht und gesagt hat. Die Berechtigung einer solchen Interpretation bedarf dann jedoch eines besonderen Ausweises und zwar durch die Darlegung ihrer Sachgemäßheit.

Weil es sich hierbei um die Deutung einer Person handelt, müssen Wort und Werk dieser Person immer einen kritischen Maßstab für die Sachgemäßheit der Deutung abgeben. Es wäre – wie es der jüdische Theologe M. WYSCHOGROD formuliert hat – eine in der Tat »absurde Möglichkeit«, wenn man auf der Deutung der Gottheit Jesu in einem solchen Sinn bestehen wollte, gegen den Jesus selbst auf die heftigste Weise protestiert haben würde (in: DAVIS (ed.), Encountering Jesus, 181f). Wenn sich in Wort und Werk Jesu eindeutig ein Selbstverständnis als wirklicher Mensch bekundet, dann folgt daraus für den Nachweis der Sachgemäßheit einer chalkedonensischen Christologie, daß die Priorität auf das wahre Menschsein Jesu zu legen ist. Mit anderen Worten: Die Jesus (über sein Selbstverständnis hinausgehend) zugesprochene Göttlichkeit darf nicht so formuliert werden, daß sie seinem wahren Menschsein widerspricht. Die umgekehrte Maxime, wonach das Menschsein Jesu so zu deuten sei, daß es seiner Gottheit nicht widerspricht, fände hingegen keinen Rückhalt im Selbstverständnis Jesu.

Bei dem Versuch, die Sachgemäßheit der chalkedonensischen Christologie darzulegen, kommt im einzelnen den folgenden Aspekten eine besondere Bedeutung zu:

> (a) Jede Anwendung der Inkarnationsaussage auf Jesus muß seinen *menschlichen Eigenschaften* Rechnung tragen: Er hatte – nach dem, was die Schrift bezeugt und erkennen läßt – einen freien Willen, war der Versuchung zur Sünde ausgesetzt, war leidensfähig, starb einen echten Tod, besaß die begrenzten Kenntnisse eines Menschen (Lk 2,52) und hatte – wie jeder echte Mensch – auch irrtümliche Auffassungen, selbst in theologischen Fragen, wie es z.B. die Nichterfüllung seiner Naherwartung (Mk 13,30) belegt.
>
> (b) Welche Rolle spielt die *Auferweckung* Jesu für die Frage der Sachgemäßheit der Inkarnationsaussage? In der Schrift wird sie als Ret-

tungs- und Bestätigungshandeln Gottes verstanden: Gott errettet Jesus aus dem Tod und bestätigt hierdurch seinen von den religiösen Autoritäten verworfenen Knecht. Inwiefern aber stützt die so verstandene Auferweckung die Inkarnationsaussage?

(c) Jedes Handeln Gottes an und in der Welt (Schöpfung, Offenbarung, Heilswirken) impliziert eine gewisse *ontologische Immanenz Gottes*: Der unendliche Gott kann in und durch endliche Medien gegenwärtig sein. Welchen Bezug hat diese Immanenz Gottes zur Behauptung seiner Inkarnation in Jesus?

Die Frage der Verstehbarkeit

Der Versuch, die Sachgemäßheit chalkedonischer Christologie darzulegen, setzt zumindest eine gewisse Verstehbarkeit dieser Christologie voraus. Im Rahmen der Analytischen Religionsphilosophie ist jedoch bezweifelt worden, daß mit der Formel von Chalkedon eine verstehbare, kognitiv sinnvolle Behauptung aufgestellt worden sei. Nach J. Hick zeigen die christologischen Verwerfungsurteile und das Bekenntnis zur strikten Geheimnishaftigkeit der chalkedonischen Christologie, daß diese keinen intelligiblen Aussagesinn besitzt:

> … die Orthodoxie ist nie in der Lage gewesen, dieser Vorstellung irgendeinen Inhalt zu geben. Sie bleibt eine Aneinanderreihung von Worten ohne entsprechende Bedeutung. Denn ohne irgendeine Erklärung zu behaupten, der historische Jesus von Nazareth sei auch Gott gewesen, ist ebenso bar jeder Bedeutung, wie die Behauptung, ein Kreis sei zugleich ein Quadrat.
>
> Hick, in: Ders., Wurde Gott Mensch?, 187

Hick hat daher vorgeschlagen, die Inkarnationsaussage im Sinne einer Behauptung mit wörtlichem Wahrheitsanspruch aufzugeben. Nur wenn sie als metaphorische Redeweise interpretiert werde, lasse sich ihr ein guter Sinn abgewinnen. Als den wörtlichen Sinn hinter dieser Metapher gibt Hick drei Aspekte an: Erstens: Gott war insofern in Jesus »inkarniert«, als Jesus den Willen Gottes erfüllte und Gott daher durch ihn wirkte. Zweitens: Auf diese Weise »inkarnierte« Jesus zugleich das Ideal des menschlichen Lebens als eines Lebens in Offenheit für Gott. Drittens: Insofern Jesus ein Leben der sich selbst gebenden Liebe führte, war in ihm eine Liebe »inkarniert«, die eine endliche Widerspiegelung der unendlichen göttlichen Liebe ist (The Metaphor of God Incarnate, 105).

Die Deutung der Inkarnationsaussage als einer Metapher führt nach Hick zugleich auf sachgemäße Weise zu den Anfängen der Christologie zurück. Die neutestamentliche Redeweise vom »Sohn Gottes« stehe in der Tradition des alttestamentlichen Sprachgebrauchs, in dem der Titel »Sohn Gottes« metaphorisch verwendet wird für besonders von Gott erwählte Gestalten wie z.B. die Engel (Gen 6,2.4; Ijob 1,6), den König (2 Sam 7,12ff; Ps 2,7), die nach dem Willen Gottes lebenden Gerechten (Sir 4,10; Weish 2,18) oder sogar für das ganze Volk Israel (Ex 4,22). Erst im Prozeß der Hellenisierung des Christentums habe sich die berechtigte Anwendung der biblischen Metapher »Sohn Gottes« auf Jesus allmählich in den metaphysischen Terminus »Gott, der Sohn« im Sinne der zweiten Person eines trinitarisch gedachten Gottes verwandelt. Und hierdurch sei es dann zu den unlösbaren Problemen der chalkedonensischen Christologie gekommen.

Die Frage der Einzigkeit

Als rein theoretisches Problem wurde die Frage, ob Gott sich mehr als einmal inkarnieren könne oder ob zur Inkarnation mit logischer Notwendigkeit ihre Einzigkeit gehöre, schon von THOMAS VON AQUIN diskutiert. Er bejahte die logische Möglichkeit mehrmaliger Inkarnationen mit dem Argument, daß das Ungeschaffene alles Geschaffene unendlich übersteige und daher die göttliche Natur niemals durch die Natur eines einzigen Menschen quasi ausgeschöpft werden könne, so daß keine Möglichkeit für eine weitere Inkarnation mehr bleibe (Summa Theologiae III 3,7). Als ernsthaftes Problem ist die Frage der Einzigkeit von Inkarnation jedoch erst im Dialog zwischen Theologie und Naturwissenschaften aufgetreten und zwar im Kontext der Frage, ob Gott sich auch unter extraterrestrischen Intelligenzen – falls es sie gibt – inkarnieren könne. Inzwischen hat sie jedoch große Bedeutung im Zusammenhang mit der Diskussion um die *pluralistische Religionstheologie* gewonnen: Wenn Inkarnation so zu verstehen ist, daß Jesus zwangsläufig die einzige Inkarnation Gottes auf Erden ist, dann ist das Christentum die einzige von Gott selbst gestiftete Religion und kann keine andere Religion als gleichwertig akzeptieren. Wenn Inkarnation jedoch auf eine Weise zu verstehen ist, die die Möglichkeit mehrerer Inkarnationen nicht ausschließt oder vielleicht sogar nahelegt, dann steht die pluralistische These einer Gleichwertigkeit der großen religiösen Traditionen nicht von vornherein im Gegensatz zu einer inkarnatorischen Christologie (→ 11. Kapitel). Die Frage der Einzigkeit enthält also folgende Teilprobleme:

> (a) Sind prinzipiell mehrere Inkarnationen möglich oder ist aus logischen und/oder theologischen Gründen nur eine einzige Inkarnation denkbar?
> (b) Wenn grundsätzlich mehrere Inkarnationen möglich sind, gibt es dann Gründe, die für die faktische Einzigkeit der Inkarnation in Jesus sprechen, oder gibt es Gründe, die zur Annahme mehrerer Inkarnationen führen?

(c) Wenn mit mehreren Inkarnationen gerechnet werden muß, welche Konsequenzen ergeben sich dann für die offenbarungstheologische Bedeutung Jesu?

Abhängig ist die Beantwortung dieser Fragen jedoch vor allem davon, was mit »Inkarnation« genau gemeint sein soll bzw. was damit in sachgemäßer Weise gemeint sein kann.

Modelle des Inkarnationsverständnisses in der Gegenwartstheologie

In der zeitgenössischen Theologie lassen sich vier verschiedene Ansätze unterscheiden, wie »Inkarnation« verstanden wird. Diese sollen nun auf dem Hintergrund der genannten Problemkreise kurz skizziert werden. Den ersten beiden Ansätzen liegt ein substantialistisches, den letzten beiden ein nicht-substantialistisches Verständnis von »Inkarnation« zugrunde.

Bei einem **substantialistischen Inkarnationsverständnis** wird die göttliche Natur Jesu im Sinne einer *wesensmäßigen Besonderheit* verstanden: Das heißt, die göttliche Natur stellt hier eine nur Jesus zukommende und ihn dadurch von allen anderen Menschen unterscheidende substantielle Hinzufügung zu seiner menschlichen Natur dar. Ein solches substantialistisches Inkarnationsverständnis findet sich sowohl bei den Vertretern der sogenannten *Doppelten-Bewußtseins-Christologie* als auch bei den Vertretern einer *kenotischen Christologie*.

Im Rahmen eines **nicht-substantialistischen Inkarnationsverständnisses** wird die göttliche Natur Jesu nicht im Sinne einer wesensmäßigen Besonderheit verstanden. Sie stellt *nicht eine substantielle Hinzufügung* zu seiner menschlichen Natur dar. Vielmehr unterscheidet sich Jesus von anderen Menschen in einem *graduellen* und/oder *funktionalen* Sinn. Häufig werden solche *gradualistischen* und *funktionalistischen Christologien* auch als »Geist-« oder »Inspirationschristologien« bezeichnet.

Ein nicht-substantialistisches Inkarnationsverständnis beinhaltet *nicht*, daß Gott *nicht wirklich in einem ontologisch realen Sinn* in Leben und Wirken Jesu gegenwärtig wäre. Es besagt vielmehr, daß dadurch kein substantieller Unterschied zu allen anderen Menschen konstituiert wird. Vielmehr wirkt sich der graduelle und/oder funktionale Unterschied zwischen Jesus und anderen Menschen auf der Basis einer allgemeinen Präsenz Gottes in der menschlichen Natur in besonderer Weise aus.

Aus diesem Grund ist der hier vorgenommene Unterschied zwischen substantialistischen und nicht-substantialistischen Christologien auch nicht identisch mit der verbreiteten Unterscheidung zwischen »*Christologie von oben*« und »*Christologie von unten*«. Diese Unterscheidung bezieht sich vielmehr auf einen methodisch relevanten Unterschied in der Legitimation der Inkarnationsaussage: Das heißt, »Christologie von oben« bezeichnet die Inkarnationsaussage selbst, also den behaupteten Sachverhalt der Inkarnation Gottes in Jesus. »Christologie von unten« bezeichnet das methodische Erfordernis, die Sachgemäßheit dieser Inkarnationsaussage im Ausgang vom neutestamentlichen Zeugnis über den Menschen Jesus zu legitimieren. Die hier vorgenommene Unterscheidung zwischen substantialistischen und nicht-substantialistischen Formen des Inkarnationsverständnisses bewegt sich somit einerseits ganz im Rahmen der »Christologie von oben«, wobei die kritische Befragung ihrer Plausibilität andererseits ganz dem methodologischen Primat einer »Christologie von unten« verpflichtet bleibt.

```
(1) Doppelte-Bewußtseins-Christologie ─┐
                                       ├─ Substantialistisches
(2) Kenotische Christologie           ─┘   Inkarnationsverständnis

(3) Gradualistische Christologie      ─┐
                                       ├─ Nicht-substantialistisches
(4) Funktionalistische Christologie   ─┘   Inkarnationsverständnis
```

Gegenwärtige Modelle des Inkarnationsverständnisses

Substantialistisches Inkarnationsverständnis

Doppelte-Bewußtseins-Christologie: Diese Form der Christologie findet gegenwärtig besonders unter Analytischen Religionsphilosophen gewichtige Vertreter wie z.B. RICHARD SWINBURNE und THOMAS MORRIS. Sie verstehen die Zwei Naturen Jesu im Sinne von zwei unterschiedlichen Bewußtseinen bzw. einer Art Bewußtseinsspaltung. Nach dieser Theorie besaß Jesus ein menschliches Bewußtsein, mit all jenen endlichen Begrenzungen, die für ein menschliches Bewußtsein charakteristisch sind, und zusätzlich ein göttliches Bewußtsein mit den göttlichen Eigenschaften der Allwissenheit, Allmacht, Vollkommenheit etc. Bei der Entfaltung dieser Theorie stellen sich vor allem *drei Probleme*:

1. Die erste grundsätzliche Frage lautet: Ist jemand auch dann *noch ein wahrer Mensch*, wenn er zusätzlich zu dem der menschlichen Natur eigenen menschlichen Bewußtsein auch *über ein göttliches Bewußtsein verfügt*? Vertreter der Doppelten-Bewußtseins-Christologie bejahen diese Frage. Nach MORRIS muß man zwischen »ganz Mensch« (»fully human«) und »nur Mensch« (»merely human«) unterscheiden. Jesus war »ganz Mensch«, aber nicht »nur Mensch«. Beispielsweise habe ein Tier alle Eigenschaften seiner physischen Natur und darüber hinaus die Eigenschaften seiner animalischen Natur. Es sei daher einerseits *ganz* von physischer Natur und doch *nicht nur* von physischer Natur. SWINBURNE weist darauf hin, daß die Kriterien für »Menschsein« unklar und

nicht scharf abgegrenzt seien. Was ist, wenn jemand z.B. über ganz außergewöhnliche Fähigkeiten verfügt oder auf außergewöhnliche Weise entstanden ist? Wie stark darf ein Individuum vom menschlichen Stereotyp abweichen, um noch als Mensch zu gelten? Nach SWINBURNE gibt es darauf keine feststehende Anwort. Mit diesen Positionen von MORRIS und SWINBURNE wird jedoch deutlich, daß die Vertreter dieser Christologie geneigt sind, im Hinblick auf Jesus eher die Grenzen des wahren Menschseins aufzuweichen als die des wahren Gottseins.

2. Die zweite Frage betrifft den epistemischen *Zugang der beiden Bewußtseine zueinander*. Ein ungehinderter wechselseitiger Zugang ist ausgeschlossen, da damit die Unterschiedlichkeit der beiden Bewußtseine aufgehoben würde (hätte das menschliche Bewußtsein Jesu vollen Zugang zum göttlichen Bewußtsein, dann wäre es wie dieses ebenfalls allwissend usw.). Die Anhänger dieser Christologie gehen daher von einem asymmetrischen Verhältnis aus: Das göttliche Bewußtsein Jesu hatte jederzeit vollen Zugang zu seinem menschlichen Bewußtsein, das menschliche Bewußtsein jedoch nur einen gelegentlichen und stark eingeschränkten Zugang zu seinem göttlichen Bewußtsein. Aber wie soll damit die Inkarnationsbehauptung verdeutlicht werden? Gilt nicht für viele religiöse Gestalten, Mystiker und Propheten, daß sie beizeiten subjektiv eine intensive Offenheit für den Geist Gottes erfahren? Nach MORRIS schließt eine Doppelte-Bewußtseins-Christologie in der Tat die Möglichkeit der Mehrfachinkarnation logisch nicht aus. Er geht jedoch davon aus, daß Jesus faktisch – zumindest auf Erden – die einzige Inkarnation ist. Dann aber reicht diese Form der Doppelten-Bewußtseins-Christologie nicht aus, um den Sinn von Inkarnation zu erklären: Warum soll eine gelegentliche und eingeschränkte Offenheit für ein göttliches Bewußtsein im Falle Jesu Inkarnation bedeuten, im Falle der gewissen alttestamentlichen Gestalten wie Jakob oder Mose gewährten Gottesschau jedoch nicht?

3. Die dritte Frage betrifft schließlich das Verhältnis der *beiden* mit den unterschiedlichen Bewußtseinen verknüpften *Willen*. Für alle Vertreter der Doppelten-Bewußtseins-Christologie gibt es insofern einen Unterschied zwischen den beiden Willen, als der menschliche Wille Jesu aufgrund der begrenzten Informationen seines menschlichen Bewußtseins, der göttliche Wille hingegen aufgrund der unbegrenzten Inhalte seines göttlichen Bewußtseins entscheidet. Wie aber steht es um die Schlüsselfrage der Versuchbarkeit? Nach MORRIS war der menschliche Wille Jesu im wirklichen Sinn versuchbar, das heißt er war fähig zur Sünde, während dies für den göttlichen Willen ausgeschlossen ist. Diese Konzeption mündet jedoch in eine logische Sackgasse: Angenommen Jesus hätte gesündigt. Dies könnte zum einen bedeuten, daß er damit aufgehört hätte, noch länger der inkarnierte Gott zu sein. Dann aber wäre die Inkarnationsbehauptung nicht mehr abhängig vom doppelten Bewußtsein, sondern von dem Gehorsam des menschlichen Bewußtseins gegenüber dem Geist Gottes und zwar in ähnlicher Weise wie es die gradualistischen Christologien be-

haupten. Es könnte aber zum anderen bedeuten, daß mit einer solchen eventuellen Sünde deutlich geworden wäre, daß Jesus überhaupt keine Inkarnation Gottes war. In diesem Fall würde Inkarnation letztlich jedoch besagen, daß die echte Möglichkeit zur Sünde ausgeschlossen ist. So hat denn auch Swinburne dafür plädiert, hinsichtlich des menschlichen Bewußtseins Jesu lediglich das Gefühl einer echten Versuchbarkeit Jesu anzunehmen, nicht jedoch die reale Möglichkeit, dieser zu erliegen. Die moralische Gutheit des göttlichen Willens schließe es nämlich aus, daß sich eine göttliche Person freiwillig in eine Situation begebe (per Inkarnation), in der sie dann eventuell der Versuchung zur Sünde erliege. Aber ist Jesus dann immer noch wahrer Mensch, wenn er nicht wirklich zur Sünde versuchbar war, sondern nur dieses Gefühl haben konnte? So verstärkt sich die bereits genannte Grundproblematik der Doppelten-Bewußtseins-Christologie, ob diese nicht ein Bild von Jesus zeichnet, das ihn erheblich von einem wirklichen und in diesem Sinne wahren Menschen unterscheidet.

Insgesamt erheben die Vertreter der Doppelten-Bewußtseins-Christologie den Anspruch, der Formel von Chalkedon eine intelligible, positive Deutung zu verleihen, die einerseits wortwörtlich dieser Formel entspricht und andererseits den Anschein einer Widersprüchlichkeit beseitigt. Dieser Anspruch muß jedoch insofern verwundern, als Chalkedon davon spricht, daß die beiden Naturen in Jesus »ungetrennt« (»*adiairetos*«) seien, während Swinburne zutreffend bemerkt, die Doppelte-Bewußtseis-Christologie laufe im wesentlichen auf die Behauptung hinaus, »daß die göttliche und menschliche Natur bis zu einem gewissen Ausmaß getrennt (»seperated«) sind« (The Christian God, 208).

Kenotische Christologie: Auch dieser christologische Ansatz, der bereits im 19. Jh. ausformuliert wurde, findet gegenwärtig unter eher analytisch orientierten Theologen und Religionsphilosophen größeren Anklang. Als zwei wichtige Vertreter seien Brian Hebblethwaite und Stephen Davies genannt. Nach diesem Ansatz besagt Inkarnation, daß sich der ewige Gottessohn aller göttlichen Eigenschaften entledigte (in Anknüpfung an Philipperbrief 2,6ff) und ein Mensch wurde wie alle anderen auch. In seinem personalen Kern blieb er dabei jedoch mit dem ewigen Gottessohn identisch.

An eine kenotische Christologie richten sich vor allem die folgenden beiden Fragen:

1. Ist es logisch möglich, daß sich eine göttliche Person ihrer *Wesenseigenschaften entledigt*, ohne daß sie damit *aufhört, Gott zu sein*? Wenn sich der Gottessohn aller göttlichen Eigenschaften entledigt hat (wenn er nicht mehr allwissend, allmächtig, allgegenwärtig, ewig usw. ist) und z.B. als Mensch auch fähig war, zu sündigen, was rechtfertigt dann noch die Aussage, er sei dennoch Gott? Wenn die Eigenschaften Gottes für sein Gottsein wesentlich sind, dann würde die kenotische Christologie auf die Behauptung hinauslaufen, daß Gott bzw.

der Sohn Gottes in dem Augenblick aufhörte zu existieren, als der Mensch Jesus entstand, oder noch genauer, daß der freiwillige Tod des Sohnes Gottes der Grund für die Entstehung des Menschen Jesus war. Eine solche Theorie wäre jedoch nicht nur mit erheblichen internen Schwierigkeiten belastet (z.B. hinsichtlich der Frage, inwiefern eine personale Identität zwischen dem ehemaligen Sohn Gottes und dem Menschen Jesus behauptet werden kann), sie würde auch kaum den Aussagen von Chalkedon Rechnung tragen, da sie auf diesem Weg bestenfalls ein zeitliches Nacheinander der beiden Naturen, nicht aber ein ungetrenntes und unvermischtes Miteinander konstruierte. Um solche Schwierigkeiten zu vermeiden, postulieren die Anhänger der kenotischen Christologie, daß die Eigenschaften Gottes für das Gottsein nicht wesentlich sind. Das heißt, jemand kann essentiell wahrer Gott bleiben, ohne die wesentlichen Eigenschaften Gottes zu besitzen. Was als konstitutiv für das Gottsein zu gelten habe, lasse sich für einen Christen eben nicht von einem Gottesbegriff her bestimmen, der unabhängig vom christlichen Glauben gewonnen werde. Und wenn der christliche Glaube die Inkarnation Gottes in Jesus behaupte, dann habe sich die Definition Gottes genau daran auszurichten und nicht etwa umgekehrt. Die Anhänger der kenotischen Christologie vollziehen somit quasi eine ähnliche, wenn auch umgedrehte Bewegung wie die Anhänger der Doppelten-Bewußtseins-Christologie: Letztere weichen die Bestimmung der menschlichen, erstere die Bestimmung der göttlichen Wesensnatur auf.

2. Ein zweites Problem besteht in der Frage, ob es überhaupt logisch möglich ist, alle göttlichen Eigenschaften aufzugeben, bzw. ob nicht einige Eigenschaften aus logischen Gründen unaufgebbar sind. Darunter fallen beispielsweise Eigenschaften mit Zeit-Index oder Zeit-Bezug. Die Eigenschaft, zum Zeitpunkt t_1 eine Handlung x ausgeführt zu haben, ist unaufgebbar. Wie steht es dann beispielsweise um die Eigenschaft, Schöpfer der Welt bzw. selbst nicht geschaffen worden zu sein? Es ist offensichtlich logisch unmöglich, daß der Sohn Gottes bei der Inkarnation die Eigenschaft »nicht geschaffen worden zu sein« aufgibt und die Eigenschaft »geschaffen worden zu sein« annimmt. Dann bleibt für den Vertreter der kenotischen Christologie als Ausweg nur die Annahme offen, daß der göttliche Personkern Jesu bei der Inkarnation eben doch nicht alle seine göttlichen Eigenschaften abgelegt hat. Sofern die verbleibenden göttlichen Eigenschaften jedoch logisch unvereinbar sind mit den angenommenen menschlichen Eigenschaften, bleibt das Verhältnis der beiden Naturen nach wie vor ungeklärt. Mit anderen Worten, wie kann ein und dieselbe Person Jesu ungeschaffen sein (seiner göttlichen Natur nach) und geschaffen sein (seiner menschlichen Natur nach)? Entweder untergräbt die Wahrheit der einen Aussage die Wahrheit der anderen, oder die Einheit der Person zerfällt in die zwei verschiedenen Naturen, so daß in Jesus eine ihrer Natur nach ungeschaffene und eine ihrer Natur nach geschaffene Person vereint wären. Gehört aber die Person eindeutig auf die Seite der göttlichen Natur, wie kann sie dann wirklich Mensch bzw. eine menschliche Person geworden sein?

Nicht-substantialistisches Inkarnationsverständnis

Gradualistische Christologie: Die Inkarnationsaussage behauptet nach diesem Verständnis keinen essentiellen Unterschied zwischen Jesus und allen anderen Menschen, sondern einen graduellen. Alle Menschen sind in gewisser Weise mit der Wirklichkeit des Logos, des göttlichen Geistes, der Immanenz Gottes oder wie immer man es nennen will, verbunden, doch lassen sie sich in höchst unterschiedlichem Maße auf diese Wirklichkeit ein. Jesus hat sein Leben ganz von Gott bestimmen lassen. Daher ist er wahrer, vollendeter Mensch. Der Grundgedanke gradualistischer Christologie spielt heute in zahlreichen Christologien eine zentrale Rolle.

Im angelsächsischen Bereich war DONALD BAILLIE ein gewichtiger Repräsentant dieses Ansatzes. BAILLIE knüpft hierzu am Paradox der Gnade an: Der gläubige Mensch erfahre seine Taten einerseits als Resultat seiner Freiheit und schreibe doch andererseits alles Gute der Gnade Gottes zu. Wenn sich nun in diesem Sinn das menschliche Leben zumindest in Fragmenten zugleich der Freiheit des Menschen und der Gnade Gottes verdankt, »erscheint dann nicht dasselbe oder ein ähnliches Paradoxon, wenn man es im vollkommenen und absoluten Grade nimmt, als das Geheimnis der Inkarnation?« (Gott war in Christus, 129). Nach diesem Verständnis von Inkarnation verwirklicht Jesus somit etwas in vollkommener Weise, was in abgestuften Graden auch im Leben anderer Menschen zu finden ist und eine grundsätzliche, wenn auch gnadenhaft geschenkte Möglichkeit der menschlichen Natur darstellt. In diesem Sinne steht das wahre Gottsein Jesu, das heißt sein vollkommenes Geführtsein von der Gnade, nicht im Gegensatz zu seinem wahren Menschsein. Vielmehr kommt wahres Menschsein erst so zu seiner eigentlichen Erfüllung und Vollendung. In ganz ähnlicher Weise hat KARL RAHNER davon gesprochen, daß Inkarnation bzw. Menschwerdung Gottes der »einmalig *höchste* Fall des menschlichen Wesensvollzugs« (Grundkurs des Glaubens, 216) sei. Die menschliche Natur kommt »dort an, wohin sie kraft ihres Wesens immer unterwegs ist«. Das heißt, »was anlaufsweise im Menschen notwendig geschieht«, geschieht hier »in einem unüberbietbaren Maß« (ebd.). Mit anderen Worten, wie alle anderen Menschen auch lebte Jesus unter dem übernatürlichen Existential der gnadenhaften Selbstmitteilung Gottes an den Geist des Menschen. Was Jesus von anderen Menschen unterscheidet, ist nicht eine andere Form oder Qualität dieser Selbstmitteilung Gottes, sondern das ganz andere Ausmaß, in dem Jesus sein Leben von diesem Umstand hat bestimmen lassen.

1. Gegen eine gradualistische Christologie läßt sich der Einwand erheben, daß wir über die genaue und besondere Beschaffenheit von Jesu Gottesverhältnis *viel zuwenig wissen*, um solche Aussagen machen zu können. Dieser Einwand trifft jedoch nur dann, wenn man verlangen würde, eine gradualistische Christologie müsse positiv begründet werden. Im Sinne eines kritikorientierten Ra-

tionalitätsbegriffs ist eine solche Begründung nicht erforderlich. Es reicht vielmehr aus, die Möglichkeit dieses Verständnisses von Inkarnation erfolgreich zu verteidigen. Gegenüber dem Vorwurf logischer Instabilität erweist sich dieser Ansatz wesentlich stärker als die beiden Varianten eines substantialistischen Inkarnationsverständnisses. Denn eine gradualistische Christologie wird nicht von dem Einwand getroffen, daß das wahre Gottsein das wahre Menschsein Jesu untergrabe.

2. Ein anderes Problem besteht jedoch darin, wie gut die Anhaltspunkte dafür sind, im Rahmen einer gradualistischen Christologie von der *Einzigkeit* eines solchermaßen höchst vollkommenen menschlichen Wesensvollzugs auszugehen. Zumindest bietet das religionsgeschichtliche Material keinen Anlaß für die Annahme, alle anderen religiösen Leitfiguren dieser Welt hätten ihre Gottesbeziehung in einem geringeren Vollkommenheitsgrad ausgelebt als Jesus. Wenn es außerdem menschliche Wesensbestimmung sein soll, sein Leben ganz von der göttlichen Wirklichkeit her zu gestalten, ist es dann nicht eher unwahrscheinlich, daß es nur einem einzigen Menschen jemals gelungen sein soll, seiner Wesensbestimmung vollkommen gerecht zu werden? Ein gradualistisches Inkarnationsverständnis spricht somit eher zugunsten einer Vielzahl von so verstandenen Inkarnationen.

Funktionalistische Christologie: Bei diesem Ansatz wird die Inkarnationsaussage primär auf die Wirkung Jesu, auf seine Bedeutung für die religiöse Geschichte der Menschheit bezogen. Jesus ist Offenbarer, insofern von seinem Leben ein Prozeß neuer Gotteserkenntnis und eines neuen menschlichen Gottesverhältnisses ausging. Gott ist gegenwärtig in diesem von Jesus ausgehenden Prozeß. Es kommt weniger darauf an, wie Jesus genau gelebt hat, ob er wirklich vollkommen sündlos war usw., sondern mehr auf den Eindruck, den er hinterlassen hat und der bezeugt ist in den Christus-Bildern und Jesus-Worten der Heiligen Schrift. Es sind Bilder, quasi »Ikonen«, die neue und heilende Aspekte Gottes erschließen und durch die sich der unendliche Gott uns endlichen Menschen erkennbar macht bzw. seine heilstiftende Nähe zusagt. Die Inkarnationsaussage ist demnach primär eine Funktion der Offenbarungsbehauptung. Das heißt, insofern sich Gott durch Jesus und die von ihm ausgehenden Wirkungen offenbart, ist Gott in diesem Geschehen inkarniert. Indem Gott sich mittels eines endlichen Mediums offenbart, gewinnt dieses Medium automatisch zwei Naturen: Einerseits ist der unendliche Gott wesentlich vom endlichen Medium seiner Präsenz verschieden, andererseits ist er doch real darin gegenwärtig, wenn dieses denn tatsächlich Medium Gottes sein soll. Nach ROGER HAIGHT »spiegelt die Lehre von Chalkedon diese dialektische Struktur wider« (The Case for Spirit Christology, 263).

Nicht selten treten funktionalistische Christologien in enger Verbindung mit gradualistischen Ansätzen auf. Denn daß Jesus in vollkommener Einheit mit Gott gelebt hat, wird oft als Voraussetzung dafür angesehen, daß Gott durch ihn wirken konnte. So repräsentiert Jesus nach RAHNER nicht nur den Höhepunkt des menschlichen Wesensvollzugs, sondern ist als solcher auch der Höhepunkt kategorialer Offenbarung (→ 9. Kapitel). Das heißt, Jesus ist für uns die Gestalt der absoluten »Zusage« der Gnade Gottes. Und insofern diese Zusage einerseits wirklich Zusage Gottes und andererseits ganz die Realität des Menschen Jesus ist, findet hierin die Rede von der »hypostatischen Union«, also der Vereinigung zweier Naturen in einer Person, den eigentlichen Grund ihrer Sachgemäßheit (vgl. Grundkurs des Glaubens, 202).

Ähnlich wie gegenüber der gradualistischen Christologie stellt sich auch hier besonders die Frage nach der *Einzigkeit* einer so verstandenen Inkarnation. Auch andere Menschen wurden ja zum Ausgangspunkt großer religiöser Traditionen. Wenn man entgegen dem Standpunkt einer exklusivistischen Religionstheologie die Ansicht vertritt, daß auch in nichtchristlichen Religionen heilshafte Gotteserkenntnis vermittelt wird (→ 11. Kapitel), dann drängt sich die Frage auf, ob es denn etwas gibt, das unter funktionalistischem Aspekt die Bedeutung Jesu als Offenbarungsträger über andere Offenbarungsträger hinaushebt. Es ist ein besonderes Verdienst RAHNERS, daß er versucht hat, die Behauptung einer singulären Inkarnation in Jesus in dieser Hinsicht durch die Angabe konkreter Kriterien zu stützen. Unter den Stichworten »transzendentale Christologie« und »suchende Christologie« versucht er, Kriterien zu benennen, denen jemand genügen muß, um als der »absolute Heilbringer« erkannt und anerkannt werden zu können: Es geht in diesen Kriterien darum, die Sinnhaftigkeit echter Selbstlosigkeit, die Annahme der eigenen Endlichkeit und eine absolute Hoffnung durch die liebende Zuwendung einer alle Endlichkeit übersteigenden Realität zuzusagen und durch das eigene Leben zu verbürgen. Daher muß der absolute Heilbringer genau diese Zusage verkörpern. Nach RAHNER läßt sich dies nur für Jesus nachweisen. Doch dieses Urteil erscheint voreilig. Auch in anderen Religionen findet die Sinnhaftigkeit selbstloser Liebe, die Annahme der eigenen Endlichkeit und die Hoffnung auf eine absolute Zukunft ihren Rückhalt in der durch Menschen vermittelten Zusage der heilstiftenden Gegenwart einer transzendenten Wirklichkeit – auch wenn dies dort natürlich oft in anderer Form und einem anders gearteten Kontext geschieht.

Nicht selten spielt in funktionalistischen Christologien das Verständnis der *Auferweckung* Jesu im Sinne eines göttlichen Bestätigungshandelns eine wichtige Rolle. Während im Rahmen älterer substantialistischer Christologien die Auferweckung im Sinne einer Auferstehung als der eigentliche wundertätige Machterweis des Gott-Menschen Jesus angesehen wurde, kommt ihr im Rahmen nicht-substantialistischer Christologien ein ganz anderer Stellenwert zu. Indem Gott den von den religiösen Autoritäten verworfenen Jesus von den Toten auferweckt, bekennt sich Gott zu Jesus und bestätigt ihn. Insofern es sich hierbei um eine Bestätigung handelt, wird dadurch dem Inhalt der Bestätigung jedoch nichts hinzugefügt. Die Inkarnationsbehauptung kann sich somit nicht allein und auch nicht primär auf die Auferweckung stützen, sondern muß von dem ausgehen, *was* durch die Auferweckung bestätigt wurde. Insofern kann also der Hinweis auf die Auferweckung die inhaltliche Basis der Inkarnationsbehauptung, wie sie in den gradualistischen und funktionalistischen Ansätzen bereits vorliegt, nicht erweitern, wohl aber bestärken. Es handelt sich bei der Auferweckung allerdings um ein glaubensimmanentes Zeichen. Denn die Auferweckung Jesu geschah nicht etwa in solcher Eindeutigkeit, daß damit jeder rationale Zweifel ausgeschlossen wäre. Jesus wurde nicht vor den Augen des Hohen Rates auferweckt, um dadurch unmißverständlich deutlich zu machen, auf welcher Seite Gott steht. Man kann daher ebensogut davon sprechen, daß sich im Glauben an die Auferweckung Jesu der Glaube seiner Jünger an den von Jesus verkündeten Gott bestätigt hat. Das heißt, wenn Gott so zu uns steht, wie Jesus es verkündet und vertrauend gelebt hat, dann konnte Gott diesen Jesus nicht verwerfen, sondern hat ihn aus dem Tod errettet und – metaphorisch gesprochen – zu seiner Rechten Platz nehmen lassen.

Resümee

Nicht-substantialistische Christologien besitzen gegenüber den substantialistischen Ansätzen den eindeutigen Vorzug, Jesus das wahre Gottsein auf eine solche Weise zuzusprechen, die nicht mit der Behauptung seines wahren Menschseins kollidiert. Oder anders formuliert, substantialistische Christologien haben den Nachteil, daß es immer fraglich erscheint, inwieweit Jesus noch wahrer Mensch ist, wenn er sich in einer substanzhaften Weise von allen anderen Menschen unterscheidet. Nicht-substantialistische Ansätze werden damit der oben aufgestellten Maxime, wonach eine sachgemäße Interpretation der Inkarnationsaussage primär nicht in Widerspruch zum wahren Menschsein Jesu geraten darf, besser gerecht als die substantialistischen Alternativen. Daß nicht-substantialistische Ansätze dennoch von einer ontologischen Gültigkeit der Zwei-Naturen-Lehre ausgehen können, hängt damit zusammen, daß sie die Offenheit für die göttliche Natur als ein allgemeines Merkmal der menschlichen Natur ansehen. Dieses allgemeine Merkmal findet in Jesus eine vollkommene Verwirklichung und einen vollkommenen Ausdruck.

Bildet die allgemeine Immanenz Gottes in der menschlichen Natur die ontologische Grundlage dafür, mit sachlichem Recht von seiner besonderen Gegenwart im Leben Jesu und in der durch Jesus ergangenen Offenbarung zu sprechen, wie steht es dann um den Vorwurf der mangelnden Verstehbarkeit einer solchen Behauptung? Zweifellos bleibt es nach wie vor außerordentlich geheimnisvoll, wie eine solche Immanenz des unendlichen Gottes in der endlichen Wirklichkeit zu denken ist. Aber vergleichbar geheimnisvolle Konstellationen finden wir auch in anderen Bereichen des Seins: Wie etwa ist es möglich, daß physische Realitäten – beispielsweise ein Buch oder der genetische Code – Träger von etwas ganz anderem sein können, nämlich einer geistigen Information? Oder wie ist es möglich, daß das menschliche Gehirn Medium des menschlichen Geistes sein kann? In einem solch grundlegenden Sinn bleibt es in der Tat äußerst geheimnisvoll, wie im Leben eines wahren Menschen der wahre Gott präsent sein kann. Aber diese Geheimnishaftigkeit ist von keiner anderen Art als die Geheimnishaftigkeit der Präsenz Gottes im Leben aller Menschen.

Im Hinblick auf die Frage der Einzigkeit läßt sich festhalten, daß es von gradualistisch und funktionalistisch ansetzenden Christologien her keinen Grund gibt, die Möglichkeit weiterer Inkarnationen, im Sinne eines ähnlich vollkommenen Wesensvollzugs und einer gleichwertigen Bedeutsamkeit für die Vermittlung von Offenbarung, auszuschließen. Wenn christologisches Denken daher diesen Ansätzen folgt, muß es nicht zwangsläufig im Widerspruch zu einer pluralistischen Religionstheologie stehen (→ 11. Kapitel).

Schließlich ist ein Verständnis von Offenbarung als Selbstmitteilung Gottes keineswegs auf ein substantialistisches Inkarnationsverständnis festgelegt. Im Rahmen nicht-substantialistischer Ansätze erscheint Jesus als ein Mensch, der ganz aus seiner Gotteserfahrung heraus lebt, das heißt aus jener Selbstmitteilung Gottes, die ihm widerfahren ist. Die vorbehaltlose Güte Gottes, die Jesus glaubend erfährt, gewinnt in seinem Leben und Lehren konkrete Gestalt, so daß »die Liebe Gottes selbst in ihm erfahrbar wurde« (GNILKA, Jesus von Nazaret, 258). So wirkt Jesus prägend auf die Gotteserfahrung seiner Anhänger und wird für sie zum Mittler göttlicher Selbsterschließung. Ihr Glaube wird zu einer Anteilhabe am Gottesverhältnis Jesu. Aus diesen Anfängen erwächst das Christentum, in dessen breitem Traditionsstrom die Vielfalt der Gotteserfahrungen dadurch verbunden bleibt, daß sie konstitutiv auf die Gotteserfahrung Jesu und seiner ersten Anhänger und Anhängerinnen zurückbezogen ist. Wird diese Verbundenheit zum Thema fundamentaltheologischer Reflexion, dann ist die Rede vom Traktat »Kirche«.

Literatur:

Einen vorzüglichen Überblick über die Entstehung der Christologie und das christologische Denken in der Moderne bietet:
- J. Macquarrie, Jesus Christ in Modern Thought, London-Philadelphia ³1993.

Zum historischen Jesus:
- G. Bornkamm, Jesus von Nazareth, Stuttgart ¹⁴1988.
- J. Gnilka, Jesus von Nazaret, Freiburg-Basel-Wien 1990.
- E.P. Sanders, Sohn Gottes. Eine historische Biographie Jesu, Stuttgart 1996.
- G. Vermes, Jesus der Jude. Ein Historiker liest die Evangelien, Neukirchen–Vluyn 1993.

Zur Entwicklung der Christologie:
- M. Hengel, Der Sohn Gottes, Tübingen 1975.
- F. Hahn, Christologische Hoheitstitel, 5. erw. Aufl., Göttingen 1995.
- A. Grillmeier, Jesus der Christus im Glauben der Kirche, 2 Bde., Freiburg-Basel-Wien 1979.
- J. Dunn, Christology in the Making, London 1980.
- K.-H. Ohlig, Fundamentalchristologie. Im Spannungsfeld von Christentum und Kultur, München 1986.
- Ders., Ein Gott in drei Personen? Vom Vater Jesu zum »Mysterium« der Trinität, Mainz, Luzern 1999.
- D. Zeller (Hrsg.), Menschwerdung Gottes – Vergöttlichung des Menschen, Freiburg (CH), Göttingen 1988.
- R.M. Hübner, Heis Theos Iesous Christos. Zum christlichen Gottesglauben im 2. Jahrhundert – ein Versuch, in: Münchener Theologische Zeitschrift 47 (1996), 325–344.

Zur Diskussion um die Auferweckung Jesu und ihre christologische Bedeutung:
- J. Kremer, Die Auferstehung Jesu Christi, in: Handbuch der Fundamentaltheologie 2: Traktat Offenbarung, Freiburg-Basel-Wien 1985, 175–196.
- F. Schüssler-Fiorenza, Fundamentale Theologie, Mainz 1992, 9–69.
- G. Lüdemann, Die Auferstehung Jesu. Historie, Erfahrung, Theologie, Stuttgart ²1994.
- H. Verweyen (Hrsg.), Osterglaube ohne Auferstehung? Diskussion mit Gerd Lüdemann, Freiburg i.Br. 1995.
- H. Kessler, Sucht den Lebenden nicht bei den Toten. Die Auferstehung Jesu Christi in biblischer, fundamentaltheologischer und systematischer Sicht. Neuausgabe mit ausführlicher Erörterung der aktuellen Fragen, Würzburg 1995.
- S. Davis, D. Kendall, G. O'Collins (eds.), The Resurrection. An Interdisciplinary Symposion on the Resurrection of Jesus, Oxford 1997.

Zur Doppelten-Bewußtseins-Christologie:
- R. Swinburne, Could God Become Man?, in: G. Vesey (ed.), The Philosophy in Christianity, Cambridge 1989.
- Ders., The Christian God, Oxford 1994, 192–238.
- T.V. Morris, The Logic of God Incarnate, Ithaca 1986.
- R. Sturch, The Word and the Christ, Oxford 1991.

Zur kenotischen Christologie:
- L.J. Richard, A Kenotic Christology, Washington 1982.
- B. Hebblethwaite, The Incarnation, Cambridge 1987.
- S. Davis, Jesus Christ: Saviour or Guru?, in: Ders. (ed.), Encountering Jesus, Atlanta 1988, 39–59.

Zur gradualistischen Christologie:
- D.M. Baillie, God Was in Christ, London 1948 (deutsch: Gott war in Christus, Göttingen 1959).
- G.W.H. Lampe, God As Spirit, Oxford 1977.
- P. Schoonenberg, Der Geist, das Wort und der Sohn. Eine Geist-Christologie, Regensburg 1992.
- J. Hick, The Metapher of God Incarnate, London 1993.

Zur funktionalistischen Christologie:
- S. Coakley, Christ Without Absolutes, Oxford 1988.
- K. Ward, A Vision to Pursue, London 1991.
- R. Haight, The Case for Spirit Christology, in: Theological Studies 53 (1992), 257–287.

Zur Christologie in der deutschsprachigen Theologie:
- W. Pannenberg, Grundzüge der Christologie, Gütersloh 1964.
- Ders., Systematische Theologie II, Göttingen 1991, 315–440.
- K. Rahner, Grundkurs des Glaubens, Freiburg-Basel-Wien 1976, 180–312.
- W. Kasper, Jesus der Christus, Mainz 1992.

Zur neueren Diskussion um die Christologie:
- J. Hick (ed.), The Myth of God Incarnate, London 1977 (deutsch: Wurde Gott Mensch? Der Mythos vom fleischgewordenen Gott, Gütersloh 1979).
- M. Green (ed.), The Truth of God Incarnate, London 1977.
- M. Goulder (ed.), Incarnation and Myth: The Debate Continued, Grand Rapids 1979.
- S.T. Davis (ed.), Encountering Jesus. A Debate on Christology, Atlanta 1988.

13. KAPITEL (KIRCHE I)

Kirche – wozu?
Die Frage nach der Begründung von Kirche

Aufgaben fundamentaltheologischer Ekklesiologie

Die Kirche ist zahlreichen kritischen Infragestellungen ausgesetzt. Dabei sind zwei Formen der Kritik zu unterscheiden:

Die *erste* Form zeigt sich in der Kritik an bestimmten *Erscheinungsformen* der Kirche bzw. einzelner Kirchen in Geschichte und Gegenwart.

Einige der prominentesten und zugleich gewichtigsten Vorwürfe in der Neuzeit lauten: intolerante Grundhaltung und Praxis bis hin zur Befürwortung religiösen Zwangs in Inquisition und Religionskriegen; aktive Unterstützung von Kulturimperialismus und Kolonialismus besonders im Zusammenhang mit der christlichen Missionsgeschichte; autoritäre bis totalitäre Grundstruktur und die Bereitschaft zur Allianz mit politischen Mächten, um das eigene System zu erhalten; politische und gesellschaftliche Rückständigkeit; Verhinderung sozialer Gerechtigkeit; massive Tendenzen zu Frauenfeindlichkeit und Sexualfeindlichkeit; antiaufklärerische und wissenschaftsfeindliche Bestrebungen usw.

Die Kritik an bestimmten Erscheinungsformen kann jedoch auch auf bestimmte Details der kirchlichen Selbstorganisation bezogen sein: beipielsweise auf die Theorie und Praxis des Leitungsamtes, auf die Frage der Ordination, auf Fragen der sakramentalen und kultischen Praxis usw. Nicht selten spielten solche Aspekte der Kirchenkritik eine wichtige Rolle bei den verschiedenen Kirchenspaltungen.

Die *zweite* Form der Kritik besteht in der Kritik an der Behauptung einer *grundsätzlich kirchlichen Verfaßtheit* des Christentums.

Hinter dieser Kritik steht die Frage: Kann man/frau nicht Christ sein ohne Kirche? Ist die Kirche für den gelebten christlichen Glauben wirklich so unverzichtbar wie es das Nizänum nahelegt, indem es den Glauben an die Kirche zu einem Teil des Glaubensbekenntnisses macht? Müssen die durch den institutionellen Charakter unvermeidlich gegebenen Strukturen von Gesetz, Autorität und Macht nicht zwangsläufig in einen Widerspruch geraten zum Evangelium, zur Individualität des Glaubens und zur Lebendigkeit religiöser Bewegungen? Sind die vielen Mißstände der Kirche eigentlich wirklich »nur« vermeidbare Fehler, oder sind sie in Wahrheit nicht vielmehr die unvermeidliche Folge der weltlich-institutionellen Seite von Kirche?

Die zweite Form der Kritik ist wesentlich fundamentaler als die erste. Denn eine Kritik an einzelnen Erscheinungsformen von Kirche läßt grundsätzlich die Möglichkeit offen oder verfolgt sogar ausdrücklich das Ziel, die Kirche von den kritisierten Mißständen zu befreien. Die zweite Kritik erklärt Kirche hingegen für überflüssig oder sogar für direkt schädlich. Der Gedanke einer Reformierbarkeit ist im Rahmen dieser Kritik ausgeschlossen.

Insofern es in der Fundamentaltheologie um die Rationalität des christlichen Glaubens geht, muß sich fundamentaltheologische Ekklesiologie primär auf die *zweite Form der Kritik*, also die kritische Infragestellung des Glaubens an die Kirche konzentrieren.

> So ergibt sich aus der zweiten Form der Kritik die *erste* und *grundlegende Aufgabe* fundamentaltheologischer Ekklesiologie: *die Legitimation einer grundsätzlich kirchlichen Verfaßtheit des christlichen Glaubens.*

Jedoch kommt hierbei auch der ersten Form von Kirchenkritik eine wichtige Bedeutung zu. Denn wenn sich die grundsätzliche Notwendigkeit einer kirchlichen Verfaßtheit des christlichen Glaubens rechtfertigen läßt, dann bedarf es einer um so größeren Sensibilität gegenüber den kritisierten Mißständen und einer dementsprechend intensiven Auseinandersetzung mit ihren konkreten Ursachen.

Traditionell fiel der Fundamentaltheologie jedoch nicht nur die Aufgabe einer grundsätzlichen Legitimation von Kirche zu. Im Rahmen der apologetischen Fassung des fundamentaltheologischen Dreischritts (→ 1. Kapitel) stellte sich ihr vielmehr *zweitens* die Aufgabe, die *römisch-katholische Kirche als die »wahre« Kirche* gegenüber den anderen »falschen« Kirchen zu erweisen (*demonstratio catholica*). Wie gesagt spielten hierbei auch einzelne Einwände gegen bestimmte Erscheinungsformen von Kirche eine gewichtige Rolle, insofern konkrete Mißstände und Reformunwilligkeit nicht selten eine wesentliche Triebfeder der verschiedenen Kirchenspaltungen bildeten. Vor allem aber standen und stehen hinter den interkonfessionellen Auseinandersetzungen unterschiedliche ekklesiologische Grundkonzepte. An der Art der jeweils verfochtenen Ekklesiologie entscheidet sich daher auch, welcher Stellenwert dieser Aufgabe in der gegenwärtigen Fundamentaltheologie noch zugemessen wird. Für die Theologie in der römisch-katholischen Kirche läßt sich seit dem II. Vatikanum jedoch deutlich konstatieren, daß eine kontroverstheologisch ausgerichtete Fundamentaltheologie insgesamt einer *ökumenisch orientierten Reflexion über das Verständnis von Kirche* gewichen ist.

Argumentationswege der traditionellen »demonstratio catholica«

In der traditionellen römisch-katholischen Apologetik hingen die beiden genannten Aufgaben faktisch eng zusammen: Die grundsätzliche Notwendigkeit von Kirche wurde vor allem mit dem Argument ihrer *Stiftung durch Jesus* begründet. Und daß die römisch-katholische Kirche die allein »wahre Kirche« ist, sollte durch den Erweis ihrer *bleibenden Identität mit der von Jesus gestifteten Kirche* gesichert werden. Die apologetischen Bemühungen der anderen christlichen Kirchen versuchten auf durchaus ähnlichem Weg, die Identität ihrer jeweiligen Kirche mit der von Jesus gestifteten nachzuweisen.

Die traditionelle Begründung der katholischen Kirche bediente sich vornehmlich drei unterschiedlicher Argumentationswege:

1. **Via historica:** Durch historische Forschung sollte erwiesen werden, daß Jesus die Kirche gewollt und in formellen juridischen Akten gestiftet hat und zwar einschließlich einer Einsetzung der Sakramente sowie der in Papsttum und Apostelkollegium gründenden Verfassung. Der Nachweis einer ungebrochenen apostolischen Sukzession der Bischöfe begründete dann die Authentizität der römisch-katholischen Kirche bzw. ihre Identität mit der von Jesus gestifteten und gewollten Kirche.

2. **Via notarum:** Die *via historica* wurde untermauert durch die *via notarum*, die zugleich die rein juridische Denkweise der *via historica* etwas erweiterte. Man versuchte Charakteristika zu bestimmen, die der wahren Kirche wesensmäßig zukommen und sich auf die Stiftungsintention Jesu zurückführen lassen. Schließlich einigte man sich auf die Existenz von vier Wesensmerkmalen (*notae ecclesiae*), nämlich: Einheit, Heiligkeit, Katholizität und Apostolizität. Wenn es sich bei den *notae* um Wesensmerkmale der wahren Kirche handelt, dann – so schloß man – lassen sie sich zugleich als abgrenzende Kennzeichen der »wahren Kirche« gegenüber den falschen Kirchen verwenden. So wurde die *via notarum* zum Hauptargument der kontroverstheologisch ausgerichteten *demonstratio catholica*, indem man zu zeigen versuchte, daß die vier *notae* nur in der römisch-katholischen Kirche voll verwirklicht seien.

3. **Via empirica:** Bei dieser Argumentation versuchte man die Gottgewolltheit der römisch-katholischen Kirche durch erstaunliche Zeichen aufzuzeigen, die vermeintlich an den Charakter eines Wunders grenzten. Insbesondere dachte man hierbei an das Phänomen der rasanten Ausbreitung der Christenheit über das gesamte römische Reich, trotz der eher bescheidenen Anfänge und der wie-

derholten Verfolgungen. Außerdem verwies man auf die hohen Früchte der Heiligkeit, die immer wieder im Lebensvollzug der Kirche greifbar seien. In diesem Sinn formulierte z.B. das I. Vatikanum:

> ... schon durch sich selbst ist die Kirche ein großer steter Beweggrund der Glaubwürdigkeit und ein unwiderlegliches Zeugnis ihrer göttlichen Sendung, kraft ihrer wunderbaren Fortpflanzung, ihrer hervorragenden Heiligkeit und unerschöpflichen Fruchtbarkeit in allem Guten, in ihrer katholischen Einheit und unbesiegbaren Beständigkeit. Daher kommt es, daß sie wie ein Zeichen ist, das aufgerichtet ist unter den Völkern (Is 11, 12), die zu sich lädt, die noch nicht glauben, ihren Kindern aber die festgegründete Sicherheit schenkt, daß ihr Glaube, den sie bekennen, auf sicherer Grundlage aufruht.
>
> Neuner-Roos 385; Denzinger-Schönmetzer 3013

Kritik der traditionellen Argumente

»Via empirica« und »via notarum«

Die Argumentation der *via empirica* ist in der gegenwärtigen Fundamentaltheologie kaum noch von Gewicht. Sie »scheitert nicht zuletzt daran, daß die Kirche in ihrer konkreten Gestalt vielfach eher als Glaubenshindernis erfahren wird, denn als überzeugendes und unmittelbar einleuchtendes Zeichen Gottes unter den Völkern« (H. Wagner, Einführung in die Fundamentaltheologie, 23). Wagner nennt damit in der Tat die entscheidende Schwäche der *via empirica* beim Namen. Doch kann sich die Fundamentaltheologie nicht damit zufrieden geben, aus diesem Grund den in der *via empirica* thematisierten Sachverhalt einfach zu übergehen. Gerade im Zusammenhang einer funktionalen bzw. sakramentalen Begründung von Kirche, wie sie im folgenden favorisiert wird, fällt der konkreten Gestalt von Kirche eine besondere Bedeutung für ihre Legitimation zu: In der Tat können wir nicht einfach auf die konkrete Gestalt der Kirche verweisen, um damit ihre Gottgewolltheit zu belegen. Aber der erfolgversprechendste Weg, der sich heute für eine Begründung von Kirche bietet, lenkt zwangsläufig den Blick auf ihre konkrete Gestalt bzw. auf ihre empirische Erscheinungsform. An dieser muß sich letztendlich die Begründung von Kirche bewähren.

Die fundamentaltheologische Relevanz der *via notarum* ist ambivalent. Einerseits kommt ihr ein eigenständiges Gewicht zu hinsichtlich der Aufgabe einer Wesensbestimmung von Kirche. Es bedürfte keiner besonderen Legitimation der kirchlichen Verfaßtheit des Christentums, wenn nicht zugleich verdeutlicht werden könnte, worin sich Kirche wesensmäßig von anderen Sozialgefügen bzw. Institutionen unterscheidet. In diesem Sinn bleibt die Reflexion über die Wesensmerkmale von Kirche fundamentaltheologisch von hoher Bedeutung (→ 14. und 15. Kapitel). Sie muß jedoch keineswegs zwangsläufig einen kontroverstheologischen Charakter tragen. Das heißt, ob das Wesen von Kirche so zu bestimmen ist, daß es nur auf eine einzige unter den konkreten Kirchen paßt, ist nicht von vornherein entschieden, sondern selbst Gegenstand der ökumenischen Diskussion. Wenn und insofern die *via notarum* jedoch als Teilargument der *via historica* fungiert, steht und fällt ihre Bedeutung mit der argumentativen Kraft dieses Weges. Die *via historica* ist heute allerdings erheblichen Schwierigkeiten ausgesetzt.

»Via historica«: Das Problem der Kirchenstiftung

Die Argumentation der *via historica* war für die traditionelle Apologetik grundlegend: Die Notwendigkeit der kirchlichen Verfaßtheit des Christentums wurde mit ihrer *Gottgewolltheit* und ihre Gottgewolltheit mit ihrer *Stiftung* durch den inkarnierten Gottessohn begründet. Damit sind zugleich die beiden grundsätzlichen Schwierigkeiten angezeigt, denen diese Argumentation ausgesetzt ist: Zum einen haben die *Probleme der Inkarnationsaussage* (→ 12. Kapitel) auch Konsequenzen für den argumentativen Weg einer Begründung der Kirche, zum anderen ist die Annahme einer *historischen Kirchenstiftung* durch Jesus äußerst fraglich geworden. Im einzelnen fällt *fünf Argumenten* ein besonderes Gewicht zu:

1. Die exegetische Feststellung, daß sich der historische Jesus nicht als menschgewordener Gott verstanden hat, ist ruinös für die Vorstellung, Jesus habe *im Bewußtsein seiner Göttlichkeit* mit göttlicher Autorität und Vollmacht im juridischen Sinn eine Kirchenstiftung vollzogen. Selbst wenn sich somit die Stiftung einer Kirche durch Jesus historisch als wahrscheinlich nachweisen ließe, wäre diese damit noch nicht automatisch als gottgewollt erwiesen. Der Glaube an die »Gottgewolltheit« der Kirche muß sich vielmehr auf den Zusammenhang des kirchlichen Selbstverständnisses mit jenen Gründen stützen, die es als sachgemäß erscheinen lassen, dem Menschen Jesus über seine menschliche Natur und sein Selbstverständnis hinausgehend eine göttliche Natur zuzusprechen. Das heißt konkret, die Legitimation von Kirche wird vor allem auf einen Zusammenhang der Kirche der Bedeutung Jesu als Mittler göttlicher Offenbarung zurückgreifen müssen. Aber hat der historische Jesus überhaupt eine Kirche gestiftet?

2. Die Annahme einer Kirchenstiftung durch Jesus stammt aus einer Zeit, in der man die neutestamentlichen Texte weithin unkritisch als schlichte historische

Berichte verstand. So neigte man dazu, alle Aussagen Jesu über das »Reich Gottes« bzw. über die »Königsherrschaft Gottes« als Aussagen über die Kirche zu lesen. Genau diese *Gleichsetzung von Kirche und Reich Gottes* wurde jedoch schon bald nach dem Einsetzen einer historisch-kritischen Exegese als *Anachronismus* erkannt (beispielweise bei H.S. REIMARUS, 1694–1768). Zum geflügelten Wort für diese Einsicht wurde der Ausspruch A. LOISYS (1857–1940): »Jesus erwartete das Reich Gottes – gekommen ist die Kirche«. LOISY sah die Kirche zwar durchaus in einer gewissen Kontinuität zur Reich-Gottes-Botschaft Jesu, aber eine simple Identifizierung beider Größen ist ausgeschlossen. Wenn daher die Aussagen Jesu über das Reich Gottes nicht unmittelbar als Aussagen über die Kirche interpretiert werden dürfen, dann wird bereits die sprachliche Basis für den Nachweis einer historischen Kirchenstiftung äußerst dünn. Denn das Wort »*ekklesia*« (»Kirche«) kommt in den Evangelien lediglich an zwei Stellen vor (Mt 16,18 und 18,17).

3. Die *apokalyptische Naherwartung* Jesu macht es von vornherein unwahrscheinlich, daß Jesus eine Kirche stiften wollte. Man hat gegen dieses Argument die historische These aufgestellt, daß Jesus, als sich das gewaltsame Ende seines Lebens abzeichnete, mit der Einsetzung des Abendmahls eine Art »Interimsgemeinschaft« für die Zeit zwischen seinem Tod und dem vermeintlich nahe bevorstehenden Äonenwandel begründet habe. Auch die Gemeinschaft von Qumran lebte ja in der Erwartung des nahen Endes und konnte sich trotzdem, ja gerade auf der Basis dieser Erwartung als feste Gruppierung formieren. Aber selbst wenn Jesus die Gründung einer solchen Interimsgemeinschaft im Sinn gehabt haben sollte, ist dies doch etwas völlig anderes als die Stiftung einer auf lange Dauer und Beständigkeit angelegten Kirche samt ihren Ämtern, Strukturen und Sakramenten.

4. Gegen die Historizität der Kirchenstiftung spricht auch die exegetische Feststellung, daß Jesu Wirken bis zu seinem Ende *auf die Sammlung und messianische Erneuerung des Volkes Israel gerichtet war*. Für den von ihm verkündeten Anbruch des Reiches Gottes brauchte daher eine institutionelle Basis nicht eigens geschaffen werden, sie war in Gestalt des alten Bundesvolkes bereits vorhanden. Die Berufung des Zwölferkreises, wenn sie denn historisch ist, läßt sich demnach am ehesten als Symbolisierung der eschatologisch erneuerten zwölf Stämme Israels deuten und eventuell bereits als erster konstitutiver Schritt zu dieser Erneuerung. Dafür, daß mit diesem Kreis die Basis einer Kirche grundgelegt werden sollte, fehlt nicht nur jeder Anhaltspunkt; es paßt auch nicht zu dem Umstand, daß der Zwölferkreis bald nach Ostern keine Rolle mehr zu spielen scheint und in weiten Teilen des Neuen Testaments keine Erwähnung findet (der Zwölferkreis ist nicht identisch mit jenem Personenkreis, der sich als »Apostel« bezeichnet).

5. Das Wort über *Petrus als Fels der Kirche* in Mt 16,17–19 ist aller historischen Wahrscheinlichkeit nach *kein authentisches Jesus-Wort*. Dieses verbreitete exegetische Urteil wird inzwischen auch weitgehend von katholischen Exegeten geteilt. Nach GERHARD LOHFINK »spricht derart vieles gegen eine Situierung von Mt 16,18 im Wirken des historischen Jesus, daß diese Tradition für die Frage nach einem ekklesialen Willen Jesu nicht herangezogen werden kann. Sollte aber Mt 16,18 – entgegen all diesen Indizien – in seinem Kern doch authentisch sein, so kann dort mit der *ekklesia* bzw. dem *qahal* nur die eschatologische Heilsgemeinde des wahren Israel ins Auge gefaßt sein, die für die Basileia gesammelt wird. Auch in diesem Fall wäre es unzulässig, von ›Kirchenstiftung‹ zu sprechen« (Handbuch der Fundamentaltheologie. Bd. III, 90f).

Diese Einwände gegen die These einer Kirchenstiftung haben für den traditionellen Ansatz einer Begründung der Kirche desaströse Folgen. Dementsprechend hart reagierte zunächst das Lehramt der römisch-katholischen Kirche. In den *Lamentabili* (1907) wurden unter anderem die Auffassungen verurteilt, Jesus habe in einer apokalyptischen Naherwartung gelebt und der Gedanke einer Kirchenstiftung sei ihm fremd gewesen (vgl. DS 3452). Zurückhaltender äußerte sich jedoch das II. Vatikanum. Es sprach nicht mehr von einer formellen Kirchenstiftung, sondern lediglich davon, daß »der Herr Jesus (…) den Anfang seiner Kirche (machte), indem er frohe Botschaft verkündigte, die Ankunft nämlich des Reiches Gottes …« (Lumen gentium 5). Das Konzil weist damit den richtigen Weg, insofern sich nämlich die Legitimität der Kirche nicht aus einer formellen Stiftung, sondern aus ihrer Beziehung zur Reich-Gottes-Botschaft Jesu begründen läßt. Dennoch wurden die Verurteilungen aus den *Lamentabili* bis heute nicht zurückgezogen, und die juridische Vorstellung einer formellen Kirchenstiftung spielt immer noch eine gewichtige Rolle in aktuellen lehramtlichen Aussagen (z. B. im Kontext der Diskussion um die Frauenordination) sowie in grundlegenden kirchenrechtlichen Vorstellungen (z. B. der Vorstellung vom »göttlichen Recht«).

Die sakramentale Begründung der Kirche

Angesichts der Stärke der kritischen Einwände gegen die traditionellen Argumente zur Legitimation der kirchlichen Verfaßtheit des Christentums stellt sich die Frage nach einer Alternative. In der Tat ergibt sich ein neuer Ansatz der Kirchenbegründung aus dem *sakramentalen Verständnis von Kirche*, wie es das II. Vatikanum formuliert hat. Im ersten Artikel der dogmatischen Konstitution über die Kirche »*Lumen gentium*« heißt es hierzu:

> Die Kirche ist ja in Christus gleichsam das Sakrament, das heißt Zeichen und Werkzeug für die innigste Vereinigung mit Gott wie für die Einheit der ganzen Menschheit.
>
> LG 1, vgl. auch LG 9, 48 u. 59

Zwei Aspekte sind an diesem Verständnis von Kirche für die Frage der Kirchenbegründung relevant:

1. In *formaler* Hinsicht wird Kirche *funktional* verstanden: So wie ein Sakrament Zeichen und Werkzeug der Gnade ist, bestimmt sich auch das Wesen der Kirche aus ihrer *zeichenhaften* und *instrumentalen* Funktion.
2. In *inhaltlicher* Hinsicht ist ihre zeichenhafte und instrumentale Funktion auf die beiden Grunddimensionen des *Reiches Gottes* ausgerichtet, wie sie Jesus im Doppelgebot der Gottes- und Nächstenliebe benennt: die transzendente Dimension der Einheit des Menschen mit Gott und die immanente Dimension der Einheit der Menschen untereinander.

Nach dieser sakramentalen Ekklesiologie ist Kirche somit nicht einfach mit dem Reich Gottes identisch, sondern vielmehr funktional auf dieses bezogen. Sie ist nicht Selbstzweck, sondern legitimiert sich aus ihrer »Sendung« (ihrer »Mission« im Sinne eines Auftrags in der Welt; vgl. *Ad Gentes 1*). Daher läßt sich die *Notwendigkeit der Kirche* aus der *Notwendigkeit der* von ihr zu erfüllenden *Funktion* bzw. Aufgabe ableiten, nämlich Zeichen und Instrument des Reiches Gottes in seiner *transzendenten* (Gottesliebe) und *immanenten* (Nächstenliebe) Dimension zu sein.

Den **formalen Aspekt** einer sakramentalen Begründung von Kirche hat RAHNER in drei Schritten erläutert: (1) Der christliche Glaube an Jesus als den »absoluten Heilbringer« schließt ein, daß dieser Glaube an Jesus in der Welt unaufhörlich gegenwärtig bleibt. Nur dann kann Jesus die endgültige und unwiderrufliche Selbstzusage Gottes an die Menschheit sein, wenn er als solcher *bleibend in der Welt bezeugt wird*. (2) Dies ist wiederum nur möglich, wenn der Glaube an Jesus nicht auf einer rein innerlichen und privaten Ebene verbleibt, sondern sich in einem *öffentlichen und gemeinschaftlichen Bekenntnis* artikuliert. (3) Damit dieses öffentliche und gemeinschaftliche Bekenntnis in bleibender Kontinuität fortbestehen kann, bedarf es einer sich als *geschichtlicher Größe etablierender Institution*. Wie RAHNER mit Recht bemerkt, macht es ein solcher Ansatz nicht mehr länger »zwingend notwendig«, die institutionelle Gestalt der Kirche mit einer historischen Stiftung durch Jesus zu begründen (vgl. RAHNER, Grundkurs des Glaubens, 320ff).

So zutreffend diese grundsätzliche Überlegung auch ist, sie bleibt dennoch rein formal, weil sie nicht thematisiert, worin die inhaltliche Bezugnahme der institutionalisierten Kirche auf Jesus liegt. Im Hinblick auf jede andere weltanschauliche Institution könnte daher ähnlich argumentiert werden. Der Gedanke, daß durch die Institution der Kirche das Bekenntnis zu *Jesus als dem absoluten Heilbringer* bzw. der *Selbstzusage Gottes* in der Welt präsent bleibt, gibt jedoch dem inhaltlichen Aspekt einer sakramentalen Begründung der Kirche die Richtung vor.

Um die sakramentale Begründung der Kirche in **inhaltlicher Hinsicht** so eng wie irgend möglich an Jesus selbst bzw. an die ältesten Zeugnisse über ihn zurückzubinden, empfielt es sich bei dem anzusetzen, was die historisch-kritische Exegese als den eigentlichen Mittelpunkt der Verkündigung Jesu herausgeschält hat: seine Botschaft vom *Reich* bzw. von der *Herrschaft Gottes* (»basileia tou theou«). Es handelt sich hierbei allerdings um einen äußerst vielschichtigen Begriff. Vor allem drei Aspekte lassen sich unterscheiden: das Reich Gottes

1. als *zeitliche*,
2. als *qualitative* und
3. als *territoriale* Kategorie.

Es geht folglich um das *Regiment Gottes* bzw. darum, *wann*, *wie* und *wo* Gott seine Herrschaft ausübt. Dabei gilt, daß Jesus seine Vorstellung vom Reich Gottes im Rahmen einer apokalyptisch geprägten Geschichtstheologie entfaltet.

1. Im Sinne einer *zeitlichen* Kategorie umfaßt der Begriff des Reiches Gottes erneut mehrere Bedeutungsebenen.

Zum einen kann er auf eine *transzendente Sphäre* verweisen, in die Menschen nach dem Tod eingehen, wie der arme Lazarus in Abrahams Schoß (Lk 16,19ff). In dieser transzendenten Sphäre ist das Reich Gottes einerseits *gegenwärtig* und wird andererseits erst *zukünftig*, nämlich nach dem Tod, zugänglich.

Zum anderen kann das Reich Gottes aus dieser transzendenten Sphäre auch *auf die Erde herabkommen*. Auch in diesem Sinn ist das Reich Gottes einerseits zukünftig und andererseits bereits gegenwärtig anbrechend. In seiner zukünftigen Vollendung wird sich das Leben auf der Erde so verwandeln, wie es den *apokalyptischen* bzw. *messianischen Endzeiterwartungen* entspricht: »Dann wohnt der Wolf beim Lamm ..., der Löwe frißt Stroh wie das Rind, ... der Säugling spielt vor dem Schlupfloch der Natter, ... man tut nichts Böses mehr und begeht kein Verbrechen, ... denn das Land ist erfüllt von der Erkenntnis des Herrn« (Jes 11,6ff). Der gegenwärtige Anbruch dieser zukünftigen Vollendung kann wiederum in einem doppelten Sinn verstanden werden: Zum einen in dem apokalyptischen Sinn, daß jene *kosmischen Ereignisse*, die die Endzeit herbeiführen, *jetzt schon begonnen haben*. Zum anderen in dem Sinn, daß die Herrschaft Gottes keimhaft überall dort bereits Wirklichkeit wird, wo sich *Menschen jetzt schon dieser Herrschaft Gottes unterstellen*. Dieser Aspekt führt zur nächsten grundsätzlichen Bedeutungsebene:

2. Als *qualitative* Kategorie sagt der Begriff des Reiches Gottes etwas darüber aus, *wie* Gott herrscht. Zweifellos liegen hierin der Schwerpunkt und die eigentliche Besonderheit der Verkündigung Jesu.

Gottes Herrschaft ist für Jesus von völlig anderer Qualität als die Herrschaft der Menschen. Nicht nur in dem Sinn, daß Gottes Herrschaft nicht despotisch ist. Sie hat ihren Maßstab auch nicht an der Vorstellung einer gerechten Herrschaft. Vielmehr ist ihr oberster Grundsatz eine vorbehaltlose, vergebende, niemand ausschließende, sondern gerade dem Verstoßenen und demjenigen, der es nicht verdient hat, zugewandte *Güte*, die dem Menschen Heilung und Befreiung bringt.

Die Herrschaft Gottes kann daher auch nicht einfach durch das Aufstellen und Einfordern von Gesetzen und Geboten charakterisiert werden. Es geht vielmehr darum, daß erst die *Öffnung für die Güte Gottes den Menschen zur Erfüllung der Gebote befähigt*. Wem Vergebung zuteil wird, der kann selbst vergeben. Wer Liebe empfängt, der wird selbst zur Liebe fähig. So charakterisiert das Doppelgebot der Gottes- und Nächstenliebe durchaus die zentralen Anforderungen der Gottesherrschaft. Doch es ist die Vermittlung der Güte Gottes, die den Menschen zur Erfüllung des Doppelgebotes befähigt. Erst durch den Empfang dieser Güte wird verhindert, daß der Mensch in dem Versuch der Gesetzeserfüllung letztlich doch wieder nur sich selbst, seiner eigenen egozentrischen Selbstbestätigung, dient und damit den Aufforderungen der Gottesherrschaft gerade nicht entspricht.

3. Im Sinn einer *territorialen* Kategorie wird man davon ausgehen müssen, daß Jesus die Herrschaft Gottes auf das *jüdische Volk* konzentriert sah. Mit der messianischen Vorstellung einer endzeitlichen Erneuerung und Sammlung des Volkes Israels unter der Herrschaft Gottes war jedoch auch die Perspektive verbunden, daß Israel damit zu einem *Heilszeichen für die Welt* werden wird.

Die Anknüpfung der Kirche an die Reich-Gottes-Botschaft Jesu vollzog sich auf allen drei Bedeutungsebenen. Entscheidend für den weiteren Prozeß war die Vorstellung eines Eintretens der Kirche aus Juden und Heiden als des »*wahren Israels*« in die heilsgeschichtliche Rolle des jüdischen Volkes. Dieser Prozeß vollzog sich in *historisch rekonstruierbaren Etappen*: Mit seiner Interpretation der qualitativen Grundzüge der Gottesherrschaft, die Jesus primär mit der Autorität seiner eigenen Gotteserfahrung verkündet, gerät er in Konflikt mit den religiösen Autoritäten des jüdischen Volkes. Seine Ablehnung gipfelt in seiner Hinrichtung. Doch erfahren seine Anhänger in den Ostererscheinungen die Auferweckung Jesu als göttliche Bestätigung. Daher zerstreut sich seine Anhängerschar nicht, sondern verkündet nunmehr Jesus als den von Gott Auferweckten. Ihre Verkündigung, immer noch getragen von der Erwartung der nahe bevorstehenden Endzeit, die nun verknüpft ist mit der Erwartung der Wiederkunft des Auferweckten, richtet sich zwar weiterhin auf Israel, wird aber nun auch auf die Heiden bzw. Nichtjuden ausgeweitet. Es entsteht die Vorstellung, daß die sich zum Glauben an Jesus bekehrenden Heiden an Stelle jener, die sich der Botschaft Jesu versperren, in das »wahre Israel« einrücken. Die ursprüngliche Perspektive, daß das erneuerte Israel zum Zeichen für die Heiden wird, kehrt sich quasi um zu der bei Paulus anzutreffenden Vorstellung, daß das »Israel Gottes« (Gal 6,16), die Kirche aus Juden und Heiden, einst zum Anlaß für die vollständige Bekehrung des jüdischen Volkes werden wird. Die Ausweitung des Begriffs »Israel« vom jüdischen Volk als dem eigentlichen Volk der Gottesherrschaft auf die Kirche aus Juden und Heiden verblieb somit insgesamt noch in einem apokalyptisch geprägten Raster, der jedoch aufgrund des Ausbleibens der apokalyptischen Erwartungen zunehmend unwahrscheinlicher wurde und in den Hintergrund trat.

Parallel mit dem Prozeß der Ausweitung des Israel-Begriffs auf die Kirche aus Juden und Heiden ging eine Entwicklung einher, die von bleibender Bedeutung ist: *die Konzentration der qualitativen Aspekte der Gottesherrschaft auf die Person Jesu*. Es dürfte bereits dem Selbstverständnis Jesu entsprechen, daß er das Reich Gottes auch und gerade in seinem eigenen Reden und Handeln anbrechen sah, insofern er sich ja selbst ganz der Herrschaft Gottes, wie er sie verstand, unterstellte. Insbesondere wurden die qualitativen Grundzüge der Gottesherrschaft für Jesu Anhänger in dessen eigenem Wort und Werk und vor allem in seinem Schicksal von Kreuz und Auferweckung erfahrbar. Die Auferweckung war nicht nur eine Bestätigung für Jesus. Mit ihr bestätigte sich zugleich die von Jesus verkündete Güte Gottes, die nun sogar noch jene Sündhaftigkeit des Menschen überwand, die Jesus ans Kreuz gebracht hatte. So wurde Jesus mit seinem ganzen Schicksal zum Ausdruck der Gottesherrschaft. Er selbst verkörperte die Gottesherrschaft, er selbst ist – wie es ORIGENES († 254) formulierte – die Gottesherrschaft, die »*autobasileia*«.

So richtig es also ist, daß Jesus nicht die Kirche, sondern das Reich Gottes verkündet hat, und es historisch daher nicht berechtigt ist, die Reich-Gottes-Botschaft Jesu unmittelbar auf die Kirche zu beziehen, so berechtigt ist es aus inhaltlichen und historischen Gründen, wenn die Kirche Jesus als normatives Exempel und prägende Verkörperung der Gottesherrschaft verkündet und ihre eigene Existenz aus dieser Verkündigung ableitet. Sie steht damit in der Tradition der ursprünglichen Anhänger Jesu, die ihr eigenes Gottesverhältnis prägen ließen von der Gotteserfahrung Jesu. Die Offenbarung der Güte Gottes, die die Jünger Jesu in ihm und durch ihn erfuhren, wird von der Kirche weiter bezeugt. Und es entspricht der Erfahrung der christlichen Kirche, daß auf diesem Weg weiterhin Menschen zur Gottes- und Nächstenliebe befreit wurden und werden. In diesem Sinn ist die Kirche Zeichen und Werkzeug für die Einheit der Menschen mit Gott und untereinander. Und darin liegt die Legitimation ihrer Notwendigkeit.

Die Rückbindung der Kirche an den Reich Gottes-Gedanken ist allerdings dadurch schwer belastet, daß die Vorstellung von der Kirche als dem »Israel Gottes« mit der antijudaistischen Idee einer Ablösung Israels durch die Kirche verquickt war. Wenn nun aber im Sinne einer pluralistischen Religionstheologie das sakramentale Verständnis der Kirche in analoger Weise auf andere Religionen übertragen werden kann, dann läßt sich hierdurch dieses antijudaistische Motiv überwinden. Kirche und Synagoge können sich beide in Dankbarkeit und Hoffnung auf das Gottesreich beziehen, ohne einander die Gültigkeit dieses Rückbezugs bestreiten zu müssen.

Resümee und Ausblick

Die von der sakramentalen Ekklesiologie implizierte funktionale Begründung von Kirche bietet aus fundamentaltheologischer Sicht enorme Vorteile. Sie vermeidet nicht nur die Probleme der *via historica* und trägt statt dessen dem historischen Befund Rechnung. Sie ermöglicht zugleich einen konstruktiven Umgang mit den eingangs genannten Formen der Kirchenkritik. Die *Kritik an der grundsätzlichen kirchlichen Verfaßtheit* des Christentums kann durch das funktionale Argument der Notwendigkeit einer das Bekenntnis zu Jesus Christus weitertragenden Institution sowie durch den Nachweis ihres inhaltlichen Rückbezugs auf den von Jesus verkörperten qualitativen Aspekt der Gottesherrschaft beantwortet werden. Für die Tradierung der christlichen Botschaft, für die Entfaltung und Weiterentwicklung ihrer individuellen und sozialen Implikationen und vor allem für ihre Umsetzung in die lebendige Praxis bedarf es institutionalisierter Instanzen, die auch einer soziologischen Beschreibung und Analyse zugänglich sind. Es bedeutet daher kein Vorbeigehen am eigentlichen Wesen der Kirche, wenn sie soziologisch begriffen wird. Auch die Kirche ist ein sozio-kulturelles Phänomen und kann von einem sakramentalen Selbstverständnis her gar nichts anderes sein (vgl. auch *Lumen Gentium 8*).

Damit ist zugleich jedoch gegeben, daß die Kirche in der Ausübung ihrer Funktion von allen Gefahren bedroht und mit allen Mängeln behaftet ist, die einer langlebigen und starken institutionalisierten Gemeinschaft unvermeidlich anhaften: Machtstreben, Totalitarismus, Zentralismus, Inhumanität, Schwerfälligkeit und geistlose Erstarrung. Die im Sinn einer sakramentalen Ekklesiologie richtige Reaktion auf diese sehr realen Mängel und Gefahren kann daher nicht in der prinzipiellen Bestreitung der Legitimität einer institutionellen Gestalt des Christentums bestehen. Es muß vielmehr bejaht und institutionell ermöglicht werden, daß sich die Kirche beständig für eine *Kritik an ihrer jeweils konkreten Gestalt* offen hält. Die Kirche ist zu einer »dauernden Reform gerufen, deren sie allzeit bedarf, soweit sie menschliche und irdische Einrichtung ist ...« (*Unitatis Redintegratio 6*). Denn die Gefährdung der Kirche als Institution durch genau jene Formen der Macht, wie sie der weltlichen menschlichen Herrschaft entsprechen, verdunkeln das, was die Kirche ist und sein soll: Zeichen und Werkzeug jener völlig anderen Qualität der Gottesherrschaft. So kann die Kirche ihrer Funktion und damit ihrem Wesen nur dann entsprechen, wenn sie einerseits eine institutionell verfaßte Gemeinschaft bleibt und sich andererseits beständig am Maßstab der Gottesherrschaft hinterfragen und dementsprechend reformieren läßt.

Aus einem sakramentalen Verständnis der Kirche ergibt sich somit eine enorme Herausforderung für die Kirche selbst. Es geht dabei vor allem um die Grundfrage, inwiefern die Notwendigkeit einer sozio-kulturell greifbaren Kirche auch eine *bestimmte institutionelle Organisationsform der Kirche* oder *bestimmte Züge* derselben notwendig macht, die damit grundsätzlich einer Reformier- und Veränderbarkeit entzogen wären. Mit anderen Worten: Kann es im Rahmen einer *funktional orientierten Ekklesiologie* noch eine im Hinblick auf ihre konkrete sozio-kulturelle Gestalt gültige Unterscheidung von *vere esse* und *bene esse* der Kirche geben, das heißt von dem, was der kirchlichen Verfaßtheit wesensmäßig und unveränderlich zukommt, und dem, was ihr in einer je nach den gegebenen Bedingungen *veränderlichen* Weise zur Erfüllung ihres Auftrages dient? Oder muß in einer funktional orientierten Ekklesiologie nicht vielmehr jede konkrete Gestalt von Kirche als veränderbar gedacht werden, wenn die Erfüllung ihrer Funktion solche Veränderung erfordert? Oder noch einmal anders gefragt: Setzt die Sakramentalität der Kirche voraus, daß Kirche ihrer sakramentalen Bestimmung nur dann gerecht werden kann, wenn bestimmte Elemente ihrer institutionellen Organisationsform unverändert bleiben, oder impliziert die Sakramentalität der Kirche, daß jenseits ihrer unveränderlichen sakramentalen Grundbestimmung alle konkreten institutionellen Organisationsformen flexibel auf die Erfüllung ihrer Funktion hin auszurichten und grundsätzlich veränderbar sind?

Die genannte Frage betrifft den Zusammenhang zwischen der institutionellen Verfaßtheit der Kirche und ihren Wesensmerkmalen, das heißt jenen Charakteristika, die die Kirche zur Kirche machen und daher unveränderlich sind. Man wird ohne große Schwierigkeiten sagen können, daß eine Kirche, die aufhören würde, Jesus Christus als Verkörperung der Gottesherrschaft zu bezeugen und in Gottesdienst und Dienst am Menschen die beiden Grunddimensionen der Gottesherrschaft, Gottesliebe und Nächstenliebe, auszuleben, damit zugleich aufhören würde, Kirche im Sinne einer sakramentalen Ekklesiologie zu sein. Aber im Hinblick auf die Frage nach der institutionellen Konkretion läßt diese Auskunft nahezu alles offen. Müssen also die unveränderlichen Wesensmerkmale der Kirche (*notae ecclesiae*) in einem großen Ausmaß unveränderliche Organisationsformen im sozio-kulturellen Erscheinungsbild der Kirche nach sich ziehen, oder sind die wesenmäßigen *notae* lediglich als Dimensionen der Funktion von Kirche zu verstehen, deren konkrete Gestalt ausgesprochen flexibel sein kann?

Konkret wird diese grundsätzliche Problematik vor allem in zwei Themenkreisen heutiger Ekklesiologie:

Erstens im Hinblick auf die *ökumenische Gestalt* der Kirche. In der faktischen Vielzahl der Kirchen und Konfessionen stoßen nämlich zum Teil recht unterschiedliche Vorstellungen von den jeweiligen Wesensmerkmalen der Kirche und den damit verknüpften institutionellen Notwendigkeiten aufeinander. Dies macht nicht nur die theologische Diskussion dieser unterschiedlichen Vorstellungen erforderlich, sondern stellt selbst nochmals eine Situation dar, die angesichts des behaupteten Wesensmerkmals der Einheit der Kirche einer Klärung bedarf.

Zweitens im Hinblick auf die *kontextuelle Gestalt* der Kirche. Mit der Ausbreitung christlicher Kirchen in die unterschiedlichsten kulturellen, gesellschaftlichen und religiösen Kontexte ist die einseitige sozio-kulturelle Geprägtheit kirchlicher Erscheinungsformen unübersehbar deutlich geworden. Besonders in diesem Zusammenhang wird daher mit Vehemenz die Frage aufgeworfen, inwieweit die institutionelle Gestalt der Kirche verändert werden muß und veränderbar ist, um in den unterschiedlichen Kontexten ihre sakramentale Funktion erfüllen zu können.

Die beiden folgenden Kapitel des Traktats »Kirche« werden sich mit diesen Themenkreisen näher befassen.

Literatur:

Einen Überblick über Probleme und Modelle der Ekklesiologie vermitteln:
- Handbuch der Fundamentaltheologie 3: Traktat Kirche (hrsg. von W. KERN, H.J. POTTMEYER, M. SECKLER), Freiburg-Basel-Wien 1986.
- A. DULLES, Models of the Church, New York 1974.
- F. SCHÜSSLER FIORENZA, Fundamentale Theologie, Mainz 1992, 73–220.
- W. SEIDEL (Hrsg.), Kirche – Ort des Heils. Grundlagen, Fragen, Perspektiven, Würzburg 1987.
- F.X. KAUFMANN, Kirche begreifen. Analysen und Thesen zur gesellschaftlichen Verfassung des Christentums, Freiburg 1979.
- J. WERBICK, Fundamentaltheologische Ekklesiologie: der Streit um die »unmögliche Institution« Kirche, in: K. MÜLLER (Hrsg.), Fundamentaltheologie – Fluchtlinien und gegenwärtige Herausforderungen, Regensburg 1998, 389–409.

Einen Überblick über protestantische Ekklesiologie bietet:
- U. KÜHN, Kirche, Gütersloh 1980.

Neuere ekklesiologische Einzelentwürfe aus römisch-katholischer Perspektive:
- H. Küng, Die Kirche, Freiburg 1967.
- J. Ratzinger, Das neue Volk Gottes. Entwürfe zur Ekklesiologie, Düsseldorf 1969.
- K. Rahner, Grundkurs des Glaubens, Freiburg-Basel-Wien 1977, 313–387.
- H. Zirker, Ekklesiologie, Düsseldorf 1984.
- H. Döring, Grundriß der Ekklesiologie. Zentrale Aspekte des katholischen Selbstverständnisses und ihre ökumenische Relevanz, Darmstadt 1986.
- J. Meyer zu Schlochtern, Sakrament Kirche, Freiburg-Basel-Wien 1992.
- S. Wiedenhofer, Das katholische Kirchenverständnis. Ein Lehrbuch der Ekklesiologie, Graz 1992.
- M. Kehl, Die Kirche. Eine katholische Ekklesiologie, Würzburg 1992.
- J. Werbick, Kirche. Ein ekklesiologischer Entwurf für Kirche und Praxis, Freiburg 1994.

Neuere ekklesiologische Einzelentwürfe aus protestantischer Sicht:
- J. Moltmann, Kirche in der Kraft des Geistes, 1975.
- W. Pannenberg, Systematische Theologie. Bd. III, Göttingen 1993.

14. KAPITEL (KIRCHE II)

Eine Kirche oder viele Kirchen?
Ziele und Schwierigkeiten ökumenischer Theologie

Anliegen und Geschichte der ökumenischen Bewegung

Die Auffassung, daß es sich bei »Einheit« um ein Wesensmerkmal der Kirche handelt, ist sehr alt. Sie findet sich explizit im nizänischen Glaubensbekenntnis und geht in ihren Wurzeln auf neutestamentliche Motive (z.B. Joh 17) zurück. Aber in Wirklichkeit scheint die Kirche nicht eins zu sein. Vielmehr gab es von Anbeginn an nicht nur unterschiedliche und einander widersprechende theologische Auffassungen, sondern auch einander mit äußerster Schärfe bekämpfende christliche Gruppierungen. So heißt es etwa im 2. Petrusbrief über die »Irrlehrer«, also über Christen mit abweichenden theologischen Auffassungen: »Diese Leute aber gleichen unvernünftigen Tieren, die von Natur dazu bestimmt sind, gefangen und getötet zu werden« (2 Petr 2,12; nach der sehr textgetreuen Übers. von L. Albrecht). Im Laufe der zweitausendjährigen Geschichte des Christentums kam es immer wieder zu Auseinandersetzungen und Spaltungen, die bis heute fortbestehen und aus denen zahlreiche kleinere und größere Kirchen hervorgingen. Blutige Verfolgung und erbitterte Konfessionskriege waren nicht selten die Folge. Die spaltungsträchtigen Konflikte betreffen alle Felder des kirchlichen Lebens: rituelle Streitfragen (z.B. hinsichtlich des Ostertermins, der Gestaltung der Eucharistie, der Taufpraxis etc.), Streitfragen über die erforderliche sittliche Praxis (z.B. hinsichtlich des ethischen Rigorismus, der Bußpraxis etc.), dogmatische Streitfragen (z.B. hinsichtlich des Erlösungsverständnisses, der Gnadenlehre, der Rechtfertigungslehre, der Christologie, der Trinitätslehre, der Sakramentenlehre etc.), Streitfragen bezüglich der rechten kirchlichen Verfassung (z.B. hinsichtlich des päpstlichen Primats, der bischöflichen Sukzession, des Priestertums etc.). Ist es somit nicht völlig illusionär, von der Einheit der Kirche als einem ihrer Wesensmerkmale zu sprechen? Und spricht der historische Tatbestand nicht der sakramentalen Grundbestimmung von Kirche Hohn, wonach diese Zeichen und Instrument der Einheit sein soll?

Das Spektrum der *Antworten*, die in der Geschichte des Christentums auf dieses Problem gegeben wurden, läßt sich durch seine beiden Extreme verdeutlichen:

(a) Die je eigene Kirche wird als die allein wahre Kirche angesehen, die *immer die sichtbare Einheit bewahrt hat*. Diejenigen, die nicht zu ihr gehören, werden als Häretiker, Abtrünnige und Schismatiker betrachtet; das heißt, sie gehören nicht oder nicht mehr zur Kirche und sie bilden keine Kirche. Diese Auffassung ist traditionell vor allem in der Orthodoxie (Ostkirchen) und in der römisch-katholischen Kirche anzutreffen.

(b) Die Einheit der Kirche wird primär als eine *unsichtbare, spirituelle Wirklichkeit* verstanden. Es ist die nur Gott bekannte Einheit all jener, die in einer genuinen Beziehung Gott angehören. Auch für diese Einheit gilt, daß sie nie zerbrochen wurde; ja sie kann gar nicht gefährdet werden. Diese Position ist traditionell eher in den aus der Reformation hervorgegangenen Kirchen und Freikirchen anzutreffen.

Die Schwäche der *ersten* Position besteht vor allem darin, daß auf ihrer Basis kaum den historischen Fakten Rechnung getragen werden kann. Denn wenn sich eine Kirche spaltet und beide Kirchen anschließend ihre Treue zum Ursprung behaupten, dann kann keine der aus der Spaltung hervorgegangenen Kirchen historisch einfach mit der vormals einen Kirche identifiziert werden. So wird gerade das Anliegen der sichtbaren Einheit durch diese Position untergraben. Außerdem vermag sie nicht dem historischen Tatbestand Rechnung zu tragen, daß das Christentum von Anfang an aus einem Bündel höchst unterschiedlicher Gruppierungen bestand. Die Vorstellung von einer einzigen, äußerlich wie innerlich einen Kirche des Anfangs, von der sich alle anderen christlichen Gruppierungen abgespalten hätten, ist historisch gesehen unhaltbar. Hinsichtlich der *zweiten* Position stellt sich die Frage, ob denn eine solche unsichtbare Einheit wirklich keinerlei sichtbare Zeichen haben könne bzw. müsse. Beide Positionen haben also ihre Schwachstellen im Hinblick auf eine historisch greifbare, sichtbare Einheit.

Die *ökumenische Bewegung* verdankt sich in gewisser Weise einem grundsätzlichen Unbehagen an diesen Antworten. Dementsprechend läßt sich als ihr zentrales Leitmotiv das *Ringen um die sichtbare Einheit* der Kirche ausmachen. Ihre Pioniere waren von dem Gedanken getragen, daß es Einheit gibt, die in der durch Jesus Christus vermittelten Verbindung aller Gläubigen mit Gott besteht, und daß diese bereits vorgegebene Einheit nach mehr Sichtbarkeit verlangt und auch mehr Sichtbarkeit ermöglicht, als es die skizzierten Antworten der orthodoxen, römisch-katholischen und reformatorischen Traditionen einräumten. Dahinter steht letztlich die mit einer sakramentalen Ekklesiologie konform gehende Überzeugung, daß ein Mangel an sichtbarer Einheit der Funktion und damit dem Wesen der Kirche diametral zuwiderläuft.

Die ökumenische Bewegung ist in ihrer institutionellen Form innerhalb des Bereichs der *reformatorischen, anglikanischen* und *orthodoxen Kirchen* aus drei Strängen hervorgegangen:

1. Der **Internationale Missionsrat** (»International Missionary Council«). Seine erste Weltmissionskonferenz (Edinburgh 1910) gilt allgemein als die Geburtsstunde der ökumenischen Bewegung. Die Weltmissionskonferenzen sollten der besseren Koordination missionarischer Aktivitäten zwischen den verschiedenen protestantischen Kirchen und Missionsgesellschaften dienen. Außerdem war man von der Auffassung geleitet, daß eine uneinige, zerstrittene Christenheit wenig attraktiv wirke und so die Erfüllung des Missionsauftrags behindere.

2. Die **Bewegung für Praktisches Christentum** (»Life and Work«). Ihre erste Weltkonferenz tagte 1925 in Stockholm. Sie bemühte sich um ein konkretes Zusammenwirken der christlichen Kirchen an diakonischen und sozialpolitischen Aufgaben. Dahinter stand ein doppeltes Einheitsmotiv: Noch ganz unter dem Eindruck des Ersten Weltkriegs sah man zum einen in der Förderung der zwischenkirchlichen Kooperation einen wichtigen Beitrag für die Bewahrung des Friedens. Zum anderen glaubte man, auf diesem Weg einer Überwindung der Spaltungen näher zu kommen, getreu dem Motto, daß »der Dienst eint, wo die Lehre trennt«.

3. Die **Bewegung für Glauben und Kirchenverfassung** (»Faith and Order«). Sie etablierte sich mit der ersten Weltkonferenz von 1927 in Lausanne. Ihr Ziel bestand von Anfang an darin, die Möglichkeiten einer dogmatischen Einheit (im Glauben) und rechtlichen Einheit (in der Kirchenverfassung) auszuloten.

1937/38 beschloß man innerhalb von »Glauben und Kirchenverfassung« und »Praktisches Christentum« die Zusammenlegung zu einem gemeinsamen **»World Council of Churches«** = WCC (offizieller deutscher Name: **»Ökumenischer Rat der Kirchen«** = ÖRK), die jedoch aufgrund des II. Weltkriegs erst *1948* in *Amsterdam* erfolgte. »Glauben und Kirchenverfassung« behielt dabei eine gewisse Eigenständigkeit innerhalb des ÖRK. Der Internationale Missionsrat wurde 1961 in den ÖRK integriert, der »Weltrat für Christliche Erziehung«, ein weiterer, allerdings weniger bedeutsamer Zweig der Ökumene, 1972. Der ÖRK ist keine eigene Kirche, sondern ein Forum für den ökumenischen Prozeß der Mitgliedkirchen, »eine Gemeinschaft von Kirchen, die den Herrn Jesus Christus gemäß der Heiligen Schrift als Gott und Heiland bekennen und darum gemeinsam zu erfüllen trachten, wozu sie berufen sind, zur Ehre Gottes des Vaters, des Sohnes und des Heiligen Geistes« (so die Formulierung der Basis). 1950 präzisierte man die Mitgliedschaftsbedingung dahingehend, daß aus der Mitgliedschaft einer Kirche im ÖRK nicht die Verpflichtung folge, »alle anderen Mitgliedkirchen als Kirchen im wahren und vollen Sinn des Wortes« anzuerkennen, wohl aber die Anerkennung von »Elemente(n) der wahren Kirche« bei den anderen.

Seit seiner Strukturreform im Jahre 1992 gliedert sich der ÖRK in ein Generalsekretariat und vier Programmeinheiten. In den Programmeinheiten I, II und IV wird an den traditionellen Anliegen von »Glauben und Kirchenverfassung«, »Internationalem Missionsrat«, »Weltrat für Christliche Erziehung« und »Praktischem Christentum« gearbeitet. Die Programmeinheit III repräsentiert die Zielsetzungen des sogenannten »Konziliaren Prozesses« für »Gerechtigkeit, Frieden und Bewahrung der Schöpfung«, einer in den 80er Jahren entstandenen Bewegung, die sich vor allem aus Impulsen der Befreiungstheologie, der Atomwaffengegner und der ökologischen Bewegung speiste.

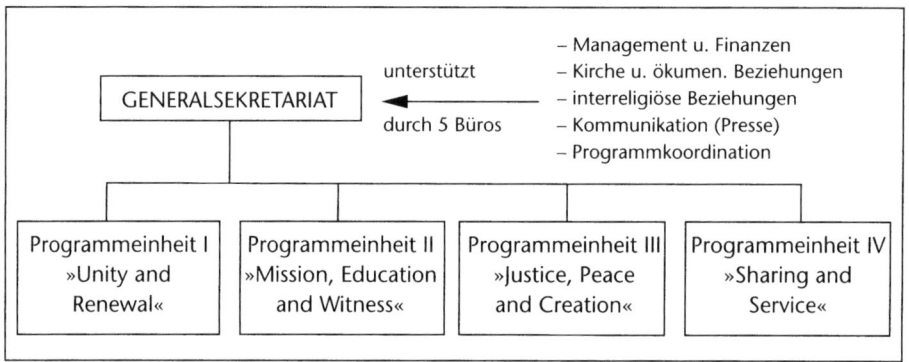

Organisationsstruktur des Ökumenischen Rats der Kirchen seit 1992

Große Teile der nicht-katholischen Kirchenwelt, mit signifikanten Ausnahmen nur im Bereich der Pfingstkirchen, gehören inzwischen dem ÖRK an. Die römisch-katholische Kirche ist bis heute kein Mitglied des ÖRK, arbeitet jedoch seit 1968 durch einzelne Delegierte bei »Glauben und Kirchenverfassung« mit. Als Gründe für den Nichtbeitritt Roms werden immer wieder ekklesiologische Bedenken genannt. Doch diese scheinen angesichts der Basis des ÖRK, die ja das ekklesiologische Selbstverständnis der Mitgliedkirchen nicht tangiert, eher vorgeschoben. Ein gewichtigerer Grund dürfte darin bestehen, daß ein Beitritt Roms zum ÖRK aufgrund der enormen zahlenmäßigen Stärke der römisch-katholischen Kirche erhebliche Probleme aufwerfen würde. Da sich die Anzahl der offiziellen Delegierten der Mitgliedkirchen des ÖRK an ihrer Mitgliederzahl orientiert, würde die römisch-katholische Kirche im Falle eines Beitritts entweder zur alles dominierenden Kraft, oder sie müßte nach einem veränderten Proporz stark benachteiligt werden. Beide Alternativen erscheinen kaum als besonders wünschenswert.

Offiziell stand die *römisch-katholische Kirche* der ökumenischen Bewegung, insbesondere den Einigungsbemühungen der reformatorischen Kirchen, lange

Zeit äußerst ablehnend gegenüber. Anläßlich der ersten Weltkonferenz von »Glauben und Kirchenverfassung« in Lausanne 1927 wurde nicht nur allen Katholiken die Teilnahme verboten. Vielmehr verurteilte die Enzyklika »*Mortalium Animos*« im darauffolgenden Jahr jegliche Mitarbeit von Katholiken an der ökumenischen Bewegung, die als schwerer glaubensgefährdender Irrtum verworfen wurde. Die einzige theologisch akzeptable Möglichkeit einer Vereinigung der Christen sei die Rückkehr in den Schoß der römisch-katholischen Kirche. Die Enzykliken »*Mystici Corporis*« (1943) und »*Humani Generis*« (1950) bekräftigten die ablehnende Haltung Roms. Diese änderte sich erst mit der Errichtung des »Sekretariats für die Einheit der Christen« (1960) und dem *II. Vatikanischen Konzil (1962–1965)*, an dem auf Einladung Roms zahlreiche Beobachter aus anderen Kirchen teilnahmen. Unter den Konzilstexten ist neben der Kirchenkonstitution *Lumen Gentium* (LG) vor allem das Dekret über den Ökumenismus *Unitatis Redintegratio* (UR) von herausragender Bedeutung für den ökumenischen Sinneswandel der römisch-katholischen Kirche. Die beiden wesentlichen Gesichtspunkte sind:

➤ Das Bekenntnis zum Ziel der »Wiederherstellung der Einheit unter allen Jüngern Christi« und damit verbunden die positive Bewertung der ökumenischen Bewegung (beides UR 1).
➤ Das Abrücken von der (traditionellen) Position, die römisch-katholische Kirche sei identisch mit der wahren Kirche Jesu Christi, zugunsten der Formulierung, daß die Kirche Christi »in ihr verwirklicht ist« (in der Vorlage wurde das ursprüngliche »est« durch »subsistit in« ersetzt; LG 8). Damit konnte die Anerkennung verknüpft werden, daß die christlichen Gruppierungen außerhalb der römisch-katholischen Kirche durchaus ebenfalls den Charakter von »Kirchen und Kirchlichen Gemeinschaften« tragen (UR 19ff).

Mit diesen beiden Aspekten war der zuvor als einzige Möglichkeit behauptete »Rückkehrökumenismus«, das heißt der Eintritt aller anderen in die römisch-katholische Kirche, ausgeschlossen. Seit dem II. Vatikanum besagt somit auch für die römisch-katholische Theologie die Einheit der Kirche im Vollsinn mehr als das, was innerhalb der eigenen Kirche an Einheit vorhanden ist.

Die Voraussetzung hierfür bildet die Rückbesinnung auf den altkirchlichen Ansatz einer *Communio-Ekklesiologie*. Die eigentliche Pointe der Communio-Ekklesiologie liegt in dem Gedanken, daß die *Einheit der Kirche in der Gemeinschaft der Kirchen* besteht (LG 23). Dies ist ursprünglich auf das Verhältnis der Orts- bzw. Bischofskirchen zur Gesamtkirche bezogen. Die Ortskirchen sind nicht einfach nur Untereinheiten einer Gesamtkirche, die die eigentliche Kirche wäre. Vielmehr ist jede Ortskirche bereits Kirche im vollen Sinn (LG 26f). Aber sie ist dies wiederum nur in der Gemeinschaft mit allen anderen Kirchen. Dieser Grundgedanke, daß die Einheit der Kirche in der Gemeinschaft von Kirchen besteht, kann auf die ökumenische Situation übertragen werden. Er stellt theologisch die Möglichkeit bereit, die Existenz von Kirchen und kirchlichen Gemeinschaften außerhalb der römisch-katholischen Kirche anzunehmen, ohne damit in irgendeiner Weise am Kirchesein der eigenen Kirche Abstriche machen zu müssen. Zugleich resultiert daraus jedoch auch die Verpflichtung, der Gemeinschaft mit allen anderen Kirchen und damit der Einheit der Kirche Ausdruck zu verleihen. Konsequenterweise engagiert sich die römisch-katholische Kirche seit dem Konzil intensiv bei den ökumenischen Bestrebungen auf bilateraler und multilateraler Ebene.

Insbesondere die orthodoxen und anglikanischen Kirchen brachten aus ihren eigenen theologischen Traditionen ähnliche ekklesiologische Voraussetzungen mit. Lutherische Kirchen vermochten sich dem Grundgedanken der Communio-Ekklesiologie ebenfalls anzuschließen. Im ÖRK ist er seit der Vollversammlung von Neu Delhi (1961) präsent und setzte sich schließlich auf der Vollversammlung von Canberra (1991) allgemein durch.

Einheitsvorstellungen und Einheitsmodelle

Wie die Geschichte der ökumenischen Bewegung und der ökumenische Sinneswandel der katholischen Kirche zeigen, liegt der entscheidende Schritt zur Ökumene darin, den jeweils anderen christlichen Gemeinschaften wenigstens einen gewissen Grad an Kirchlichkeit zuzuerkennen. Die Einheit der Kirche kann dann nicht mehr einfach mit der Einheit innerhalb der je eigenen Kirche identifiziert und auch nicht mehr auf einer bloß unsichtbaren Ebene angesiedelt werden. Damit beginnen nun aber erst die eigentlichen Schwierigkeiten ökumenischer Theologie: Denn allein mit der Vorstellung, daß die Einheit der Kirche in und aus einer Gemeinschaft von Kirchen besteht, ist noch nicht geklärt, wie diese *Einheit näher zu bestimmen ist* und wie sie *konkret sichtbar* werden soll. Die erste Frage zielt auf die *grundsätzlichen Vorstellungen von kirchlicher Einheit*, die zweite Frage auf *konkrete Modelle kirchlicher Einheit*.

Einheitsvorstellungen

Soll die über die Grenzen der eigenen Kirche hinausgehende Einheit näher bestimmt werden, so kann dies in zweifacher Weise geschehen:
- *Extension*: Wer wird von dieser Einheit *synchron* und *diachron* umfaßt, bzw. *auf wen erstreckt* sich diese Einheit gegenwärtig und durch die Geschichte hindurch?
- *Intension*: In welchem Sinn ist hier von »Einheit« die Rede, bzw. *welche Qualität* besitzt sie? Wieviel Uniformität und wieviel Pluriformität ist hierbei impliziert?

1. **Synchrone Extension:** Die beiden unterschiedlichen Schwerpunkte von »Faith and Order« und »Life and Work« spiegeln zugleich zwei grundsätzlich verschiedene Akzente des christlichen Lebens wieder: zum einen den Schwerpunkt der *Orthodoxie*, zum anderen den Schwerpunkt der *Orthopraxie*. Diese unterschiedlichen Schwerpunkte können auch in der Bestimmung der synchronen Einheit durchschlagen: Ist das Einheitsband eher das Band der Liebe oder das Band des Glaubens? Umfaßt es somit alle Menschen guten Willens oder alle auf den Namen Jesu Christi Getauften, die ihn als »Gott und Heiland« bekennen? Bedenkt man den bleibenden Rückbezug der Kirche auf die Reich-Gottes-Botschaft Jesu, dann läßt sich die Frage auch so formulieren: Wer gehört eher zum Reich Gottes: der barmherzige, aber häretische Samariter oder der unbarmherzige, aber rechtgläubige Levit? Im Rahmen der ökumenischen Bewegung hat sich diese Spannung immer bemerkbar gemacht. Das Schlagwort »*Säkularökumenismus*« steht dabei für jene Bestrebungen, die Einheit weniger von einer Einheit in der Orthodoxie als vielmehr von einer Einheit in der Orthopraxie her verstehen und damit die Idee der ökumenischen Einheit vor allem auf all jene Menschen beziehen, die sich im Kampf für soziale Gerechtigkeit und gegen jede Form von Ausbeutung und Unterdrückung engagieren.

Die Bandbreite in der Bestimmung der synchronen Extension von Einheit läßt sich jedoch nicht nur durch die Polarität von Orthodoxie und Orthopraxie andeuten. Hinzu kommt die Polarität von *Theozentrik* und *Christozentrik*. Lange Zeit war der ÖRK von der Vorstellung beherrscht, daß Jesus Christus der Brennpunkt der Einheit ist. Aber Jesus Christus verkündete nicht sich selbst, sondern das Reich *Gottes*. Muß daher nicht jede Christozentrik ausgeweitet werden zu einer Theozentrik? Verfehlt eine Christozentrik, die bei Jesus Christus stehen bleibt, nicht gerade das ureigene Anliegen Christi selbst? Für die Verfechter eines theozentrisch orientierten Einheitsverständnisses umfaßt diese Einheit alle gottesfürchtigen und rechtschaffenen Menschen und ihre Gemeinschaften. Die Spannungen zwischen einem christozentrischen und einem theozentrischen Verständnis der Einheit machten sich innerhalb des ÖRK vor allem an seinem 1971 offiziell beschlossenen Programm des *interreligiösen Dialogs* fest. Die Auseinandersetzungen konkretisieren sich letztlich in der Frage, ob die interreligiösen Beziehungen ebenfalls eine ökumenische Qualität (»große Ökumene«) haben oder nicht. Für viele Vertreter des christozentrischen Verständnisses erscheint mit dem Dialog-Programm des ÖRK das ursprüngliche ökumenische Anliegen der gemeinsamen Mission verraten; für viele Anhänger des theozentrischen Verständnisses stellt der Dialog demgegenüber die Grundvoraussetzung dafür dar, daß alle zu Gott gehörenden Menschen in den verschiedenen Religionen gemeinsam die »Mission Gottes«, das heißt ihren Auftrag in der Welt, wahrnehmen können.

Die synchrone Bestimmung der Einheit bewegt sich somit in einem Spannungsfeld mit vier Polen: Primat der Orthodoxie oder Primat der Orthopraxie, Christozentrik oder Theozentrik? Unter dem Primat der Orthodoxie und einer christozentrischen Orientierung fällt ihre Bestimmung enger, unter dem Primat der Orthopraxie und einer theozentrischen Orientierung fällt sie weiter aus.

2. **Diachrone Extension:** Bei der diachronen Bestimmung der Einheit geht es um die Treue zum bzw. Einheit mit dem Ursprung. Im Mittelpunkt steht dabei die »nota« der *Apostolizität* (→ 12. Kapitel). Das heißt, was ist erforderlich, um in Einheit mit der Kirche der Apostel zu stehen? Anhänger eines weit gefaßten Einheitsverständnisses können sich in dieser Hinsicht nicht nur auf die Reich-Gottes-Botschaft und Theozentrik Jesu berufen, sondern auch auf die altkirchliche Vorstellung, daß die Kirche letztlich alle Gerechten umfaßt, angefangen bei Abel, dem ersten Gerechten (»*ecclesia ab Abel*«).

Als eigentlicher Streitpunkt besteht die Frage nach der diachronen Einheit jedoch primär unter jenen, deren Einheitsverständnis vom Primat der Orthodoxie und einem christozentrischen Paradigma geprägt ist. Reicht es zur Erfüllung apostolischer Einheit aus, daß die Treue zur apostolischen Verkündigung gewahrt wird? Muß eine »stiftungsgemäße« Sakramentenpraxis hinzukommen? (Aber hat der historische Jesus »Sakramente« gestiftet?) Beinhaltet Apostolizität darüber hinaus sogar die Bewahrung der *bischöflichen Sukzession*? Während die römisch-katholische und die orthodoxen Kirchen traditionell auf der Notwendigkeit einer apostolischen Bischofssukzession beharren, ist nach den aus der Reformation hervorgegangenen Kirchen Apostolizität primär als Treue zur apostolischen Lehre zu sehen. Nach der »Confessio Augustana« reicht es zur »wahren Einheit der christlichen Kirche, daß das Evangelium einträchtig im reinen Verständnis gepredigt und die Sakramente dem göttlichen Wort gemäß gereicht werden« (CA 7). Inzwischen zeichnet sich insofern eine gewisse Annäherung an den protestantischen Standpunkt ab, als auf allen Seiten der Treue zur apostolischen Verkündigung die Priorität zugemessen wird. Denn von ihrer ursprünglichen Idee her besteht der Sinn einer apostolischen Sukzession des Amtes gerade darin, jene Treue zur apostolischen Lehre zu sichern.

Aber was besagt wiederum die *Treue zur apostolischen Verkündigung*? Wieviel Spielraum in der Weiterentwicklung der theologischen Lehre läßt diese Treue zu? Erfordert sie das reformatorische Bekenntnis zur Schrift als der einzigen Norm (»*sola scriptura*«) oder erlaubt sie eine Ausweitung auf die theologische Tradition?

3. **Intension:** Wenn Einheit der Kirche mehr ist als eine bloß unsichtbare Einheit und mehr als das, was in der eigenen Kirche an Einheit gegeben ist, dann muß es sich um eine Einheit handeln, die mit der faktischen Vielfalt und Verschiedenartigkeit der Kirchen und Konfessionen zu vermitteln ist. Es kann als eine der grundlegenden Einsichten ökumenischer Theologie gewertet werden, daß Einheit nicht mit Uniformität gleichzusetzen ist. Die Rede von der Einheit macht vielmehr gerade dort Sinn, wo es um eine *Einheit in Vielfalt* geht. Ande-

rerseits könnte bei einer reinen und quasi totalen Verschiedenheit keine Rede mehr von einer Einheit sein. Zur Einheit gehören somit Konformität *und* Pluriformität.

Doch gibt es auch hier eine polare Spannung zu verzeichnen, je nachdem, ob für das rechte Verständnis der Einheit der Schwerpunkt auf die *Konformität* oder auf die *Pluriformität* gelegt wird. Betont man die Konformität, so wird man die Einheitsbemühungen vor allem auf die Herstellung einer möglichst breiten Übereinstimmung konzentrieren. Vielfalt erscheint demgegenüber nur im Sekundären und Unwesentlichen möglich – ein Gedanke, der anscheinend auch der vom II. Vatikanum geäußerten Idee von der ökumenischen Bedeutung einer »Hierarchie der Wahrheiten« zugrunde liegt (vgl. UR 11). Betont man hingegen die Pluriformität, so wird man den Schwerpunkt der Einheitsbemühungen auf die Legitimation der Vielfalt legen und insbesondere danach trachten, daß die Kirchen einander wegen ihrer Unterschiede nicht mehr verurteilen.

Die Polarität von Konformität und Pluriformität bei der intensionalen Bestimmung der Einheitsvorstellung steht in einer deutlichen Parallelität zur religionstheologischen Thematik (→ 11. Kapitel). Wie dort so gilt auch hier, daß nur bei einer Betonung der Pluriformität die Möglichkeit gegeben ist, den anderen trotz seiner Andersartigkeit als gleichwertig anzuerkennen. In der Tat hat sich denn auch in der christlichen Ökumene in den letzten Jahren der Schwerpunkt deutlich auf die Betonung der Pluriformität verlagert. Vielfalt wird nicht mehr nur als etwas angesehen, das im Bereich des weniger Wichtigen zulässig ist, sondern wird vielmehr als eigener Wert erkannt. Gerade in ihrer Verschiedenartigkeit und Vielfältigkeit können sich die Kirchen, wenn sie einander gemeinschaftlich verbunden sind, wechselseitig bereichern und – nicht weniger wichtig – korrigieren.

Natürlich bedarf die Legitimation der Vielfalt einer Grenzziehung. So hat, um ein konkretes Beispiel aus den letzten Jahren zu nennen, der Reformierte Weltbund zwei südafrikanische Mitgliedskirchen von der Ausübung ihrer Mitgliedsrechte suspendiert, weil sie das Apartheid-System theologisch und moralisch gerechtfertigt hatten. Als *normative Leitidee* bei der Bestimmung von Konformität und Pluriformität bietet sich wiederum das Grundmodell einer sakramentalen Ekklesiologie an. Das heißt, es geht darum, wieviel an sichtbarer Übereinstimmung nötig und wieviel Vielfalt möglich bzw. ebenfalls nötig ist, damit die Kirche Zeichen und Werkzeug des Reiches Gottes sein kann.

Einheitsmodelle

Akzeptiert man, daß Einheit der Kirche mehr besagt als eine rein unsichtbare Einheit und auch mehr als das, was in der je eigenen Kirche an Einheit verwirklicht ist, dann stellt sich die Frage, in welcher konkreten Gestalt dieses »mehr« an Einheit sichtbar werden soll. Hierzu sind im Rahmen der ökumenischen Bewegung immer wieder neue Modelle vorgeschlagen und teilweise auch in die Praxis umgesetzt worden. Sie lassen sich in drei Gruppen einteilen:

1. **Gemeinschaft in Gegensätzen:** Im Sinne einer ökumenischen Zielvorstellung läßt dieses Modell den größten Spielraum für Pluralität und *verzichtet nahezu ganz auf strukturelle Einheit*. Diese kommt bestenfalls in gemeinsamen Diensteinrichtungen, institutionalisierten Formen des theologischen Austauschs und gelegentlichen ökumenischen Gottesdiensten zum Ausdruck. Was sichtbar werden soll, ist die gemeinsame Berufung auf Jesus Christus, die Verpflichtung zum Dienst in der Welt und der lebendige kirchlich-theologische Dialog. Inwieweit dazu auch die *eucharistische Gastfreundschaft* bzw. die Praxis der Interkommunion gehört, ist bereits umstritten. Eine Überwindung der lehrmäßigen und sonstigen Gegensätze zwischen den Konfessionen zugunsten von Lehrkonsensen und größerer struktureller Konformität wird definitiv nicht angestrebt. Die erforderliche Einheit sei vielmehr dann erreicht, wenn trotz und gerade in den konfessionellen Gegensätzen eine geschwisterliche Gemeinschaft sichtbar werde. Unter den Vertretern einer theozentrisch orientierten Einheitsvorstellung findet dieses Modell inzwischen auch Anwendung auf den Bereich der interreligiösen Beziehungen (teilweise unter Einschluß einer »*communicatio in sacris*«, d.h. einer wechselseitigen Teilnahme an sakralen Vollzügen).

2. **Organische Union:** Dieses Modell liegt am anderen Ende des Spektrums. Hier wird ein *Höchstmaß an struktureller Einheit* angezielt: gemeinsames Glaubensbekenntnis, gemeinsames Verständnis und Praxis von Amt und Sakrament, gemeinsame organisatorische Struktur. Sofern dieses Modell nicht im Sinn einer »Rückkehrökumene« verstanden werden soll, setzt es voraus, daß die bislang getrennten Kirchen ihre alte Identität aufgeben und zu einer völlig neuen Kirche zusammenschmelzen. Ein konkretes Beispiel hierfür bildet die »Kirche von Südindien«, zu der sich 1947 reformierte, methodistische und anglikanische Kirchen des südindischen Raums zusammenschlossen.

3. **Strukturelle Einheitsmomente bei bleibender konfessioneller Verschiedenheit:** Zwischen den beiden Extremen liegen eine Reihe von Modellen, die gegenüber der Organischen Union die *Bewahrung besonderer Identitätsmerkmale der historisch gewachsenen Kirchen* anstreben, dies aber mit einem größeren Ausmaß an struktureller Einheit verbinden wollen als es in einer reinen Dialog-, Aktions- und Gebetsgemeinschaft vorgesehen ist. Die hierzu genannten Modelle *korporative Vereinigung, Kirchengemeinschaft durch Konkordie, konziliare Gemeinschaft, Föderation von Kirchen, versöhnte Verschiedenheit,* usw. sind nicht immer deutlich voneinander unterschieden und werden auch terminologisch nicht immer einheitlich verwendet. Die Unterschiede sind vielmehr fließend und bemessen sich quasi an ihrer Nähe oder Ferne zur organischen Union. Das beste Beispiel,

das in etwa die Richtung dieser Modelle angibt, ist die »Leuenberger Konkordie« von 1973. Hier stellten mehrere lutherische, reformierte und unierte Kirchen sowie die Böhmischen Brüder und die Kirche der Waldenser einen Grundkonsens im Verständnis von Evangelium und Sakramenten fest, nahmen wechselseitige Lehrverurteilungen zurück und erklärten Kanzel- und Abendmahlsgemeinschaft. Inzwischen sind in dieser Konkordie ca. 80 Kirchen vereinigt.

Einheitsbemühungen

Wie sich schon bei der Darstellung der intensionalen Bestimmung von Einheit angedeutet hat, lassen sich die konkreten Einheitsbemühungen zwei verschiedenen Ansätzen zuordnen:

1. der *Festigung von Übereinstimmung*;
2. der *Legitimation von Vielfalt*.

1. Um die **Übereinstimmung** zwischen den Kirchen zu **festigen**, wurde in den vergangenen Jahren eine Vielzahl von bilateralen und multilateralen Dialogen geführt. Das Ergebnis war geradezu eine Flut von *Konvergenzpapieren*, in denen man versuchte, bereits bestehende Übereinstimmungen zwischen den am Dialog beteiligten Seiten festzustellen oder neue Übereinstimmungen herzustellen. Auch die drei großen, multilateral orientierten Projekte von »*Glauben und Kirchenverfassung*« liegen auf dieser Linie. Am weitesten fortgeschritten ist das Projekt »*Taufe, Eucharistie und Amt*«. Die gleichnamige Konvergenzerklärung (BEM = »Baptism, Eucharist and Ministry«, auch bekannt als »Lima-Papier«) soll einem Diskussionsprozeß dienen, bei dem ein solches Maß an Übereinstimmung erzielt wird, daß die beteiligten Kirchen die Tauf-, Eucharistie- und Amtspraxis der jeweils anderen Kirchen schließlich als gültig anerkennen können. Das zweite größere Projekt »*Gemeinsam den einen Glauben bekennen*« stellt den Versuch dar, das Glaubensbekenntnis von Nizäa-Konstantinopel (381) als eine auch heute noch tragfähige Formel der Übereinstimmung im Glauben herauszustellen. Das dritte Projekt »*Kirche und Welt*« versucht eine grundsätzliche Übereinstimmung im Hinblick auf die Ziele und Wege des Handelns der Kirchen in der Welt herbeizuführen.

Wegen ihrer anscheinenden Folgenlosigkeit ist diese Methode inzwischen häufig kritisiert worden. Den Konsenspapieren wird vorgeworfen, daß sie entweder zu dehnbar (so daß sich jeder in ihnen wiederfinden kann) oder zu allgemein (so daß die Besonderheiten der Kirchen vernachlässigt würden) seien, oder daß sie – wenn sie präziser ausfallen – zu viele einseitige Zugeständnisse enthalten. Außerdem wird immer wieder eine mangelnde Rezeption beklagt. All dies weist auf die grundsätzliche Schwierigkeit hin, ökumenische Gemeinschaft auf dem Weg der Übereinstimmung zu etablieren. Denn ganz offensichtlich liegt hierbei der Schwerpunkt der Bestrebungen auf der Uniformität, wohingegen der Pluriformität der Kirchen auf dem Weg der Konsensbemühungen kaum oder gar nicht Rechnung getragen wird. Daher verbinden sich inzwischen viele Hoffnungen mit einem anderen Ansatz, der nicht versucht, die Übereinstimmung zu festigen, sondern die Vielfalt zu legitimieren.

2. **Legitimation von Vielfalt:** Der erste bedeutende Vorstoß in dieser Richtung ging 1983 vom sogenannten *Rahner-Fries-Plan* aus. Als verpflichtende Basis für das erforderliche Maß an positiver Übereinstimmung schlugen die Autoren die »Grundwahrheiten des Christentums, wie sie in der Heiligen Schrift, im apostolischen Glaubensbekenntnis und in dem von Nizäa und Konstantinopel ausgesagt werden«, vor. Darüber hinaus – und in dieser These lag die eigentliche Pointe des Vorschlags – solle in keiner Teilkirche der zukünftig geeinten Kirche »dezidiert und bekenntnismäßig ein Satz verworfen werden, der in einer anderen Teilkirche ein verpflichtendes Dogma ist«. Mit anderen Worten, die Einheit der Kirche verlangt nach diesem Vorschlag nur ein Minimum an positiv formulierter Übereinstimmung, setzt aber unbedingt voraus, daß sich die geeinten Kirchen einander wegen ihrer Unterschiede nicht verwerfen. Allerdings war den Autoren auch klar, daß die Legitimation der Vielfalt einer Grenzziehung bedarf. Denn die geforderte Nichtverwerfung müsse das Urteil implizieren, »daß die konfessionsspezifische Praxis einer Konfession nicht evangeliumswidrig ist«. Trotz heftiger Debatten hat dieser Vorschlag insgesamt deutlich dazu beigetragen, ökumenische Gemeinschaft weniger vom Prinzip der positiven Übereinstimmung als vielmehr vom Prinzip der Nichtverwerfung und damit der legitimen Vielfalt her zu verstehen. Gegenüber der Konsensmethode ist damit grundsätzlich eine größere Chance dafür gegeben, daß sich die einzelnen Konfessionen mit ihren je spezifischen Eigenarten im ökumenischen Prozeß wiederfinden können.

Eine konkrete Bewährungs- und Belastungsprobe fand dieser Ansatz in der von der »Gemeinsamen Ökumenischen Kommission« (gebildet aus Vertretern von EKD und röm.-kath. Kirche) erstellten *Studie über die gegenseitigen Lehrverurteilungen* des 16. Jahrhundert hinsichtlich der Rechtfertigungs-, der Sakramenten- und der Ämterlehre. Untersucht wurde die Frage, ob die Verurteilungen damals wirklich die Position des Gegners getroffen haben, und wenn ja, ob sie es heute immer noch tun, oder ob sie inzwischen nicht vielmehr gegenstandslos geworden sind. Auch hier ging es somit nicht um die Formulierung einer übereinstimmenden Lehre, sondern um die Frage, ob die Unterschiede in den Auffassungen der Kirchen zu Rechtfertigung, Sakramenten und Amt kirchentrennenden Charakter haben müssen, oder ob sie als Ausdruck legitimer theologischer Vielfalt gewertet werden können. Im Hinblick auf die Rechtfertigungslehre kam die 1986 publizierte Studie zu dem Ergebnis, daß die Unterschiede heute nicht mehr als kirchentrennend zu betrachten sind. Eine besondere Rolle spielte dabei die Auffassung, daß die Formulierungen der Rechtfertigungslehre durch die Reformatoren und das Konzil von Trient unterschiedliche Anliegen und Schwerpunkte ausdrücken, so daß sich eine Reihe von *prima-facie* gegensätzlich wirkenden Aussagen letztlich auf unterschiedliche, aber komplementäre Perspektiven zurückführen läßt: auf reformatorischer Seite wird die Ohnmacht des Sünders und dementsprechend das volle Angewiesensein auf die Gnade betont, auf der Seite des Trienter Konzils die Macht Gottes auch im Hinblick auf die Erneuerung des Sünders. Inzwischen hat man versucht, aus diesem Ergebnis einen »Konsens in Grundwahrheiten der Rechtfertigungslehre« abzuleiten. So liegt nun auf dem Hintergrund der Lehrverurteilungsstudie der Entwurf einer »*Gemeinsamen Erklärung zur Rechtfertigungslehre*« vor, von der jedoch noch nicht klar ist, ob und in welcher Form sie offiziell unterschrieben werden wird. Denn an den heftigen Diskussionen, die um diese Erklärung entbrannt sind, zeigt sich erneut, daß es offensichtlich wesentlich schwieriger ist, einen Konsens zu formulieren als auf Verwerfungen zu verzichten.

Resümee

Die Auffassung, daß das ekklesiologische Wesensmerkmal der Einheit mehr besagt als eine bloß unsichtbare oder nur in der eigenen Kirche verwirklichte Einheit, stellt die ökumenische Grundoption dar. Die Einheit der Kirche angesichts einer realistischen Wahrnehmung der Vielfalt von Kirchen zu behaupten, setzt demnach den Gedanken einer kirchenübergreifenden Einheit und somit einer *Einheit in Vielfalt* voraus. Die Überzeugung, daß das ekklesiologische Wesensmerkmal der Einheit nicht Uniformität besagt, kann als einer der bedeutendsten Aspekte ökumenischer Theologie betrachtet werden. Denn unter dieser Prämisse stellt das Faktum einer großen Pluralität von christlichen Glaubens- und Lebensformen bis hin zu einer Pluralität von Konfessionen allein noch keine Widerlegung der Behauptung dar, die Kirche sei eins. Wenn nun unter diesen Voraussetzungen die Rede von der *sichtbaren* Einheit der Kirche auf die trotz und in ihrer Vielfalt gelebte *Gemeinschaft der Kirchen* bezogen wird, dann ist diese Einheit allerdings in dem Maße tatsächlich in Frage gestellt, in dem diese Gemeinschaft schwindet. Wenn Kirchen einander verdammen und – wie nur zu oft geschehen – bis aufs Blut bekämpfen, kann von Einheit als Gemeinschaft keine Rede mehr sein.

Positiv bedeutet dies jedoch, daß die Einheit der Kirche greifbar wird in den Bemühungen der Konfessionen um Gemeinschaft. Und dies deckt sich mit den Grundbestimmungen sakramentaler Ekklesiologie: Kirche legitimiert sich als Zeichen und Werkzeug der Einheit mit Gott und der Einheit der Menschheit. Doch kann sie diese Funktion nur dann erfüllen, wenn sie selbst eins ist. Das heißt, zu ihrem wirklichen Kirchesein gehört das Wesensmerkmal der Einheit im Sinne einer Gemeinschaft in Vielfalt. Mit anderen Worten, Kirche kann der

Einheit mit Gott und der Einheit der Menschheit dann zeichenhaft und instrumental dienen, wenn sie sich selbst konstant darum bemüht, als Gemeinschaft in Vielfalt zu leben, und in diesem Bemühen glaubhaft erscheint.

Literatur:

Lehrbücher und Hilfsmittel:
- H. Döring, Ökumene – Realität und Hoffnung, in: Handbuch der Fundamentaltheologie 3: Traktat Kirche (hrsg. von W. Kern, H.J. Pottmeyer, M. Seckler), Freiburg-Basel-Wien 1986, 242–259. (Kurze Einführung in die Aufgaben ökumenischer Theologie.)
- P. Lengsfeld (Hrsg.), Ökumenische Theologie. Ein Arbeitsbuch, Stuttgart 1980.
- P. Neuner, Ökumenische Theologie. Die Suche nach der Einheit der christlichen Kirchen, Darmstadt 1997. (Ausgezeichneter Überblick über die Geschichte, konfessionsspezifischen Besonderheiten und theologischen Hauptprobleme der Ökumene.)
- H.J. Urban, H. Wagner (Hrsg.), Handbuch der Ökumenik. Bd. I, II, III/1, III/2, Paderborn 1985–1987. (Umfassendes Kompendium zu allen Teilgebieten ökumenischer Theologie.)
- H. Krüger, W. Löser, W. Müller-Römheld (Hrsg.), Ökumene Lexikon. Kirchen – Religionen – Bewegungen, Frankfurt a.M., 2. rev. Aufl. 1987.

Zur Geschichte der ökumenischen Bewegung:
- R. Rouse, S. Ch. Neill, H.E. Fey (Hrsg.), Geschichte der ökumenischen Bewegung, Bd. I–III, Göttingen 1957, 1958, 1974.
- G. Tavard, Geschichte der ökumenischen Bewegung, Mainz 1964.
- R. Frieling, Der Weg des ökumenischen Gedankens, Göttingen 1992.

Zur Arbeit und theologischen Entwicklung des ÖRK:
- M. VanElderen, Introducing the World Council of Churches, Genf 1990.
- H. Döring, Kirchen unterwegs zur Einheit. Das Ringen um die sichtbare Einheit der Kirche in den Dokumenten der Weltkirchenkonferenzen, München-Paderborn-Wien 1969.
- K. Raiser, Ökumene im Übergang. Paradigmenwechsel in der ökumenischen Bewegung, München 1989.

Systematische Einzelfelder ökumenischer Theologie:
- H. Fries, K. Rahner, Einigung der Kirchen – reale Möglichkeit. Erweiterte Sonderausgabe: Mit einer Bilanz »Zustimmung und Kritik« von Heinrich Fries, Freiburg-Basel-Wien 1985.
- E. Herms, Einheit der Christen in der Gemeinschaft der Kirchen. Die ökumenische Bewegung der römischen Kirche im Lichte der reformatorischen Theologie. Antwort auf den Rahner-Plan, Göttingen 1984.
- O. Cullmann, Einheit durch Vielfalt. Grundlegung und Beitrag zur Diskussion über die Möglichkeiten ihrer Verwirklichung, Tübingen 1986. (Bei den Arbeiten von Herms und Cullmann handelt es sich im wesentlichen um Reaktionen auf die Vorschläge von Rahner und Fries.)

- H. Fries, O.H. Pesch, Streiten für die eine Kirche, München 1987. (In diesem Band geht Fries nochmals ausführlich auf den sog. Rahner-Fries-Plan und die Diskussion darüber ein, während Pesch über das Projekt zur Überwindung der Lehrverurteilungen berichtet.)
- M. Hardt, Papsttum und Ökumene. Ansätze eines Neuverständnisses für einen Papstprimat in der protestantischen Theologie des 20. Jahrhunderts, Paderborn 1981.
- V. von Aristi u.a., Das Papstamt. Dienst oder Hindernis für die Ökumene?, Regensburg 1985. (Sammelband mit wichtigen Beiträgen von Theologen verschiedener Kirchen zur Frage des Papstamtes.)
- D. Hauschild u.a., Ein Schritt zur Einheit der Kirchen. Können die gegenseitigen Lehrverurteilungen aufgehoben werden?, Regensburg 1986.
- H. Meyer, Ökumenische Zielvorstellungen, Göttingen 1996. (Komprimierte Darstellung der unterschiedlichen Einheitsvorstellungen und konkreten Einigungsmodelle, die im Rahmen der ökumenischen Theologie entwickelt wurden.)
- H. Döring, Ökumene vor dem Ziel, München-Neuried 1998. (Sammelband mit Beiträgen zur ökumenischen Relevanz der Communio-Ekklesiologie und nahezu allen weiteren zentralen Themen der ökumenischen Theologie.)

Dokumentationen:
- L. Vischer (Hrsg.), Die Einheit der Kirche. Material aus der ökumenischen Bewegung, München 1965.
- Dokumente wachsender Übereinstimmung. Sämtliche Berichte und Konsenstexte interkonfessioneller Gespräche auf Weltebene, hrsg.v. H. Meyer u.a., Bd. I: 1931–1982, Paderborn, Frankfurt a.M. 1983; Bd. II: 1982–1990, Paderborn, Frankfurt a.M. 1992.
- Churches respond to BEM. Official responses to the »Baptism, Eucharist and Ministry« text (ed. by M. Thurian). Vol 1–6, Genf 1986–1988. (Enthält die Antworten der Kirchen auf das »Lima-Papier«.)
- Kirche und Welt (Studiendokument der Kommission für Glauben und Kirchenverfassung), Frankfurt a.M. 1991.
- Gemeinsam den einen Glauben bekennen (Studiendokument der Kommission für Glauben und Kirchenverfassung), Paderborn, Frankfurt a.M. 1991.
- Lehrverurteilungen – kirchentrennend? I: Rechtfertigung, Sakramente und Amt im Zeitalter der Reformation und heute (hrsg. von K. Lehmann und W. Pannenberg), Freiburg i.Br., Göttingen 1986.

15. KAPITEL (KIRCHE III)

Wie kann Kirche »katholisch« sein?
Universalität und Kontextualität der Kirche

Katholizität als Kontextualität

Neben der Einheit stellt die *Katholizität* ein herausragendes Wesensmerkmal der Kirche (»nota ecclesiae«) dar, da im Merkmal der »Katholizität« (= »Allumfassendheit«) nach traditioneller Auffassung die *universale Dimension* kirchlicher Sendung artikuliert ist: Die Kirche ist »zu allen Völkern« gesandt und ihre Verbreitung über den »ganzen Erdkreis« ist Ausdruck ihrer Gottgewolltheit. Der im Merkmal der Katholizität ausgedrückten universalen Dimension kirchlicher Sendung kommt auch im Rahmen einer sakramentalen Ekklesiologie besondere Bedeutung zu, wird doch hier die Kirche als Zeichen und Werkzeug für die Einheit der *ganzen Menschheit* mit Gott und untereinander verstanden.

Gegen das »katholische« bzw. universalistische Verständnis von Kirche werden in verschiedenen Varianten zwei *Grundeinwände* vorgebracht:

(a) Mit ihrem universalistischen Selbstverständnis befinde sich die Kirche in einer *Selbsttäuschung*. In Wahrheit sei sie kein weltumfassendes, sondern ein durchaus partikulares, zeit- und kulturgebundenes Phänomen.

(b) Aus diesem Grund seien die missionarischen Aktivitäten der Kirche innerhalb anderer Kulturkreise zwangsläufig von *kulturimperialistischer* Natur, mit überwiegend verhängnisvollen Auswirkungen auf fremde Kulturen und Sozietäten.

Nun ist es unbestreitbar, daß die christliche Kirche in einem bestimmten Kulturraum entstand und daß sie sowohl durch ihre Wurzeln im Judentum als auch durch ihre Entfaltung in der griechisch-römischen Kultur bleibend geprägt ist. So hat sich auf dem Hintergrund dieser Einwände in den letzten Jahren eine umfangreiche Diskussion darüber entwickelt, ob – und wenn ja wie – sich die Behauptung einer Universalität bzw. Katholizität der Kirche mit der Erkenntnis ihrer sozio-kulturellen Partikularität verbinden lasse. Dabei hat sich die Vorstellung herauskristallisiert, daß sich die Katholizität der Kirche verwirklicht als *Kontextualität*. Das heißt, die Kirche ist katholisch in dem Maß, in dem sie sich bewußt den unterschiedlichen sozio-kulturellen Kontexten, denen sie begegnet, öffnet. *Katholizität* eignet der Kirche damit sowohl im Sinn einer *wesensmäßigen Möglichkeit* als auch im Sinn einer *notwendigen Aufgabe*. Die so verstandene Katholizität widerspricht daher nicht dem Faktum der historisch partikularen, sozio-kulturell gebunden Herkunft der Kirche. Zugleich ist die Behauptung ihrer Katholizität allerdings auch nicht einfach selbstverständlich. Die eigentliche Frage nach der Katholizität der Kirche muß somit lauten: Wie kann Kirche die ihr vorgegebene Katholizität verwirklichen? Oder: Wie kann Kirche katholisch sein bzw. katholisch werden? Im wesentlichen lassen sich hierzu drei verschiedene Antworten unterscheiden:

Katholizität als Kontextualität verwirklicht sich demnach

1. durch die universale *kirchliche Vermittlung des Evangeliums* in eine Vielzahl *kultureller Kontexte* mittels *Akkommodation* und *Übersetzung*;
2. durch die universale *befreiende Relevanz von Kirche und Evangelium* mittels eines auf den jeweiligen *gesellschaftlichen Kontext* bezogenen *praktisch-politischen Engagements*;
3. durch die universale *kirchliche Repräsentanz der Gotteserkenntnis der Menschheit* mittels einer auf den *religiösen Kontext* bezogenen *Integration* und *Rezeption* im Licht des Evangeliums.

Diese Ansätze unterscheiden sich somit hinsichtlich der näheren Bestimmung von *Katholizität* (universale Verkündigung, universale befreiende Relevanz, universale Repräsentanz) hinsichtlich der Bestimmung des *Kontextes* (kulturell, gesellschaftlich, religiös) und hinsichtlich des *Mittels der Kontextualisierung* (Akkommodation, praktisch-politisches Engagement, Integration und Rezeption außerchristlicher Gotteserkenntnis). Im folgenden sollen diese drei Ansätze näher erläutert und diskutiert werden.

Universale Vermittlung des Evangeliums durch Akkommodation und Übersetzung

Die Vorstellung, daß die Verbreitung des Evangeliums in einer dem Adressaten verstehbaren Form geschehen müsse und daher eine gewisse Anpassung an seine Voraussetzungen verlange, ist der älteste Ansatz einer Kontextualisierung der Kirche. Schon bei Paulus findet sich die Maxime, um des Evangeliums willen »allen alles zu werden« (1 Kor 9,19ff). Das Christentum der ersten Jahrhunderte ließ sich trotz seines jüdischen Ursprungs rasch und intensiv auf eine Hellenisierung, Romanisierung und Germanisierung ein. Analoges wissen wir über jene schmalen Ausläufer des Christentums, die sich ostwärts bewegten und sich dabei dem indischen (Thomas-Christen) und chinesischen Kontext (Nestorianer) einfügten.

Mit Beginn der durch die neuzeitliche Seefahrt möglich gewordenen Mission des europäischen Christentums in außereuropäischen Kulturkreisen gewann das Prinzip der *Akkommodation* neue Aktualität. Dieses wurde nun im Sinn einer *Trennung von Religion und Kultur* interpretiert: Bei der Mission soll nicht die fremde Kultur ersetzt werden, sondern die fremde Religion. Ihren Platz soll das seiner westlich kulturellen Hülle entkleidete Christentum einnehmen und dadurch in anderen Kulturkreisen einheimisch werden. Charakteristisch hierfür ist die Instruktion der Kongregation zur Verbreitung des Glaubens aus dem Jahre 1659, in der es heißt:

> Seht eure Aufgabe nicht darin und bringt die Völker auf keinerlei Weise dazu, ihre Bräuche, ihre Gewohnheiten und Sitten zu verändern, wenn diese nicht deutlich im Widerspruch zur Religion und zu den guten Sitten stehen. Was kann denn noch törichter sein, als Frankreich, Spanien, Italien oder ein anderes europäisches Land nach China zu bringen? Nicht das, sondern den Glauben sollt ihr einpflanzen, der die Bräuche und Gewohnheiten keines einzigen Volkes verachtet oder vernichtet, sondern sie unversehrt bewahrt sehen will.
> G. Collet (Hrsg.), Theologien der Dritten Welt, Immensee 1990, 134f

Man hat diese Vorstellung zu Recht auch als »**Kern-Schale-Modell**« bezeichnet, weil sie davon ausgeht, daß die Kultur so etwas wie eine Schale, die Religion hingegen den Kern bildet, so daß man quasi den Kern des Evangeliums von einer kulturellen »Schale« in eine andere verpflanzen kann.

Das Kern-Schale-Modell hat zwei gravierende *Schwierigkeiten*, die eng miteinander zusammenhängen: Zum einen liegt diesem Modell eine rein *negative Sicht der außerchristlichen Religionen* zugrunde. Der Horizont der Anpassung wird daher ausschließlich kulturell bestimmt. Die Anpassung soll an die fremde Kultur, nicht an die fremde Religion geschehen. Zum anderen ist jedoch genau eine solch *glatte Trennung zwischen Kultur und Religion nicht möglich*. Dies gilt sowohl im Hinblick auf die Verbindung des christlichens Glauben mit seinen Wurzelkulturen als auch hinsichtlich anderer Kulturkreise und der dort beheimateten Religionen. Was bleibt übrig, wenn man das Christentum nicht nur enteuropäisiert, sondern auch enthellenisiert und entjudaisiert? Was soll der akulturelle oder suprakulturelle Kern des christlichen Glaubens oder des Evangeliums sein? Und was verdient etwa in den Kulturen Asiens und Afrikas noch den Namen Kultur, wenn man alle religiösen Elemente aus ihnen herausnehmen wollte?

Historisch gesehen führte der sogenannte »Ritenstreit« in der China-Mission auf drastische Weise das Scheitern dieses Modells vor Augen: Die Befürworter der Akkommodation verlangten auch eine Anpassung an die konfuzianischen Riten. Aber man vermochte die konfuzianischen Riten (insbesondere die Verehrung des Konfuzius und die Ahnenverehrung) weder eindeutig der Kultur, noch eindeutig der Religion zuzuordnen. Als man sich schließlich für letzteres entschied und folglich eine Anpassung unter Einbeziehung der konfuzianischen Riten verbot, kam es aufgrund der heftigen Gegenwehr der chinesischen Autoritäten zum Zusammenbruch der China-Mission.

Einige zeitgenössische Ansätze versuchen den Problemen des Kern-Schale-Modells dadurch zu entkommen, daß Akkommodation nach dem **Modell der Übersetzung** eines Textes in fremde Sprachen verstanden wird. Es ist unmöglich und unnötig, einen Text zunächst von seiner sprachlichen Einkleidung zu befreien und ihn dann in eine neue sprachliche Hülle zu verpflanzen. Vielmehr geschieht Übersetzung durch die Herstellung eines äquivalenten Textes in der fremden Sprache. In vergleichbarer Weise soll demnach eine Übersetzung des christlichen Glaubens in äquivalente Ausdrucksformen anderer Kulturräume angestrebt werden.

Dieses Modell erweist sich in einigen Bereichen der Inkulturation als durchaus erfolgreich, zum Beispiel im Bereich von Malerei, Musik, Tanz, Architektur, usw. Es ist beispielsweise ohne größere Schwierigkeiten möglich, im Gottesdienst Kirchenlieder zu verwenden, die dem einheimischen musikalischen Empfinden entsprechen und somit ein äquivalentes Pendent zum europäischen Kirchenlied darstellen. Das Modell gerät jedoch sehr schnell an recht enge Grenzen. Wie weit ist man geneigt zu gehen? Beispielsweise ist in vielen Kulturen Brot kein angestammtes Grundnahrungsmittel und Wein kein Ausdruck festlicher Freude. Unter Umständen können Brot und Wein sogar mit gegenteiligen Assoziationen verbunden sein: Brot kann als Importgut der Kolonialherren, Wein als Ausdruck eines liederlichen Lebenswandels empfunden werden. Ist man unter solchen Umständen bereit, die Materie der Eucharistie durch dynamische Äquivalente, etwa durch Reis und Saft, zu ersetzen? Oder wie weit kann und will man beispielsweise bei der Übersetzung christlicher Initiationssakramente gehen: Sollten Taufe und Firmung in Afrika mit einheimischen Initiationsriten verknüpft werden, um ihren initiatorischen Charakter besser zum Ausdruck zu bringen?

Noch deutlicher werden die engen Grenzen dieses Modells, wenn man nach einer Übersetzbarkeit des christlichen Glaubens in außerchristliche religiöse Ausdrucksformen fragt. Ist etwa der mythologische Bericht von Schöpfung und Sündenfall im Buch Genesis in äquivalente Mythologien anderer Kulturen übersetzbar? Gibt es in anderen Kulturen und Religionen Äquivalente für die philosophischen Kategorien christlicher Dogmatik, zum Beispiel für den Personbegriff, für die Hypostasenlehre, für den Hylemorphismus usw.? Soll beispielsweise an einem Priesterseminar in Sri Lanka im Fach »philosophische Propädeutik« das Studium von Platon, Aristoteles und Plotin durch das Studium buddhistischer Philosophie ersetzt werden? Sofort würde damit das Fach aufhören, eine Vorbereitung auf das Verständnis der christlichen Dogmatik zu sein, die sich nun einmal in den Kategorien griechischer Philosophie entwickelt hat. Man wird also kaum an der Erkenntnis vorbeikommen, daß sich viele Ausformulierungen der christlichen Glaubenslehre nicht in entsprechende außerchristliche Äquivalente übersetzen lassen. Sie können nur dann verstanden werden, wenn sie in ihren eigenen ursprünglichen kulturellen Zusammenhängen gesehen werden. So kommt eine Vermittlung christlichen Glaubens in eine andere Kultur nicht daran vorbei, auch einen Großteil an jüdischem und griechischem kulturellen Erbe mit zu vermitteln.

Es bleibt also durchaus möglich, Katholizität im Sinne einer universalen Verkündigung des Evangeliums zu verstehen. Aber die Möglichkeiten, den christlichen Glauben dabei fremden Kulturen anzupassen bzw. in äquivalente Ausdrucksformen zu übersetzen, sind insgesamt doch eher als begrenzt anzusehen: Untrennbar ist das Evangelium mit seiner Herkunft aus dem Judentum verquickt und zu sehr ist die christliche Glaubenslehre durch ihre Ausformulierung im griechisch-römischen Kulturraum geprägt. Zu eng ist auch die Verflechtung außerchristlicher Religionen mit ihren jeweiligen Kulturräumen, um eine Anpassung an die fremde Kultur unter Aussparung der fremden Religion zu ermöglichen.

Universale befreiende Relevanz durch praktisch-politisches Engagement

Ein anderer Ansatz im Verständnis von Katholizität als Kontextualität wurde im Zusammenhang mit der sogenannten **»Theologie der Befreiung«** entwickelt. Der Kontext ist hier nicht im Sinne unterschiedlicher Kulturen, sondern im Sinne unterschiedlicher gesellschaftlicher Verhältnisse bestimmt. Soll Kirche katholisch sein, dann muß der christliche Glaube in diesen verschiedenen gesellschaftlichen Kontexten jeweils seine befreiende Relevanz erweisen. Im Rahmen der Befreiungstheologie ist die *Aufmerksamkeit auf den Kontext* von zwei Fragen bestimmt:

1. Die Frage nach der *gesellschaftlichen Relevanz von Kirche und Theologie*: Was bringen sie? Wem nutzen sie? An wen wenden sie sich und mit welchem Ziel? Bei dieser Frage handelt es sich um das zentrale Anliegen der Befreiungstheologie. Sie wurde geboren aus der Situation Lateinamerikas, in der das Christentum keinen Beitrag zur Beseitigung einer unerträglichen Armut zu leisten schien, sondern offenbar den marxistischen Vorwurf bestätigte, »Opium des Volkes« zu sein. Demgegenüber versuchten die Pioniere der Befreiungstheologie ein Verständnis von Theologie und Kirche zu entwickeln (bzw. aus ihrer

Sicht: neu zu entdecken), bei dem das Christentum zu einem wirksamen Faktor in der Veränderung der gesellschaftlichen Verhältnisse werden sollte.

Zum Grundprinzip der Befreiungstheologie wurde der *Primat der Praxis*. Das heißt konkret, daß man zum Maßstab theologischer Reflexion ihre Nützlichkeit für die praktische Befreiung von Elend und Unterdrückung erhob. Als mehr oder weniger selbstverständlich setzten Befreiungstheologen dabei voraus, daß die hauptsächliche Ursache des Elends in ungerechten gesellschaftlichen Verhältnissen bestehe – seien es die Verhältnisse vor Ort oder die Verhältnisse auf Weltebene. Damit akzeptierte man eine in ihren Grundzügen marxistisch ausgerichtete Gesellschafts-Theorie, ohne daß Befreiungstheologen sich dadurch bereits in jedem Punkt als orthodoxe Marxisten verstehen würden, was zumeist weder der Fall war noch ist. Dennoch war für die Theologie der Befreiung unumstritten klar, daß das eigentliche Ziel von Theologie noch nicht erfüllt sei, wenn sie nur zu sozial-karitativem Engagement oder gesellschaftlichen Reformbestrebungen ermutige. Das Ziel müsse vielmehr in einer Umgestaltung bzw. Revolution der gesellschaftlichen Verhältnisse durch die Unterdrückten liegen.

2. Die Frage nach dem *Subjekt von Kirche und Theologie*: Wer bildet die Kirche? Wer treibt Theologie? In dieser Frage mischen sich recht unterschiedliche Überlegungen. Zunächst geht es um die rein deskriptive Feststellung, daß hinter Theologie und Kirche konkrete Menschen stehen, die in mannigfacher Weise von ihren jeweiligen Kontexten geprägt sind (Zeit, Kultur, Nation, Gesellschaftsschicht, Bildung, Rasse, Geschlecht, usw.) was – so die Grundannahme – nicht ohne Einfluß auf die von ihnen betriebene Theologie und kirchliche Praxis ist.

Man kann diesen Einfluß zum einen aus einem allgemeinen hermeneutischen Interesse heraus untersuchen. Dann geht es um die Frage, wie beispielsweise die Einsicht in die kontextuelle Geprägtheit der biblischen Autoren oder einzelner Theologen dazu beiträgt, die Intention ihrer Aussagen besser zu verstehen. Um etwa ANSELMS Satisfaktionslehre (die Interpretation des Kreuzestodes Jesu als einer Genugtuung gegenüber Gott) richtig einzuschätzen, ist es zweifellos hilfreich, über das rechtliche Empfinden seiner Zeit und seines Umfeldes genauer informiert zu sein.

Es geht der Befreiungstheologie jedoch nicht um ein solches allgemeines hermeneutisches Interesse. Sie will vielmehr wissen, ob die jeweiligen Subjekte von Theologie in ihrem konkreten gesellschaftlichen Kontext eine unzweideutige *Option für die Armen* getroffen haben und ob diese in ihrer Theologie zum Ausdruck kommt. Und so wie sie die Umwälzung unterdrückender gesellschaftlicher Verhältnisse zum obersten Ziel von Theologie erklärt, bestimmt sie nur denjenigen als legitimes Subjekt von Theologie, der diese Option getroffen hat. So wie die Theologie ein Instrument zur Befreiung der Unterdrückten sein soll, muß der Theologe solidarisch auf ihrer Seite stehen. Auf dem Umweg über die

Hermeneutik wird die Frage nach dem Subjekt von Theologie somit zu einem zentralen Kriterium ihrer Bewertung.

Es liegt auf der Hand, daß für ein Theologieverständnis, das von diesen beiden Grundfragen ausgeht, die explizite *Thematisierung und Analyse des jeweiligen Kontextes* von Theologie und Kirche zur Hauptaufgabe der theologischen Arbeit wird. Befreiungstheologen weisen daher der Gesellschaftsanalyse den obersten Rang innerhalb der Theologie zu. Dies ist die logische Konsequenz, wenn man Not und Elend im wesentlichen als Folge ungerechter gesellschaftlicher Verhältnisse begreift. Dabei ist es in der Befreiungstheologie allerdings zu einer starken Flexibilisierung des »Kontext«-Begriffs gekommen. Die Maßgabe für das, was als der konkrete gesellschaftliche Kontext zählt, ist vor allem der von der befreiungstheologischen Zielsetzung vorgegebene Bezugsrahmen. So ist der Kontext jeweils anders zu bestimmen und zu analysieren, je nachdem ob es sich um politische, wirtschaftliche, rassische, ethnische, religiöse oder sexuelle Unterdrückung handelt. Die unterschiedlichen Kontexte können also sowohl im Sinne von gesellschaftlichen Substrukturen als auch von Megastrukturen angesetzt werden. Wird dabei zugleich die Verzahnung der unterschiedlichen Kontexte betont, dann schärft die Befreiungstheologie das Bewußtsein für den letztlich *globalen Kontext* heutiger Theologie.

Die Befreiungstheologie, um die es nach dem Zusammenbruch des Ostblocks wesentlich ruhiger geworden ist, hat einige wichtige und bewahrenswerte *Einsichten* gebracht. Zugleich ist sie jedoch auch schwerwiegenden *Einwänden* ausgesetzt, die mit zu ihrem Bedeutungsverlust beigetragen haben dürften.
1. Was die *gesellschaftliche Relevanz* von Theologie und Kirche betrifft, so hat die Befreiungstheologie ein bleibendes Bewußtsein für die überindividuelle Dimension des befreienden Charakters des Evangeliums geschaffen. Weil Befreiung im Sinne der Reich-Gottes-Botschaft Jesu nicht nur das Individuum betrifft, muß auch die Sünde nicht nur als individuelle Größe begriffen werden. Es erscheint vielmehr durchaus berechtigt, auch von sündhaften Strukturen zu sprechen. Dementsprechend ist auch Nächstenliebe nicht nur auf die individuelle zwischenmenschliche Begegnung einzugrenzen. Sie kann ihren Ausdruck auch in entsprechenden Formen des politischen Engagements finden. Die Existenz der Befreiungstheologie ist nicht zuletzt ein empirischer Beleg dafür, daß die marxistische Unterstellung einer grundsätzlich gesellschaftskonservierenden Funktion von Religion, falsch ist (→ 8. Kapitel).
Äußerst problematisch ist jedoch die befreiungstheologische Forderung, Theologie ganz in den Dienst der Praxis und insbesondere in den Dienst von Gesellschaftsanalyse und Umwälzung gesellschaftlicher Verhältnisse zu stellen. Nahezu alle zentralen Fragen der Theologie sind dem vielmehr eindeutig vorgelagert. Es würde entschieden zu kurz greifen, die theologische Reflexion über das Verhältnis von Glaube und Vernunft, über den Gottesbegriff, über die Ar-

gumente für und gegen die Existenz Gottes, über das Verständnis von Offenbarung und auch über die Begründung von Kirche nur am Maß ihrer jeweiligen Bedeutsamkeit für eine primär politisch verstandene Befreiung zu messen. Anhand des Theodizee-Problems wurde bereits auf die großen Schwächen der praktisch-politischen Umdeutung einer an sich theoretischen Problematik hingewiesen (→ 7. Kapitel). Es ist sowohl für das das Anliegen als auch für die Untauglichkeit dieses Aspekts des befreiungstheologischen Theologieverständnisses gleichermaßen erhellend, wenn die stark befreiungstheologisch orientierte EATWOT (»Ökumenische Vereinigung von Dritte-Welt-Theologen«) auf ihrer Konferenz von Genf (1983) erklärt (Nr. 45): »Bei der Frage nach Gott in der Welt der Unterdrückten geht es nicht darum zu wissen, ob Gott existiert oder nicht, sondern zu wissen, auf wessen Seite Gott steht.« Es wäre entweder absurd oder eine krasse Form religiöser Propaganda, von einem Gott zu behaupten, er stünde auf der Seite der Unterdrückten, wenn man wüßte bzw. gute Gründe für die Annahme hätte, daß es diesen Gott gar nicht gibt.

Zudem bleibt die Frage, ob die Befreiungstheologie mit ihrer starken Abhängigkeit von einer marxistischen Gesellschaftsanalyse die konkreten Ursachen von Not und Elend immer richtig diagnostiziert hat. Der Begriff der gesellschaftlichen Gerechtigkeit bzw. Ungerechtigkeit bleibt häufig zu einseitig von marxistischen Prämissen abhängig. Ist wirklich nur jene Gesellschaft gerecht, in der Kapital und Produktionsmittel vergesellschaftet sind? Und produziert eine solche Gesellschaft wirklich weniger Not und Elend? Das Experiment der marxistischen Staaten und sein Scheitern hat die Glaubwürdigkeit dieser Annahmen zutiefst erschüttert.

2. Auch hinsichtlich der Frage nach dem *Subjekt von Theologie und Kirche* gilt es zwischen hilfreichen Einsichten und höchst problematischen Aspekten der Befreiungstheologie zu unterscheiden. Mit Recht weist die Befreiungstheologie darauf hin, daß christlicher Glaube keine unverbindliche Philosophie darstellt, sondern gelebter Glaube einige grundlegende existentielle Optionen einschließt, ohne die er unmöglich wäre. Die liebende Zuwendung zum Nächsten, besonders wenn er von Not und Elend erdrückt wird, gehört zweifellos dazu (Jak 2,1–16). Die normative Bedeutung der Nächstenliebe für den christlichen Glauben resultiert aus ihrer von Jesus verkündeten Einheit mit der Gottesliebe.

Aber inwiefern kann das, was normativ für den gelebten Glauben ist, normativ für die Theologie als Reflexion über den Glauben sein? Insbesondere ein Verständnis von Theologie als Wissenschaft wird sich hiergegen sperren müssen, weil die Normen der Wissenschaftlichkeit nicht mit den Normen gelebten christlichen Glaubens identisch sind. An wissenschaftlichen Kriterien gemessen kann und darf Engagement nicht die kritische Reflexion ersetzen bzw. diese nur noch im Hinblick auf die angestrebten gesellschaftlichen Veränderungen zulassen. Folglich kann die moralische, politische oder religiöse Bewertung des Subjekts von Theologie nicht von der Notwendigkeit einer argumentativen Auseinandersetzung mit theologischen Thesen und ihrem Wahrheitsanspruch dispensieren. Dementsprechend problematisch ist daher die in der Befreiungstheologie häufig anzutreffende Tendenz, aus dem Primat der Praxis heraus mit einem wissenschaftlichen Verständnis von Theologie ganz zu brechen (sehr deutlich etwa schon auf der ersten EATWOT-Konferenz in Daressalam 1976).

3. Ein besonderes Problem für das befreiungstheologische Verständnis von kontextueller Theologie stellt sich jedoch hinsichtlich der Frage nach dem Subjekt von Theologie in jenen *Kontexten, die von nicht-christlichen Religionen geprägt* sind. Wie steht es um das Befreiungspotential anderer Religionen? Kann den nichtchristlichen Religionen, wenn ihre Anhänger ebenfalls eine Option für die Armen treffen, ein analoger Status zuerkannt werden wie ihn die Befreiungstheologie dem Christentums zuschreibt? Oder ist es in solchen Kontexten erforderlich, zunächst durch Mission eine Christianisierung herbeizuführen? In diesen Fragen gab es lange Zeit einen deutlichen Unterschied zwischen den Befreiungstheologien aus Ländern mit christlicher Majorität (Mittel- und Südamerika, Philippinen) und denen mit nicht-christlicher Majorität (große Teile Asiens und Afrikas). Zudem kam bei den marxistisch beeinflußten Befreiungstheologen Lateinamerikas ein grundsätzliches Mißtrauen gegenüber Religion hinzu, so daß sie sich bemühten, in einer der Dialektischen Theologie verwandten Weise das Evangelium prinzipiell von Religion zu unterscheiden (→ 2. Kapitel). Es wurde daher für die Befreiungstheologen unvermeidlich, in die religionstheologische Debatte einzusteigen, die sich auch hier in christologischen Fragen zuspitzte. Dabei konnten sich schließlich inklusivistische und pluralistische gegenüber exklusivistischen Ansätzen (→ 11. Kapitel) durchsetzen. Bezeichnend hierfür etwa ist die folgende Aussage auf der Basis der EATWOT-Konferenz von Oaxtepec 1986:

> Jesus offenbart Gott, aber das Göttliche wird von ihm nicht begrenzt und ausgeschöpft. Im Licht des auferstandenen Jesus und des kosmischen Christus hindert nichts die Selbstoffenbarung Gottes gegenüber der Gesamtheit des Volkes Gottes. Es ist befreiend zu bekennen, daß Gott nicht auf christliche Traditionen, Kirchen und Schriften begrenzt ist. Wo immer Gott sich enthüllt und sich schenkt, kommt das Wort in die Welt, nimmt es Gestalt an in der Geschichte, nimmt es teil an den Kämpfen des Volkes für Gerechtigkeit und Freiheit ...
>
> Oaxtepec, Nr. 65

Universale Repräsentanz durch Integration außerchristlicher Gotteserkenntnis

Bei beiden bisher vorgestellten Ansätzen einer Kontextualisierung hat es sich als problematisch herausgestellt, die Realität außerchristlicher Religionen aus der Bestimmung des Kontextes auszublenden. Der dritte Ansatz einer Kontextualisierung setzt genau an dieser Stelle an. Er basiert auf einer inklusivistischen oder pluralistischen Religionstheologie, das heißt, er rechnet damit, daß sich göttliche Offenbarung auch in nichtchristlichen Religionen ausdrückt. Wenn Kirche »katholisch«, also allumfassend werden soll, dann muß sie dem allumfassenden Wirken Gottes nachspüren. Die Zeugnisse außerchristlicher Gotteserkenntnis sind daher im Licht des Evangeliums zu *entdecken*, zu *rezipieren* und zu *integrieren*. Auf diesem Weg kommt es in der Kirche zu einer zunehmenden *symbolischen Repräsentanz der Universalität des Heilswirkens Gottes*. Genau darin besteht die von ihr anzustrebende Katholizität. Dieser Ansatz vollzieht sich somit in drei aufeinander aufbauenden Schritten:

1. Dialogische Entdeckung
2. Theologische Rezeption
3. Systematische Integration

Dialogische Entdeckung: Die Wurzeln dieses Ansatzes liegen teilweise in einer gewissen Unzufriedenheit mit jenen Akkommodationsmodellen, die eine Anpassung an nichtchristliche Religionen bewußt auszuschließen trachteten. Die Überzeugung, daß sich Gott den Völkern der Erde nicht unbezeugt gelassen hat (Apg 14,17), ließ es vielen Missionaren als möglich und naheliegend erscheinen, auch eine Akkommodation an Elemente außerchristlicher Religionen vorzunehmen. Nach dem Muster der Areopag-Rede des Paulus (Apg 17,22ff) gingen sie davon aus, das Christentum werde sich in dem jeweiligen religiösen Kontext als die Erfüllung dessen darstellen lassen, was dort bereits an Ansätzen echter Gotteserkenntnis vorhanden ist. Um diese »Anknüpfungspunkte« ausfindig zu machen, war allerdings eine intensive Beschäftigung mit den nichtchristlichen Religionen unausweichlich. Mehr und mehr erkannte man, daß das christliche Studium außerchristlicher Religionen nicht von der konkreten Begegnung mit den Anhängern dieser Religionen absehen kann. Die adäquate Annäherung an außerchristliche Religionen muß vielmehr vom Geist des Dialogs bestimmt sein. Das II. Vatikanum rief dazu auf, »in aufrichtigem und geduldigem Zwiegespräch« zu lernen, »was für Reichtümer der freigebige Gott unter den Völkern verteilt hat« (Ad Gentes 11). In den letzten drei Jahrzehnten hat es zahlreiche christliche Initiativen zum interreligiösen Dialog gegeben, die unter anderem von dieser Motivation getragen waren. Sie stellen inzwischen einen großen Anteil an den regionalen und überregionalen Bemühungen um eine kontextuelle Theologie dar.

Theologische Rezeption: Wenn man im Dialog die Zeugnisse göttlicher Offenbarung in nichtchristlichen religiösen Traditionen zu entdecken sucht, dann kann der nächste Schritt nur in der theologischen Rezeption dieser Entdeckungen bestehen. Das Ergebnis hiervon sind theologische Entwürfe, die systematisch die Aufgabe angehen, den christlichen Glauben unter dem Eindruck der

Begegnung mit einer nichtchristlichen Religion neu zu formulieren und dabei, wo immer es möglich erscheint, die Wahrheit des anderen zu rezipieren. So entstand in den letzten Jahren eine Reihe eindrucksvoller Theologien im Kontext afrikanischer und asiatischer Religionen.

Dieser Schritt führt die Theologie in echtes Neuland und ist dementsprechend umstritten. Denn sehr schnell hat sich herausgestellt, daß sich auf diesem Weg das Christentum nicht einfach als die jede Religion überbietende Erfüllung darstellen läßt. Die im Geist des Dialogs vollzogene Rezeption außerchristlicher Gotteserkenntnis läßt vielmehr das Christentum selbst in einem neuen Licht erscheinen und zieht vielfach theologische Veränderungen nach sich. Der Gedanke, von anderen Religionen zu lernen, dominiert deutlich vor dem Konzept der Erfüllung. Nicht selten ist die Rede davon, daß es das Christentum sei, das in diesem Prozeß erst zu seiner eigenen Fülle heranwachsen müsse.

Dem skizzierten Prozeß steht als größtes Hindernis die *Angst vor Synkretismus* entgegen. Hinter dieser können verschiedene Motive stehen. So muß es von einer exklusivistischen Sicht aus als verhängnisvoller Irrtum erscheinen, in außerchristlichen Religionen Zeugnisse heilshafter Gotteserkenntnis zu entdecken und diese theologisch zu rezipieren. Der Synkretismusvorwurf erscheint jedoch unberechtigt, wenn man davon ausgeht, daß es sich bei dem, was hier rezipiert wird, um die »Reichtümer Gottes« handelt. Doch die Angst vor Synkretismus braucht nicht nur aus einer exklusivistischen Wurzel zu erwachsen. Hinter ihr kann auch die ernste Sorge um den Verlust christlicher Identität stehen. Beinhaltet es nicht nur zu offenkundig eine völlige Diffusion, wenn das Christentum in unterschiedlichen Kontexten mal eine afrikanische, mal eine chinesische, mal eine islamische, mal eine jüdische, mal eine hinduistische, mal eine buddhistische Gestalt annimmt? Anzeichen dafür sind gegenwärtig unübersehbar deutlich. So wird etwa mit Blick auf Judentum und Islam der Monotheismus bekräftigt und die Trinitätslehre heruntergespielt, während sie mit Blick auf den Hinduismus ins Zentrum rückt und mit Blick auf afrikanische Religionen gar als »heilige Familie« konzipiert wird, wohingegen man angesichts von Buddhismus und Taoismus statt Monotheismus und Trinität die Bedeutung der Negativen Theologie hervorhebt. Hinsichtlich der Inkarnationslehre, Erlösungslehre, Eschatologie usw. ließen sich mühelos ähnliche Beobachtungen heranziehen. Um die christliche Theologie vor einem solchen Chamäleon-Schicksal zu bewahren, dürfte ein dritter Schritt unvermeidlich werden:

Systematische Integration: Soll die theologische Rezeption außerchristlicher Gotteserkenntnis, wie sie zwangsläufig aus den konkreten Dialogen mit einzelnen nichtchristlichen Religionen erwächst, nicht in einer vollständigen Identitätsdiffusion münden, dann muß der Rezeptionsprozeß zu einer systematischen Integration weitergeführt werden. Dies bedeutet nun in der Tat nichts weniger als die ungeheure Aufgaube, *christliche systematische Theologie im Hori-*

zont der Weltreligionen und im Lichte der in diesen bewahrten Wahrheit neu durchzureflektieren und zu formulieren. Dieser Schritt wird gegenwärtig erst in tastenden und zugleich erregenden Versuchen unternommen. Die Methode einer solch integrativen Theologie läßt sich bereits in ihren Umrissen erkennen. Sie wird neben der Verdeutlichung religionsübergreifender Gemeinsamkeiten vor allem auf die Interpretation der Unterschiede abgestimmt sein. Die Leitfrage muß dabei lauten, welche dieser Unterschiede sich im Sinne komplementärer Verschiedenheiten deuten lassen und welchen unversöhnliche Gegensätze zugrunde liegen. Im letzteren Fall wird eine nach wissenschaftlichen Maßstäben arbeitende Theologie dann alle relevanten Argumente für und gegen die einander widerstreitenden Auffassungen zu sichten und zu prüfen haben. Man darf annehmen, daß in dieser systematischen Integration die hauptsächliche *Aufgabe zukünftiger Dogmatik* bestehen wird.

Resümee

Die ekklesiale Wesenseigenschaft der Katholizität läßt sich heute am besten im Sinne einer Kontextualität des christlichen Glaubens verstehen. In diesem Sinn bleibt Katholizität eine beständige Zielvorstellung, das heißt die Aufgabe, sich zu immer neuen Kontexten in Beziehung zu setzen. Die wichtigsten Ansätze kontextueller Theologie unterscheiden sich durch eine jeweils andere Bestimmung des Kontextes, der entweder primär unter kulturellem, gesellschaftlichem oder religiösem Aspekt gesehen wird. Bei jenen Modellen, die den Kontext primär kulturell oder gesellschaftlich verstehen, erweist sich die Ausblendung der außerchristlichen Religionen jedoch als prekär. Ihre Berücksichtigung kann adäquat in drei Schritten vollzogen werden: die dialogische Bemühung um ihr besseres Verständnis und die Entdeckung der in ihnen enthaltenen Wahrheiten, die theologische Bemühung um eine Rezeption dieser Einsichten und schließlich der Versuch ihrer systematischen Integration.

Mit dieser Perspektive ist nun auch diese Fundamentaltheologie an ihr Ende gelangt und gibt den Stab an die Dogmatik weiter. Die traditionelle Fundamentaltheologie betrachtete ihre Aufgabe dann als erfüllt, wenn es vernünftigerweise gewährleistet schien, daß die Dogmatik auf der Basis der »loci« (=Orte/Quellen der Theologie), also der Schrift, der Tradition und der lehramtlichen Aussagen, die Glaubenslehre entfalten kann. Die hier skizzierte Fundamentaltheologie kommt zu einem ähnlichen Ergebnis, nur daß die »loci« zukünftiger Dogmatik wesentlich breiter angesetzt sind. Wenn Offenbarung Selbstmitteilung Gottes ist und diese Selbstmitteilung die ganze Menschheit umfaßt, dann muß die Dogmatik der Zukunft ihre Arbeit auf dieser Grundlage betreiben. Die Offenbarung Gottes in und durch Jesus Christus wird durchaus ihr primärer Ansatzpunkt bleiben. Aber darüber hinaus wird vor allem der Dialog mit den großen religiösen Traditionen der Menschheit ihr wichtigster »locus theologicus« sein und die Kirche auf diese Weise wahrhaft katholisch werden.

Literatur:

Zur Einführung:
- S. Bevans, Modelle kontextueller Theologie, in: Theologie der Gegenwart 28 (1985), 135–147.
- K. Haleblian, The Problem of Contextualization, in: Missiology 11 (1983), 95–111.
- J.B. Metz, Im Aufbruch zu einer kulturell polyzentrischen Weltkirche, in: Ders., F.X. Kaufmann (Hrsg.), Zukunftsfähigkeit. Suchbewegungen im Christentum, Freiburg 1987, 93–123.
- H. Waldenfels, Art.: Kontextuelle Theologie, in: Lexikon missionstheologischer Grundbegriffe, hrsg. von K. Müller und Th. Sundermeier, Berlin 1987, 224–230.

Systematische Entwürfe zur kontextuellen Theologie:
- P. Beer, Kontextuelle Theologie. Überlegungen zu ihrer systematischen Grundlegung, Paderborn 1995.
- S. Bevans., Models of Contextual Theologies, Maryknoll 1992.
- Ch. Kraft, Christianity in Culture, Maryknoll, New York 1979.
- B. Lonergan, Theologie im Pluralismus heutiger Kulturen, Freiburg-Basel-Wien 1975.
- L. Luzbetak, The Church and the Cultures, Pasadena 1976.
- R. Schreiter, Constructing Local Theologies, Maryknoll, New York 1985 (deutsch: Abschied vom Gott der Europäer. Zur Entwicklung regionaler Theologien, Salzburg 1992).

Zur Theologie der EATWOT (»Ecumenical Association of Third World Theologians«):
- G. Collet (Hrsg.), Theologien der Dritten Welt. EATWOT als Herausforderung westlicher Theologie und Kirche, Immensee 1990. (Derzeit der wichtigste deutschsprachige Band über die Theologie der Dritten Welt mit zahlreichen weiterführenden Informationen und Literaturhinweisen.)
- Emergence of Third World Theology. From Dar Es Salaam 1976 to Mexico 1986, in: Voices from the Third World 11 (1988) No. 1. (Enthält die engl. Originaltexte der EATWOT-Dokumente bis Oaxtepec 1986 und zusätzlich einige Ergebnisse von wichtigen EATWOT-Konsultationen.)
- Christologies in Encounter, in: Voices from the Third World, vol. 11, no. 2 (1998). (Diese Ausgabe der »Voices« vermittelt einen Einblick in die christologischen Debatten innerhalb der EATWOT.)
- Herausgefordert durch die Armen. Dokumente der Ökumenischen Vereinigung von Dritte-Welt-Theologen 1976–1986 (Theologie der Dritten Welt 13), Freiburg-Basel-Wien 1990. (Enthält die deutschen Übersetzungen der EATWOT-Dokumente bis einschl. Oaxtepec 1986.)

Reihen:
- Theologie der Dritten Welt, hrsg. vom Missionswissenschaftlichen Institut, Freiburg-Basel-Wien, 1981ff.

- THEOLOGIE INTERKULTURELL, hrsg. von »Theologie interkulturell« e.V., Düsseldorf 1986ff.
- THEOLOGIEGESCHICHTE DER DRITTEN WELT, hrsg. von N. KLAES und TH. SUNDERMEIER, Afrika: München 1991, Japan: München 1991, Indien, München 1992, Lateinamerika, München 1993.

Zur Einführung in die Befreiungstheologie:
- G.L. MÜLLER, Recht und Notwendigkeit einer Befreiungstheologie, in: Münchener Theologische Zeitschrift 41 (1990), 327–346.
- D. BIANCUCCI, Einführung in die Theologie der Befreiung, München 1987.
- L.u.C. BOFF, Wie treibt man Theologie der Befreiung?, Düsseldorf 1986. (Kleiner, leicht lesbarer Leitfaden zu Anliegen, Methode und Geschichte der Befreiungstheologie von zwei ihrer prominentesten Vertreter.)
- G. GUTIÉRREZ, Theologie der Befreiung, München-Mainz ^{9}1986. (Der »Klassiker« unter der befreiungstheologischen Literatur.)
- E. PANNENBERG, Heiligung und politische Ethik. Ein kritischer Blick auf einige Grundlagen der Befreiungstheologien im Protestantismus, in: F. CASTILLO u.a., Herausforderung. Die dritte Welt und die Christen Europas, Regensburg 1980, 79–107. (Enthält eine scharfe Kritik der Befreiungstheologie.)

Ansätze kontextueller Theologie (Beispiele aus Afrika):
- O. BIMWENYI-KWESHI, Alle Dinge erzählen von Gott. Grundlegung afrikanischer Theologie (Theologie der Dritten Welt 3), Freiburg-Basel-Wien 1982.
- B. BUJO, Afrikanische Theologie in ihrem gesellschaftlichen Kontext, Düsseldorf 1986.
- DER SCHWARZE CHRISTUS. Wege afrikanischer Christologie (Theologie der Dritten Welt 12), Freiburg-Basel-Wien 1989.
- J.S. POBEE, Grundlinien einer afrikanischen Theologie, Göttingen 1981.

Ansätze kontextueller Theologie (Beispiele aus Asien):
- B.-M. AHN, Draußen vor der Tür. Kirche und Minjung in Korea, Göttingen 1986.
- A.B. CHANG CH'UN-SHEN, Dann sind Himmel und Mensch in Einheit. Bausteine chinesischer Theologie (Theologie der Dritten Welt 5), Freiburg-Basel-Wien 1984.
- CH.-S. SONG, Theologie des Dritten Auges. Asiatische Spiritualität und christliche Theologie, Göttingen 1989.
- A. MOOKENTHOTTAM, Indian Theological Tendencies, Bern-Frankfurt-Las Vegas 1978.
- F. WILFRED (Hrsg.), Verlaß den Tempel. Antyodaya – indischer Weg zur Befreiung (Theologie der Dritten Welt 11), Freiburg-Basel-Wien 1988.
- F. D'SA, Gott, der Dreieine und der All-Ganze (Theologie interkulturell 2), Düsseldorf 1987.
- L. DE SILVA, Mit Christus und Buddha auf dem Weg (Theologie der Dritten Welt 24), Freiburg-Basel-Wien 1998.
- A. PIERIS, Theologie der Befreiung in Asien. Christentum im Kontext der Armut und der Religionen (Theologie der Dritten Welt 9), Freiburg-Basel-Wien 1986.
- T. BALASURIYA, Planetary, Theology, Maryknoll, New York 1984.

Ansätze zur Neukonstitution christlicher Dogmatik im interreligiösen Horizont:
- N. SMART, S. KONSTANTINE, Christian Systematic Theology in a World Context, London 1991.

- K. Ward, Religion and Revelation. A Theology of Revelation in the World Religions, Oxford 1994.
- Ders., Religion and Creation, Oxford 1996.
- J. Macquarrie, The Mediators, London 1995.
- W.C. Smith, Faith and Belief, Princeton 1979.
- Ders., What is Scripture? A Comparative Approach, London 1993.
- J. Hick, Death and Eternal Life, London 1976.

Arbeitsblätter

Arbeitsblätter

Arbeitsblatt zum 1. Kapitel (Einleitung)

Auf dieser »Übersichtskarte von Klerikalien« fehlt das Gebiet der »Fundamentaltheologie«. Bitte diskutieren Sie, wo man es eintragen könnte. Nennen Sie Gründe!

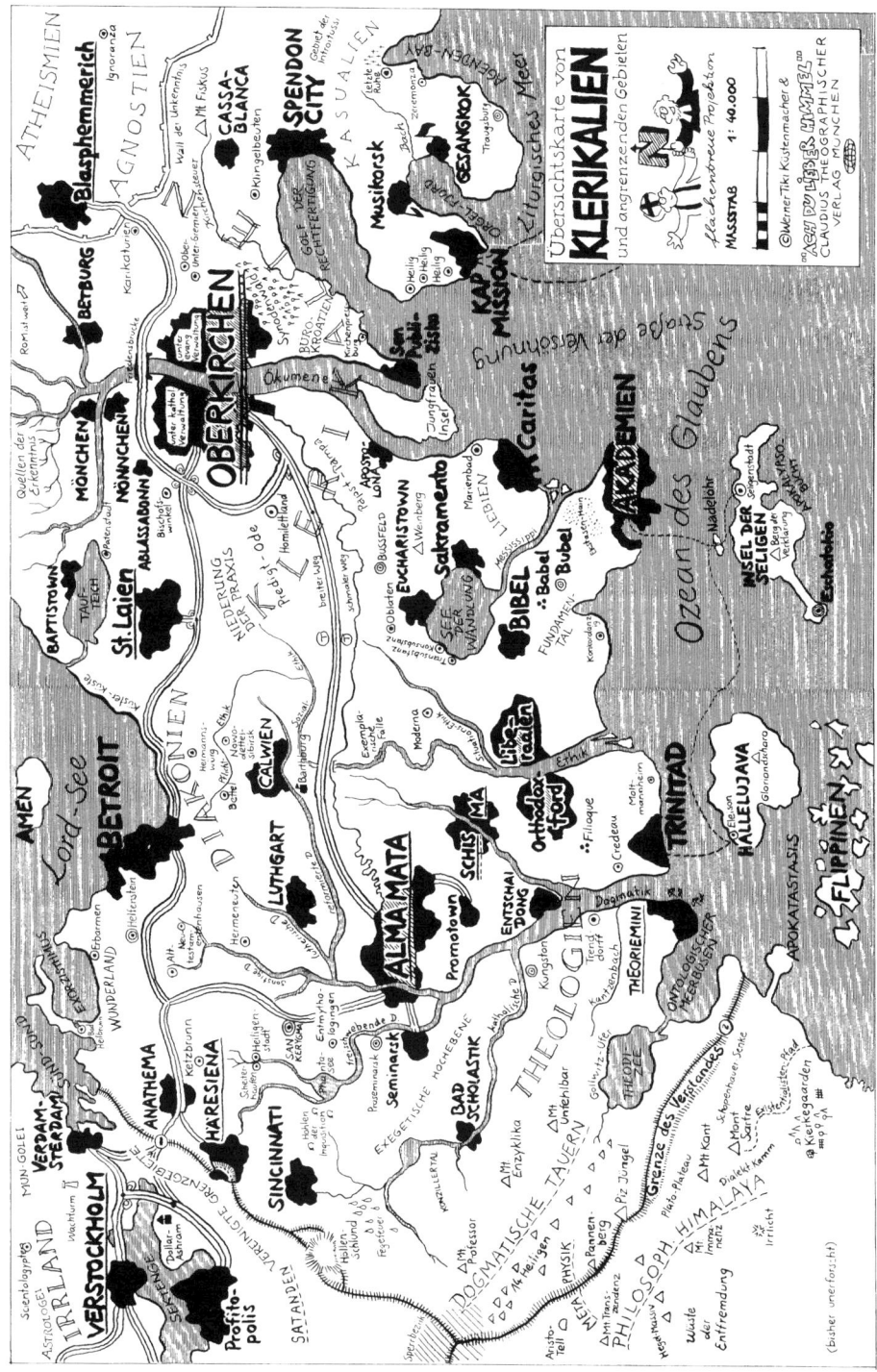

Arbeitsblatt zum 2. Kapitel (Religion und Religionskritik I)

Im Frühjahr 1998 wurde in Baden-Württemberg die Muslima Fereshta Ludin nicht als Lehrerin in den Schuldienst übernommen, weil sie auch beim Unterrichten ein Kopftuch tragen wollte.
Im Grundgesetz wird zugesichert, daß niemand wegen seines »Glaubens« oder seiner »religiösen Anschauungen« benachteiligt werden darf (GG Art. 3). Daher spielte in der Begründung des Kultusministeriums das folgende Argument eine zentrale Rolle: Das Tragen eines Kopftuchs gehöre nicht notwendig zur Ausübung des Islam, sondern stelle ein Zeichen kultureller Abgrenzung dar.

Bitte diskutieren Sie im Ausgang von diesem Beispiel folgende Fragen:

1. Lassen sich Religion und Kultur voneinander unterscheiden?

2. Worin kann und worin muß sich Religion ausdrücken?

3. Worin drücken Sie Ihre persönliche Religion aus?

Arbeitsblatt zum 3. Kapitel (Religion und Religionskritik II)

Es waren einmal zwei Forscher, die stießen auf eine Lichtung im Dschungel, in der unter vielem Unkraut allerlei Blumen wuchsen. Da sagt der eine: »Ein Gärtner muß dieses Stück Land pflegen.« Der andere widerspricht: »Es gibt keinen Gärtner.« Sie schlagen daher ihre Zelte auf und stellen eine Wache aus. Kein Gärtner läßt sich jemals blicken. »Vielleicht ist es ein unsichtbarer Gärtner.« Darauf ziehen sie einen Stacheldrahtzaun, setzen ihn unter Strom und patrouillieren mit Bluthunden. (…) Keine Schreie aber lassen je vermuten, daß ein Eindringling einen Schlag bekommen hätte. Keine Bewegung des Zauns verrät je einen unsichtbaren Kletterer. Die Bluthunde schlagen nie an. Doch der Gläubige ist immer noch nicht überzeugt: »Aber es gibt doch einen Gärtner, unsichtbar, unkörperlich und unempfindlich gegen elektrische Schläge, einen Gärtner, der nicht gewittert und nicht gehört werden kann, einen Gärtner, der heimlich kommt, um sich um seinen geliebten Garten zu kümmern.« Schließlich geht dem Skeptiker die Geduld aus: »Was bleibt eigentlich von deiner ursprünglichen Behauptung noch übrig? Wie unterscheidet sich denn das, was du einen unsichtbaren, unkörperlichen, ewig unfaßbaren Gärtner nennst, von einem imaginären oder von überhaupt keinem Gärtner?« (…)

Nichtreligiösen Menschen scheint es nun oft so, daß kein denkbares Ereignis und keine denkbare Ereignisfolge einen zureichenden Grund abgeben könnten, weniger naive religiöse Menschen zu dem Eingeständnis zu bewegen: »Es gab also doch keinen Gott«, oder »Gott liebt uns also in Wirklichkeit doch nicht«. Man sagt uns, Gott liebt uns wie ein Vater seine Kinder liebt und wir sind beruhigt. Doch dann sehen wir ein Kind an nichtoperierbarem Kehlkopfkrebs sterben. Während sein irdischer Vater sich verzweifelt bemüht zu helfen, zeigt sein himmlischer Vater kein sichtbares Zeichen der Anteilnahme. Eine Modifikation wird vorgenommen – vielleicht die, daß Gottes Liebe »keine nur menschliche Liebe« oder daß sie »eine unerforschliche Liebe« ist – und wir begreifen, daß solche Leiden sich durchaus mit der Wahrheit der Behauptung, »Gott liebt uns wie ein Vater (aber natürlich …)«, vertragen. Wir sind wiederum beruhigt. Aber dann fragen wir vielleicht: Welchen Wert hat denn diese Zusage von Gottes (angemessen modifizierter) Liebe überhaupt, wofür gibt diese scheinbare Garantie nun wirklich Garantie? Was müßte eigentlich geschehen, um uns nicht nur (moralisch und zu Unrecht) in Versuchung zu bringen, sondern uns auch (logisch und zu Recht) zur Aussage zu berechtigen: »Gott liebt uns nicht«, oder sogar »Gott existiert nicht«? Ich stelle daher (…) einfach die zentrale Frage: »Was müßte geschehen oder geschehen sein, das für Sie einen Gegenbeweis gegen die Liebe oder Existenz Gottes darstellen würde?«
(Aus: A. Flew, Theologie und Falsifikation, in: I. Dalferth (Hrsg.), Sprachlogik des Glaubens, München 1974, 84–87)

Bitte versuchen Sie, die beiden Fragen, die dieser Text aufwirft, zu beantworten und diskutieren Sie darüber:

1. Wie unterscheidet sich ein unsichtbarer, unfaßbarer Gott von einem imaginären bzw. nicht existenten Gott?

2. Was könnte einen Gegenbeweis gegen die Existenz Gottes darstellen?

Arbeitsblatt zum 4. Kapitel (Glaube und Vernunft I)

Bitte überlegen Sie, welche der folgenden acht Aussagen über Gott am treffendsten ihr eigenes Verständnis von Gott ausdrückt und welche Aussage diesem am wenigsten entspricht. Legen Sie Sich bitte auf jeweils eine fest!
Vergleichen Sie danach in einer Kleingruppe, welche Aussagen Sie ausgewählt haben. Teilen Sie einander die Gründe für Ihre Entscheidung mit.

(1) Gott ist »der selige und einzige Herrscher, der König der Könige und Herr der Herren, der allein die Unsterblichkeit besitzt, der in unzugänglichem Licht wohnt, den kein Mensch gesehen hat noch je zu sehen vermag...«

(2) »Gott ist eine körperlose Person (d.h. ein Geist), allgegenwärtig, der Schöpfer und Erhalter des Universums, ein frei handelndes Wesen, fähig, alles zu tun (d.h. allmächtig), allwissend, vollkommen gut, ein Grund für moralische Verpflichtung, unveränderlich, ewig, ein notwendig Seiendes, heilig und verehrungswürdig.«

(3) »Das unumfaßbare Woraufhin der menschlichen Transzendenz, die existenziell und ursprünglich – nicht nur theoretisch oder bloß begrifflich – vollzogen wird, heißt Gott und teilt sich selbst existenziell und geschichtlich dem Menschen als dessen eigene Vollendung in vergebender Liebe mit.«

(4) »Der Name dieser unendlichen Tiefe und dieses unerschöpflichen Grundes allen Seins ist Gott. Jene Tiefe ist es, die mit dem Wort Gott gemeint ist. Und wenn das Wort für Euch nicht viel Bedeutung besitzt, so übersetzt es und sprecht von der Tiefe in Eurem Leben, vom Ursprung Eures Seins, von dem, was Euch unbedingt angeht, von dem, was Ihr ohne irgendeinen Vorbehalt ernst nehmt.«

(5) »Gott ist Liebe, und wer in der Liebe bleibt, bleibt in Gott und Gott bleibt in ihm.«

(6) »Sein Name ist heilig. Er erbarmt sich von Geschlecht zu Geschlecht, über alle, die ihn fürchten. Er vollbringt mit seinem Arm machtvolle Taten: Er zerstreut, die im Herzen voll Hochmut sind; er stürzt die Mächtigen vom Thron und erhöht die Niedrigen. Die Hungernden beschenkt er mit seinen Gaben und läßt die Reichen leer ausgehen. Er nimmt sich seines Knechtes Israel an und denkt an sein Erbarmen, das er unsern Vätern verheißen hat, Abraham und seinen Nachkommen auf ewig.«

(7) »Der Herr ist mein Hirte, nichts wird mir fehlen. Er läßt mich lagern auf grünen Auen und führt mich zum Ruheplatz am Wasser. Er stillt mein Verlangen; er leitet mich auf rechten Pfaden, treu seinem Namen. Muß ich auch wandern in finsterer Schlucht, ich fürchte kein Unheil; denn du bist bei mir, dein Stock und dein Stab geben mir Zuversicht.«

(8) »Noch weiter emporsteigend sagen wir, daß er weder Seele ist, noch Denkkraft, noch Vorstellung, Meinen, Sagen oder Denken hat, noch auch Sagen oder Denken ist, und auch nicht gesagt oder gedacht werden kann. Daß er nicht Zahl ist, nicht Ordnung, nicht Größe, nicht Kleinheit, nicht Gleichheit, nicht Ungleichheit, nicht Ähnlichkeit, nicht Un-

ähnlichkeit; daß er nicht steht, nicht bewegt wird, nicht in Ruhe ist, daß er nicht Kraft hat, nicht Kraft ist und auch nicht Licht, daß er nicht lebt, nicht Leben ist, daß er nicht Sein ist, nicht Ewigkeit, nicht Zeit. Daß es kein denkendes Erfassen von ihm gibt, daß er nicht Wissenschaft, nicht Wahrheit ist, nicht Herrschaft, nicht Weisheit. Nicht Eines, nicht Einheit, nicht Gottheit, nicht Güte, nicht Geist – so wie wir dies kennen. Nicht Sohnschaft, nicht Vaterschaft, noch irgend etwas sonst, was wir oder irgendein anderes Wesen kennen. Daß er keines von den nichtseienden und keines von den seienden Dingen ist, und daß keines der Dinge ihn erkennt, insoweit er ist, noch daß er die Dinge erkennt, insoweit sie sind; daß es kein Wort, keinen Namen, kein Wissen von ihm gibt. Daß er nicht Finsternis ist und nicht Licht, nicht Irrtum, nicht Wahrheit. Daß es über ihn überhaupt keine Aussage und keine Verneinung gibt, sondern daß wir, wenn wir das von ihm aussagen oder das von ihm verneinen, was unter ihm liegt, von ihm selber nichts ausgesagt, nicht verneint haben, weil die völlige und einige Ursache von allem über jeder Aussage steht, und die Erhabenheit des von allem Gelösten, jenseits von allem Stehenden über aller Verneinung ist.«

Arbeitsblatt zum 5. Kapitel (Glaube und Vernunft II)

Auf dem ersten christlichen Konzil, dem sogenannten »Apostelkonzil«, wurde debattiert, ob die nicht-jüdischen Christen »gerettet« werden können ohne die Verpflichtung auf Einhaltung der Thora. Die Entscheidung war positiv, doch enthielt die Nachricht an die nicht-jüdischen Christen folgende Klausel:

> »... der Heilige Geist und wir haben beschlossen, euch keine weitere Last aufzuerlegen als diese notwendigen Dinge: Götzenopferfleisch, Blut, Ersticktes und Unzucht zu meiden. Wenn ihr euch davor hütet, handelt ihr richtig.«
> Apostelgeschichte 15,28f

Obwohl es sich hierbei um eine eindeutige Anweisung des Neuen Testaments handelt, die noch dazu explizit auf die höchsten Autoritäten (den Geist Gottes und das Apostelgremium) zurückgeführt wird, hält sich heute außer den »Zeugen Jehovas« keine andere nennenswerte christliche Gemeinschaft an das darin ausgesprochene Verbot, Blut zu sich zu nehmen.

Die »Zeugen Jehovas« geben für ihre Position folgende Begründung: »Menschen, die an solch einen Lebensgeber glauben, vertrauen darauf, daß seine Anweisungen zu ihrem ewigen Wohl sind. ... Ziemlich zu Beginn erklärte der Schöpfer: ›Alles, was sich regt und lebt, sei eure Speise. ... Doch ihr sollt kein Fleisch essen, in dem noch das Leben, das Blut, ist.‹ ...
Entgegen der heute von manchen vertretenen Meinung durfte Gottes Gesetz bezüglich des Blutes auch in einem Notfall nicht außer Acht gelassen werden. (1 Sam 14,31–35) ...
Die Apostel gaben nicht lediglich rituelle Anweisungen oder Ernährungsrichtlinien. Der Erlaß umriß grundlegende ethische Normen, die für die ersten Christen bindend waren. ... Bekanntlich gehen Millionen Menschen zur Kirche. Die meisten würden wahrscheinlich dem zustimmen, daß es zur christlichen Sittenlehre gehört, keine Götzen anzubeten und keine schwere Unsittlichkeit zu begehen. Es verdient indes auch unsere Beachtung, daß die Apostel das Blutverbot auf dasselbe hohe moralische Niveau stellen wie das Verbot, die erwähnten Missetaten zu begehen. ...
Es liegt auf der Hand, weshalb wir Gottes Ansicht über das Blut teilen müssen. In Übereinstimmung mit seinem Recht als Schöpfer entscheidet er über den alleinigen Verwendungszweck. ... Wie weise ist es doch, sich alle Bestimmungen Gottes zu Herzen zu nehmen! Dazu gehört es, seinen Geboten hinsichtlich des Blutes zu gehorchen und es auch in Notfällen nicht zu mißbrauchen. So werden wir nicht lediglich für den Augenblick leben. Vielmehr werden wir hohe Achtung vor dem Leben bekunden, einschließlich unserer Zukunftsaussichten: ewiges Leben in menschlicher Vollkommenheit.«
(Auszüge aus der Broschüre »Wie kann Blut dein Leben retten?«, Wachturm-Gesellschaft, Selters/Taunus 1990)

Ist der hier dargelegte Standpunkt der »Zeugen Jehovas«, sich aufgrund dieser und anderer Schriftstellen des Blutes zu enthalten, rational?
Bitte diskutieren Sie diese Frage und nennen Sie Pro- und Contra-Argumente.

Arbeitsblatt zum 6. Kapitel (Religion und Religionskritik III)

»Kann man beweisen, daß es Gott gibt?«

Hat die Antwort auf diese Frage einen Einfluß auf Ihren persönlichen Glauben?
Wenn ja – welchen?
Wenn nein? – warum nicht?

1. Nehmen Sie sich bitte 5 Minuten Zeit, um über diese Fragen nachzudenken. Machen Sie sich hierzu eventuell kurze Notizen.
2. Teilen Sie bitte anschließend in einer Kleingruppen Ihre Antworten einander mit und gehen Sie dabei folgendermaßen vor:
   - Jeder/jede berichtet zunächst der Reihe nach kurz seine/ihre Antwort.
   - Stellen Sie Rückfragen erst, wenn alle ihre Antwort mitgeteilt haben.

Arbeitsblatt zum 7. Kapitel (Religion und Religionskritik IV)

Im letzten Brief aus Stalingrad schreibt ein Sohn seinem Vater, der Pastor ist, folgendes:

> »In Stalingrad die Frage nach Gott stellen heißt sie verneinen ... Du bist Seelsorger, Vater, und man sagt in seinem letzten Brief nur das, was wahr ist oder von dem man glaubt, daß es wahr sein könnte. Ich habe Gott gesucht in jedem Trichter, in jedem zerstörten Haus, an jeder Ecke, bei jedem Kameraden, wenn ich in meinem Loch lag, und am Himmel. Gott zeigte sich nicht, wenn mein Herz nach ihm schrie. Die Häuser waren zerstört, die Kameraden so tapfer oder so feige wie ich, auf der Erde war Hunger und Mord, vom Himmel kamen Bomben und Feuer, nur Gott war nicht da. Nein, Vater, es gibt keinen Gott ... Und wenn es doch einen Gott geben sollte, dann gibt es ihn nur bei Euch, in den Gesangbüchern und Gebeten, den frommen Sprüchen der Priester und Pastoren, dem Läuten der Glocken und dem Duft des Weihrauches, aber in Stalingrad nicht.«
>
> (Aus: J.B. Brantschen, Warum läßt der gute Gott uns leiden?, Freiburg i.Br. 1986, 19f.)

Stellen Sie sich bitte vor, Sie seien der Empfänger (Vater/Mutter) dieses Briefes gewesen und müßten ihn beantworten. Überlegen Sie bitte, was Sie in Ihrer Antwort schreiben möchten und halten Sie dies in Stichpunkten schriftlich fest. Nehmen Sie sich hierfür 10 Minuten Zeit und tauschen Sie sich anschließend zu zweit über Ihre Antworten aus.

Arbeitsblatt zum 8. Kapitel (Religion und Religionskritik V)

In der Religionskritik von Feuerbach, Marx, Nietzsche und Freud wird Religion vor allem von unterschiedlichen Funktionen her gedeutet, die sie auf individueller und kollektiver Ebene erfüllen kann. Ein solches funktionalistisches Verständnis von Religion liegt auch der folgenden Kurzgeschichte von Bertolt Brecht zugrunde:

Einer fragte Herrn K., ob es einen Gott gäbe. Herr K. sagte: »Ich rate dir, nachzudenken, ob dein Verhalten je nach der Antwort auf diese Frage sich ändern würde. Würde es sich nicht ändern, dann können wir die Frage fallenlassen. Würde es sich ändern, dann kann ich dir wenigstens noch so weit behilflich sein, daß ich dir sage, du hast dich schon entschieden: Du brauchst einen Gott.«
(Aus: B. Brecht, Geschichten vom Herrn Keuner)

Bitte nehmen Sie sich 10 Minuten Zeit und überlegen Sie, welche Funktionen der Glaube an Gott in Ihrem Leben erfüllt, das heißt, wo Sie »einen Gott brauchen«. Denken Sie hierzu bitte – in Anlehnung an die Geschichte von Brecht – ganz konkret über die Frage nach:
»Was würde sich in meinem Leben ändern, wenn ich wüßte, daß es keinen Gott gibt?«
- ... in meiner Einstellung zu mir selbst; in meinen Wertvorstellungen; in meinem Lebensgefühl.
- ... in der Gestaltung meiner Arbeit, in meinem Beruf, in meiner Freizeit; in meinen Zielen und Zukunftshoffnungen; in meinen politischen Auffassungen.
- ... in meinen moralischen Grundprinzipien; in meinem Verhalten zu meinen Mitmenschen; in meiner Einstellung zu jenen Menschen, die ich besonders mag und die ich nicht mag.

Diese Überlegungen sollen Ihnen als Anstoß zu einer Selbstreflexion dienen. Tauschen Sie sich daher anschließend nicht darüber aus.

Arbeitsblätter

Arbeitsblatt zum 9. Kapitel (Offenbarung I)

»Wort Gottes« ist eine der zentralen Kategorien des christlichen Glaubens. Daher wird sie auch im liturgischen Vollzug häufig gebraucht. So heißt es beispielsweise im Anschluß an die Schriftlesung in der Feier der heiligen Messe: »Wort des lebendigen Gottes«.

Nehmen Sie sich bitte 10 Minuten Zeit und denken Sie über folgende Fragen nach:

1. Was verstehe ich persönlich unter »Wort Gottes«?
2. Worin liegen für mich die Unterschiede zwischen dem »Wort Gottes« und dem, was nur menschliches Wort ist?
3. Woran kann man erkennen, ob etwas »Wort Gottes« ist?

Halten Sie Ihre Antworten zu den einzelnen Fragen bitte in Stichpunkten fest. Teilen Sie einander anschließend in Gruppen von 3–4 Personen Ihre Antworten mit und diskutieren Sie darüber.

Arbeitsblatt zum 10. Kapitel (Glaube und Vernunft III)

Für wie gewiß halten Sie die folgenden Aussagen? Ordnen Sie bitte – zunächst für sich allein – den Aussagen eine Gewißheitsstufe von 1 (= sehr geringe Gewißheit) bis 5 (= maximale Gewißheit) zu. Vergleichen Sie anschließend in der Kleingruppe ihre Ergebnisse. Wo gibt es starke Unterschiede? Diskutieren Sie über die Gründe.

	1	2	3	4	5
01 Heute morgen habe ich etwas getrunken.					
02 Vor genau einem Jahr habe ich Radio gehört.					
03 Morgen wird es regnen.					
04 Jeden Morgen geht die Sonne auf.					
05 Es gibt Gott.					
06 Es gibt das Gute.					
07 Materie zieht sich an.					
08 N.N. liebt mich.					
09 N.N. wird mich belügen.					
10 Es gab den Menschen Jesus von Nazaret.					
11 Jesus von Nazaret ist der Sohn Gottes.					
12 Der Koran ist das Wort Gottes.					
13 Es gibt Reinkarnation.					
14 Die Todesstrafe ist verwerflich.					
15 Die Jünger Jesu haben den Auferstandenen gesehen.					
16 Buddha erfuhr die höchste Erleuchtung.					
17 »Deine Sünden sind dir vergeben.«					
18 Ich denke, also bin ich.					
19 Die Erfahrung der Außenwelt ist keine Täuschung.					
20 Alle Menschen müssen sterben.					

Arbeitsblatt zum 11. Kapitel (Offenbarung II)

Rollenspiel

Sie sind Mitglieder des Pfarrgemeinderates der (fiktiven) Pfarrei St. Sebastian und sind zu einer Sondersitzung zusammengekommen, bei der über folgende Ereignisse beraten und eine Entscheidung getroffen werden soll:
Vor einiger Zeit wurde der Pastoralassistent der Pfarrei gefragt, ob eine Gruppe von ca. 15 Personen unterschiedlichen Alters (das jüngste Mitglied ist 17, das älteste 52) einmal in der Woche den Meditationsraum des neuen und geräumigen Pfarrzentrums benutzen darf, um dort Zen-Meditation zu praktizieren. Die meisten Mitglieder der Gruppe verstehen sich als Zen-Buddhisten und sind nicht Mitglieder der Kirche. Es gibt in der Gruppe aber auch vier Katholiken und zwei Protestanten, die regelmäßig zu den Meditationsabenden kommen. Der Leiter der Gruppe erzählte dem Pastoralassistenten, daß er selbst als Jugendlicher aus der Kirche ausgetreten sei und damals von Gott und Religion nichts mehr wissen wollte. Inzwischen aber praktiziere er seit mehreren Jahren Zen. Dadurch habe er ein viel tieferes Verständnis der Religion gewonnen. Inzwischen sei er Mitglied der »Buddhistischen Religionsgemeinschaft Deutschlands« und hege keine Feindschaft gegen die katholische Kirche. Er sei der Meinung, daß alle Religionen im Grunde genommen mit der gleichen mystischen Wirklichkeit zu tun hätten. Das könne man an den Erfahrungen der Mystiker verschiedener Religionen deutlich sehen. Bisher habe man sich in der von ihm geleiteten Gruppe immer in einem privaten Raum treffen können. Dies sei inzwischen jedoch nicht mehr möglich. Daher die Anfrage.
Der Pastoralassistent, der während seines Studiums auf verschiedenen Exerzitien selbst einige positive Erfahrungen mit christlich geprägter Zen-Meditation gemacht hat, erlaubte der Gruppe gegen eine kleine Miete die Benutzung des Raumes. Der Pfarrer war etwas skeptisch, wollte sich jedoch wegen der ansonsten guten Zusammenarbeit nicht gegen diese Zusage stellen. Dies war vor ca. 6 Wochen. Inzwischen hat der Mesner gesehen, daß die Gruppe bei ihren Zusammenkünften auch eine kleine Buddha-Statue aufstellt und Räucherstäbchen davor anzündet. Außerdem wird zu Beginn und Ende der Meditation auf liturgische Weise gemeinsam ein japanischer Text rezitiert. Dies hat er verschiedenen Gemeindemitgliedern erzählt. Vor 14 Tagen wurde nun beiliegendes Flugblatt vor der Kirche verteilt. Ein Gespräch mit den Verteilern des Flugblatts verlief ergebnislos. Die Unruhe in der Pfarrei ist groß. Der Pfarrgemeinderat muß nun entscheiden, ob die Gruppe weiter den Raum benutzen darf oder nicht.
Diskutieren Sie bitte das Problem und treffen Sie per Abstimmung eine Entscheidung!

KEIN GÖTZENDIENST IN ST. SEBASTIAN!!!

Liebe Mitchristen aus St. Sebastian!
Wir halten es für unsere Christenpflicht, Sie davon in Kenntnis zu setzen, daß seit mehreren Wochen ein Raum unseres Pfarrzentrums einer heidnischen Buddhistengruppe zum Götzendienst zur Verfügung gestellt wird. Wir haben erfahren, daß bei den Zusammenkünften dieser Gruppe eine Götzenfigur (Buddha) verehrt und ihr Weihrauch geopfert wird.

<u>Dies alles verstößt klar gegen Gottes heiliges Gebot!</u>

Das Wort Gottes sagt unmißverständlich: „Du sollst keine anderen Götter neben mir haben!" Das ist das erste Gebot! Und im Neuen Testament steht geschrieben: „Niemand kommt zum Vater, denn durch mich!" (Joh 14,6) und „Kein anderer Name unter dem Himmel ist uns Menschen gegeben, durch den wir gerettet werden sollen" (Apg 4,12). Gott will, daß wir alle Menschen zum christlichen Glauben führen, der allein der wahre Glaube ist.

Deshalb dürfen wir auf keinen Fall die Götzendiener in ihrem falschen Glauben unterstützen! Wenn wir ihnen unsere kirchlichen Räume überlassen, bestärken wir sie nicht nur in ihrem falschen Glauben, sondern bringen damit sogar einige Ungefestigte – besonders unter unserer Jugend – in Gefahr, vom wahren Glauben abzufallen. Und wer weiß, wem man demnächst noch alles im Pfarrzentrum Räume gibt: den Bhagwan-Jüngern, Hare-Krishna und anderen gefährlichen Jugendsekten?!

<u>Wir fordern, daß mit diesem Verstoß gegen Gottes Gebot aufgehört und das Haus Gottes wieder gereinigt wird!</u>
<u>Wir bitten alle wahrhaft Gläubigen dafür zu beten und sich aktiv dafür einzusetzen, daß der Mietvertrag sofort gekündigt wird! Vielleicht wird uns Gott dann diese Sünde vergeben.</u>

Aktion: „Kein Götzendienst in St. Sebastian"

Arbeitsblatt zum 12. Kapitel (Offenbarung III)

Die Zahl der Sterne innerhalb unserer Milchstraße wird auf ca. 100 Milliarden geschätzt. Und es gibt vermutlich nochmals ebensoviele Galaxien, also ähnliche Systeme wie unsere Milchstraße. Aufgrund dieser Tatsache läßt sich vermuten bzw. nicht ausschließen, daß sich auch auf anderen Planeten intelligente Lebensformen entwickelt haben könnten. Stellen Sie sich nun bitte vor, Sie sollten ein theologisches Gutachten zu folgender Frage[*] erstellen: Falls es im Kosmos noch andere, intelligente Zivilisationen gibt, ist dann damit zu rechnen, daß sich Gott (bzw. die 2. Person der Trinität, der »Sohn Gottes«) auch dort inkarniert hat, oder ist davon auszugehen, daß es in jedem Fall nur eine einzige Inkarnation Gottes gegeben hat und zwar hier auf dem Planeten Erde in dem Menschen Jesus? Diskutieren Sie das Problem und fällen sie anschließend per Abstimmung eine Entscheidung!
Beachten Sie bei der Diskussion dieser Frage bitte die folgenden Gesichtspunkte:

1. Falls Sie zu der Meinung tendieren, Gott habe sich nur als Mensch inkarniert:
- Gibt es irgendeinen zwingenden oder zumindest plausiblen Grund für die Annahme, daß sich Gott nur als Mensch inkarniert haben sollte?
- Wäre diese einzige Inkarnation Gottes dann dennoch von universaler Heilsbedeutung bzw. von zentraler offenbarungstheologischer Relevanz?
- Kann angenommen werden, daß die Inkarnation als Mensch für außerirdische Zivilisationen auch dann heilsbedeutend wäre und Offenbarungscharakter trüge, wenn diese Zivilisationen sich auf einem weitaus höheren Entwicklungsniveau befänden als die Menschheit?
- Wären wir gegenüber solchen anderen Zivilisationen dann zur Mission verpflichtet? Müßten wir ihnen sagen, daß Gott auf unserem Planeten menschliche Natur annahm, um Wesen auf anderen Planeten zu erlösen oder sich ihnen zu offenbaren? Wie sollte eine missionarische Verbreitung dieser Botschaft zu einem beispielsweise 2 Millionen Lichtjahre entfernten Planeten geschehen? (Bis die Antwort auf eine mit Lichtgeschwindigkeit übermittelte Botschaft uns wieder erreichen würde, wären 4 Millionen Jahre vergangen!)
2. Falls Sie aber zu der Meinung tendieren, es sei nicht auszuschließen, daß sich Gott zusätzlich zur Inkarnation auf der Erde auch auf anderen Planeten habe inkarnieren können:
- Hätte dann das Faktum mehrerer Inkarnationen irgendwelche Konsequenzen für die christliche Trinitätslehre? Wenn ja, welche? Wenn nein, warum nicht?
- Wenn es prinzipiell möglich ist, daß sich der »Sohn Gottes« mehrfach inkarniert, kann man dann ausschließen, daß er sich auch auf der Erde mehrfach inkarniert hat? Gäbe es plausible Gründe für eine Rate von nur einer Inkarnation pro Planet?
- Waren vor 2000 Jahren beispielsweise die Indianerzivilisationen in Amerika nicht vergleichbar weit von der jüdischen Zivilisation entfernt, wie es heute vielleicht außerirdische Zivilisationen von uns sind?
3. Was verstehen Sie unter »Inkarnation«?

[*] Inspiriert durch: J.J.C. SMART, Der Konflikt des christlichen Menschenbildes mit Erkenntnissen der Wissenschaft, in: N. HOERSTER (Hrsg.), Religionskritik, Stuttgart 1984.

Arbeitsblatt zum 13. Kapitel (Kirche I)

Nehmen Sie sich bitte 5 Minuten Zeit und denken Sie darüber nach, welche Rolle (im positiven wie im negativen Sinn) die Kirche für die Entwicklung Ihres ganz persönlichen Glaubens gespielt hat, und zwar

a) in Ihrer Kindheit,
b) in Ihrer Zeit als Jugendlicher,
c) in den letzten Jahren und gegenwärtig.

Überlegen Sie dabei bitte, ob es auch nicht-kirchliche bzw. außerkirchliche Faktoren gab, die für Ihren Glauben wichtig waren. Falls ja, vergleichen Sie bitte den Einfluß kirchlicher und außerkirchlicher Faktoren.
Versuchen Sie bitte möglichst konkret zu antworten (wer oder was genau hat Ihren Glauben in welcher Form beeinflußt?). Halten Sie Ihre Antworten bitte in Stichpunkten fest und tauschen Sie sich anschließend zu drei bis vier Personen über Ihre Antworten aus.

Arbeitsblatt zum 14. Kapitel (Kirche II)

Das II. Vatikanum unterscheidet zwischen »Kirchen und kirchlichen Gemeinschaften« (LG 15, UR 19), ohne diese Unterscheidung näher zu erläutern. Bitte nehmen Sie sich 5 Minuten Zeit und überlegen Sie, ob es sich bei den im folgenden aufgeführten Gruppierungen um Kirchen (K), kirchliche Gemeinschaften (kG) oder um sonstige Gruppierungen (S) handelt. Bitte kreuzen Sie die *nach Ihrer Meinung* zutreffende Kategorie an.
Vergleichen Sie anschließend in einer Kleingruppe Ihre Ergebnisse. Sprechen Sie bitte miteinander darüber, nach welchen *Kriterien* Sie entschieden haben bzw. was Sie wissen müßten, um eine Entscheidung zu treffen. Versuchen Sie, die Kriterien möglichst exakt zu fassen.

	K	kG	S
01 Die römisch-katholische Kirche			
02 Der Ökumenische Rat der Kirchen (ÖRK bzw. WCC)			
03 Die Russisch-Orthodoxe Kirche			
04 Die Evangelisch-Lutherische Landeskirche Bayerns			
05 Das Ökumenische Patriarchat von Konstantinopel			
06 Das Erzbistum München-Freising			
07 Eine evangelisch-lutherische Pfarrgemeinde			
08 Eine römisch-katholische Pfarrgemeinde			
09 Der Bund Evangelisch-Freikirchlicher Gemeinden (Baptisten)			
10 Die „Assemblies of God" (US-amerikanische Pfingstkirche)			
11 Die „Church of England" (Anglikanische Kirche)			
12 Die Alt-Katholische Kirche			
13 Die „Zeugen Jehovas"			
14 Die Gemeinschaft der „Siebenten-Tags-Adventisten"			
15 Die Heilsarmee			
16 Die Kimbanguistische Kirche (eine unabhängige Kirche in Afrika)			
17 Die Kirche Jesu Christi der Heiligen der letzten Tage (Mormonen)			
18 Die religiöse Gesellschaft der Freunde (Quäker)			
19 Die Scientology Kirche Deutschland e.V.			
20 Die Vereinigungskirche e.V. („Moonies")			
21 Die „Buddhist Churches of America" (Verband buddh. Gruppen)			
22 Die jüdische Synagoge in München			
23 Ihre Familie			

Arbeitsblatt zum 15. Kapitel (Kirche III)

In vielen außereuropäischen Kulturen ist das Christentum bisher ein kultureller Fremdkörper geblieben. In den Jahren 1971–1974 hat man sich in Indien intensiv darüber Gedanken gemacht, wie man der durch und durch lateinisch/westlich geprägten Liturgie der Meßfeier eine echt indische Gestalt verleihen könne. Unter anderem schlug man vor, bei der Feier des Wortgottesdienstes im Rahmen der »Lesung« auch Texte aus den Heiligen Schriften traditioneller indischer Religionen (Hinduismus, Jainismus, Buddhismus etc.) zu benutzen. Dies wurde jedoch auf Anweisung Roms 1975 verboten, seit 1978 dann für einzelne, streng überwachte Experimentier-Zentren erlaubt.

Bitte diskutieren Sie folgende Fragen:

1. Halten Sie es grundsätzlich für möglich bzw. richtig, Texte nicht-christlicher Religionen im christlichen Gottesdienst als *liturgische* Texte zu verwenden? (Wäre dies z.B. auch in Deutschland sinnvoll?)

2. Was würde eine solche Praxis über das Evangelium bzw. den christlichen Glauben zum Ausdruck bringen?

3. Wie könnte eine solche Praxis auf die Angehörigen jener Religionen wirken, deren Schriften im christlichen Gottesdienst benutzt werden?

Printed in Germany
by Amazon Distribution
GmbH, Leipzig